중국사를
움직인
100인

중국사를 움직인 100인

홍문숙 · 홍정숙 엮음

초판 1쇄 발행 · 2011. 6. 20.
초판 2쇄 발행 · 2011. 10. 25.

발행인 · 이상용 이성훈
발행처 · 청아출판사
출판등록 · 1979. 11. 13. 제9-84호
주소 · 경기도 파주시 교하읍 문발리 출판문화정보산업단지 507-7
대표전화 · 031-955-6031
팩시밀리 · 031-955-6036
홈페이지 · www.chungabook.co.kr
E-mail · chunga@chungabook.co.kr

Copyright ⓒ2011 by Chung-A Publishing Co.
저자의 동의없이 사진과 내용의 일부를 인용하거나 발췌하는 것을 금합니다.

ISBN 978-89-368-1012-2   03900

＊ 값은 뒤표지에 있습니다.
＊ 잘못된 책은 구입한 서점에서 바꾸어 드립니다.
＊ 본 도서에 대한 문의사항은 홈페이지나 이메일을 통해 주십시오.

＊ 이 책에 사용된 작품 중 일부는 저작권자를 찾지 못했습니다. 저작권자가 확인되는 대로 정식 허가 절차를 진행하겠습니다.
＊ 일러두기 : 이 책의 인명과 지명 표기는 중화민국 시대부터 외래어 표기법에 따른 표기를 준수하고 있으며, 그 이전 시대에는 사료에 의거해 한문 음독을 따르고 있습니다.

중국사를 움직인 100인

| 주공 단부터 류샤오보까지 중국을 움직인 사람들 |

홍문숙·홍정숙 엮음

청아출판사

서문

　21세기의 중국은 우리에게 과연 어떤 이미지일까? 중국은 현재 세계를 이끌어 나가는 초강대국 미국의 거의 유일한 맞수다. 세계 지도에서 손에 꼽힐 정도로 거대한 대륙을 영토로 보유하고 있으며, 거주하는 인구 또한 세계 최대다. 당연히 중국어는 세계에서 가장 많은 사람이 모국어로 사용하는 언어다.

　수천 년의 유구한 역사를 지나 현재의 모습을 갖추기까지 중국 대륙에서는 수많은 왕조가 명멸했다. 한 시대에도 수많은 왕조가 난립하면서 온갖 인간 군상들이 치열하게 살아온 중국의 역사를 한눈에 혹은 한 권으로 정리하기란 매우 어려운 일이다.

　그러나 역사는 결국 시간의 흐름 속에서 벌어진 수많은 인생들의 축적이라는 생각이 든다. 그러니 그 긴 역사를 살아간 중국인들의 인생을 파헤쳐 그들의 역사를 알아보는 것은 어떨까. 물론 수천 년 역사의 중국을 있게 한 사람들은 정말이지 무수히 많다. 이 책에서는 어쩔 수 없이 그들 중에서 역사상 두드러진 활약을 보이고 우리에게 그들의 역사를 전달해 줄 100명의 사람들을 선정했다.

    역사 시대라 불릴 만한 주 왕조가 세워진 이후부터 중화인민공화국이 세워져 있는 현재까지 시대를 대표하는 황제, 정치가, 역사가, 문학가, 예술가 등을 총망라했으며, 두드러진 업적을 남기지 않았더라도 시대를 풍미했던 사람이라면 목록에 넣는 것을 망설이지 않았다. 그러나 수천 년의 역사를 장식했던 인물들 중에서 고작 100인을 선정하는 것에 무리가 따르는 것은 당연하다. 그래서 독자들에게는 저자와 마찬가지로 그 업적이 뛰어나고, 한 시대를 장식하고, 우리에게 친숙한 이름이 간혹 보이지 않는 것이 아쉬움으로 남을지 모르겠다. 하지만 설사 아쉬움이 남더라도 이것을 시작으로 중국 역사에 한 걸음 더 다가가는 계기가 되었으면 하는 바람을 가져 본다.

2011년 6월
엮은이 홍문숙, 홍정숙

차례

주나라부터 진나라까지

1 주 왕조를 세운 위대한 이인자, 주공 • 14
2 관포지교의 우정, 관중 • 20
3 오나라의 전성시대, 오자서 • 26
4 중국 최초의 대실업가, 범려 • 34
5 중국 최초의 미녀 첩보원, 서시 • 41
6 삶과 만물의 진리를 풀어내다, 노자 • 47
7 동아시아 유교 사상의 원류, 공자 • 52
8 왕도 정치를 주장한 민본주의자, 맹자 • 60
9 혼탁한 세상을 자유롭게 노닐다, 장자 • 66
10 진 제국의 기초를 닦은 변법가, 상앙 • 73
11 합종책으로 진을 견제하다, 소진 • 79
12 초나라의 비극 시인, 굴원 • 85
13 천하를 두고 도박을 한 상인, 여불위 • 92

14 대륙을 최초로 통일하다, 시황제 • 98

15 진나라의 흥망성쇠, 이사 • 105

16 법치주의를 집대성하다, 한비 • 111

17 왕후장상의 씨가 따로 있는가, 진승 • 116

18 군웅할거의 시대를 열다, 항량 • 123

한나라부터 수나라까지

19 한 고조 유방의 맞수, 항우 • 130

20 한나라를 건국하다, 유방 • 136

21 토사구팽의 주인공, 한신 • 144

22 장자방의 대명사, 장량 • 151

23 악녀인가 위대한 정치가인가, 여태후 • 157

24 문경의 치의 토대를 닦다, 진평 • 163

25 실크로드의 개척자, 장건 • 169

26 중국 유교 문화의 토대를 닦다, 동중서 • 176

27 중국 전기 2천 년 역사를 집대성하다, 사마천 • 182

28 비련의 미인, 왕소군 • 188

29 최초의 역성혁명을 일으키다, 왕망 • 194

30 한족의 실크로드 경영, 반초 • 201

31 종이의 발명자, 채륜 • 208

32 치세의 능신, 난세의 간웅, 조조 • 213

33 중국 최고의 무신, 관우 • 222

34 삼국지 최고의 명장, 조운 • 230

35 전설이 된 책략가, 제갈량 • 236

36 삼국 시대의 진정한 승리자, 사마의 • 244

37 동진 시대를 열다, 왕도 • 250

38 서예를 예술로 승화시키다, 왕희지 • 256

39 5호 16국의 폭군, 석호 • 262

40 남조 시대를 열다, 유유 • 268

41 전원을 노래한 술의 성인, 도연명 • 274

42 중국을 재통일하다, 수 문제 양견 • 281

43 중국 역사상 최악의 폭군, 수 양제 양광 • 289

당나라부터 원나라까지

44 정관의 치, 이세민 • 298
45 세상 모든 글씨를 뜻대로 쓰다, 구양순 • 304
46 중국 역사상 유일의 여황제, 측천무후 • 310
47 양귀비와의 치명적인 로맨스, 이융기 • 317
48 황제를 지배한 여인, 양귀비 • 323
49 술 한 잔에 백 편의 시를 짓다, 이백 • 330
50 시로 역사를 표현한 시성, 두보 • 336
51 서민적인 필치로 사회를 풍자하다, 백거이 • 344
52 낭만을 노래한 미남 시인, 두목 • 351
53 당나라 멸망의 불씨를 당기다, 황소 • 356
54 송나라를 건국하다, 조광윤 • 361
55 송나라의 명판관, 포청천 • 367
56 개혁에 일생을 바치다, 왕안석 • 373
57 《자치통감》을 완성하다, 사마광 • 379
58 위대한 시인의 곡절 많은 삶, 소식 • 384
59 정충보국의 일심, 악비 • 390
60 유학의 아버지, 주자 • 396
61 위대한 정복자, 칭기즈 칸 • 401
62 몽골 제국의 기틀을 마련한 재상, 야율초재 • 408
63 원 시대 문인화의 부흥을 주도하다, 조맹부 • 414

명나라부터 청나라까지

64 탁발승에서 황제가 되기까지, 주원장 • 422

65 중국의 과거와 미래를 내다본 예언자, 유기 • 430

66 조카의 왕위를 찬탈하다, 영락제 • 436

67 중국의 대항해 시대, 정화 • 443

68 동양 의학을 집대성하다, 이시진 • 450

69 17세기 새로운 중국의 역사를 쓰다, 누르하치 • 454

70 40일간의 짧은 치세, 이자성 • 460

71 반청 운동을 후원한 협기, 유여시 • 467

72 사랑을 위해 죽은 소년 천자, 순치제 • 473

73 만주족의 중국 지배를 완성하다, 강희제 • 480

74 중국 영토를 최대로 확장하다, 건륭제 • 488

75 역사상 최대의 재물을 긁어모으다, 화신 • 498

76 중체서용의 경세가, 증국번 • 503

77 태평천국을 건설한 혁명가, 홍수전 • 509

78 살아 있는 재물의 신, 호설암 • 514

79 중국 근대사의 산 역사, 이홍장 • 520

80 자식마저 제거한 권력욕의 화신, 서태후 • 527

81 법을 바꾸어 부국강병을 모색하다, 강유위 • 534

82 혼란기 지식인의 표상, 양계초 • 543

중화민국부터 현대까지

83 황제가 되려고 한 야심가, 위안스카이 • 550

84 중국의 국부, 쑨원 • 555

85 중국공산당을 창당하다, 천두슈 • 562

86 비운의 이상주의자, 리다자오 • 568

87 문예는 정신을 변화시키는 수단이다, 루쉰 • 572

88 패왕별희의 실존 모델, 메이란팡 • 578

89 완전한 유토피아를 건설하려 하다, 마오쩌둥 • 584

90 타이완에 중화민국을 수립하다, 장제스 • 593

91 인민해방군 건군의 아버지, 주더 • 599

92 마오쩌둥의 충실한 오른팔, 저우언라이 • 603

93 소설보다 드라마틱한 쑹 가문의 일생, 쑹칭링 • 609

94 권력의 최정상에서 맞은 의문의 죽음, 린뱌오 • 614

95 중국의 개혁개방, 덩샤오핑 • 619

96 3개 대표사상을 만든 중국공산당의 브레인, 장쩌민 • 625

97 동양 최고의 부자, 리자청 • 628

98 현대 정보통신의 혁명, 찰스 가오 • 634

99 역사의 질곡을 그려 낸 거장, 장이모우 • 639

100 중국 현대사를 말하다, 류샤오보 • 644

주나라의 제13대 왕인 평왕이 낙양으로 도읍을 옮긴 이후를 동주 시대라고 한다. 동주 시대는 다시 춘추 시대와 전국 시대로 나뉜다. 춘추 시대는 주나라의 쇠퇴에 따라 지방의 강력한 제후들이 서로 패권을 다툰 시기로, 이 중 패권을 잡은 다섯 제후, 즉 제의 환공, 진(晉)의 문공, 초의 장왕, 오의 합려, 월의 구천을 일컬어 춘추 5패라고 한다. 기원전 453년 진(晉)이 한, 위, 조로 분리되면서 전국 시대가 시작되었다. 여기에 진(秦), 초, 연, 제가 더해져 전국 7웅이 패권을 다투다 기원전 221년 진(秦)의 영정이 천하를 통일하면서 전국 시대가 막을 내렸다.

중국사 연대표

B.C. 1600
상 왕조(은나라)가 일어났다.

B.C. 1070
무왕이 주 왕조를 창건했다.

B.C. 770
주의 평왕이 낙양으로 도읍을 옮기고, 춘추 시대가 열렸다.

B.C. 686
제의 환공이 즉위하고 관중을 재상으로 하여 정치 개혁을 시작했다.

B.C. 551
공자가 태어났다.

B.C. 473
오왕 부차가 월왕 구천의 공격을 받아 고소산에서 자살했다.

B.C. 2333
단군왕검이 아사달에 도읍을 정하고 고조선을 건국했다.

B.C. 1000
청동 야금술이 발달하면서 청동기 문화가 시작되었다.

한국사 연대표

주나라부터 진나라까지

B.C. 403
진(晉)이 한, 위, 조로 분리되어 제후국으로 독립하면서 전국 시대가 열렸다.

B.C. 359
진(秦)의 효공이 공손앙을 등용하여 변법을 실시했다.

B.C. 320
맹자가 위, 제, 송, 노 등 여러 나라를 주유하면서 사상을 펼쳤다.

B.C. 221
진의 영정이 제나라를 멸망시키고 천하를 통일했다.

B.C. 209
진승과 오광이 난을 일으키고 장초국을 세웠다.

B.C. 400
철 야금술이 발명되어 철기 시대로 진입했다.

B.C. 300
중국 연나라의 장군 진개가 고조선을 침략했다.

B.C. 200
마한, 진한, 변한이 형성되었다.

B.C. 194
위만이 왕검성을 함락하고 고조선의 왕이 되었다.

B.C. 108
한 무제가 왕검성을 함락하고 고조선을 멸망시켰다.

주 왕조를 세운 위대한 이인자
주공

周公(?~?)

- 주나라 문왕과 정비 태사의 넷째 아들로, 주 왕조를 세운 무왕의 동생이다.
- 이름은 단 또는 숙단으로, 흔히 주공 단이라고 일컬어진다.
- 왕족과 공신을 제후에 봉하는 주초 봉건제를 실시하여 봉건 국가의 기틀을 다졌다.
- 《주례》, 《의례》 등을 저술해 주나라의 예악과 문물을 정비했다.

    주공은 주周나라 무왕을 도와 상나라를 멸망시키고 주 왕조를 창업하는 데 기여한 인물이다. 이후 주나라의 예악과 법도를 정비하고, 봉건 제도를 정착시켜 봉건 국가로서의 기틀을 다졌다. 무왕이 죽은 후에는 어린 성왕을 대신하여 약 7년간 섭정하면서 왕실 내외부의 반란을 진압했다. 유가학파는 주나라의 제도 대부분을 만든 그를 성인으로 존경한다.

    주공의 성은 희姬이고, 이름은 단旦 또는 숙단叔旦이다. 그는 주나라 문왕과 정비 태사太姒의 넷째 아들로, 무왕은 그의 둘째 형이다. 어린 시절 그는 효심이 깊고 다재다능하여 아버지의 총애를 받으며 일찍부터 조정 일을 맡아보았다. 문왕 사후 둘째 아들 발發이 무왕으로 즉위했다. 주공은 문왕의 유지를 받들어 상나라(商, 은은 상나라 후기의 수도로 상나라를 속칭 은나라라고 부르기도 한다)를 정벌하려는 무왕을 보좌하여 상나라를 멸망시키는 데 큰 공을 세웠다.

주공은 주 왕조를 개창한 공을 인정받아 노魯나라 지역의 제후로 봉해졌다. 그러나 이후에도 봉지封地로 부임하지 않고 주 조정에 남아 무왕을 보좌했다. 대신 아들 백금伯禽을 대리 부임시켰다. 주공은 부임지로 향하는 아들에게 "나는 문왕의 아들이자 무왕의 동생으로 귀한 신분이지만 현인이 찾아오면 머리 감기를 중단하고, 밥을 먹다가도 입속의 음식을 뱉어내고 인재를 맞이했다. 인재의 소중함을 잊지 말고 그들을 맞이하는 데 있어 예를 다하고 오만한 행동을 금하여라."라는 충고로 인재 등용의 중요성을 강조했다고 한다. 이런 생각에 따라 주공은 멸망한 상나라 지역에 거주하던 백성들의 거주지를 보전해 주고, 그 지역의 인망 있는 인재들을 주나라 조정에 등용해야 한다는 정책을 제안하기도 했다. 그리고 상나라의 마지막 왕인 주왕의 아들 무경[武庚, 녹보(祿父)라고도 함]이 상나라의 유민들을 다스리도록 했다.

기원전 1043년, 상나라를 멸망시킨 지 2년 만에 무왕이 병사했다. 뒤를 이어 무왕의 아들인 열세 살의 희송姬誦이 성왕으로 즉위하자 주공은 어린 조카를 대신하여 섭정을 맡아 국사를 돌보았다. 그로부터 얼마 지나

이동궤 주나라 시대의 제기로 추정되며, 아랫부분에 '갑자일 오전 주나라 무왕이 상나라를 정벌했다'는 명문이 새겨져 있다.

강태공과 문왕의 만남 위수(渭水)에서 낚시를 하던 강태공은 인재를 찾아 떠돌던 주나라 서백(훗날의 문왕)을 만나 이후 무왕이 상나라를 정벌하여 천하를 평정하는 데 큰 공을 세운다.

지 않아 주공의 형제인 관숙선管叔鮮과 채숙도蔡叔度가 그의 섭정에 불만을 품고 무경과 결탁하여 반란을 일으켰다. 그러나 이 반란은 단순한 집안싸움이 아니라 서徐, 엄奄, 회이淮夷 등 여러 동방 부락들이 동조한 것으로 왕실의 기반을 흔들 위험이 있었다. 따라서 건국 초기였던 주 왕조의 정권을 안정적으로 확립하기 위해서라도 반드시 난을 진압해야만 했다. 이에 주공은 재상 강태공姜太公과 아우 소공召公에게 내정을 맡기고 몸소 토벌군을 이끌고 출전했다. 3년에 걸친 동방의 반란은 주공이 관숙선과 무경을 죽이고 채숙도를 추방함으로써 평정되었다.

　주공은 동방의 여러 나라를 토벌하여 약 50여 개의 나라를 주나라에 편입시켰다. 주공은 이들을 다스리기 위해 믿을 만한 주 왕족과 공신 들을 제후에 봉하여 통치하도록 하는 봉건 제도를 실시했다. 주공은 아우 강숙康叔은 위衛나라, 아들 백금은 노나라, 아우 소공은 연燕나라, 재상 강태공은 제齊나라, 성왕의 동생 당숙唐叔은 진晉나라의 제후로 봉했다. 상나라 주왕의 형 미자微子는 송宋나라의 제후로 봉하여 상나라의 옛 땅을 그대로 다스리게 했다. 또한 서쪽에 치우쳐 있던 주나라의 수도를 낙읍洛邑으로 옮겨 동쪽을 경계하고 통치할 수 있도록 했다.

주공은 광범위한 주나라를 안정적으로 통치하기 위해 국가기구를 새롭게 정비했다. 중앙에 태사와 태보를 두어 왕을 보좌하게 했고, 상백·상임·준인의 삼사대부三事大夫를 두어 각지의 민사 행정과 관리 임용, 법 집행을 담당시켰다. 또한 조정의 사무와 종교, 제사 활동은 육태六太, 경전과 농업은 사도, 관직의 일은 사공, 군사는 사마, 사법은 사구, 궁정 호위는 호신, 왕명 출납은 선부, 천자의 말에 관한 업무는 취마가 담당하게 했다. 이는 주공이 저술했다고 전해지는 《주례周禮》에 상세하게 기술되어 있다.

또한 《의례儀禮》를 저술해 귀족들이 지켜야 할 관혼상제 등의 예법과 종교적, 정치적, 사회적 의례들을 기록했고, 악樂을 정비하여 등급에 따라 엄격하고 세밀하게 구분하여 음악을 사용하게 하는 등 주나라의 예법도 정비했다.

주공은 성왕이 장성하자 그에게 정권을 돌려주고 7년간의 섭정을 끝냈다. 그러나 자리에서 물러나면서도 아직 어리고 경험

주공 시대의 단지 주공의 기록관 영(令)의 단지로 주공이 주요 관리와 제후 들을 성주에 불러 모아 정책을 발표했던 것이 명문으로 기록되어 있다.

이 부족한 성왕을 걱정하여 《다사多士》, 《모일母逸》, 《무일無逸》 등의 글을 지어 올려 성왕을 권고했다.

주공은 한때 모함을 받아 초楚나라로 쫓겨나기도 했으나 곧 다시 돌아와 성왕을 성심으로 보필했다. 그는 임종의 순간까지 자신을 성주成周에 매장해 달라고 유언하며, 죽어서도 성왕을 떠나지 않을 것이라는 의지를 보였다. 주공이 죽은 후 성왕은 과거 병석의 무왕을 대신하여 자신이 병이 들게 해 달라는 주공의 기원문을 보고 감동하여 천자와 같은 형식으로 그의 장례를 치르도록 했다.

주공은 후세 정치가들의 전범이 되었다. 유가학파의 시조로 존경받고 있는 공자는 주공의 예악 제도를 주창했으며, 《논어》〈술이편〉에서는 "아무래도 내가 기력이 약해진 모양이구나. 꿈속에서 주공을 만나 본 지가 너무 오래 되었구나."라는 말로 주공을 경애하는 마음을 표현하기도 했다.

한 번의 미소로 주나라를 멸망시킨 포사

경국지색傾國之色은 나라를 기울게 할 만큼 아름다운 미모를 가진 여인을 지칭하는 고사성어다. 이 고사성어의 주인공 중에는 서주(주나라 제13대 왕 평왕이 낙양으로 도읍을 옮긴 이후를 동주, 그 전을 서주라고 함)를 멸망시킨 포사褒姒도 포함된다. 포사는 주나라의 유왕 희궁렬姬宮涅의 비로 출생 또한 범상치 않다.

《사기》에는 "하나라 말기에 용 두 마리가 나타나 스스로를 포나라 임금이라 말하며 침을 뱉고는 사라졌다. 괴이하게 여긴 마을 사람들이 점을 치자 이 침을 보관하면 길할 것이라는 쾌가 나와 상자에 고이 보관했다. 주나라 려왕 대에 이르러 사람들이 이 침을 그만 흘렸는데, 바닥에 떨어진 침이 검은 도마뱀으로 변하여 한 소녀의 치마 속으로 들어갔다. 그녀가 40년 만에 아이를 낳았는데, 바로 포사다."라고 기록되어 있다.

주지육림에 빠져 있던 유왕이 정사를 멀리하자 포향이라는 신하가 직언을 올렸다가 투옥되었다. 이에 아들 포홍덕이 아버지를 구하고자 유왕에게 여인을 바쳤다. '깊고 우수에 찬 젖은 두 눈, 도톰한 붉은 입술, 갸름한 얼굴, 비단결 같은 흰 살결'의 포사에게 유왕은 한눈에 마음을 뺏겼다. 그러나 희대의 미인인 포사에게 단 한 가지 없는 것이 있었으니, 바로 미소였다. 유왕은 그녀를 웃게 하고자 온갖 방법을 동원했지만 그녀의 웃음을 볼 수가 없었다.

그러던 어느 날 외적의 침입을 대비해 세운 봉수대에 실수로 봉화가 올랐다. 제후들은 대군을 이끌고 급하게 수도 호경으로 집결했지만, 실수라는 것을 알고 맥이 빠져 분개했다. 그 모습을 보고 포사가 웃자 유왕은 이후 끊임없이 봉화를 올렸다. 제후들은 그때마다 수도로 달려왔지만 매번 허탕을 치고 돌아갈 뿐이었다.

그러던 중 유왕 11년, 왕이 정비 신씨와 태자 의구를 폐하고 포사를 비로, 포사가 낳은 아들 백복을 태자로 책봉한 데 원한을 품은 신씨 일족이 견융과 손을 잡고 반란을 일으켰다. 유왕은 크게 놀라 봉화를 올렸지만, 이번에도 거짓이라고 생각한 제후들은 어느 누구도 군사를 몰고 오지 않았다. 결국 유왕은 견융에게 잡혀 죽고, 서주 시대는 막을 내렸다.

관포지교의 우정
관중

管仲(? ~ B.C. 645년)

- 춘추 시대 제나라의 재상.
- 제나라 환공을 춘추 5패 최초의 패자로 만들었다.
- 죽마고우 포숙아와의 깊은 우정으로 '관포지교'라는 고사성어를 탄생시켰다.
- 정치, 경제, 의례 등 국정 운영 원칙과 사상, 천문, 지리, 경제, 농업 등의 지식을 담은 《관자》를 저술했다.

관중은 제齊나라 환공桓公을 도와 그를 춘추 5패 최초의 패자霸者로 만든 정치가로, 제갈량과 함께 중국의 2대 재상으로 불린다.

그는 제나라 영상潁上에서 태어났으며 본명은 이오夷吾, 자는 중仲이다. 죽마고우 포숙아鮑叔牙와의 우정에 관한 '관포지교管鮑之交'라는 고사성어로 우리에게 친숙한 인물이다. 청년 시절 관중은 집이 가난하여 포숙아와 장사를 했다. 이익을 나눌 때 항상 관중이 더 많은 이익을 가져갔지만 포숙아는 그의 집안 사정을 생각하여 이해해 주었고, 관중의 주도로 했던 사업이 실패해도 그를 원망하지 않고 도리어 운이 따르지 않았을 뿐이라고 위로했다. 또한 관중이 사관 벼슬을 지내다가 세 번이나 파직되었을 때도 그의 무능을 이유로 들지 않았고, 전쟁터에서 도망쳤을 때도 비겁함을 탓하기보다 늙은 부모를 봉양하기 위해 그런 것이라면서 그를 감쌌다. 이에 관중은 "나를 낳아 준 분은 부모님이지만 나를 알아준 사람은 포숙이다."라고 말했다고 한다.

관중과 포숙아는 각각 제나라 왕 희공의 둘째 아들 규紏와 막내아들 소백小白의 스승이었다. 기원전 698년 희공이 죽고 첫째 아들 제아諸兒가 양공으로 즉위했다. 그러나 양공은 군주의 됨됨이를 갖추지 못한 인물로 주색에 빠져 정사를 돌보지 않았고, 성격도 매우 포악하여 두 동생 규와 소백을 위협하기도 했다. 기원전 686년 이들의 사촌 동생 공손무지公孫無知가 난을 일으켜 양공을 죽이고 제나라의 군주가 되었다. 이에 규와 관중은 노魯나라로 망명했고, 소백과 포숙아는 거莒나라로 피신했다. 그러나 얼마 지나지 않아 공손무지가 대부 옹름雍廩에게 살해되자 제나라의 왕위가 비게 되었다.

규와 소백은 빈 왕좌를 두고 대립했고, 서로 먼저 제나라의 수도 임치臨淄에 입성하여 군주가 되고자 했다.

규의 책사인 관중은 별동대와 함께 잠복해 있다가 임치로 향하는 소백에게 직접 활을 쏘았다. 화

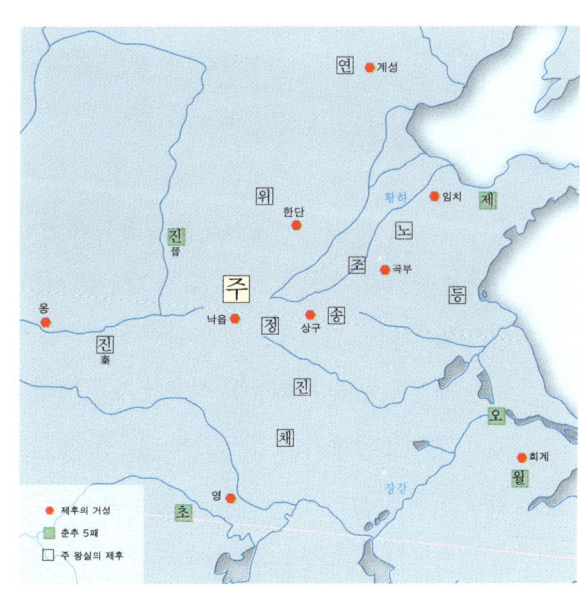

춘추 5패

살은 소백의 허리띠를 맞혔을 뿐 소백의 생명에는 아무런 지장을 주지 않았다. 그러나 규와 관중은 소백이 화살에 맞아 죽었다고 착각하고 방심하여 귀국을 서두르지 않았다. 소백은 이 틈을 타 재빨리 임치에 입성하여 제나라를 차지했다. 기원전 685년 환공으로 즉위한 소백은 규를 살해하고 관중을 옥에 가두었다. 이때 규를 보좌했던 초홀召忽이 스스로 목숨을 끊은 것에 반해 관중이 목숨을 보존하자 사람들은 그를 비난했다. 이에 관중은 "나는 작은 절개를 지키지 못한 것을 부끄러워하기보다는 천하에 공명을 떨치지 못한 것을 부끄러워한다."라고 말했다.

환공은 자신에게 활을 쏘았던 관중을 당장에 죽이려고 했으나 포숙아가 "제나라 한 나라만을 통치하고자 하신다면 관중을 죽여도 좋으나 천하의 패자가 되고자 하신다면 반드시 관중을 중용해야 합니다."라고 간언하자 이를 포기했다. 환공은 자신을 보좌한 포숙아를 재상으로 삼으려 했다. 그러나 포숙아는 관중의 뛰어남을 강조하며 그를 제나라의 재상으로 등용할 것을 거듭 진언했다. 환공은 포숙아의 충고에 따라 관중을 재상으로 삼았다.

재상이 된 관중은 제나라의 모든 정사를 관장하며 개혁을 단행했다. 관중은 사회 제도와 군사 제도를 결합시켜 군민전투 체제를 시행하여 군사력을 길렀고, 소금과 철, 금 등의 생산을 정부가 직접 관리했으며, 바다에 인접해 있는 지리적 이점을 살려 상공업을 발전시키고 교역을 장려해 국가 재정을 늘렸다. 더불어 식량의 자유 매매, 사유 경제 정책 등을 실행했고, 빈민을 구제하고, 공정하게 세금을 징수하는 등 민생을 안정시키기 위해 노력했다. 이런 다양한 개혁 정책을 통해 환공의 시대에 제나라는 부를 축적하고 급격히 성장하면서 춘추 5패의 첫 번째 패자가 되었다.

관중은 회맹(會盟, 제후 사이에 문제가 발생했을 때 회의를 통해 갈등을 조정하는

회맹을 하러 가는 환공

짓)을 자주 소집하여 제나라의 위상을 공고히 하는 한편 남쪽에서 점차 세력을 확장하던 초나라를 경계하는 대외 정책을 구사했다. 기원전 651년 환공은 회맹을 열면서 제나라가 춘추 시대 중국의 패권국임을 명실상부하게 드러냈다. 환공은 관중에게 '중부仲父'의 호칭을 내려 그를 중히 여겼다.

관중의 정치 이념은 그가 저술한《관자管子》에 잘 드러나 있다.《관자》에 수록된 "사람은 곳간이 넉넉할 때 예절을 알고, 의식의 부족함이 없어야 부끄러움을 안다."라는 글귀는 그의 정치 이념을 단적으로 보여 준다. 그는 정치의 목적이 백성들의 삶을 윤택하게 하는 것이라고 생각하고, 이를 위해 법을 융통성 있게 적용해야 한다고 보았다.

총 24권 85편으로 이루어진《관자》는 현재 76편이 전하는데, 이는 전국 시대 제나라의 학자들이 새로 쓴 것으로 여겨진다.《관자》는 관중의 정치, 경제, 의식 등에 관한 국정 운영의 원칙뿐만 아니라 도가, 명가, 법가

제나라 경공의 묘에 부장된 말 춘추전국 시대에 귀족이 죽으면 사자(死者)가 생전에 입던 옷과 타던 말, 마구 등을 부장했다. 제 경공의 부장품들은 춘추 시대 산동성 일대를 지배하던 제나라의 세력 규모를 짐작하게 한다.

등의 사상과 천문, 지리, 경제, 농업 등 다방면에 걸친 지식을 담고 있다.

기원전 645년 관중은 노환으로 자리에 눕게 되자 환공에게 유언을 남겼다. 그의 유언은 요리사 역아易牙, 의원 당무堂巫, 위衛나라 공자 개방開方, 환관 수조竪刁를 추방하라는 것이었다. 관중은 "역아는 환공의 농담 한마디에 자신의 아들을 요리해 바쳤으니 자신의 아들조차 사랑하지 않는 사람이 어찌 군주를 사랑하겠습니까? 또한 개방은 제나라에 온 이후로 한 번도 고향의 부모를 찾지 않았으니 제 부모도 공양하지 않는 이가 군주에게 충성할 리 없습니다. 수조는 스스로 자신의 남성을 거세한 자이옵니다. 자신의 몸조차 사랑하지 않는 이런 자가 나라를 사랑할 리 만무합니다."라고 이유를 설명했다.

관중이 세상을 떠나자 환공은 관중의 유언을 받아들여 이들을 모두 추방했다. 그러나 관중 사후 환공은 정사는 보살피지 않고 방탕한 생활을 하기 시작했고, 결국 국정이 불안해지자 추방한 이들을 다시 불러 중용했다. 얼마 지나지 않아 환공은 병석에 눕게 되었다. 이때 의원 당무가 그의 병을 숨겼고, 환공이 병석에 있는 동안 다섯 아들은 왕위 쟁탈전을 벌였다. 결국 환공은 관중의 유언을 지키지 못했고, 기원전 643년 아들들의 치열한 왕권 투쟁 중에 세상을 떠났다.

공자는 《논어》에서 관중에 대해 그가 아내를 세 명이나 두고 사치스럽고 호화로운 생활을 했다며 비판했지만, 환공을 춘추 시대 최초의 패자로 만들어 천하를 제패하게 한 점은 높이 평가했다. 또한 공자는 "관중이 없었더라면 우리들은 모두 오랑캐처럼 머리를 풀어헤치고 의복을 왼쪽으로 여미는 야만족 치하의 백성이 되었을 것이다."라고 말했다.

오나라의 전성시대
오자서

伍子胥(? ~ B.C. 484년)

- 춘추 시대 오나라의 재상.
- 초나라 명문가 출신으로 초 평왕에 의해 가문이 화를 당하자 오나라의 합려 아래로 들어갔다.
- 오나라의 국력을 신장시켜 초, 제 등을 함락하고, 오왕 합려를 춘추 5패의 하나로 등극시켰다.

　오자서는 오吳나라 왕 합려闔閭를 보좌하여 오나라의 국력을 신장시키고, 제나라에게서 패권을 빼앗아 춘추 5패의 하나로 등극하게 했다. 원래 초나라 사람이었으나 아버지와 형이 초나라 평왕에게 억울하게 죽임당하고, 자신도 생명의 위협을 받아 오나라에 망명했다. 초나라를 멸망시킨 오나라의 공신이 되었으나 합려의 뒤를 이어 부차夫差가 왕위에 오르자 국정 운영에 대한 견해 차이로 중용되지 못하고, 부차가 내린 검으로 자결하여 생을 마감했다.

　오자서는 초나라 명문가 출신으로 원래 이름은 원員이다. 그의 선조는 건씨였으나 주나라에 큰 공을 세운 이후 오씨 성을 갖게 되었다. 그의 아버지 오사伍奢는 초나라 평왕 때 태자 건建의 교육을 담당하는 태부였다.

오자서 일족의 운명이 뒤틀린 것은 태자비를 들이는 논의에서 시작되었다. 당시 태자비를 북쪽의 강대국 진秦나라에서 맞이하기로 하고, 소부였던 비무기費無忌가 진나라로 파견되었다. 태자비로 거론되던 진나라의 공주는 절세미인으로 소문이 자자했다. 비무기는 평왕의 환심을 사고자 태자비로 거론되던 진나라 공주를 후궁으로 삼고, 태자비는 다른 인물로 간택하라고 조언했다. 평왕은 진나라 공주의 미색에 반해 이를 받아들였다.

곧 비무기는 태자가 왕이 되면 자신에게 그 복수를 할까 봐 두려워졌다. 비무기는 왕에게 태자를 중상하기 시작했고, 태자의 혼사를 깬 것이 부담스러웠던 평왕은 결국 태자를 변경 성보城父의 태수로 임명했다. 그러나 비무기는 태자에 대한 중상모략의 고삐를 늦추지 않고 태자가 반란을 모의하고 있다고 고했다. 평왕은 태부 오사에게 진위를 확인했으나 오사는 태자에게 반란의 의지가 없다며 극구 부인했다. 그럼에도 평왕은 분양奮揚을 시켜 태자 건을 죽일 것을 명하고, 오사는 옥에 가두었다. 분양이 성보에 도착하기 전에 미리 소식을 접한 태자 건은 송宋나라로 도망쳐 목숨을 구했지만, 결

오자서

주나라부터 진나라까지

국 초나라로 돌아오지 못하고 정鄭나라에서 최후를 맞이했다.

비무기는 이 기회를 놓치지 않고 명문 오씨 일족을 멸하고자 했다. 그는 평왕에게 오사의 두 아들을 살려 둔다면 후환거리가 될 것이라면서 그의 두 아들까지 주살할 것을 진언했다. 평왕은 오사의 큰아들 오상伍倘과 둘째 아들 오자서를 잡아들이기 위해 오사에게 거짓 편지를 쓰게 했다. 오사의 거짓 편지를 받은 오상은 그것이 함정이라는 것을 알았지만 아버지 오사와 함께 죽기로 결심하고 오자서에게 복수를 부탁했다. 기원전 522년 오사와 오상은 살해되었고, 오자서는 복수를 다짐하며 도망쳤다.

오자서는 우선 태자 건이 있는 송나라로 향했다. 그는 그곳에서 태자를 만났으나 이때 송나라에서 화씨華氏의 난이 일어나 태자와 함께 정나라로 피신했다. 하지만 태자가 진晉나라와 함께 정나라를 멸망시키려는 계획을 꾸미다 들켜 죽임을 당하고 말았다. 더 이상 정나라에 머무를 수 없게 된 오자서는 남쪽의 오나라로 달아났다.

오자서의 오나라를 향한 구사일생의 여정은 사마천의 《사기》〈오자서 열전〉에 생생하게 묘사되어 있다. 태자 건의 아들 승勝과 함께였던 오자서는 소관昭關이라는 관문에 이르렀을 때 관을 지키는 군사에게 쫓기게 되었다. 다급해진 오자서는 승과 헤어져 혼자 도망쳤고, 군사들에게 잡히기 일보 직전 장강(長江, 양쯔 강)에 이르렀다. 이때 한 어부가 오자서를 배에 태워 강을 건너게 해 주었고, 오자서는 은혜에 보답하고자 금 백 냥의 값어치가 나가는 칼을 건넸다. 그러나 어부는 오자서의 칼을 조용히 되돌려 주며 "초나라에는 오자서를 잡는 자에게 좁쌀 5만 석과 높은 작위를 내린다는 방이 붙은 지 오래라고 하오. 내게 욕심이 있었다면 그깟 금 백 냥의 칼이 대수겠소?"라고 말했다. 오자서는 그 후에도 병에 걸리기도 하고 걸식을 하기도 하면서 우여곡절 끝에 오나라에 도착했다.

당시 오나라의 왕은 요僚였는데, 그의 즉위 과정은 다소 분란의 여지가 있었다. 요의 할아버지인 수몽에게는 제번諸樊, 여제餘祭, 여매餘昧, 계찰季札의 네 아들이 있었는데, 그중 막내아들인 계찰이 특히 현명하여 그에게 왕위를 물려주고자 했다. 그러나 계찰은 권력 싸움에 휩싸이는 것이 싫다며 이를 사양했다. 결국 왕위를 이어받은 장남 제번은 아버지의 의지대로 계찰에게 왕위를 물려주고자 둘째 동생인 여제에게 왕위를 물려주었고, 여제 역시 셋째 여매에게 왕위를 물려주는 형제 상속을 택했다. 하지만 여매가 계찰에게 왕위를 물려주려고 할 때 계찰은 은둔하여 세상에 나오지 않았다. 결국 오나라의 왕위는 왕의 아들에게 물려준다는 원래의 상식대로 여매의 장남인 요에게 돌아갔다. 이에 대해 원칙대로라면 왕이 되었을 수도 있었을 제번의 장남 광光이 사촌 동생이 왕이 된 상황에 불만을 품었다. 광의 처지를 간파한 오자서는 그를 오나라 왕으로 옹립해 초나라에 복수할 계획을 세웠다.

기원전 515년 요는 초나라의 왕위 교체기를 이용하여 초나라를 공격했다. 하지만 초나라 공격은 장기전이 되었고, 요의 정예군 수가 적어지자

오나라의 전선(모형)

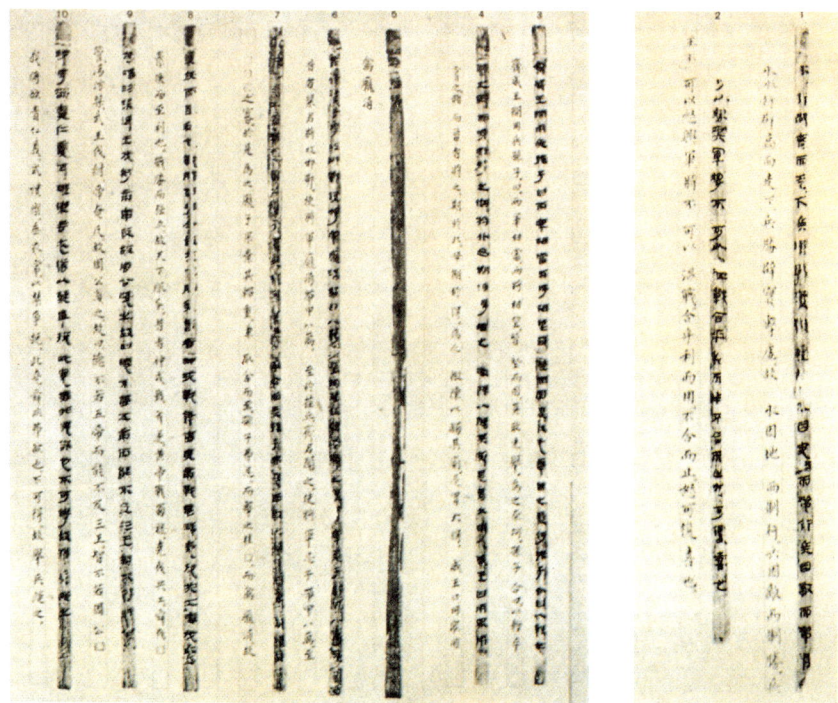

〈손자병법〉 죽간

오자서는 자객을 보내 요를 제거했다. 이후 광이 오나라 왕으로 즉위하고, 오자서는 재상이 되었다. 광이 바로 오왕 합려다. 합려는 우리에게 《손자병법》의 저자로 유명한 손무孫武를 영입했고, 오자서와 손무로 인해 합려의 시대에 오나라는 크게 성장할 수 있었다. 오왕 합려(혹은 그의 아들 부차)는 춘추 시대의 5패 중 하나로 꼽힌다.

기원전 506년 합려는 손무를 대장, 오자서를 부장으로 삼아 초나라를 공격하여 수도 영郢을 함락했다. 하지만 오자서의 원수인 평왕과 비무기는 이미 세상을 뜬 후였고, 평왕의 아들 소왕은 도망쳐 찾을 수 없었다. 이에 오자서는 평왕의 무덤을 파헤쳐 그의 시신에 300번의 채찍질을 하여 복수를 완성했다. 《사기》〈오자서열전〉에는 오자서의 옛 친구이자 오나라의 충신 신포서申包胥가 "일찍이 평왕을 섬겼던 신하로서 행동이 지나치지 않은가?"라고 힐책하자 오자서가 "나의 해는 저물고 갈 길은 멀어 도리에 어긋나는 일을 할 수밖에 없었다."라고 말했다고 기록되어 있다. 여기에서 '일모도원(日暮途遠, 날은 저물었는데 갈 길은 멀다는 뜻으로, 이미 늦어 앞으로 목적한 것을 쉽게 달성하기 어렵다는 의미)'이라는 고사성어가 유래되었다.

오자서는 초나라의 멸망을 원했지만 이는 이루어지지 않았다. 신포서가 진秦나라에 원군을 요청하자 진나라가 초나라에 원군을 보내 주었기 때문이다. 또한 오나라 내에서 합려의 부재를 틈타 동생 부개夫槪가 반란을 일으키는 바람에 합려는 서둘러 귀국할 수밖에 없었다. 그러나 초나라를 멸망시키지 못했다 해도 초나라는 오나라의 신하국으로 전락했고, 오나라의 국력은 더욱 막강해졌다.

기원전 496년 합려는 남쪽의 월越나라가 힘을 키워 압박해 오자 몸소 군대를 이끌고 월나라를 공격했다. 월나라는 왕 윤상允常이 죽고 구천句踐이 왕위를 이었는데, 그의 참모진에 범려范蠡라는 뛰어난 자가 있었다. 그는 오나라 군대에 자살결사대를 보내 오나라 진영을 흐트러뜨린 후 기습 공격을 감행하여 대승을 거두었다. 합려는 이 전투에서 입은 부상이 악화되어 기원전 496년에 죽고 말았다. 합려의 뒤를 이어 차남 부차가 왕위를 계승했다.

부차는 섶 위에 누워 자며 아버지의 복수를 다짐(臥薪, 와신)하며 결국 월나라에 설욕전을 폈다. 기원전 494년 부차는 상국 오자서와 태재太宰 백비伯嚭의 도움으로 부초夫椒에서 월왕 구천을 크게 물리치고 회계산會稽山으로 몰아넣었다. 구천은 부차에게 굴욕적인 조건을 내세워 강화를 요구했다. 오자서는 구천을 죽일 것을 주장하며 강화를 극렬히 반대했지만, 부차는 오자서의 간언을 뿌리치고 구천의 목숨을 살려 주었다. 오나라의 인질이 된 구천은 비참한 생활을 하면서도 월나라 재건에 힘을 쏟았다. 태재 백비에게 뇌물을 주어 부차와 오자서를 이간시키고, 몰래 월나라의 국력을 회복하는 노력을 기울인 것이다.

기원전 489년 부차는 제나라의 내분을 틈타 제나라를 공격하기로 했다. 오자서는 부차에게 대륙의 패권을 차지하기에 아직 오나라의 국력이 약하니 시기상조이며, 구천을 경계하여 월나라를 멸망시키는 것이 선결되어야 한다고 간언했다. 하지만 부차는 오자서의 말을 듣지 않고 제나라 공격을 감행했고, 제나라의 애릉艾陵에서 작은 승리를 거두었다. 이후 자신감을 얻은 부차는 오자서의 만류에도 북방 원정을 되풀이하여 국력을 소모하는 한편 매번 자신을 반대하는 오자서를 멀리했다.

기원전 485년 부차는 다시 제나라를 공격하여 승리했고, 그다음 해 오자서를 제나라에 사신으로 파견했다. 오자서는 부차가 자신의 충언을 번번이 무시하자 오나라의 앞날이 멀지 않았다고 생각했다. 이에 그는 제나라행에 동행했던 아들을 제나라의 포씨에게 맡긴 채 혼자 귀국했다. 태재 백비가 이 사실을 이용하여 오자서를 모함했고, 부차는 오자서에게 '촉루屬鏤의 검'을 보내 자결을 명했다.

기원전 484년 오자서는 부차를 원망하며 가신

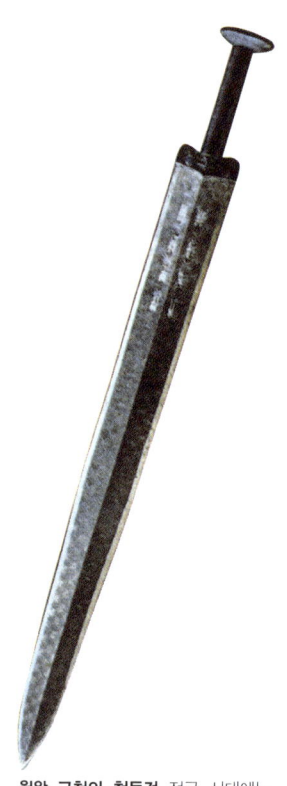

월왕 구천의 청동검 전국 시대에는 명검에 관한 전설이 많은데 그중 오왕 부차의 검과 월왕 구천의 검이 특히 유명하다. 이는 오, 월, 초의 제철 기술이 발달했음을 말해 준다.

에게 자신의 무덤에 가래나무를 심어 왕의 관을 만들 때 목재로 쓰고, 자신의 눈을 뽑아 동문에 걸어 두어 후에 월나라의 공격으로 오나라가 멸망하는 모습을 볼 수 있게 해 달라는 유언을 남기고 자결했다. 오자서의 유언을 전해 들은 부차는 격노하여 그의 시신을 말가죽 자루에 담아 강물에 던져 버릴 것을 명했다.

부차는 춘추 시대 대륙의 패권을 장악하고자 했지만 오자서는 자신의 사후 오나라가 멸망할 것이라고 확신했다. 기원전 475년 부차는 쓸개를 핥으며 고난을 극복(嘗膽, 상담)한 월왕 구천의 공격을 받아 고소산姑蘇山으로 쫓겨갔다. 기원전 473년 부차는 "오자서의 얼굴을 볼 낯이 없구나."라며 오자서의 조언을 따르지 않은 것을 후회하며 스스로 목숨을 끊었고, 오나라는 멸망했다.

중국 최초의 대실업가
범려

范蠡(?~?)

- 춘추 시대 월나라 왕 구천의 책사이자 중국 최초의 대실업가다.
- 월왕 구천을 보좌하여 당시의 대국 오나라를 멸망시키고 월나라의 패업을 이루었다.
- 구천이 패업을 이룩한 후 '토사구팽'이라는 말을 남기고 월나라를 떠나 상인으로 성공했다.

    범려는 춘추 시대 월나라 왕 구천의 책사로 3천의 군사로 당시의 대국 오나라를 멸망시키고 월나라가 패업을 이루는 데 기여했다. 이후 스스로 관직에서 물러나 상업에 전념한 그는 상인의 원조로 꼽히기도 한다.

    범려의 자는 소백少伯으로 초나라 완읍宛邑에서 태어난 것으로 추정된다. 그는 월나라 대부 문종의 천거로 구천을 모시게 되었다. 정치, 군사, 경제, 천문, 지리 등의 다방면에 풍부한 지식을 갖고 있던 그는 구천의 중심 참모가 되었다.

    기원전 494년 구천은 오나라를 공격하기로 결심했다. 그러나 월나라의 국력은 오나라에 미치지 못했다. 범려는 구천에게 신중을 기하라고 간언했으나 구천은 3만 명의 군사를 이끌고 오나라를 공격했다. 부초夫椒에서 오나라 군사와 대치한 구천은 오나라에 대패하여 5천의 군사와 함께 회계산으로 퇴각했으나 곧 포위되었다. 범려는 구천에게 문종을 사신으로 보내 오나라에 화의를 청할 것을 조언했고, 오왕 부차는 구천이 인질이 되는 것을 조건으로 화평에 동의했다. 오나라 상국(相國, 재상)이던 오자서는 화평을 극렬히 반대했으나 구천은 태재 백비에게 금은보화를 뇌물로 바치고, 부차에게 수많은 미녀를 진상해 화의를 얻어 냈다.

기원전 493년 범려는 인질이 되어 오나라에 들어가는 구천을 따라갔다. 오나라에서 그들은 부차의 수레를 호위하는 등 노예처럼 일하고, 석실에 갇혀 생활했다. 부차가 범려의 뛰어남을 알아보고 회유했지만 범려는 구천을 저버리지 않았다. 3년째 되는 해 범려는 구천에게 한 가지 계책을 내놓았다. 부차는 당시 수개월 동안 병석에 있었는데, 구천에게 부차의 병이 중병이 아니니 그를 찾아가 변을 맛본 후 곧 쾌차할 것이라고 이르게 한 것이다. 그 후 병석에서 일어난 부차는 구천의 행동에 감동하여 석실 감금을 풀어 주었다. 범려는 여기에서 그치지 않고 태재 백비로 하여금 구천을 옹호하게 하고, 부차의 환심을 사는 데 전력을 다했다. 얼마 후 부차는 오자서의 반대에도 구천과 범려의 월나라 귀국을 허락했다.

기원전 490년 월나라로 돌아온 구천은 끝까지 자신을 보필한 범려를 재상으로 삼으려 했다. 그러나 범려는 이를 사양하고 대신 문종을 추천했고, 이후 재상 문종과 함께 구천을 보좌하여 월나라의 부국강병에 온 힘을 기울였다. 그는 먼저 인재 등용에 있어 남녀 구분을 두지 않았는데, 일례로 칼을 잘 쓰는 월녀越女와 초나라 출신의 활 제조 기술자 진음陳音을 등용했다. 그리고 농업과 길쌈을 장려하여 구천이 몸소 경작을 하고, 왕후가 직접 길쌈을 하는 등 백성들에게 모범을 보이게 했다. 더불어 민

귀족들의 생활 춘추 시대에 만들어진 칠기 상자. 귀족이 마차를 타고 나가는 데서부터 돌아오기까지가 시간순으로 묘사되어 있는데, 당시 화려한 귀족들의 생활을 짐작하게 한다.

심을 수습하고 경제를 안정시키기 위해 세금을 감면하고, 상류층에게 고기 소비를 줄이고 화려한 옷을 입지 않도록 하는 등 검소한 생활을 실천하게 했다. 또한 인구를 증가시키기 위해 남자아이를 출산하면 술 두 병과 개 한 마리를 상으로 내리고, 여자아이를 출산하면 술 두 병과 돼지를 상으로 내리는 등의 정책을 폈다.

외교 정책으로는 제나라·초나라와는 친교를 맺고, 진晉나라는 상국으로 모셨으며, 오나라에게는 무조건 무릎을 꿇어 안심시키고 태재 백비에게 계속 뇌물을 주어 오나라 왕 부차와 상국 오자서를 이간질했다. 이에 더해 전설적인 미녀 서시西施를 보내 부차가 향락에 빠지도록 하는 공작을 폈다. '섶 위에 누워 자고 쓸개를 핥으며 패전의 굴욕을 되새겼다'라는 의미의 고사 '와신상담臥薪嘗膽'은 오왕 부차와 월왕 구천이 돌아가며 서로의 치욕을 되새긴 데서 유래했다. 오왕 부차는 앞서 월나라를 습격할 때 입은 부상으로 아버지 합려가 죽은 후 섶 위에서 잠을 자며(臥薪, 와신) 복수를 다짐했고, 구천은 부차에게 받은 굴욕을 설욕하기 위해 음식을 먹을 때마다 쓸개를 맛보며(嘗膽, 상담) 고통을 되새겼다.

기원전 484년 부차는 오자서의 만류에도 제나라를 공격했다. 이 전투에서 승리하여 자신감을 얻은 부차는 기원전 482년 황지黃地에서 제후들을 모아 놓고 맹주임을 선언하기에 이르렀다. 하지만 화북華北 지역의 강대국이던 진나라가 오나라를 공격하여 오나라의 북상을 저지했다. 기원전 482년 구천은 부차가 나라를 비운 틈을 타 오나라의 수도 고소성姑蘇城을 공격하여 오나라의 태자를 죽이는 전과를 올렸다. 소식을 접한 부차는 황급히 귀국하여 월나라에 강화 교섭을 제안했다. 오나라와 전면전을 펼치기에는 아직 국력이 약하다고 판단한 구천은 오나라의 제안을 받아들였고 두 나라 사이에 강화가 이루어졌다.

기원전 478년 구천은 다시 오나라를 공격해 입택笠澤에서 대승을 거두었다. 기원전 475년 오나라를 완전히 멸망시킬 수 있다고 생각한 구천은 전면전을 펼친 끝에 승리했다. 월나라 군대에게 쫓겨 고소산으로 피신한 부차는 구천에게 화평을 요청했다. 구천은 자신이 회계산에서 포위되었을 때를 생각하여 부차의 항복을 받아들이려 했다. 이때 범려가 단호히 반대했다. "회계산에서 하늘은 부차에게 월나라를 주려 했으나 그는 받아들이지 않았습니다. 지금은 하늘이 월나라에게 오나라를 주려 하고 있습니다. 이는 하늘의 뜻이옵니다. 20여 년간의 고생을 헛되이 하지 마시옵소서."

결국 기원전 473년 부차가 자결함으로써 오나라는 멸망했다. 오나라를 평정한 구천은 북진하여 서주徐州에서 제나라, 진나라와 회합을 갖고 패주가 되었으며, 범려는 상장군에 임명되었다.

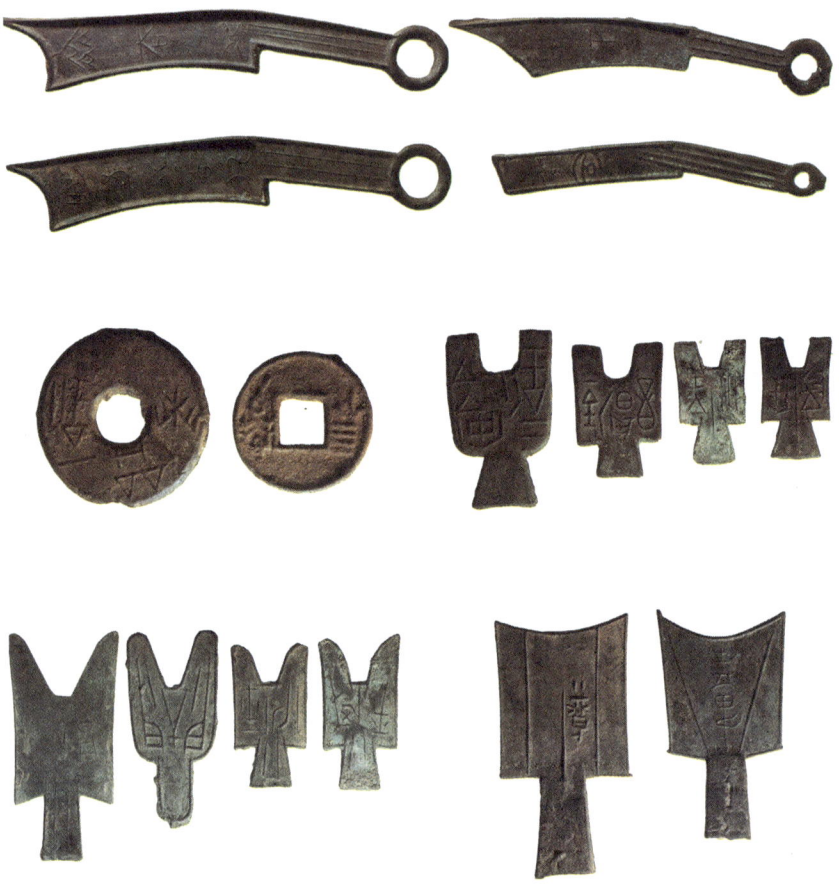

춘추전국 시대의 화폐들 춘추 시대 후기부터 전국 시대 후기까지 유통되었던 화폐로 시계 방향으로 공수포, 평수포, 원전, 도화. '포' 형태의 화폐는 진(晉), 위, 조를 중심으로 광범위하게 유통되었고, 원전은 진(秦)과 주에서, 도화는 제와 연에서 주로 주조되었다.

구천이 오나라를 멸망시킨 후 범려는 "공(公)이 많으면 화(禍)가 뒤따라온다."라며 구천의 만류를 뿌리치고 월나라를 떠났다. 그는 재산을 정리하여 가까운 사람들과 함께 제나라로 떠났다. 이때 범려는 문종에게 "나는 새를 잡으면 활은 곳간에 처박히고, 토끼를 잡으면 사냥개는 삶아 먹힌다

오. 구천은 목이 길고 입이 새처럼 뾰족하니 고난은 함께하여도 즐거움은 함께 나눌 수 없는 사람이오. 이러할진대 어찌 구천의 곁을 떠나지 않는 것이오?"라며 '토사구팽兎死拘烹'이라는 말을 남겼다. 그 후 문종은 구천이 내린 검을 받고 자결했다.

제나라에 도착한 범려는 자신을 '치이자피(鴟夷子皮, 술고래)'라고 일컬으며, 두 아들과 농사를 짓고 장사를 하여 큰 부자가 되었다. 제나라의 평공平公이 범려를 재상으로 삼으려 하자, 그는 재상의 인장을 돌려주고 재산을 지인들에게 나눠 주며 제나라에서의 생활을 정리했다. 범려는 다시 제나라를 떠나 교통과 상업의 중심지였던 정도定陶로 이주했다. 스스로 도주공陶朱公이라고 칭한 범려는 상업에 전념하여 막대한 부를 쌓았다. 하지만 범려는 부의 축적에만 몰두하지 않고 가난한 백성들을 구제하고 경제적으로 어려운 지인들을 살피는 등 의기를 보여《사기》〈화식열전〉에서 가장 이상적인 부자로 꼽히기도 했다.

범려는 후대에 상성(商聖, 성인의 반열에 오른 상인) 도주공으로 불릴 만큼 대표적인 상인으로 꼽히며, 오늘날에도 경제인의 원조로 여겨진다. 범려는 상업을 국정을 살피는 것과 동일시했는데, 번성할 때 행동을 자제하여 쇠퇴를 막고 반대로 몰락의 시기에도 낙담하지 않고 기회를 창출하여 회생의 길로 나아가야 한다고 보았다. 이를 상업에 적용하여 가격이 낮을 때 구매하여 보관한 후 가격이 높을 때 팔아 막대한 부를 일구어 냈다. 범려는 훗날 은퇴하여 아내 서시와 강호에 은거했다고 전해진다.

합려를 오나라 왕으로 만든 어장검

　고대부터 왕은 장수에게 군사지휘권을 위임하는 상징으로 도끼와 검을 하사했다. 특히 검은 장수 자신의 생명을 지키는 도구일 뿐만 아니라 직분을 상징하기도 했다. 창 문화로 대표되는 중국이지만, 오랜 역사만큼이나 명검에 관한 전설도 많다. 고대 중국의 명검이라고 하면 상나라의 제왕이 천하를 다스리기 위해 사용했다는 함광, 어린아이도 대군을 격퇴시킬 수 있다는 승영, 월나라의 구야자가 만든 어장과 순균, 구야자와 오나라의 간장이 합작해 만든 칠성용연 등이 있다. 그중 구야자의 어장검은 오나라 합려를 왕으로 만든 검으로 유명하다.

　고대 중국의 오나라와 월나라에는 철이 풍부해 명검의 탄생지로 유명했다. 그중 월나라의 구야자가 만든 보검 어장은 오나라 왕 수몽이 가지고 있었다. 그에게는 아들이 넷 있었는데, 막내인 계찰에게 왕위를 물려주려고 했다. 그러나 수몽은 후계를 정하지 못하고 죽었고, 선왕의 뜻을 헤아린 형들이 계찰에게 왕위를 양보했다. 계찰이 사양하자 형들은 형제 상속 방식을 택해 계찰에게 왕위를 물려주고자 했으나 셋째 여말의 차례에서 그의 아들 요가 왕위를 차지하는 일이 일어났다.

　당시 초나라에서 귀순한 오자서는 합려에게 의탁하며 초나라 평왕에게 복수의 칼을 갈고 있었다. 그는 합려가 요에게 불만을 품고 있음을 짐작하고 칼을 잘 쓰는 전제專諸를 그의 수하로 넣어 앞날을 도모했다. 그러던 중 초 평왕이 죽었다는 소식을 들은 요는 초나라를 공격하기로 했고, 합려는 자신의 동생들을 출정시켰다. 그러나 전쟁이 길어지자 요왕은 초조해하며 합려를 불러들였다. 합려는 이 기회에 그를 암살하기로 하고 전제를 불렀다. 전제는 요를 암살하는 조건으로 오자서의 뜻을 이루어 줄 것, 늙은 어머니를 거두어 줄 것, 거사를 단번에 끝낼 검을 줄 것을 내걸었다. 이때 전제가 요구한 검이 어장검이다.

　전쟁의 초조함을 달래기 위해 연회를 벌인 요가 얼큰하게 취해 있을 때 합려가 진상한 생선 요리가 요 앞에 놓였다. 그 순간 호위병들을 뚫고 전제가 순식간에 앞으로 나와 생선 뱃속에 숨겨둔 칼로 요를 절명시켰다. 요가 죽자 합려는 요의 왕위 승계의 부당성을 천명하며 왕위에 올랐다.

중국 최초의 미녀 첩보원
서시

西施(?~?)

- 왕소군, 초선, 양귀비와 함께 중국 4대 미녀로 꼽힌다.
- 월나라 범려의 계획으로 오나라 왕 부차의 후궁이 되어 부차의 실책을 이끌어 내 오나라 패망의 원인을 제공했다.
- 오나라 멸망 후 백성들의 손에 죽었다는 설, 범려의 아내가 되었다는 설 등 다양한 민간 전승이 전해진다.

    서시는 춘추 시대 말기 월나라가 오나라 부차에게 보낸 여인으로 부차의 후궁이 되어 월나라가 오나라를 멸망시키는 데 큰 역할을 했다. 본명은 시이광施夷光이며 월나라 저라산苧羅山에서 태어났다. 왕소군王昭君, 초선貂嬋, 양귀비楊貴妃와 함께 중국 역사상 4대 미인으로 꼽힌다.

    춘추 5패 중 하나였던 오나라는 제6대 왕 합려 때 전성기를 누렸다. 오왕 합려는 당시 강대국이었던 초나라를 멸망 직전까지 몰고 가면서 세를 떨쳤는데, 기원전 496년 신흥국 월나라를 공격했다가 전쟁 중에 중상을 입고 퇴각했다. 그때의 부상이 악화되어 합려는 죽음에 이르렀고, 죽기 전 합려는 왕위 계승자인 차남 부차에게 월나라에 복수할 것을 다짐시켰다. 다음 왕이 된 부차는 섶나무 깔개에서 잠을 자며 설욕을 되새겼고, 오자서의 도움을 받아 국력을 키워 나갔다.

기원전 494년 부차가 월나라에 복수하기 위해 국력을 키운다는 첩보를 입수한 월왕 구천은 선수를 쳐 오나라를 공격했다. 하지만 이 전투는 두 나라의 구도를 바꾸어 놓았다. 구천은 회계산에서 오나라 군대에게 포위되었고 결국 오왕 부차와 굴욕적인 강화를 맺고 인질로 끌려갔다. 오나라에서 3년간 비참한 인질 생활을 한 구천은 기원전 490년 책사 범려의 도움으로 월나라로 돌아와 국력을 키우기 위해 갖은 노력을 했다. 이때 구천은 쓸개를 걸어 두고 매일 그것을 핥으면서 치욕을 되새겼다. 구천은 부차에게 미녀와 금은보화를 예물로 바치며 환심을 사면서 그를 방심시켰다.

그러던 중 기회가 왔다. 오왕 부차가 기원전 489년 제나라를 공격할 때 전쟁을 말리던 오자서와 크게 사이가 벌어진 것이다. 추鄒나라, 노魯나라와의 전투에서 연이은 승리로 자신감을 얻은 부차는 결국 구천을 경계하라는 오자서의 충언을 무시했다. 그러나 눈앞의 승리는 장기적으로 오나라의 국력을 소진시켰다. 구천은 이를 부채질하기 위해 원군을 보내 부차의 원정을 지원하는 한편 미인계를 계획하여 방탕한 생활을 유도했다.

이런 계획에 따라 월왕 구천의 책사 범려는

서시

미인을 찾아 각지를 돌아다녔다. 저라산 약야계若耶溪에 이르러 범려는 비로소 오왕 부차를 무너뜨릴 만한 미모를 지닌 두 명의 미인, 서시와 정단鄭旦을 발견했다.

서시의 뛰어난 미모에 대해서는 두 가지 일화가 전한다. 서시가 강가에 앉아 빨래를 하고 있을 때였다. 이때 물고기가 강물에 비친 서시의 아름다움에 반해 헤엄치는 것을 잊고 강바닥으로 가라앉았다고 한다. 이런 서시의 아름다움에 빗대 '침어侵魚'라는 성어가 생겨났다. 또한 《장자》에는 '동시효빈東施效嚬', '서시빈목西施嚬目'이라는 고사가 전해진다. 어느 날 서시가 속병으로 자신도 모르게 이마를 찌푸리고 걷고 있었다. 그런데 이 마을의 추녀 동시東施가 서시처럼 이마를 찌푸리면 아름답게 보이는 줄 알고 그녀를 따라 얼굴을 잔뜩 찌푸린 채 길을 걸었다. 이를 본 마을 사람들은 혹여 그 추녀의 얼굴을 볼까 싶어 문을 걸어 잠그고 외출을 삼갔다는 이야기다.

범려에게 발탁된 서시는 다양한 기예와 이성을 유혹하는 방법, 정보 수집 방법 등을 교육받았다. 서시를 교육하는 동안 범려는 그녀와 사랑에 빠졌지만 오나라에 대한 복수가 우선이었기 때문에 서시를 오왕 부차에게 바쳤다. 호색한이던 부차는 서시의 미모에 반해 그녀를 후궁으로 삼았다. 오자서는 부차의 이 같은 처사에 반대하며 다시 한 번 월나라의 구천과 범려를 경계하고 월나라를 멸망시켜야 한다고 간언했다. 그러나 부차는 오자서가 자신의 행동에 매번 반기를 들자 점차 그를 멀리했다.

부차는 서시를 고소대姑蘇臺에 기거하게 하고 그녀를 위해 왕손 웅雄을 시켜 영암산靈巖山에 별궁 관왜궁館娃宮을 짓게 했다. 관왜궁은 구리, 옥돌, 주옥 등의 화려한 자재로 지어졌고, 회랑은 '향섭랑響屧廊'이라는 독특한 양식으로 만들어졌다. 이 양식은 땅을 파서 큰 옹기를 묻은 후 그 위를 양탄자로 덮은 것으로 나무 신발을 신고 걸어가면 발소리가 영롱하게 들리는 장치였다. 또한 인공연못 완화지浣花池와 완월지浣月池를 조성하고 인공동굴 서시동을 만들었다. 부차는 서시의 미모와 교태에 빠져 정사를 멀리했고 대대적인 토목 공사를 벌여 국가 재정을 낭비했다.

월나라는 오나라의 재정을 더욱 악화시키기 위해 기근을 핑계로 식량 원조를 요청했다. 하지만 오자서와 오나라 대신들의 반대가 극심하여 월나라의 계획이 무산될 처지에 놓이게 되었다. 이를 눈치챈 서시는 부차를 설득하여 월나라에 식량을 원조하게 했다. 다음 해 오나라는 월나라가 갚은 식량으로 농사를 지었지만, 월나라가 겉은 좋으나 속은 상한 식량을 보내 그해 흉년이 들었다. 오나라 백성들의 생활은 궁핍해졌고 국가 재정은 더욱 악화되었다.

오나라의 민생과 재정은 파탄의 지경에 이르렀다. 그러나 아직 오나라에는 상국 오자서가 건재했다. 월왕 구천과 범려는 오나라를 공격하기에는 시기상조임을 깨달았다. 이들은 오나라의 태재 백비와 서시로 하여금 부차의 패권 야욕에 불을 지펴 대외 전쟁에 몰두하게 하는 한편 부차와 오자서의 사이를 이간했다.

부차는 기원전 485년 다시 제나라를 공격하기로 결심하고 오자서를 제나라 사신으로 파견했다. 아들과 함께 제나라로 간 오자서는 오나라의 미래가 불투명하다고 생각하고 아들을 제나라의 포씨에게 맡기고 홀로 귀국했다. 서시와 백비는 이것을 기회로 오자서가 모반을 계획하고 있다고 모함했고, 부차는 오자서에게 자결을 명했다. 서시의 활약으로 월나라는 오나라의 최고 참모 오자서를 제거하여 부차의 전력을 약화시키고, 국정을 혼란에 빠뜨렸다.

충신 오자서를 잃은 오나라는 패망의 길로 접어들었다. 부차는 기원전

소주의 유원 북경의 이화원, 소주의 졸정원, 승덕의 피서산장과 함께 중국 4대 정원으로 꼽히며, 뱃놀이를 할 수 있는 인공연못 등이 조성되어 있는 등 중국의 대표적인 정원 양식으로 조성되었다.

485년 제나라를 공격했다가 패배함으로써 국력을 낭비했고, 기원전 483년과 482년 연이어 회맹에 참가하기 위해 오나라의 수도를 비웠다가 월나라의 공격을 받아 또 한 번 국력을 약화시켰다. 기원전 475년 월나라의 총공격을 받은 오나라는 연이어 패배했고, 기원전 473년 월나라에 항복했다. 이해 부차가 자결하면서 오나라도 멸망했다.

부차의 자결과 오나라 멸망 이후 서시의 행방은 전설로만 전해진다. 먼저 오왕 부차가 자결했을 때 오나라 백성들은 서시를 망국의 원인이라고 생각하여 그녀를 비단으로 묶어 장강에 빠뜨렸다는 이야기가 있다. 또 다른 이야기로는 오나라가 멸망하는 날 범려가 서시를 데리고 태호太湖로 도망가 배를 타고 사라졌다고 한다. 그 후 범려와 서시는 결혼하여 도지陶地에 정착하고, 범려는 장사를 해 큰 부자가 되었다고 한다. 가장 믿을 만한 일화는 비슷한 시기에 저술된 《묵자》의 〈친사親士〉에 기록된 것으로 서시가 강물에 몸을 던져 죽었다는 이야기다. 하지만 백성들 사이에서는 자신을 희생하여 나라를 위해 모든 것을 바친 서시를 동정하여 그녀가 범려와 함께 부유하고 안락한 여생을 보냈다는 이야기가 오래도록 전해졌다.

삶과 만물의 진리를 풀어내다
노자

老子(?~?)

- 도가의 창시자. 도교 사상은 흔히 노자와 장자의 사상으로 대표되어 '노장 사상'이라고도 불린다.
- 초나라 고현 사람으로 이름은 이, 자는 담이라고 알려져 있으나, 실존 자체가 불분명하다.
- 《도덕경》을 저술하여 도의 개념을 정의하고, '허정'과 '무위' 사상을 설파했다.

도가는 유가와 함께 중국 철학의 핵심 사상이다. 노자는 도가의 창시자로 《도덕경道德經》을 저술하여 도의 개념을 정의하고, '무위無爲'로 돌아갈 것을 주장했다.

노자는 제자백가 가운데 가장 베일에 싸인 인물로 실제로 존재했는지에 대해서조차 학자들 사이에서도 의견이 분분하다. 실존했다고 전제해도 그가 공자보다 앞선 시대의 인물인지 이후의 인물인지에 대해서도 밝혀진 바가 없다. 노자의 탄생에 관해서는 그의 어머니가 유성을 보고 임신하여 82년이 지나 아이를 낳았는데, 태어난 아이의 머리카락이 마치 노인처럼 하얗게 세어 있어 노자라고 이름 지었다는 신비한 설화가 전한다.

물소를 타고 있는 노자 함곡관의 관문지기 윤희가 꿈에 물소를 타고 오는 기인을 본 후 그를 맞이했다는 일화에서 기원한다.

《사기》〈노장신한열전〉에 따르면 노자는 초나라 고현苦縣 사람으로 이름은 이李, 자는 담聃이며, 주나라에서 도서를 관장하던 수장실守藏室에서 사관을 지냈다고 한다. 그러나 이 역시 하나의 가설일 뿐이다. 노자가 도와 덕에 대해 논한 15편의 저서를 남긴 초나라의 노래자老萊子로 공자와 동시대 인물이었다는 설도 있고, 진秦나라 헌공獻公을 알현하고 진나라가 중국을 통일할 것이라고 예언한 주나라 태사 담儋으로 공자보다 후대의 사람이라는 설도 있다. 사마천 역시 《사기》에서만도 노자의 실재를 확신하지 못하고 당대의 설들을 그대로 기록하여, 《사기》에 노자로 언급되는 인물이 여럿이다. 이는 노자가 은둔 생활을 한 데다 당시 유가와 도가가 서로 배척하는 분위기가 만연했기 때문으로 보인다.

《사기》에는 노자와 공자에 관한 유명한 일화가 소개되어 있다.

노자가 주나라에 머무를 때 한 청년이 찾아와 '예'에 관해 물었다. 이에 대해 노자는 "옛날의 성인들은 모두 죽어 없어져 지금은 그들의 가르침만 남아 있다. 군자는 때를 잘 타고 나면 수레를 타는 귀한 몸이 되지만, 그렇지 못할 때는 산야에 묻히게 된다. 훌륭한 장사꾼은 물건을 깊숙이 보관하여 겉으로는 빈약해 보일지라도 내실은 강화한다. 군자도 이와 마찬가지로 덕을 몸에 갖추고 있더라도 겉으로 보기에는 어리석은 것같이 해야 한다. 그대가 가지고 있는 교만, 지나친 욕심, 위선적인 표정, 지식 들을 다 버려라. 이런 것들은 아무런 도움도 되지 못하느니."라고 했다. 이 청년은 공자였다.

공자는 돌아와서 제자들에게 "새는 날고, 고기는 헤엄치고, 짐승은 달린다는 것을 나는 알고 있다. 달리는 짐승은 그물을 쳐서 잡고, 헤엄을 치는 물고기는 낚싯대로 낚을 수 있고, 나는 새는 화살을 쏘아 떨어뜨릴 수 있다. 하지만 용은 바람과 구름을 타고 하늘로 오른다고 하는데 나는 용이 어떻게 바람과 구름을 타고 하늘로 올라가는지 알지 못한다. 노자는 마치 이 용 같은 인물로 전혀 짐작가는 바가 없다."라고 말했다.

《도덕경》 함곡관의 관문지기 윤희가 노자에게 가르침을 간청하여 탄생한 책이 《도덕경》이다.

노자는 자신의 이름이 널리 알려지는 것을 원치 않아 스스로 재능을 숨긴 채 도와 덕을 닦았다. 그는 주나라에 오랫동안 머물렀지만 주나라의 국력이 기울어 가는 것을 보고 주나라를 떠나 서쪽으로 가다가 함곡관에 이르렀다. 함곡관의 관령은 윤희尹喜라는 사람이었는데, 그는 전날 밤 한 성인이 물소를 타고 함곡관을 향해 오는 꿈을 꾸었다. 노자가 꿈속의 성인임을 확신한 윤희는 그에게 가르침을 청했다. 노자는 윤희의 요청에 따라 사흘 동안 5천여 자의 글을 남겼는데 이것이 《도덕경》이다. 이후 노자를 본 사람은 아무도 없었다고 한다.

《도덕경》은 《노자》라고도 하는데, 노자의 실재를 두고 의견이 분분한 것과 마찬가지로 《도덕경》의 저자를 노자로 보는 견해와 도가 유파들이 편집한 책이라고 보는 견해가 있다. 《도덕경》은 총 81장으로 상, 하 두 편으로 나누어진다. 상편은 《도경》으로 37장이며, 하편은 《덕경》으로 44장으로 이루어져 있다.

《도덕경》은 도道의 본체와 덕德의 쓰임을 설명하고 있는데, 상편 《도경》은 도의 정의를 풀이하고 있다. 도는 만물의 근원이며 우주 운행의 원리이고, 우주와 천지만물의 창조자이자 이 모든 것을 주재한다. 도는 '되돌아감'의 성질을 가지고 있는데, 즉 달도 차면 기울고, 밀물은 썰물이 되고, 낮이 밤이 되고 밤이 다시 낮이 되는 것처럼 세상의 모든 것은 한쪽으로 가다가 그 끝에 도달하면 다른 쪽으로 가는 원리를 따른다고 했다. 또한 노자는 도의 성질을 만물의 생명에 기운을 주고 유약하여 다투지 않는 물의 성질과 같다고 보았다. 그러면서 가장 약한 물 한 방울 한 방울이 모여 성난 파도로 바뀔 수 있는 것처럼 가장 약한 것이 가장 강한 것이 될 수 있음을 강조했다. 부드럽고 유약한 것이 강한 것을 이긴다고 본 것이다.

《도덕경》의 하편 《덕경》은 덕의 쓰임이 주를 이루고 있는데, 여기에서 노자는 '허정虛靜'과 '무위無爲', 즉 완전히 비움과 행하지 않음을 강조했다. 인간의 인위적, 과장적, 계산적, 자기 중심적인 행위 등을 버리고 꾸밈이나 장식이 없는 순박한 자연 그대로의 품안으로 들어갈 것을 강조한 것이다. 이렇게 될 때 세상의 혼란, 갈등, 분쟁의 원인 들이 해소되어 모든 사람들이 조화롭게 살 수 있으며 자연 또한 조화롭게 된다고 했다.

노자는 이상적인 삶의 형태인 '무위자연無爲自然'으로 회귀하기 위해

마왕퇴에서 출토된 노자 백서

서는 유가가 주장하는 인의의 도덕적 관념을 버려야만 한다고 생각했다. 백성을 다스리는 것도 이와 마찬가지로 백성들의 삶이 윤택해지기 위해서는 위정자들이 최소한만 간섭해야 한다고 생각했다. 노자는 위정자들이 인위적으로 백성들을 통치하려 하지 말고 '무위의 정치'를 해야 한다고 주장함으로써 당시 지배자들의 과도한 군비 경쟁과 약육강식의 논리가 통하는 시대 상황을 비판했다. 노자는 백성의 수가 적은 원시적인 촌락이나 부족사회 같은 성격을 지닌 공동체, 즉 작은 국가를 이상적인 국가라고 생각했다. 그러나 이러한 노자의 정치론은 패권을 차지하기 위해 전쟁을 반복하던 당대의 제후들이 받아들이기는 힘든 사상이었다. 위정자들에게 배척당한 도가 유파들은 은둔 생활을 지향했고 도가 사상의 한 줄기는 훗날 도교로 발전했다. 그러나 도교는 노자를 시조로 추앙하지만, 노자의 사상과 도교는 그 연관성이 희박하다.

동아시아 유교 사상의 원류
공자

孔子(B.C. 551~B.C. 479년)

- 춘추 시대 노나라의 사상가로 유교를 창시했다.
- 최고의 덕을 인(仁)으로 보았으며, 자신을 이기고 예에 따르는 삶을 통해 인을 구현할 수 있다고 주장했다.
- 도덕규범으로서의 인을 정치 사상에도 투영시켜 왕도 정치를 강조했다.

유교는 중국을 비롯해 동아시아 지역에 널리 영향을 미친 사상으로 정치 이념은 물론 일반 민중의 의식에까지 큰 영향력을 행사하고 있다. 특히 우리나라에서는 조선 시대 500년간의 사상적 배경으로 작용했고, 이때부터 형성된 문화적 가치, 예절, 규범 등은 오늘날까지 전해 내려온다. 공자는 이러한 유교를 대표하는 사상가로, 유교를 체계적으로 연구하고 발전시켰다. 직접 남긴 저서는 없으나 공자가 정리, 편찬한 《논어》, 《시경》, 《서경》, 《주역》, 《춘추》 등에서 그의 사상을 알 수 있다. 공자 사상의 핵심은 인仁, 의義, 예禮, 지知와 극기복례克己復禮이며, 그는 이를 사회규범에 그치는 것이 아니라 정치에까지 적용할 수 있다고 생각했다.

공자는 기원전 551년 춘추 시대 주나라의 제후국이었던 노나라 출신으로, 산동성에서 태어났다. 《사기》〈공자세가〉에서는 공자의 선조를 송나라 사람 공방숙이라고 기록하고 있어 그를 송나라 출신이라고 보기도 한다.

공자는 세 살 때 아버지를 여읜 후 홀어머니 슬하에서 가난하게 자랐다. 그러나 어린 시절부터 전통의례와 음악에 심취해 이를 연구했고, 이때부터 주나라의 주공을 숭배했다. 주공은 봉건적 의례를 확립한 인물로, 예악과 법도를 특히 중요하게 생각하여 혈연, 결혼, 지연 등의 관계 및 계약과 협약이 바탕을 이루는 제도를 특히 강조했다. 따라서 법이라는 강제 수단보다는 예의와 도덕을 통해 평화와 번영을 이루는 것을 이상으로 여겼다. 공자는 주공에게 큰 영향을 받고 주공이 제도로 확립시킨 각종 의례 제도와 정치 철학을 흡수했다. 도덕을 중시하는 공자의 정치 철학은 여기에서 시작된 것이라고 보아도 과언이 아니다. 공자는 또한 당대 유명한 인물들을 찾아다니며 가르침을 받기를 거듭했으며, 노자를 직접 만나 예에 대해 배우기도 했다고 한다. 공자는 열일곱 살 때부터 위리, 승전리 등 말단 관리로 근무하면서 대학에서 《시경》, 《서경》 등 고전과 육례(예, 악, 사, 어, 서, 수)를 깊이 연구하여 이름을 떨치기 시작했다.

공자가 서른여섯 살이 되던 해, 노나라 환공의 후예인 삼환씨(계손씨, 숙손씨, 맹손씨)가 난(삼환의 난)을 일으켜 노나라가 셋으로 나뉘었다. 노나라 소공은 계손씨에게 쫓겨나 제나라에 몸을 의탁했다. 공자 역시 주군을 따라 제나라

공자

협곡에서의 회맹 공자는 노나라 시대 대사구(오늘날의 법무부 장관)가 되어 임금을 모시고 협곡에서 적대 관계에 있던 제나라와 회맹을 성공시켰다. 김진여 작. 국립전주박물관 소장.

로 가서 제나라 왕과 신하들을 가르쳤다. 제나라 왕 경공은 공자를 고문으로 삼고자 했으나 신하들의 반대에 부딪혔다. 공자의 사상이 현실에 맞지 않고 지나치게 복잡하다는 이유였다.

공자는 지위 고하를 막론하고 사람이 자신의 맡은 바 책임을 제대로 수행하는 것을 중시했다. 그래야만 질서가 확립되고 명분이 바로 선다고 생각했기 때문이다. 특히 위정자는 인과 덕이 있어야 하며, 예로써 다스려야 나라가 바로 선다고 했다. 위정자가 인과 덕, 예를 중요시하면 자연히 백성도 이를 따르게 되어 나라가 널리 평화로워지는 것이다. 또한 이

로써 나라 안이 평화로워야 혼란한 시대도 안정될 것이라고 생각했다. 그러나 공자의 이러한 사상은 당연히 당대에는 걸맞지 않았다.

공자가 살았던 당시는 춘추전국 시대로, 수많은 제후국들이 패권 다툼에 치중하던 시기였다. 국외적으로는 물론 내란도 빈번하게 발생했고, 전쟁이 반복되면서 많은 나라가 생성, 소멸되고 왕조가 교체되었다. 정치적으로 대혼란기였던 만큼 민생도 불안했다. 이에 따라 공자와 그의 제자들이 발전시킨 유가를 비롯해 절대적인 법치를 내세운 법가, 인위를 버리고 무위로 돌아갈 것을 주장한 도가 등 제자백가諸子百家라는 말이

소정묘의 처형 공자가 대사구가 되어 가장 먼저 한 일이 사회 기강을 바로잡기 위해 소정묘를 처형한 일이다. 김진여 작. 국립전주박물관 소장.

나올 정도로 수많은 사상과 사상가 들이 범람했다. 약육강식의 논리가 지배하던 춘추전국 시대에 지도자들이 선호했던 사상은 당연히 지배 권력을 공고히 해 줄 수 있는 것이었다. 때문에 인과 예를 중시한 공자의 사상은 받아들여지기 힘들었다.

결국 좌절한 공자는 다시 노나라로 돌아가 제자를 양성하는 데 힘을 쏟았다. 그러던 중 46세 때 정공에게 발탁되어 다시 정치에 발을 들여놓았

다. 자신의 이상을 정치에 접목시키려는 꿈을 꾼 것이다. 52세에는 대사구가 되는 등 점차 정치적으로도 명성을 얻었다. 그러나 엄격한 도덕과 예가 바탕이 된 정치를 추구했던 공자는 삼환씨의 계속되는 세도와 사치를 일삼는 정공에게 실망해 다시 길을 떠났다. 그는 문하의 제자들을 이끌고 14년 동안 천하를 유랑하기 시작했다. 그러나 위, 송, 조, 정, 진, 채, 초나라를 차례로 방문했으나 어떤 곳에서도 정착할 수 없었다. 어느 나라에서도 그가 주장하는 도덕과 예가 바탕이 된 정치 이상을 달가워하지 않았던 것이다.

공자는 이렇게 인과 예가 사라진 적자생존의 혼돈한 시대상을 책으로 남겼다. 그것이 바로 《춘추》다. 이 책은 노나라 은공隱公부터 애공哀公 시대까지 242년의 역사를 노나라 사관의 기록을 토대로 공자가 직접 엮은 것이다. 어떤 비평이나 설명 없이 공자 자신이 세운 도덕과 명분에 따라 사실만을 간략하게 기록한 것이 특징이다. 공자가 살던 춘추전국 시대라는 명칭도 이 책에서 비롯되었으며, 이후 《춘추》는 오경(五經, 나머지 4권은 《시경》,《서경》,《역경》,《예기》다) 중 하나로 꼽히게 되었다.

공자의 가르침을 전하는 것으로 가장 널리 알려진 저술은 총 20편 482 장으로 이루어진 《논어》다. 논어는 대표적인 유교 경전으로, 공자가 직접 저술한 것이 아니라 공자와 제자들이 주고받은 문답, 공자가 남긴 언행 등을 제자들이 엮은 것이다. 공자와 제자들이 토론한 내용을 담고 있어 '논論', 이를 정리하여 후대 제자들에게 전했으므로 '어語'라고 하여 《논어》라는 제목이 붙었다. 누가 지었는지는 명확하지 않다. 《논어》는 중국의 철학, 정치, 사상, 도덕관 등은 물론 주변 아시아 국가들에게까지 지대한 영향을 주었다. 특히 한나라 시대에는 공자의 철학이 치국 사상으로 채택되었으며, 우리나라 조선 시대에는 과거시험에서 《논어》에 대한 이해가 매우 중요한 부분을 차지했다. 이처럼 공자의 사상은 동아시아 국가들의 정치 이념과 도덕관에 막대한 영향을 미쳤다.

저술 활동을 계속하며 제자를 양성하던 공자는 마침내 68세 때 노나라로 돌아왔다. 그는 귀국한 후에도 여전히 제자들을 가르치며 고전을 집대성하는 일에 힘을 쏟았다. 그의 제자는 3천 명에 이를 정도로 많았다고 한다. 그러나 말년의 공자는 외로움과 고뇌에 시달렸다고 전해진다. 가장 아끼던 제자인 안연顔淵이 기원전 491년에 먼저 세상을 떠났으며, 역시 총애하던 제자 중 한 명인 자로子路가 위나라의 내란에 휩쓸려 480년에 전사했고, 그의 아들 공리孔鯉도 483년경에 죽었기 때문이다. 아들과 제자를 먼저 떠나보낸 공자는 기원전 479년, 수많은 제자들이 지켜보는 가운데 73세의 나이로 세상을 떠났다.

왕도 정치를 주장한 민본주의자
맹자

孟子(B.C. 372~B.C. 287년경)

- 전국 시대 노나라 출신의 유교 사상가로, 공자의 유교 사상을 계승, 발전시켰다.
- 왕도 정치와 성선설을 주장했고, 역성혁명에 사상적 근거를 제공했다.
- 《맹자》는 주자학 이후로 《논어》, 《대학》, 《중용》과 더불어 '사서(四書)'의 하나로 유교의 주요 경전이 되었다.

맹자는 전국 시대 제자백가의 한 사람으로 본명은 가軻이며, 자는 자여子輿 혹은 자거子車다. 그는 공자가 세운 유교 사상을 계승하여 발전시켰다. 그는 왕도 정치를 이상적인 치국 방법이라고 생각하며, 부국강병을 위해서는 정치적 책략과 외교적 술수, 전쟁 등의 수단보다 백성을 소중히 여기는 것이 더욱 중요하다고 보았다. 무엇보다 백성을 중요시한 그의 사상은 민본주의 사상과도 맞닿아 있으며, 이는 역성혁명의 근거를 제공하기도 한다.

맹자는 기원전 372년경 노나라 산동성 부근 추나라에서 태어났다. 그의 생몰연대에 대해서는 여러 설이 있으나 열왕 4년(기원전 372년)에 태어나 난왕 26년(기원전 287년)에 죽었다는 설이 가장 유력시된다. 그는 세 살 때 아버지를 잃고 홀어머니 밑에서 자랐다. 맹자의 어머니 장씨는 아들을 제대로 교육시키기 위해 애썼는데, 그에 관한 이야기는 유향의 《열녀전》에 수록되어 지금까지 전한다. 그중 맹모삼천孟母三遷과 맹모단기孟母斷機 고사가 대표적이다.

맹모삼천은 아들의 교육을 위해 어머니가 세 번 이사했다는 것으로 인간의 성장에 있어 환경이 중요함을 알려 주는 고사다. 맹자가 어린 시절 묘지 근처에서 살았는데 장사 지내는 흉내를 내고 놀자 어머니가 시장 근처로 이사했다고 한다. 그런데 이번에는 물건 파는 흉내를 내서 다시 서당이 있는 곳으로 이사했더니 그 후 학문에 열중했다는 이야기다.

맹모단기는 중도에 그만두면 아무 쓸모가 없고, 꾸준한 정진이 중요함을 알려 주는 고사다. 맹자가 학업을 그만두고 집으로 돌아오자 베를 짜고 있던 어머니가 베틀의 실을 자르면서 "네가 공부를 중도에 그만두고 돌아온 것은 지금 내가 짜고 있던 이 베의 날실을 끊어 버린 것과 다를 것이 없다."라고 말했다. 이에 맹자가 뉘우치고 그 길로 돌아가 학업을 계속했다는 이야기다.

맹자는 일찍이 공자의 사상을 접하고 감화되었다. 그는 공자의 손자이자 《중용》의 저자인 자사子思의 문하생에게서 유교 사상을 배웠고, 이를 통해 공자 사상의 정통성을 이어받았다. 제나라에서 잠시 관직 생활을 한 그는 기원전 320년경부터 약 15년간 위, 제, 송, 노 등 여러 나라를 주유했다. 공자와 마찬가지로 맹자의 사상 역시 당대에는 그다지 환영받지

맹자

못했다. 인의를 중요시하고 덕치를 내세운 맹자의 사상은 당시 위정자들이 요구하던 통치 사상과는 여러모로 거리가 있었기 때문이다. 무력을 통해 부국강병을 추구하던 시대에는 무엇보다 통치자의 권위를 지지하고, 국가 간에 다발적으로 발생하는 전쟁과 반란에 이론적 토대를 제공하며, 실질적으로 전쟁에 도움을 주는 병법이 더 각광받았다.

맹자는 인간의 본성은 도덕을 받아들일 수 있다는 성선설을 기초로 하여 인仁을 실천하여 의義을 이루는 인의설仁義說을 주장했으며, 또한 그것을 바탕으로 한 통치 이념으로서의 왕도 정치를 주장했다.

먼저 성선설을 통해 맹자는 인간은 본래 사단(四端, 4개의 마음)을 가지고 선하게 태어났기 때문에 인, 의, 예, 지를 실현할 수 있다고 했다. 사단이란 인은 타인의 어려운 처지를 그냥 보아 넘길 수 없는 '측은지심惻隱之心', 의는 불의불선不義不善을 부끄러워하는 '수오지심羞惡之心', 예는 남에게 양보하는 '사양지심辭讓之心', 지는 옳고 그름을 가릴 줄 아는 '시비지심是非之心' 등의 네 가지 마음이다. 맹자는 인간이 사단을 연마하여 인의예지를 실천하면 사회가 안정되고 천하가 태평해질 것이라고 주장했다. 이에 대해 순자는 '인간은 본래 악한 존재'라는 성악설性惡說을 주장했고, 고자는 '인간은 교육하기에 따라 어떻게든 달라질 수 있다'라는 성무선무불선론性無善無不善論을 주장했다. 인간의 천성에 대한 논쟁은 지금까지도 이어지고 있다.

맹자가 사단을 기초로 인간이 지켜야 할 의무에 대해 정리한 것이 바로 오륜五倫이다. 부모와 자식 간에 존재하는 친애에 관한 '부자유친父子有親', 임금과 신하 사이에 지켜야 할 의리를 규정한 '군신유의君臣有義', 부부 사이에 구분되는 인륜을 언급한 '부부유별夫婦有別', 어른과 아이 사이에 지켜야 할 질서에 대한 '장유유서長幼有序', 친구 사이에 마땅히 지켜야 할 신의에 관한 '붕우유신朋友有信'이 그것이다. 이 오륜은 군신의 도리인 충성에 관한 '군위신강君爲臣綱', 부자 간의 도리인 효에 관한 '부위자강父爲子綱', 부부 간의 도리인 정조에 관한 '부위부강夫爲婦綱'의 삼강三綱과 함께 유교의 기본 윤리로 현재까지 이어지고 있다.

한편 왕도 정치는 공자의 예치禮治를 발전시킨 것으로, 인의설을 바탕으로 하여 '덕으로 다스리는 것(德治, 덕치)'을 기본으로 하는 사상이다. 덕치는 통치자와 백성이 모두 선하다는 성선설을 전제로 한다. 다스리는 자는 사리사욕과 권력 대신 도덕규범을 통해 백성을 다스려야 하는 것이 우선이다. 이런 관점에서 '백성이 제일 귀하고 사직은 그다음이며 군왕이 가장 가볍다'라면서 민의民意에 따라 정책을 세워야 한다는 진보적인 이념을 주장했다. 즉 통치자는 백성이 전쟁이나 세금, 부역 등 다른 일에 시달리지 않고 평화롭게 살 수 있게 해 주고 나서 교화시

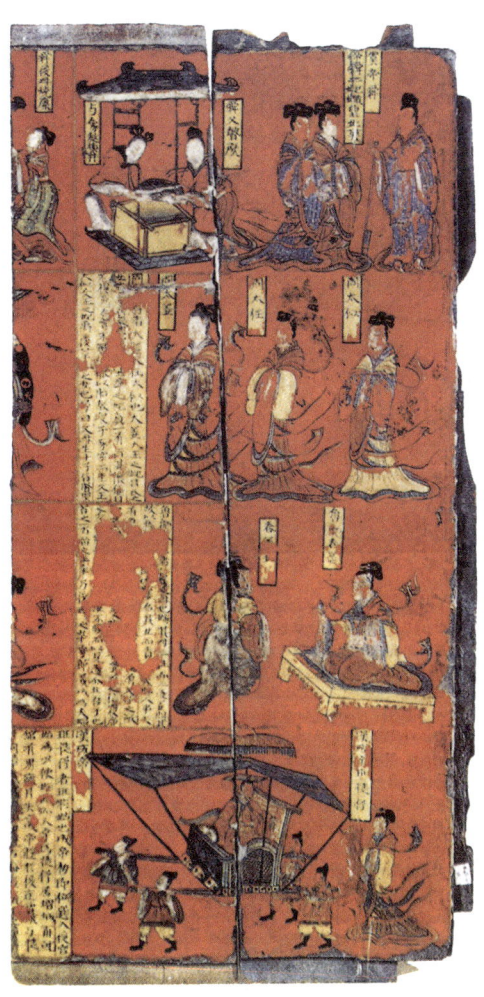

효자열녀 채색칠병 삼강오륜은 유교의 기본적인 도덕 지침으로 유교 문화권에서 오랫동안 사회의 기본적 윤리로 존중되었다.

맹자의 아성전 맹자가 출생한 산동성 추현현에 위치한 맹자의 사당으로, 성인에 근접한 사람이라 하여 '아성'이라고 한다.

켜야 한다는 것이다. 이에 따라 맹자는 "백성이 살기 좋게 하고, 죽어도 장례를 치르는 데 부족함이 없게 하는 것이 왕도의 시작"이라며, 민생 안정이 무엇보다 우선되어야 하고, 그다음으로 교육을 통해 인륜을 가르쳐야 한다고 보았다. 그는 이런 사상을 바탕으로 정전법(井田法, 공동으로 경작하는 토지를 만들어 세금 부담을 줄이는 토지 정책), 자유무역, 신분에 따른 분업, 세금 탕감, 부의 평등 분배 등 구체적인 정책 계획을 수립했다.

기원전 312년 59세 때 고향으로 돌아온 맹자는 고향에서 제자를 육성하고 저술에 힘을 쏟았다. 말년의 삶은 알려진 것이 없으며, 그가 기원전 287년경 죽었다고 하나 이 역시 확실하지 않다.

맹자의 저서로는 맹자와 제자들의 논의를 정리하여 엮은 《맹자》가 전한다. 《논어》와 같이 제자들이 후대에 엮은 것이라는 견해가 있지만, 전체가 일관된 체제를 취하고 있다는 데서 맹자가 직접 저술한 것이라는 설이 유력하다. 후한 시대의 조기趙岐와 주자가 붙인 주석서가 가장 널리 명성을 얻고 있으며, 유교에서 《논어》, 《대학》, 《중용》과 함께 사서四書 중 하나로 지금까지 연구되고 있다.

혼탁한 세상을 자유롭게 노닐다

장자

莊子·(B.C. 369~B.C. 289년)

- 춘추 시대 송나라 사람으로 이름은 주(周)이다.
- 도가 사상을 계승, 발전시킨 인물로, 우언으로 풀이된 《장자》를 남겼다.
- 천지만물의 근원인 '도'는 정의할 수 없는 진리이며, 만물 어디에도 도가 존재한다는 일종의 범신론을 주장했다.

장자는 노자의 도가道家 사상을 계승, 발전시킨 인물로 자연의 도를 추구하며 무위無爲로 돌아가야 할 것을 주장했고, 저서 《장자》를 통해 유학자들의 도덕적 가르침을 비판했다. 장자는 인간이 사물의 양면성, 즉 전체를 살피지 못해 사소한 일에 일희일비一喜一悲하는 것이며, 세상의 유동성을 이해하고 사물의 진실을 연구한다면 자유로운 인간으로 거듭날 수 있다고 했다. 이를 위해 인간이 일상적이고 상식적인 의식을 바꾼다면 사물을 더욱 깊이 이해할 수 있고, 그것을 있는 그대로 볼 수 있으며, 죽음과 삶도 초월할 수 있다고 주장했다.

장자는 만물은 하나이고, 차별 없이 평등하고, 생사도 하나이며, 꿈과

호접몽

현실도 하나라고 했다. 그의 사상은 '호접몽胡蝶之夢'이라는 이야기로 유명하다. 어느 날 장자가 호랑나비가 되어 근심 없이 훨훨 날아다니는 꿈을 꾸었다. 그 꿈이 지나치게 현실 같아 잠에서 깨어난 장자는 자신이 호랑나비가 된 꿈을 꾸었는지, 호랑나비가 자신이 된 꿈을 꾸었는지 알 수 없다고 생각했다는 이야기다.

장자는 전국 시대 송宋나라 몽蒙 사람으로 이름은 주이다. 정확한 생몰 연대는 알려져 있지 않으나 보통 맹자와 같은 시기의 인물로 본다. 그러나 두 사람의 저서에 서로에 대한 언급이 없는 것으로 미루어 당시 두 사람은 서로를 알지 못했던 것 같다. 《사기》에 따르면 장자는 몽 지방의 칠원漆園에서 관리 생활을 했다고 전해지는데 오랫동안 관직에 있지는 않은 듯 여겨진다.

후에 그의 현명함을 들은 초楚나라 위왕이 그를 재상으로 모시려 사신을 보냈을 때 장자는 이렇게 대답했다. "천금은 매우 큰 재물이고 한 나라의 재상은 매우 높은 벼슬이오. 당신은 제사의 제물로 쓰이는 소를 본 적이 있소? 그 소는 몇 년간 좋은 사료로 사육되다가 제삿날 화려한 비단을 걸친 채 끌려 나와 결국 제단의 희생물이 되어 목숨을 잃소. 그때 그 소가 '평범한 백성의 더러운 돼지로 태어났다면 죽지 않아도 될 텐데……'라고 후회해 봐야 이미 늦은 일이 아니겠소. 당신이 보기에 내가 더러운 시궁창에서 무의미하게 놀고 있는 것처럼 보이겠지만 이것이 내 겐 가장 즐거운 일이라오. 이렇게 즐거운데 무슨 이유로 권력을 탐해 목숨을 걸겠소. 이렇게 시골에서 내 마음 가는 대로 사는 것이 나의 간절한 소망이오." 그리고 제후들에게 얽매이거나 벼슬은 하지 않겠다는 뜻을 전하면서 자신은 자유롭게 살아가겠노라고 했다.

장자는 벼슬에 나가지 않고 노자의 사상을 바탕으로 《장자》를 저술했다. 《장자》는 내편 7편, 외편 15편, 잡편 11편으로 모두 33편으로 구성되어 있는데, 그중에서 내편 7편만이 장자의 글로 여겨진다. 《장자》는 주로 자유로운 삶, 제물(齊物, 세상의 모든 진위나 시비는 상대적이라는 사상) 등의 사상을 다루고 있으며, 풍부한 상상력을 바탕으로 문체가 아름다워 후에 낭만주의 문학에도 영향을 주었다.

장자의 사상은 지시형의 가르침보다는 우언寓言으로 풀이되어 있어 대다수가 허구이지만, 가르침을 얻고자 하는 이가 스스로 깨우칠 수 있게 한다. 장자는 우리가 가진 상식, 고정관념, 이분법적 사고방식, 즉 인위에 기초하여 길들여진 세계관이나 종교관이 갖고 있는 모순을 스스로 들여다보고 그것에서 깨어나 자유로운 삶을 살 수 있게 한다.

장자는 '도道'란 감정과 믿음은 있지만 행위나 형태가 없기 때문에 손으로 전할 수도 없고 눈으로 볼 수도 없는 독립적인 것으로, 그 자체가 근원적이며 세상이 만들어지기 전부터 존재했다고 생각한다. 도는 모든 것에 존재하여 하찮은 개미, 기와, 벽돌, 똥, 오줌에도 있으며, 도의 범위는 한정될 수 없지만 그렇다고 사물을 초월한 것도 아니라고 생각했다.

또한 장자는 인간이 환경을 통해 얻은 지식으로 형성된 인위人爲를 부정하여 그동안 사람들을 얽매고 있던 사고의 전환을 주장했다. "사람은 습한 데서 자면 허리 병이 생겨 반신불수가 되지만 미꾸라지도 그러한 가? 사람은 나무 위에 있으면 떨어질까 무서워하지만 원숭이도 그러한 가? 이 셋 중 누가 거처를 제대로 아는 것인가? 사람은 가축을 먹고, 사슴은 풀을 뜯으며, 지네는 뱀을 즐기고, 올빼미는 쥐를 좋아하니, 넷 중에 누가 맛을 제대로 아는 것인가? 원숭이는 긴팔원숭이를 짝으로 삼고, 고라니는 사슴과 교미하며, 미꾸라지는 물고기와 어울린다. 세상 사람들이 절세미인이라고 하는 모장과 여희를 물고기가 본다면 물속으로 숨고, 새가 본다면 놀라 날아가 버리며, 사슴이 본다면 멀리 달아날 것이다. 이들 중 누가 아름다움을 제대로 아는 것인가?"

장자는 인간이 사물의 실재를 파악하지 못하는 것, 즉 도의 의미를 알지 못한 채 인위로만 세상을 보기 때문에 세상이 복잡해지고 혼란스러워진다고 했다. 그리고 이런 예를 들었다. 원숭이를 키우던 할아버지가 흉년이 들어 원숭이에게 줄 먹이를 줄여야만 했다. 할아버지는 원숭이들에게 먹이를 7개 줄 것인데, 아침에 3개, 저녁에 4개를 주겠다고 말했다. 그러자 원숭이들이 소리높여 반발했다. 이에 할아버지가 다시 아침에 4개, 저녁에 3개를 주겠다고 하자 원숭이들은 모두 만족했다. 이 '조삼모사朝三暮四' 이야기를 통해 장자는 인간도 이 원숭이들처럼 사물의 다양성을 인식하지 못하고 1차원적인 면만 바라보기 때문에 사소한 일에 목숨까지 거는 무모함을 저지르고 세상을 혼란스럽게 한다는 것을 전하고자 했다. 같은 맥락에서 그는 유가의 인위적인 예교를 비판하고, 더는 인위적인 제

신선도 도교의 신선 사상을 바탕으로 한 신선도는 유교 문화권에서 자주 그려졌다. 선인은 초인적인 능력을 지녔으며 속세를 초월한 불로불사의 존재로서 중국인의 이상적 인격상이다. 김홍도 작. 국립중앙박물관 소장.

도나 예법을 만들지 말고 무위無爲의 상태로 있을 것을 주장했다.

장자는 사물의 진실을 파악하여 그대로 볼 것을 강조했다. 그러기 위해서는 심재좌망(心齋坐忘, 마음을 깨끗이 하여 무아의 경지에 이름)의 수양법으로 개인의 상식적이고 고정된 의식을 바꿔야 한다고 했다. 의식이 변화하면 만물이 평등함을 알 수 있으며 삶과 죽음까지 초월하는 자유로운 인간이 될 수 있다고 했다. 장자의 사상은 '제물론'에서 절정을 이룬다.

《장자》에는 '포정해우包丁解牛'의 우언이 소개되어 있다. 백정 포정이 문혜군을 위해 소를 잡았다. 그 솜씨가 대단하여 그의 손과 어깨, 발, 무

릎이 닿고 기대고 밟고 구부리는 곳에서 휙 하는 소리가 나는 듯했고, 칼놀림은 마치 춤을 추는 듯했다. 문혜군이 감탄하여 어떻게 이러한 경지에 올랐는지 물었다. 포정은 칼을 내려놓으며 대답했다. "제가 좋아하는 것은 도이며, 그것은 기술보다 우월합니다. 제가 처음에 소를 잡을 때는 소의 겉모습만 보았지만, 3년이 지나니 소의 겉모습은 눈에 띄지 않고 소가 부위별로 보이게 되었습니다. 10년 후에는 눈이 아닌 정신으로 소를 보게 되었으며, 정신의 작용에 따라 살과 뼈, 근육 사이의 커다란 틈새로 칼을 지나가게 하여 살이나 뼈를 다치게 하지 않고 큰 뼈도 건드리지 않게 되었습니다."

넋을 놓고 경청하는 문혜군에게 포정은 "솜씨 좋은 백정이 매년 칼을 바꾸는 것은 칼로 소의 살을 베기 때문이며, 평범한 백정이 월마다 칼을 바꾸는 것은 칼로 무리하게 뼈를 가르기 때문입니다. 반면 저는 19년 동안 같은 칼로 수천 마리의 소를 잡았지만 칼날은 방금 숫돌에 간 것과 같습니다. 제 칼의 뼈마디에는 간격이 있고 칼날은 두께가 없습니다. 두께가 없는 것으로 간격이 있는 것에 들어가니 널찍하여 칼날의 움직임에 여유가 생기기 때문에 제 칼날은 19년이 지났어도 숫돌에 새로 간 듯한 것입니다. 근육과 뼈가 엉킨 곳에 이르면 저는 그 일의 어려움을 알고 긴장하여 조심스럽게 손을 움직여 칼의 움직임을 아주 미묘하게 조절합니다. 제게는 살이 뼈에서 털썩 하고 떨어지는 소리가 마치 흙이 땅에 떨어지는 것같이 들립니다. 칼을 든 채 일어나서 주위를 살펴보면 비로소 부위별로 해체된 소고기가 눈에 들어옵니다. 그러면 칼을 닦아 챙겨 넣습니다."

문혜군은 포정의 말을 듣고 그가 백정이 아니라 도를 깨우친 지인至人임을 깨달았다.

장자의 이러한 사상은 아내가 죽었을 때의 일화에서도 드러난다. 아내가 죽자 장자가 두 다리를 뻗고 질그릇을 두드리며 노래를 불렀다. 이를 괴이하게 여긴 친구 혜시惠施가 장자에게 이유를 물었다. 이에 장자는 "본래 삶과 죽음은 없었던 것이며 뿐만 아니라 형체와 기氣도 없었던 것이네. 혼돈 속에 섞여 있던 무언가가 변하여 기가 생겼고, 기가 변하여 형체가 생겼고, 형체 속에서 삶이 생긴 것이네. 오늘 아내도 이렇게 변해서 죽음에 이르게 된 것일 뿐, 이것은 춘하추동 사계절이 반복되는 것과 마찬가지로 죽음은 삶의 다른 형태에 지나지 않으며 강물이 흐르고 계절이 바뀌는 것처럼 자연스러운 현상이라네."라고 말했다.

장자의 사고 체계는 더 나아가 모든 사물의 가치판단 기준을 무력화시키고, 세상의 구분을 없앤다. 장자는 근본적으로 노자의 사상을 따르지만, 기존의 모든 것의 가치와 의미를 허물고 극단적이고 무한한 사고의 세상으로 인도하여 평범한 사람들이 이해하고 실천하기에는 다소 무리가 있기도 하다. 장자의 사상은 불교가 중국에 처음 유입되었을 때 사람들의 거부감을 덜어 주었으며 당나라 시대 선종禪宗에 많은 영향을 주었다.

진 제국의 기초를 닦은 변법가
상앙

商鞅(?~B.C. 338년)

▎전국 시대 진나라의 정치가.
▎위나라 왕의 서자 출신으로 성은 공손, 이름은 앙이다. 흔히 공손앙으로 불린다.
▎진나라 효공에게 등용되어 강력한 변법을 시행함으로써 중앙집권 체제와 법치주의 국가의 기틀을 마련했다.

전국 시대에 들어 진秦은 위나라, 제나라, 초나라에 비해 상대적으로 국력이 약했으며 위나라의 압박에 영토를 빼앗기는 굴욕을 당하기도 했다. 하지만 효공이 상앙의 변법變法을 수용하여 실시함으로써 진나라는 강력한 중앙집권 체제와 법치주의 국가의 기틀을 마련하여 일약 강대국으로 성장할 수 있었고, 이를 기반으로 훗날 천하 통일의 대업을 이룰 수 있게 되었다.

상앙의 성은 공손公孫이고, 이름은 앙鞅이며, 위앙衛鞅이라고도 불린다. 상앙이 위앙이라 불리는 것은 그가 위衛나라 왕의 서자 출신이기 때문이다. 상앙이 태어났을 무렵 위나라는 위魏, 조趙의 속국으로 여겨질 만큼 국력이 약했기 때문에 공자 출신임에도 상앙은 스스로 관직을 찾아야 할 정도로 옹색한 처지였다.

상앙은 어려서부터 형명학(形名學, 법률학)에 뛰어난 재능을 보여 위魏나라 재상 공숙좌公叔座의 식객이 되었다. 공숙좌는 상앙의 능력을 일찍부터 알아보고, 병이 들어 더 이상 정치를 할 수 없게 되자 위魏나라 혜왕에게 그를 재상으로 삼을 것을 조언했다. 그리고 만약 상앙을 재상으로 등용할 마음이 없다면 차라리 그를 죽여 없애 다른 나라로 가지 못하게 하라고 했다. 또한 상앙에게는 혜왕에게 일러 준 말을 전하며 혜왕이 등용하지 않을 것 같으니 멀리 도망하여 목숨을 구할 것을 권했다. 그러나 상앙은 혜왕이 자신을 재상으로 등용하라는 공숙좌의 조언을 듣지 않는다면 자신을 죽이라는 조언도 듣지 않을 것이라며 위나라를 떠나지 않았다. 상앙의 예견대로 혜왕은 그를 재상으로 삼지도, 죽이지도 않았다.

기원전 361년 효공이 진나라의 왕으로 즉위했다. 효공은 동쪽의 잃은 땅을 되찾고 진나라를 무시했던 다른 제후국들을 복속시키기 위해 널리 인재를 구하고 있었다. 이에 상앙은 진나라로 가 효공의 측근 환관 경감景監에게 접근했다. 상앙은 경감을 통해 효공을 알현했지만 효공에게 깊은 인상을 주지는 못했다. 상앙은 효공을 네 번째로 알현했을 때 엄격한 법과 제도로 통치권을 강화하여 진나라를 강력한 중앙집권 국가로 개조하고 농업 생산력과 군사력을 증강시킬

상앙

것을 주장했다. 기원전 359년 효공은 상앙을 중용하여 변법의 책임자로 임명했다.

좌서장이 된 상앙은 1차로 변법을 실시했다. 그는 '오십제도五十制度'라는 연좌제를 고안하여 백성들을 서로 감시하게 하고 법을 어긴 자를 고발하게 했다. 왕실과 상류층에도 등급을 매겨 소유할 수 있는 재산의 양과 의복에 규제를 가했으며, 군사적 공적에 따라 신분을 상승시키거나 특권을 부여했고 반대로 공이 없으면 그 신분을 박탈했다. 또한 농업을 중시하여 황무지를 개간했다.

상앙은 엄격한 법률을 정함과 동시에 새로운 법이 순조롭게 집행될 수 있도록 백성들에게 모범을 보이고자 했다. 그는 남문에 있는 3장丈이나 되는 나무를 북문으로 옮기는 사람에게 금 열 냥을 주겠다고 했다. 백성들이 이를 믿지 않고 나무를 옮기지 않자 상앙은 다시 금 백 냥을 주겠다고 했다. 그러자 반신반의하던 한 백성이 나무를 옮겼고 상앙은 약속대로 금 백 냥을 주었다. 이때부터 사람들은 법에 믿음을 갖고 지키게 되었다고 한다.

한편 법을 어긴 자는 무자비한 처벌을 받았다. 한 번은 태자가 법을 어겼다. 상앙은 원칙대로 태자를 벌하려 했으나 그가 훗날 왕이 될 인물임을 감안하여 그의 후견인인 공자 건虔과 공손가公孫賈를 대신 벌했다. 그러나 후에 공자 건이 직접 법을 어기는 일이 발생했을 때는 법에 따라 그의 코를 베어 내는 의형劓刑에 처해 법 집행의 엄격함과 평등함을 알렸다. 이로써 진나라는 상앙이 변법을 실시한 지 10년도 지나지 않아 법치국가로 변모하게 되었으며, 빠르게 강대국으로 성장했다.

진나라의 국력이 강성해지자 진 효공은 과거 진 목공의 위업을 재현하고자 영토 전쟁을 시작했다. 기원전 352년 효공은 상앙을 장군으로 임명하여 위나라를 공격했고, 상앙은 위나라의 수도 안읍安邑을 공격하여 대승을 거두었다.

기원전 350년 수도를 동쪽 함양咸陽으로 옮긴 효공은 상앙으로 하여금 제2차 변법을 실시하게 했다. 상앙은 법 규제를 더욱 강화했다. 우선 그는 작은 마을과 도시를 통합하여 전국을 31개의 현縣으로 나누고, 중앙의 관리를 파견했다. 다음으로 황무지 개간을 더욱 장려하고 밭의 둑이나 경계를 없애 경작지를 넓혔다. 또한 조세를 공평하게 매기고 도량형을 통일하는 등의 정책을 실시했다. 이로써 진나라의 중앙집권적 체제는 더욱 강화되었고 농업 생산력은 증가하여 국가 재정이 풍부해졌다.

기원전 340년 진나라의 국내 행정이 안정되고 국력이 강성해지자 상앙은 제나라와의 싸움에 패해 세력이 약해진 위나라를 공격할 것을 제안했다. 상앙은 위나라와의 전투에서 대치 중이던 위나라 공자 앙卬에게 자신이 과거에 위나라 사람이었다는 것을 환기시키며 거짓 동맹 친서를 보냈다. 거짓 친서를 받은 앙은 방심하여 동맹을 맺는 연회 자리에 나왔고, 상앙은 이때를 놓치지 않고 그를 사로잡아 대승을 거두었다. 진나라에 패한 위나라는 수도 안읍을 버리고 훨씬 동쪽에 있는 대량大梁으로 천도할 수 밖에 없었다. 위의 혜왕은 일전에 상앙을 재상으로 등용하거나 그렇지 않으면 죽이라는 공숙좌의 조언을 듣지 않은 것을 후회했다. 상앙은 그 공적으로 열후列侯에 봉해져 어於와 상商 등 15개의 읍을 하사받았고 상군商君으로 불리게 되었다.

진나라의 재상이 된 상앙은 법 집행에 있어 한 치의 실수도, 인정도 용납하지 않았다. 상앙이 가혹할 정도로 엄정하게 법을 집행하자 그의 변법으로 피해를 입은 백성과 귀족 들의 원성이 빗발쳤다. 하지만 상앙은 이에 아랑곳하지 않고 오히려 변법에 반대하는 사람들과 법 위반자들에 대해 강력한 엄벌주의로 대처했다. 이때 조량趙良이라는 선비가 정세가 좋지 않다며 정사에서 물러나 낙향하라고 조언했으나 상앙은 그를 무시했다.

기원전 338년 효공이 병사하고 태자가 혜문왕으로 즉위했다. 강력한 후원자였던 효공의 부재는 반대파에게 상앙을 제거할 절호의 기회였다. 변법으로 피해를 입은 원로 귀족들은 공자 건을 필두로 상앙을 모함했다. 건은 혜문왕에게 상앙이 왕을 제거할 음모를 꾸

상앙의 변법 시행

미고 있다고 밀고했고, 과거 태자 시절의 일로 상앙을 증오해 오던 혜문왕은 이를 빌미로 상앙을 체포했다.

모반 혐의로 체포령이 내려지자 상앙은 도망쳐 국경 지대의 객사에서 묵으려 했다. 그러나 여행권이 없는 사람을 재워 주면 법에 따라 처벌을 받는다는 조항을 들어 객사 주인이 투숙을 거절하자 비로소 상앙은 자신의 법이 지나치게 가혹했음을 알아차렸다. 위나라로 도망친 상앙은 다시 자신의 영지인 상읍으로 돌아와 군사를 모아 정나라를 공격하여 재기를 도모했지만 진나라에서 파견된 군대에 사로잡혔다. 기원전 338년 상앙은

거열형(車裂, 죄인의 머리와 사지를 수레에 묶어 신체를 좌우로 찢는 형벌)에 처해졌고, 그의 가족도 모두 죽임을 당했다.

상앙은 약 20년간 변법을 시행하면서 중앙집권적 법치 국가라는 진나라의 전통적 정치 구조를 세웠다. 상앙의 시대에 진나라는 전국 시대 초기 강대국이던 위나라를 제압하고, 수도를 함양으로 옮김으로써 중원 진출의 계기를 마련했다. 강대국으로 성장한 진나라는 영정(훗날의 시황제)의 시대에 이르러 대륙의 패자로 우뚝 섰다. 하지만 상앙은 엄정하고 급진적인 변법만을 주장하고, 변법으로 인해 피해를 입은 백성들이나 반대파와는 소통하지 못하여 결국 자신이 만든 법에 의해 죽고 말았다.

합종책으로 진을 견제하다
소진

蘇秦(?~?)

- 전국 시대 연나라 문후의 책사.
- 전국 7웅 중 가장 강한 진나라를 견제하기 위해 나머지 6국이 동맹하여 대항해야 한다는 합종책을 설파했다.
- 합종은 진나라의 책사 장의가 진나라가 6국 동맹을 분쇄하고, 각각 화친해야 한다는 연횡책을 폄으로써 깨졌다.

    소진은 전국 시대의 유세가로 조, 한, 위, 제, 초, 연 6국을 동맹하여 강대국 진秦나라에 대항한다는 합종책合縱策을 편 인물이다. 그는 6국 동맹국의 재상으로 강대국 진나라의 동방 진출을 막아 15년간 중원에 평화를 가져왔다.

    소진은 동주東周 낙양洛陽 지역의 가난한 집안에서 태어났는데, 젊은 시절 농사를 짓지 않고 집안일도 돕지 않아 가족들에게 질타를 받고 무시당했다. 그러나 유세가가 되어 천하를 호령하겠다는 야심을 품고 있던 그는 운몽산을 찾아가 초나라의 사상가 귀곡자에게 가르침을 받았다. 이때 훗날 연횡설로 자신과 경쟁하게 될 장의張儀를 만나게 된다. 하산한 후 그는

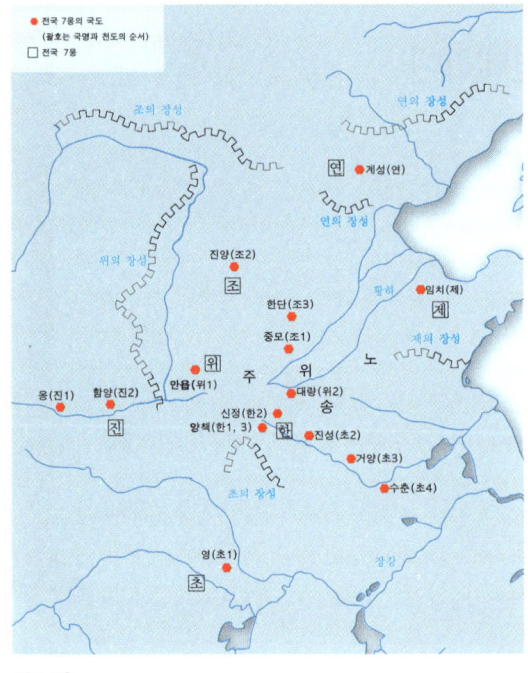

전국 7웅

자신의 유세술을 펴기 위해 각국을 순회했다.

소진은 먼저 주나라 현왕을 찾아갔다. 그러나 현왕을 만나지도 못한 채 발걸음을 돌려야 했다. 그 길로 그는 바로 진나라 혜문왕을 찾아갔다. 그러나 혜문왕은 유세가인 상앙을 처벌한 지 얼마 지나지 않았던 터라 소진의 유세에 큰 흥미를 가지지 않았다. 소진은 다시 조나라 숙후肅侯를 찾아갔지만 역시 등용되지 못했다. 소진은 마지막으로 연나라 문후文侯를 만나 천하 통일 계책을 내놓았다. 이것이 조나라와 연합하여 강대국 진나라에 대항하라는 소진의 합종책이다.

전국 시대는 주나라의 힘이 약해짐에 따라 소국들이 난립했던 때로, 그중 진, 제, 한, 위, 조, 초, 연나라의 전국 7웅이 위세를 떨쳤다. 이들은 각각 천하 맹주의 자리를 두고 오랫동안 각축전을 벌이면서 시기별로 전국 시대의 패권을 움켜쥐었다. 초기에는 위나라가, 이후 진나라와 초나라가 강국으로 올라서면서 서로에게 위협적인 존재가 되었다. 중원에서 상대적으로 동북쪽에 위치해 있던 연나라는 이들 세 나라에 비해 뒤늦게 두각을 나타내었다.

연나라가 전란을 피해 군비를 증강시켜 위, 진에 이어 위세를 떨칠 수 있었던 것은 조나라가 진나라의 침공을 막아 주는 방패 역할을 했기 때문이었다. 진나라 역시 멀리 있는 연나라를 침공하기보다 조나라를 침공하는 것이 수월했다.

소진의 합종책을 들은 연나라 문후는 소진을 재상으로 등용하고 그의 계책을 따르기로 했다. 그리고 조나라와 연합하기 위해 소진을 사신으로 보냈다. 조나라 숙후를 다시 만난 소진은 서쪽에 있는 진나라가 가장 경계하는 것이 조나라이며, 그럼에도 진나라가 조나라를 공격하지 못하는 이유는 그 틈을 타 한나라와 위나라가 힘을 합칠 것을 두려워하기 때문이라고 말했다. 반대로 진나라가 한나라와 위나라를 공격하여 점점 세력이 확장되면 곧 조나라도 공격해 올 것이라고 말하며 숙후의 위기의식을 부추겼다. 소진은 진나라가 동쪽으로 진출하는 것을 막기 위해서는 그 밖의 주변국들, 즉 한, 위, 제, 초, 연, 조나라가 연합(합종)하여 진나라를 물리쳐야 한다고 말했다. 숙후는 소진의 의견을 받아들여 그를 종약장으로 임명하는 한편 조나라의 승상으로 등용했다. 소진은 이어 한나라 선왕, 위나라 양왕, 제나라 선왕, 초나라 위왕을 알현하여 합종책을 설파했다. 소진은 이렇게 6국의 합종에 성공하여 6국의 재상이 되었고, 진나라에 합종의 서를 보냈다. 조나라에 도착한 소진은 무안군에 봉해졌다.

소진의 합종책은 15년간 지속되면서 진나라의 동쪽 진출을 막았다. 그러나 6국의 합종은 진나라의 재상 장의에 의해 균열이 생기기 시작했다. 장의는 진나라 혜문왕에게 소진의 합종책에 대항한 연횡책連横策을 진언했다. 연횡책은 진나라가 6개 국가와 개별적으로 동맹을 맺어 비동맹 국가들을 억제하고 공격하는 정책이었다. 장의는 6국의 합종은 인위적이고 일시적인 것으로, 6국 모두 궁극적으로는 중원의 패권을 차지하려는 목

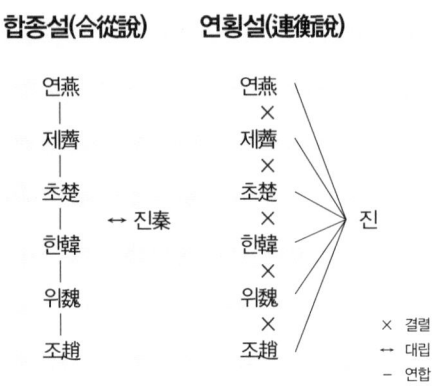

합종연횡 합종은 연, 제, 초, 한, 위, 조 6국이 연합하여 진과 대결하자는 책략이고, 연횡은 이에 대항하여 진나라가 6국 동맹을 분쇄하고, 각각 화친해야 한다는 설이다.

적을 가지고 있기 때문에 결속력이 약하고, 서로의 신뢰가 부족하다는 점을 꿰뚫어 보았다.

　진나라는 합종을 깨뜨리기 위해 계략을 꾸몄다. 위나라 재상이던 서수犀首를 통해 제나라와 위나라에 조나라가 합종책을 이용하여 나머지 5국을 집어삼키려는 음모를 꾸민다는 의구심을 불러일으킨 것이다. 제나라와 위나라는 조나라를 공격해 왔고, 당시 조나라에 머물던 소진의 입지가 불안해졌다. 소진은 연나라를 설득해 제나라를 칠 군사를 지원받겠다고 고하고 조나라를 떠났다. 소진의 합종책은 서서히 분열되기 시작했다.

　소진이 연나라에 들어가던 해 연나라의 문후가 세상을 뜨고 태자가 역왕으로 즉위했다. 이런 왕위 교체기의 혼란을 틈타 제나라 선왕이 연나라의 성 10여 개를 빼앗았다. 소진은 이에 분개한 역왕을 달래고, 빼앗긴 성을 찾아오겠다고 고하고 제나라로 갔다.

　제나라 선왕 앞에 간 소진은 연나라 역왕이 진나라 혜왕의 사위임을 각인시키고, 제나라가 연나라를 계속 점령한다면 결국 연나라와 진나라를 모두 적으로 돌리게 될 것이라고 협박했다. 그리고 연나라에 빼앗은 성을 모두 돌려주면 연나라와 진나라는 감사할 것이며, 그 두 나라를 호령하여 천하를 재패할 수 있다고까지 말했다. 소진의 말에 선왕은 바로 연나라에서 빼앗은 성을 모두 돌려주었고, 연나라 역왕은 임무를 성공적으로 마치고 돌아온 소진을 더욱 신임하였다.

그러자 소진은 역왕이 제나라를 공격하고 싶어 한다는 것을 알아차리고 제나라를 멸망시킬 계책을 내놓았다. 먼저 제나라로 하여금 서쪽의 송, 남쪽의 초나라를 공격하게 하여 제나라의 국력을 약화시키고, 동맹국 간의 관계를 흐트러뜨린다. 이후 제나라에 내분을 일으킨 후 연나라와 다른 나라의 연합군이 제나라를 공격한다는 것이었다.

상경에 임명된 소진은 연나라의 사신 자격으로 제나라에 들어갔다. 우선 소진은 조나라와 동맹을 맺어 진나라에 대항시킨 후 송나라를 공격할 것을 부추겼다. 연나라는 제나라가 송나라를 공격할 때 군사를 지원했고, 한·조·위나라와 합종하여 진나라가 움직이지 못하도록 하여 제나라를 안심시켰으며, 송나라에 대한 제나라의 제2차 침략을 유도하여 결국 송나라를 멸망시키게 했다.

그런 한편으로 소진은 제나라 몰래 위나라의 맹상군孟嘗君을 만나 조·연과 연합하여 제나라를 치자는 약속을 받아냈다. 제나라에게는 진나라와 지리적으로 가까운 위·조가 진나라와 화친을 맺고 제나라를 공격할 수도 있으니, 이들보다 먼저 진나라와 화친을 맺는 것이 안전하다고 설득했다. 제나라와 진나라가 화친을 맺었다는 소식을 접한 조나라 봉양군은 위·연과 연합하여 송나라와 전쟁 중인 제나라를 치기로 했다. 모든 것이 소진의 계획대로 되는 듯했다. 그러나 조나라의 봉양군이 소진의 계략을 눈치채고 그를 투옥했다. 연나라의 항의로 얼마 지나지 않아 풀려난 소진은 제나라로 향했다. 제나라의 국력을 약화시키는 계책은 여전히 진행 중이었기 때문이다.

제나라로 돌아온 소진은 제나라가 송나라를 공격하도록 계속 종용했

고, 결국 제나라는 기원전 286년에 송나라를 멸망시켰다. 그러나 이 원정은 제나라의 국력을 약화시켰고, 이 원정에 나선 4개 연합국들로부터 큰 불만을 샀다. 송나라가 멸망한 후 제나라는 많은 영토를 확보한 데 비해 4개 연합국에는 실질적인 이익이 돌아가지 않았기 때문이다. 특히 진나라와 조나라의 불만은 더욱 컸다.

진나라는 이때를 기회로 삼아 각국과 연합하여 제나라를 공격했다. 기원전 284년 선봉장 연나라 악의樂毅가 이끄는 연합군이 제나라를 공격하면서부터 소진의 모든 행동들이 제나라 왕과 대부들에 의해 드러났다. 제나라 민왕은 소진을 반간죄로 다스려 거열형을 명했다. 소진이 죽고 난 후 연합군은 제나라의 70개의 성을 함락하고, 제나라 민왕을 죽였다.

전국 시대의 전쟁도 전국 시대 항아리와 항아리에 새겨진 문양 장식 도해.

초나라의 비극 시인
굴원

屈原(B.C. 343 ~ B.C. 278년)

- 전국 시대 초나라의 정치가이자 시인.
- 초나라에서 형성, 발전한 시가총집인 《초사》의 대표적인 작가로, 초나라 특유의 색채를 담은 낭만적인 시풍을 확립시켰다.
- 주요 작품으로는 〈이소〉, 〈어부사〉, 〈애영〉 등이 있다.

주나라 왕조가 와해되어 진, 초, 연, 제, 한, 위, 조나라를 중심으로 팽팽하게 대립하는 세력 구도가 형성되면서 문화적인 면에서도 새로운 흐름이 나타나기 시작했다. 주나라에 비해 상대적으로 낮은 수준의 문화를 향유하고 주변국으로 취급되던 초나라는 전국 시대에 이르러 국력이 크게 신장되었다. 초나라는 선진 북방의 문화를 적극적으로 수용하여 주나라와 북방 문화의 효시인 《시경》[詩經, 고대 중국의 시가(詩歌)를 모아 엮은 책으로, 본래는 3천여 편이었다고 전하나 공자에 의해 305편으로 간추려졌다]과는 성격이 완전히 다른 《초사楚辭》라는 시가집을 탄생시키며 새로운 문화적 결실을 맺었다. 《초사》는 초나라에서 이루어진 운문 양식으로 굴원을 비롯해 그

굴원

이후의 시가를 모은 책이다. 현실을 바탕으로 고전적이고 사실적인 성격을 띠는 《시경》과 달리 초나라 특유의 색채와 함께 낭만적인 시풍이 느껴진다. 이런 독특한 문학을 탄생시킨 인물은 바로 중국 최초의 시인인 굴원屈原이다. 그는 자신의 굴곡진 인생을 신화적이고 샤머니즘적인 환상을 통해 표현했는데, 이는 남방 지역의 특색이 반영된 것으로 《초사》만이 갖는 특징이며 《초사》가 높이 평가받는 이유이기도 하다.

굴원의 이름은 평平이고 원原은 별명으로, 초나라 무왕의 방계에 속하는 귀족 가문에서 태어났다. 스무 살 무렵 초나라 회왕이 그의 높은 학식과 문학적 재능에 반해 각국의 사신을 접대하고 제후들을 응대하는 좌도에 임명했다. 굴원은 법령의 초안 작성 및 선포, 국가의 기밀회의 참석, 사신 접대 등 중요한 역할을 수행했다.

그러나 그의 빠른 출세와 회왕의 두터운 신임은 다른 대신들의 시기와 질투를 사기에 충분했다. 특히 상관대부 근상靳尙이 굴원을 매우 시기했다. 어느 날 근상은 굴원이 작성한 법령 초안을 몰래 훔쳐다가 그것이 자신의 것인 양 행동했다. 굴원이 그 법령의 초안을 자신이 작성했다고 주장하자, 근상은 회왕을 찾아가 굴원이 법안을 발표할 때마다 공적을 과시하고 초나라에는 법령을 만들 사람이 자신밖에 없다고 자랑한다고 모함했다. 회왕은 근상의 말만 믿고 굴원을 한수漢水 북쪽으로 쫓아냈다.

굴원은 〈이소離騷〉(근심을 만나다)라는 장편시를 통해 분노와 실망 그리고 나라를 걱정하는 마음을 나타냈다. 자전적 성격을 띤 〈이소〉는 굴원의 출생과 집안 내력을 밝히는 데서 시작된다. 그다음으로 굴원은 자신의 의지와 품행에는 한 치의 거짓됨이 없고 세상은 이미 소인배들의 것이라 그 혼탁함이 이루 말할 수 없을 정도라면서, 이러한 세상과 나라를 구하기 위해 자신의 책임이 막중함을 느낀다고 말한다. 나라에 대한 절절한 충심을 알아주지 않는 왕에게 실망한 굴원은 낙향을 결심한다. 그러나 그의 누이 여수女嬃가 오히려 세상과 섞이지 못하는 그의 괴팍함을 나무라자 그는 자신의 이상을 털어놓는다.

굴원은 자신의 진심을 호소하기 위해 신을 찾아 하늘의 문으로 향하지만, 하늘의 문은 열리지 않고 땅의 신도 그에게 도움을 주지 않는다. 회의에 빠진 그는 주술사 무성巫咸과 영분靈氛을 찾아 점을 치고, 영분은 그에게 자연의 이치를 연구하여 인간의 진리를 찾으라고 조언한다. 이에 그는 인간의 진리를 찾기 위해 방랑길에 오른다. 방랑길에서 그는 우연히 자신의 고향을 지나치게 된다. 그런데 말을 끄는 마부도, 말도, 초나라를 떠나려 하지 않자 그는 그제야 자신이 초나라를 떠나서는 살 수 없음을 깨닫는다. 결국 〈이소〉는 세상에 아무런 미련도 남기지 않은 굴원이 죽음을 택하는 것으로 끝맺는다.

《사기》의 저자 사마천은 굴원의 〈이소〉를 "《시경》의 국풍(國風, 민요 부분)은 남녀의 사랑을 노래하나 그 품위가 낮지 않으며, 소아(小雅, 정사 부분)는 세상의 불공평을 원망하면서도 그 도가 지나치지 않다. 그런데 〈이소〉는 이 둘을 모두 가졌다."라고 극찬했다.

전국 시대 말기 전국 7웅 중 세력이 가장 컸던 진나라, 제나라, 초나라는 모두 천하 통일의 꿈을 꾸었다. 진나라는 초나라 조정에 충신은 없고

구가도 〈이소〉에서 초나라를 떠난 굴원은 신을 찾아간다. 오른쪽에는 구름에 둘러싸인 천신 동황태일이 왼쪽에는 신과 접신하기 위해 무녀들이 제의를 올리는 모습이 묘사되어 있다.

간신들이 득세함을 알고 제나라와 초나라의 동맹을 깨 초나라를 멸망시키고자 했다. 진의 혜문왕은 참모 장의를 초나라에 파견하여 회왕의 애첩 정수鄭袖와 상관대부 근상을 매수했다. 더불어 장의는 회왕에게 제나라와 친분을 깨면 상나라 지역의 토지 600리로 보상하겠다고 약속했다. 회왕은 친진 정책으로 노선을 변경했다. 그러나 회왕이 실제로 받은 땅은 6리에 그쳤고, 그제야 회왕은 자신이 속았다는 것을 알고 진나라를 공격했다. 그러나 회왕은 진나라에 대패해 한중漢中 일대의 땅마저 잃게 되었고, 더욱 화가 난 그는 진나라를 한 번 더 공격했지만 결과는 달라지지 않았다.

회왕은 과거 제나라와 초나라가 연합하여 진나라에 대항해야 한다고 주장했던 굴원이 아쉬워졌다. 그리하여 회왕은 굴원을 다시 불러들였고, 굴원은 제나라와 초나라 간의 국교를 회복하고자 사신으로 제나라에 들어갔다. 초나라와 제나라가 다시 동맹을 맺을 것을 우려한 진나라는 한중 일대의 땅을 미끼로 초나라에 화해를 청했다. 그러나 회왕은 땅 대신 자신을 속인 장의의 목숨을 요구했다. 초나라에 온 장의는 먼저 정수와 근상을 만나 그들로 하여금 자신을 변호하게 했다. 다시 그들의 감언이설에 넘어간 회왕은 장의를 풀어 주었다. 제나라에서 돌아온 굴원이 땅도 돌려받지 못하고, 장의도 죽이지 못한 것을 회왕에게 일깨워 주었을 때 장의는 이미 국경을 넘고 있었다.

기원전 307년 진나라 왕이 된 소양왕은 회왕을 금은보화로 회유하여 다시 친교를 맺기 시작했다. 기원전 308년 소양왕이 회왕에게 상용上庸의 땅을 줌으로써 두 나라 사이의 관계는 더욱 돈독해졌다. 초나라의 일관성 없는 외교 정책은 제나라의 화를 돋구었고, 제나라는 한·위와 연합하여 초나라를 공격했다. 초나라가 진나라에 구원을 요청하자 진나라는 초의 태자를 인질로 삼고 나서야 원군을 보내 주었다.

얼마 후 진나라에 인질로 갔던 초나라 태자가 진나라 대신을 죽이고 초나라로 도망치는 사건이 발생했다. 이를 빌미로 진나라가 초나라를 침략하자 회왕은 태자를 인질로 보내며 굴원을 사신으로 동행시켜 제나라와의 친교를 회복하고자 했다. 소양왕은 화친을 내세워 회왕에게 회담을 청했다. 진나라의 초청에 굴원은 격렬히 반대했으나 결국 회왕은 친진파인 막내아들 자란子蘭에게 설득되어 회담 요청을 수락했다. 그러나 진나라에 들어간 회왕은 곧바로 억류되었다. 회왕이 진나라에 억류되어 있는 동안 초나라에서는 제나라에 인질로 가 있던 태자가 귀국하여 경양왕으로 즉위했다. 더 이상 인질로서의 가치가 없어진 회왕은 위기를 느끼고 진나라를 탈출했으나 다시 붙잡혀 결국 진나라에서 숨을 거두었다.

경양왕이 즉위하자 자란은 승상이 되었다. 승상이 된 자란은 굴원이 진나라에 회왕을 보냈다는 이유로 자신을 비난하자 굴원이 〈이소〉를 통해 회왕의 실정을 비난한다고 모함했다. 여기에 굴원이 경양왕과 진나라의 혼담을 극구 반대한 것이 불을 지폈다. 결국 굴원은 강남 지역으로 추방되었다.

기원전 292년 강남으로 유배된 굴원은 강하를 따라 동쪽으로 가 동정호洞庭湖에 도착했다. 굴원의 대표적인 작품〈어부사漁父詞〉는 이때 남겨진 것이다. 강가에서 머리를 풀어헤친 굴원에게 어부가 초나라의 삼려대부를 지낸 사람이 어떻게 이곳까지 오게 되었느냐고 물었다. 굴원은 "온 세상이 더러운데 나 홀로 깨끗하고, 모든 사람이 술에 취했는데 나 홀로 취하지 않아 이렇게 되었소."라며 탄식했다. 다시 어부가 성인이란 자기주장만 펴는 사람이 아니라 세상과 함께 변해 가는 사람을 가리키는데, 세상이 더럽다면 왜 함께 더러워지지 않고 온 세상 사람이 취했다면 왜 함께 취하지 않느냐고 물었다. 굴원은 "머리를 감은 사람은 반드시 관의 먼지를 털어 쓰고, 몸을 씻은 사람은 옷의 먼지를 털고 입는다 했소. 그러니 어느 누가 청결한 몸에 더러운 먼지를 그대로 받들고 있겠소. 차라리 장강에 몸을 던져 물고기 밥이 될지언정 더러운 세상에 몸을 더럽히지는 않겠소."라며 방랑을 계속했다.

기원전 278년 진나라 장수 백기白起가 군대를 이끌고 초나라를 침략했다. 초나라의 수도 영郢이 함락되고, 경양왕은 진陳으로 천도했지만 진나라의 공격을 막아 낼 방도를 찾지 못했다. 이 소식을 듣고 굴원은 크게 상심하여〈애영哀郢〉이라는 시를 통해 자신의 비분과 백성들에 대한 동정을 담아냈다. 그 후 초나라는 끝없는 쇠락의 길로 빠져들었고, 굴원은 피폐해진 조국의 산천에 절망하여 돌을 품고 멱라강汨羅江에 몸을 던졌다.

초나라 문학을 대표하는 시가집《초사》의 대표 작가는 굴원이다. 그는 북방 문학의 효시인《시경》의 4자구를 3자구로 바꾸었으며, 혜兮, 사些 같은 조사를 이용하여 2개의 3자구를 연결시켜 7언구를 만들었다. 이로 인해 시가의 내용이 더 풍부해졌고, 후대의 동방삭東方朔, 이백李白, 두보杜

굴원의 사당

甫 등 많은 시인들이 영향을 받았다. 굴원은 〈이소〉, 〈천문天問〉, 〈구가九歌〉, 〈구장九章〉, 〈어부사〉, 〈귤송橘頌〉, 〈회사懷沙〉 등의 작품을 남겼으며 특히 〈이소〉는 중국 '사부(辭賦, 산문에 가까운 운문)'의 원조로 그에게 중국 최초의 시인이라는 호칭을 얻게 하였다. 또한 문학성이 뛰어나고 나라에 대한 절절한 충심이 잘 표현되어 있어 후대에도 많은 사랑을 받았다.

후세 사람들은 굴원의 충절을 기리기 위해 그가 강에 몸을 던진 음력 5월 5일을 제일祭日로 정해 용머리로 장식한 용선龍船을 타고 강을 건너는 시합을 개최한다. 이는 굴원의 시체를 찾기 위한 것이라고 한다. 또한 갈대 잎으로 싼 송편을 빚어 강에 던지는데 이는 교룡蛟龍이 이것을 먹고 굴원의 시체를 해치지 말라는 기원을 담은 것이다.

천하를 두고 도박을 한 상인
여불위

呂不韋(?~B.C. 235년)

- 전국 시대 말 위나라의 대상인으로 진나라의 재상에 올랐다.
- 장양왕을 진나라의 왕으로 옹립했고, 왕후와 내연 관계로 인해 진시황제의 생부라는 설이 있다.
- 당대의 학설과 사건, 설화 등을 모은 책 《여씨춘추》를 편찬했다.

    여불위는 전국 시대 위나라 복양濮陽의 부유한 상인 집안에서 태어났다. 한나라 수도 양책陽翟에서 소금과 비단을 품목으로 장사를 시작한 그는 뛰어난 장사 수완으로 곧 대상인이 되었으며 여러 나라를 왕래하며 상거래했다. 그는 견문이 넓고 식견이 높았다고 한다.

    여불위는 조趙나라 수도 한단邯鄲에서 장사를 하던 시절 그곳에서 인질 생활을 하던 진나라 공자 영이인嬴異人을 만나게 되었다. 전국 시대 국가들은 인질을 교환하는 것으로 평화를 유지했는데, 강한 나라에서는 자국에서 중요하지 않은 왕자를, 약한 나라에서는 태자 같은 중요한 인물을 보내는 것이 일반적이었다. 이에 진나라에서는 영이인을 조나라의 인질로 보낸 것이었다. 영이인은 소양왕의 둘째 아들인 안국군의 아들이었다. 태자도 아닌 안국군의 20명 가까이 되는 아들 중 한 사람, 게다가 안국군의 사랑을 잃은 하희 소생의 아들인 영이인은 당시만 해도 왕위 계승에서 완전히 배제되어 있었다. 영이인은 조나라에서도 냉대를 받았으며 생활도 매우 곤궁했다. 그러던 중 진나라에서 태자가 죽고 안국군이 태자가 되었다. 영이인의 위치는 태자의 아들로 격상했으나 그에게는 여전히 배다른 형제가 20여 명이나 있었다. 그러나 여불위는 밭을 팔았을 때는 10배의 이익이 남고, 보석을 거래했을 때는 100배의 이익이 남지만 나라의 주군을 세우면 그 이익을 따질 수 없다고 생각하고, 영이인에게 투자하여 그를 왕으로 만들기로 결심했다.

여불위는 먼저 금 500근을 영이인에게 주어 그가 조나라의 인사들과 사귈 수 있도록 하고, 자신은 금 500근으로 조나라의 진귀한 물건을 구입하여 진나라로 향했다. 여불위는 안국군의 총애를 한 몸에 받던 화양부인을 공략하기로 했다. 그리고 화양부인의 친언니를 통해 그녀와 친분을 맺는 데 성공했다. 여불위는 아들이 없는 화양부인에게 양자를 들여 그를 안국군의 후계자로 삼아 후대의 안정을 꾀하라고 조언했다. 더불어 조나라에 인질로 가 있는 영이인이 매우 어질며 본인은 곤궁한 생활을 하면서도 태자와 화양부인에 대한 효심이 지극하다고 덧붙이는 것을 잊지 않았다. 여불위의 조언에 따라 화양부인은 안국군에게 영이인을 자신의 양자로 들이겠다고 간청했다. 영이인은 화양부인이 초나라 사람이라는 것을 염두에 두고 이름을 '자초子楚'로 고친 후 화양부인의 양자가 되어 한순간에 왕위 계승에서 유리한 위치를 차지했다.

안국군은 자초에게 후한 예물을 보내고 여불위에게 그의 보좌를 맡겼다. 여불위의 노력으로 안국군의 후계자가 된 자초는 여유로운 생활을 하면서 동시에 제후들 사이에서 점점 명성을 쌓아 나갔다.

자초는 한단에서 조희趙姬라는 여인을 아내로 맞이했는데, 그녀는 당시 여불위의 애첩으로 미모와 가무가 매우 뛰어났다. 기원전 259년 조희는 아들을 낳았다. 아들의 이름은 영정嬴政, 훗날 중국 역사상 최초로 천하를 통일하고 진시황제가 되는 인물이었다. 《사기》에는 조희가 자초의 사람이 되기 전에 이미 여불위의 아이를 임신한 상태였다고 전한다. 영정이 자초의 아들이 아니고 여불위의 아들일 수도 있음을 시사하는 것이다.

기원전 251년 소양왕이 죽자 태자 안국군이 효문왕으로 즉위했다. 자초는 태자가 되었다. 그러나 이미 연로했던 효문왕은 즉위 1년 만에 세상을 뜨고 말았다. 이로써 기원전 250년, 여불위를 만나기 전까지는 왕이 될 가능성이 전혀 없었던 자초가 장양왕으로 즉위했다. 장양왕은 여불위를 재상으로 임명하고, 문신후에 봉했다. 또한 낙양 땅 10만 호를 하사하여 그의 공을 치하했다.

기원전 247년 장양왕이 세상을 뜨고 아들 영정이 열세 살의 어린 나이로 왕위에 올랐다. 왕이 어렸기 때문에 영정의 생모인 태후와 승상 여불위가 섭정을 했다. 영정은 여불위를 상국에 임명했으며, '중부'라는 존칭을 하사했다. 또한 자신이 친정할 수 있을 때까지 모든 정사를 맡아보게 했다.

재상보다 높은 상국이 된 여불위의 권세가 높아지자 여불위를 찾는 인사들의 수도 헤아릴 수 없을 정도로 많아졌다. 여불위의 집에 드나드는 문객들의 수만 해도 3천여 명에 이르렀다고 한다. 여불위는 문객들에게 당대의 다양한 학설과 사건, 설화 등을 모아 책을 편찬하게 했다. 이것이 《여씨춘추呂氏春秋》다. 《여씨춘추》는 백과사전식의 서책으로 〈팔람〉, 〈육론〉, 〈십이기〉로 나누어져 있으며, 도가 사상을 비롯하여 유가, 병가兵

家, 농가, 형명가, 종횡가, 묵가, 음양가 등의 내용을 담고 있다. 여불위는 《여씨춘추》에 대한 자부심이 매우 강해 《여씨춘추》를 수도 함양의 성벽에 진열하여 《여씨춘추》에서 한 자라도 더하거나 빼는 사람에게는 천금을 주겠다고 호언했다고 한다. 또한 여불위는 참모 이사李斯를 영정에게 천거했으며, 동주를 공격하여 주나라를 멸망시키는 등 훗날 영정이 천하를 통일할 기반을 마련해 주었다.

기원전 238년 영정은 자신의 생모인 태후와 관련된 불미스러운 사건의 진상을 밝히도록 했다. 태후가 노애라는 환관과 정을 통했는데, 노애는 실제로 환관이 아니라 태후의 정부였고, 이에 더해 노애가 태후와의 사이에서 낳은 아들을 왕으로 세우려고 한다는 것이었다. 노애는 여불위가 태후와의 사적인 관계를 끊고자 태후에게 바친 인물이었다. 여불위는 영정이 진왕으로 즉위했을 당시 태후와 정을 통하는 사이였는데, 영정이 성장함에 따라 그 사실이 발각될 것을 두려워했다. 이에 자신의 식객이었

전국 시대의 청동 사륜차

진나라의 지형 진이 천하를 통일할 수 있었던 이유 중의 하나는 관중 분지를 끼고 있어 전략적으로 방어에 유리했기 때문이다.

던 노애를 환관으로 가장시켜 태후 곁에 머물게 했던 것이다. 영정이 조사에 착수하자 위기감을 느낀 노애가 먼저 반란을 일으켰다. 하지만 노애가 진나라의 정예군을 물리치기는 역부족이었고, 결국 노애는 거열의 극형에 처해지고 삼족이 멸하는 벌을 받았다.

영정은 이 사건을 빌미로 여불위까지 제거하려 했으나 선왕을 보좌한 그의 공이 크고, 빈객과 유세가 들이 그를 변호했기 때문에 처벌을 포기했다. 기원전 237년 영정은 상국 여불위를 해임하고 그의 식읍지인 낙양으로 쫓아냈다. 그러나 여불위의 명성은 누그러지지 않고 제후국의 빈객들과 사자들의 발걸음이 계속되었다. 여불위가 반란을 일으킬까 두려워진 영정은 기원전 235년 친서와 함께 여불위를 촉蜀 땅으로 귀양 보냈다. '그대에게 어떤 공이 있어서 진나라는 문신후에 봉하고 10만 호를 주었는가? 그대와 진은 어떤 관계이기에 중부라고 불리고 있는가? 그대는 일가를 이끌고 촉 땅으로 가라.' 기원전 235년 자신의 정치적 생명이 단절되었음을 느낀 여불위는 독주를 마시고 생을 마감했다. 영정은 여불위의 장례 때 눈물을 흘린 자들을 잡아들여 처형했다고 한다.

여불위는 상인에서 정치가로 변모하면서 세 가지 공을 세웠고 한 가지 과오를 저질렀다. 먼저 그는 후계자 구도가 완성되지 않아 자칫 왕위 쟁탈로 국력을 낭비할 뻔했던 진나라에 자초를 내세워 원만하게 왕위를 승계시켰다. 둘째로 주변국을 정벌함으로써 진나라의 위력을 과시했으며, 셋째로 사농공상을 중시하여 진나라의 문화를 거듭나게 했다. 하지만 여불위는 자신의 부정을 덮고자 태후에게 부정한 사람을 천거하는 일생일대의 치명적인 과오로 목숨을 잃었다.

대륙을 최초로 통일하다
시황제

嬴政(B.C. 259~B.C. 210년)

- 이름은 영정. 전국 시대 진나라의 제31대 왕으로 중국 최초의 통일 국가를 수립했다.
- 강력한 부국강병책을 추진하여 사회 안정과 산업 발달을 도모했다.
- 군현제를 실시했으며, 문자·도량형·화폐 등을 통일하여 중앙집권제의 토대를 닦았다.

　시황제 영정은 전국 시대 진秦나라의 제31대 왕으로, 춘추전국 시대를 끝내고 중국 역사상 최초로 대륙을 통일한 인물이다. 그는 스스로를 '최초의 황제'라는 의미로 '시황제始皇帝'라고 부르게 했다. 그는 군현제 실시, 문자·화폐·도량형 통일 등 중국의 중앙집권 체제의 기반을 마련하는 치적을 세웠다. 그러나 만리장성이나 아방궁 축조 등 대규모의 토목 공사와 분서갱유 사건 등 엄청난 폭정을 행사한 것으로도 유명하다.

　영정은 전국 시대 진나라 장양왕의 아들로 기원전 246년 열세 살의 나이로 왕위에 올랐다. 너무 어린 나이에 즉위한 그를 대신하여 어머니 조희와 승상 여불위가 섭정을 맡았다. 《사기》에 따르면 영정의 어머니인 조희는 장양왕이 태자가 되기 전 조나라에서 인질 생활을 할 때 여불위가 바친 기녀라고 한다. 조희가 그 당시 이미 여불위의 아이를 임신하고 있었다는 설이 있어 항간에서는 그가 여불위의 아들이라는 의혹이 제기되기도 한다. 영정은 어린 시절을 조나라에서 보냈고, 기원전 250년 아버지 장양왕이 진나라로 돌아와 태자에 책봉되면서 그 후계가 되었다.

장양왕이 죽고 즉위한 영정은 여불위를 상국에 임명하고 정치적 전권을 넘겼다. 이때 여불위는 훗날 영정의 오른팔이 되어 활약할 이사를 천거했다. 기원전 237년 영정은 드디어 친정을 선포했다. 일 년 전 영정의 어머니와 정을 통하던 환관 노애가 반란을 일으키는 일이 일어났다. 영정은 노애를 극형에 처하고 그의 가문을 멸했으며, 노애와 정을 통한 어머니를 감금시키고, 어머니와 노애 사이에서 태어난 아들들을 죽였다. 이 사건을 빌미로 당시 최대 권력자였던 승상 여불위를 해임하고 드디어 기원전 237년 친정에 임하게 되었다.

친정을 시작한 영정에게 많은 영향력을 행사한 사람은 바로 이사였다. 그는 전국 시대의 7웅 중 하나였던 진나라가 천하 통일을 할 수 있는 기반을 마련했고, 통일 이후에는 대륙을 통치할 많은 정책을 세운 장본인이다. 순자의 문하였던 이사는 강력한 법가 사상가로, 철저한 법치만이 백성을 제대로 다스릴 수 있다고 보았다. 영정 자신도 이사의 영향으로 법가 사상을 중시했고, 군주에게 모든 권력이 집중되는 강력한 군주제를 수립했다.

영정은 기원전 230년부터 주변국을

시황제 영정

정복하기 시작하여 한, 조, 위, 초, 연을 차례로 정복했다. 그리고 마침내 기원전 221년에 제나라를 정복함으로써 중국을 하나의 국가로 통일했다. 그는 전설의 삼황오제(三皇五帝, 중국 역사를 시작한 전설상의 황제들)를 능가한다는 의미로 황제라는 칭호를 사용했으며, 자신을 시작으로 후손들이 제국을 이어 나가기를 바라며 스스로를 시황제라고 칭했다.

통일 이후 시황제는 황제로서의 권력을 확립하기 위해 중앙집권 체제를 세우는 데 착수했다. 먼저 군웅들이 난립해 있던 전국 시대의 혼란은 지방 귀족들의 통치를 인정한 분봉제 때문이라고 여기고 중앙이 지방을

만리장성

통치하는 군현제를 실시했다. 이사는 진나라의 영토를 전국 36개 군郡과 현縣으로 재편하고, 중앙에서 임명한 관리로 하여금 다스리게 했다. 이로써 진나라만의 중앙집권 체제가 정비되었고, 이 체제는 이후 중국의 중앙집권 체제의 기본 골격이 되었다. 이와 동시에 시황제는 영토 확장도 계속하여 흉노를 물리치고 베트남, 해남도海南까지 군현을 설치했다.

또한 시황제는 전국의 문자와 화폐, 도량형을 통일하고, 전국에 도로와 운하를 건설했다. 먼저 승상 이사로 하여금 소전 문자를 만들게 하여 모든 공문서와 법령에 쓰이는 문자를 통일했다. 또한 황금을 상폐, 동전을 하폐로 하여 화폐를 통일시켰다. 도량형의 명칭도 통일했는데, 길이는 촌·척·장, 양은 승·두·통, 무게는 양·근·석으로 했다. 모두 효율적인 중앙집권 체제를 달성하는 정책들이었다.

그러나 시황제는 업적만큼 어마어마한 폭정도 휘둘렀다. 대표적인 것이 분서갱유焚書坑儒 사건이다. 이 사건은 시황제와 유학자들 사이의 마찰이 극대화되면서 벌어졌다. 시황제는 최측근 이사와 함께 법가 사상에 기반을 둔 정책을 시행했는데, 유학자들은 이를 끊임없이 반대했다. 특히 제나라 출신의 박사 순우월淳于越이 옛 봉건제를 부활시킬 것을 주청하는 데까지 이르자, 기원전 213년 승상 이사는 유생들이 위험한 사상을 펼치는 것을 막기 위해 진나라 내의 모든 책을 태워 버려야 한다는 상소를 올렸다. 이에 시황제는 의학, 점술, 농경 분야를 제외한 모든 책을 불태우게 하고, 유교를 공부하거나 자신의 정책을 반대하면 극형에 처한다고 엄포했다. 이것이 분서焚書 사건이다.

갱유坑儒 사건은 기원전 212년에 벌어진 것으로 불로장생 약에 대한 시황제의 염원이 발단이었다. 신선 사상에 심취한 시황제가 불로장생을 꿈꾸며 방사(方士, 도인)로 하여금 불로초를 구해 오게 했는데, 방사는 불로초를 구해 오는 대신 도망을 쳤다. 이에 시황제는 자신을 속인 방사와 여러 분야의 학자 460여 명을 잡아 땅에 파묻었다. 이 두 사건을 합쳐 '분서갱유'라고 한다. 그러나 이것은 단순한 폭정으로 보기보다는 시황제가 난립해 있던 사상을 통일하여 보다 효율적으로 대륙을 통치하기 위해 벌인 일이라고 생각할 수 있다.

시황제의 정책 중 백성들의 원성을 산 것은 단연 무리한 토목 공사였다. 대표적인 것이 흉노의 침입을 막기 위해 쌓은 만리장성이다. 이 만리장성을 축조하는 데는 150만 명의 백성들이 동원되었으며, 4년 만에 30만 명이 사망했다고 전해진다. 또한 그는 아방궁을 건설하기 위해 70만 명의 백성들을 동원했고, 후에 자신이 묻힐 능묘인 여산릉을 조성하는 데도 무리하게 백성들을 동원했다. 이러한 대규모 토목 공사가 이어지자 나라의 재정이 바닥났고, 백성들의 삶이 피폐해지면서 민심이 흉흉해졌다.

암살 기도가 이어지면서 시황제는 더더욱 주위를 불신하고 고립되어 갔다. 그러면서 그는 점차 죽음을 두려워하며 불로장생을 꿈꾸게 되었다. 시황제는 불로초를 찾기 위해 수많은 방사들을 백방으로 보냈는데, 특히 방사 서복이 왜국에 불로초가 있다고 한 말을 믿고 많은 돈을 주고

여산릉

불로초를 찾으러 보냈다. 그러나 서복은 동남동녀 3천 명을 이끌고 왜국으로 향해 다시는 돌아오지 않았다. 이는 서복의 거짓말이었지만 시황제는 죽는 날까지 불로초를 구하기 위해 애썼다.

그러나 기원전 210년, 순행 도중 병을 얻은 시황제는 50세의 나이로 세상을 떠났다. 《사기》에는 그의 죽음에 대해 이렇게 기록되어 있다. 시황제의 마지막 순행길에 유성이 떨어졌다. 그 운석에는 '시황제사이지분始皇帝死而地分'이라는 글자가 새겨져 있었다. '시황제가 죽고 천하가 갈라진다'라는 의미로, 시황제는 이에 충격을 받고 쓰러진 후 병세가 악화되어 사망했다. 시황제는 태자 부소를 후계자로 지목했으나 이사와 환관 조고 등의 음모로 부소가 자결하고 황자 호해가 이세황제二世皇帝로 즉위했다. 이세황제가 즉위한 후 진나라는 진승과 오광의 난, 유방과 항우의 반란 등 숱한 내란에 시달렸다. 호해는 결국 4년 만인 기원전 207년에 조고에 의해 강제로 자결했고, 이후 유방이 수도 함양에 입성하면서 진나라는 멸망하고 만다.

시황제는 사후 자신이 조성한 여산릉에 묻혔다. 1974년 서안西安의 한 시골 마을에서 우물 공사를 하던 중에 땅속에서 도기인형 조각과 쇳조각

불로장생 약을 찾으러 떠나는 동남동녀들

이 발견되면서 발굴이 시작되었다. 그리고 전체 규모가 약 2만 5천 제곱미터에 달하는 4개의 갱이 세상에 모습을 드러냈다. 이 갱에는 많은 사람들이 순장되었다고 하며, 실물 크기의 흙인형인 토용도 6천 구 이상 발굴되어 당대의 군사 양식을 생생하게 보여 준다.

시황제는 거대한 중국 대륙을 통일하고 스스로 황제가 되었으며, 여러 가지 엄청난 치적을 쌓았다. 여러 악정에도 그는 오늘날까지 중국에서 가장 강력한 영향을 끼친 인물로 꼽히며, 그의 강력한 왕권에 대해서는 중국의 이후 왕조들과 주변 국가들의 모범이 되었다.

진나라의 흥망성쇠
이사

李斯(?~B.C. 208년)

- 전국 시대 초나라 출신의 사상가이자 진나라의 승상.
- 진시황제를 보좌하여 진나라가 천하 통일을 이룩하는 데 기여했고, 통일 후에는 군현제 등을 실시하여 중앙집권 국가의 기틀을 다졌다.
- 도량형, 화폐, 문자 통일 등 중앙집권책을 폈으나, 한편으로 분서갱유 사건 등을 주도하여 진시황제가 악명을 떨치는 데 기여했다.

　기원전 221년 조, 한, 위, 제, 연, 진秦, 초 7개로 나누어진 천하를 진나라의 제31대 왕 영정이 최초로 통일시켰다. 영정은 스스로 '시황제'라고 칭하고 중국 최초의 황제로서 중국 역사에 큰 영향을 끼치는 업적을 이룩했다. 이사는 영정이 천하를 통일할 수 있도록 보좌했고, 통일 후에는 통치 제도의 토대를 마련함으로써 그를 완전한 천하의 황제로 만든 핵심 인물이다.

　이사는 초나라의 상채현上蔡縣 출신으로 말단 관리였다. 법가 사상을 설파하는 순자의 제자로 7년간 제왕학을 공부했다. 초나라가 천하를 통일할 가능성이 없고, 진의 영정이 천하를 통일할 재목이라고 생각한 그는 기원전 247년 진나라에 입성해 당시 승상이던 여불위의 문객으로 들어갔다. 이사는 진에서 미관말직인 낭관으로 벼슬을 시작했는데, 낭관은 영정을 시중드는 직책으로 일종의 시종이었다. 이사는 이 기회를 놓치지 않고 영정에게 "진나라의 국력과 현명하신 폐하의 지도력이라면 여섯 제후국을 멸망시키고 천하를 통일할 수 있사옵니다. 만약 그 기회를 놓쳐 제후국들이 연합한다면 천하 통일은 멀어질 것입니다."라고 진언했다. 영정은 그를 신임하여 승상의 장사로 임명했다. 장사는 궁궐의 모든 일을 총괄하던 관직으로, 이사는 영정에게 구체적인 통일 전략을 제안했다. 이사가 진언한 계책은 '이간책'으로, 영정은 이사의 계책에 따라 금은보화로 제후국의 유력 인사들을 자기편으로 만들어 진나라에 복종하도록 했다. 뇌물을 거부하면 자객을 보내 죽이거나 군대를 파견하여 공격했다. 이 공으로 이사는 타국 출신의 대신인 객경에 올랐다.

기원전 237년 한나라 출신의 정국鄭國이 진나라의 국력을 소진시키고자 운하 건설을 계획하는 사건이 일어났다. 영정은 이에 타국 출신의 관리를 추방한다는 '축객령'을 공포했는데, 이사가 이 밥딩에 섰렸다. 이사는 〈간축객서諫逐客書〉를 올려 축객의 부당함을 호소하고 명을 철회해 달라고 요청했다. "태산이 한 줌의 흙도 사양하지 않았기에 그만큼 클 수 있고, 바다는 작은 물줄기도 가리지 않았기에 깊을 수 있으며, 왕은 한 사람의 백성이라도 물리치지 않아야 그 덕을 밝힐 수 있습니다. 지금 들어온 인재를 물리치고 외국의 관리를 추방하는 것은 적에게 무기를 빌려주고, 도둑에게 식량을 주는 것과 무엇이 다르겠습니까? 진나라에서 생산되지 않는 물건이라도 보배로 삼을 만한 것이 많고, 진나라에서 태어나지 않아도 진에 충성을 다하고자 하는 사람은 많습니다. 지금 축객의 명은 안으로는 인재 부족을, 밖으로는 각 나라의 앙심을 사게 하는 것이니 어떻게 나라가 편안하길 바라며 천하의 패자가 되어 대업을 이룰 수 있겠습니까?" 결국 영정은 명령을 거두었을 뿐만 아니라 이사를 정위로 임명했다.

기원전 233년 이사는 한나라 사신 한비韓非를 제거했다. 한비는 이사와 함께 순자 아래에서 동문수학한 사이로, 영정이 한나라를 공격했을 때 한나라의 사신으로 진나라에 왔다. 법가 이론의 집대성자인 한비의 《고분孤憤》과 《오두五蠹》를 읽은 영정은 그를 존경하여 진나라에 머물게 하려고 했다. 이사는 한비가 자신의 지위를 위협할 것이라고 생각해 그를 모략하여 옥에 가두고, 독약을 건네 자살하게 했다.

기원전 221년 영정은 중국 통일의 과업을 완성했다. 진나라는 한나라(기원전 230), 조나라(기원전 228), 위나라(기원전 225), 초나라(기원전 223), 연나라(기원전 222), 제나라(기원전 221)를 차례차례 멸망시켰다. 영정은 왕을 높여 '황제'라 부르게 했으며 스스로를 최초의 황제라는 의미의 '시황제'라고 칭했다.

통일 후 시황제는 제도를 정비하는 데 착수했다. 당시 승상이던 왕관王綰은 봉건제를 채택하여 시황제의 황실들을 각 지방의 왕으로 봉할 것을 진언했다. 이사는 왕관의 의견에 격렬히 반대하며 군현제를 제안했다. 군현제는 전국의 행정단위를 군과 현으로 나누어 다스리는 제도로, 이사는 전국을 36개의 군으로 나누어 그 아래에 현을 두고 모든 군과 현은 조정에서 임명된 관리가 다스리게 했다. 또한 이사는 도량형과 화폐를 통일하고, 잡스러웠던 문자들을 전서체로 통일시켰다. 이로써 진나라는 중앙집권적이고 대륙을 효율적으로 통치하기에 적절한 제도들을 확립해 나갔다.

기원전 213년 분서 사건이 발생했다. 제나라 출신의 순우월이라는 학

소전체 12자전 진시황의 문자 통일 정책에서 표준체로 사용되던 이사의 소전. "세상은 모두 신하이고, 세월이 거듭 날수록 더욱 성숙되니, 도처에 굶는 이 하나 없다."라는 시황제의 업적에 대한 문구가 새겨져 있다.

자가 진나라의 군현제를 비판하고 주나라의 봉건제를 부활시킬 것을 간언한 일이 발단이었다. 이에 전국의 유생들이 봉건제를 예찬하며 부활을 주장하기에 이르렀다. 시황제는 이것을 조정의 공론에 부쳤고, 승상 이사는 순우월과 같은 유생들의 위험한 사상의 근원이 되는 학술, 시서詩書, 백가百家를 금지시키고 30일 내에 진나라에 도움이 되는 역사와 의醫, 약, 복서卜筮, 농경 등에 관한 책 이외의 모든 책들을 태워 버리라고 주청했다. 시황제는 이사의 의견을 받아들였다.

그다음 해인 기원전 212년에는 시황제가 총 460여 명의 도사와 유생을 생매장시킨 갱유 사건이 벌어졌다. 시황제는 만년에 불로장생에 관심을 갖고 방사를 시켜 영약을 가져오라고 명령했는데, 방사 후생侯生과 노생盧生이 시황제를 배신하고 오히려 그의 부덕함을 비판하며 도망을 쳤다. 이에 격분한 시황제는 그들 모두를 함양 교외의 산골짜기 구덩이에 넣고 생매장시켜 버렸다. 기원전 213년의 분서와 기원전 212년의 갱유를 합쳐 '분서갱유'라고 하는데, 이 사건은 시황제와 승상 이사가 엄격한 법을 시행함으로써 집권 초기의 불안정한 정국을 안정시키고 진나라를 막강한 국가로 성장시키고자 벌인 일이었다.

기원전 210년 시황제는 승상 이사와 옥새를 관리하는 중거부령인 환관 조고 그리고 26번째 아들이자 막내아들인 호해와 함께 전국 순행에 올랐다. 순행 도중 사구 지방에서 병을 얻은 시황제는 병세가 악화되어 기원전 210년 50세의 나이로 세상을 떠났다. 시황제는 군은 몽염이 맡고 황태자 부소를 후계자로 삼으라는 유언을 남겼으나, 옥새를 관리하던 조고가 호해를 설득하여 불효자 부소와 몽염은 자결하라는 내용으로 유언을 바꾸었다. 여기에는 이사도 가담해 있었다. 조고가 작성한 유언장은 승상 이사의 승인으로 완성되는 것이었다. 분서갱유를 반대하다가 변방으로 추방된 부소가 황제가 되면 자신에게 분서갱유에 대한 책임을 물을 것이라고 생각한 데 더해 부소와 관계가 돈독한 몽염이 등용되어 자신의 위치를 위협하리라고 확신했기 때문이었다. 결국 이사는 조고, 호해와 결탁하여 시황제의 유언장을 조작해 부소를 자결시키고 호해를 이세황제로 옹립했다.

이세황제는 모든 정치는 조고와 이사에게 맡기고 사치와 향락에 빠졌다. 또한 그는 시황제 능묘와 아방궁 축조, 만리장성 건설 등을 재촉하여 백성들의 원성을 샀다. 기원전 209년 진나라에 불만을 품은 진승이 봉기를 일으키는 등 반란이 끊이지 않으면서 진나라는 대혼란의 위기에 빠졌다. 진나라가 무너질 조짐이 보이자 이사는 이세황제를 만나 아방궁 축조를 중단하고, 농민의 조세를 감면시키자는 등의 대책을 진언했다. 그러나 조고의 방해로 이사는 이세황제의 분노만 사게 되었다.

기원전 208년 조고는 이사의 아들이 농민 봉기를 일으킨 진승과 친분이 있다는 모함으로 이사를 투옥시켰다. 결국 이사는 장남 이유李由가 초나라 군과 내통하고 있었다는 거짓 죄목으로 요참형腰斬刑에 처해졌다. 그리하여 기원전 208년 진 제국의 최대 공신 이사는 수도 함양 거리에서 자신이 만든 법령에 의해 공개적으로 허리가 잘려 죽었다. 그의 가족도

아방궁

몰살되었다. 승상 이사가 죽고 얼마 후 진나라도 멸망했다.

이사는 자신에게 찾아온 기회를 포착하여 말단의 자리에서 최고의 자리인 승상까지 올랐다. 그러나 대의를 지켜야 할 때 개인의 이익을 좇아 결국 자신을 망치고 국가를 패망의 길에 접어들게 했다. 그는 시황제를 도와 진이 중국 통일을 이룩하는 데 가장 큰 공을 세웠고, 낙후된 진나라에 법가 사상을 도입하여 강력한 중앙집권 국가로 만들었지만, 결국 시황제의 유언을 위조함으로써 진나라를 멸망에 이르게 했다. 그의 인생의 성공과 실패는 곧 진의 흥망성쇠였다.

법치주의를 집대성하다
한비

韓非(B.C. 280~B.C. 233년)

- 전국 시대 말 한나라 안왕의 서자로, 법가 사상을 집대성했다.
- 법, 세, 술로 군주의 권력을 강화해야 한다는 대작 《한비자》를 저술하여 진시황제의 천하 통일에 큰 영감을 주었고, 한나라 시대까지 역대 왕조의 통치 이념에 영향을 주었다.
- 진나라의 승상 이사의 견제로 독을 마시고 자결했다.

한비는 한나라 왕 안安의 서자로 전국 시대 말기 법가 사상을 집대성한 《한비자韓非子》를 저술했다. 법法, 세(勢, 권세), 술(術, 책략)로 군주의 권력을 강화해야 한다고 주장한 그의 사상은 진시황제가 천하 통일의 대업을 이루는 데 중추적인 역할을 했다.

그는 전국 시대 한나라의 왕족 출신이었으나 생모의 출신이 미천하여 왕위 계승 서열에서 일찌감치 밀려났으며, 심한 말더듬이여서 공자 대우를 받기는커녕 불행한 어린 시절을 보냈다. 그가 태어난 한나라는 산동성 남동쪽에서 하남성 중부에 있었던 소국으로, 전국 7웅이라 불리기는 했으나 제, 조, 진秦, 연, 위, 초나라에 비해 발달 속도와 문화 수준이 낮았다. 한비는 당대 석학인 순자가 머물던 제나라의 수도 임치로 건너가 그의 제자가 되었다.

순자는 공자의 전통을 이은 학자로 맹자의 성선설에 대해 인간의 본성은 악하기 때문에 이를 예禮로써 교정해야 한다는 성악설을 제창했다. 또한 순자는 군신 관계는 왕족이나 혈연관계가 아닌 군주와 신하 사이에서 직접 맺어져야 한다고 주장했다. 한비는 순자 문하에서 유가뿐만 아니라 도가, 명가, 법가, 묵가 등 거의 모든 학문을 섭렵했다. 그는 이곳에서 후에 진나라 시황제의 참모가 되는 이사를 만나게 된다. 이사가 뛰어난 언변술로 유세에 능했던 반면 한비는 저술에 뛰어난 능력을 발휘했다. 이사는 학자로서 자신이 한비에 미치지 못한다고 인정하면서 한비의 능력을 높이 평가했다.

당시 한나라는 국력이 점점 쇠약해진데다 국경을 접하고 있던 진나라의 침략으로 인해 영토의 대부분을 상실했고, 남쪽의 초나라에게도 지속적으로 압박받고 있었다. 한비는 청렴 강직한 신하가 사악한 간신들에게 배척당해 등용되지 못하고 한나라가 진나라에게 영토까지 빼앗기는 굴욕을 당하자 한나라의 안왕에게 부국강병책을 올렸다. 그는 과거의 왕들이 수행한 정치의 성공과 실패를 분석하여 〈고분孤憤〉, 〈오두〉, 〈내외저內外儲〉, 〈세림說林〉, 〈세난說難〉 등을 지었다. 그러나 안왕은 한비의 의견을 받아들이지 않았다.

한비는 〈고분〉에서 중신을 군주의 명령과 법을 무시하고 자신의 재산 축적에만 관심 있는 자로 규정하고, 이렇기 때문에 군주는 '술'로써 중신의 마음을 꿰뚫어 보고 군주에게 충성하지 않는 중신은 제거해야 한다고 주장했다. 또한 〈오두〉에서는 부국강병에 저해가 되는 신하들을 다섯 가지의 해충에 비유했다. 성현을 빗댄 복장과 말을 꾸미는 유가, 거짓말과

진나라 시대의 군대

외국의 힘으로 자신의 욕심을 채우려는 유세가, 권세가에게 뇌물을 주고 아부하며 공로를 무시하는 권문귀족, 세를 규합하여 이름을 떨치려는 협객, 매점매석으로 백성들을 괴롭히는 상인이 이 '오두'에 해당된다. 특히 시황제는 한비의 두 글 〈고분〉과 〈오두〉를 보고 "과인이 이 글을 지은 사람과 교류할 수 있다면 지금 죽어도 한이 없겠다."라고 감탄했다고 한다.

안왕이 한나라를 통치한 지 5년째 되던 해 진나라가 한나라를 침략했다. 《사기》는 시황제가 한비의 글을 보고 감탄하자 참모 이사가 한나라를 공격하여 한비를 얻을 것을 조언하여 전쟁이 일어났다고 전한다. 진나라의 공격을 받아 다급해진 한나라는 한비를 진나라에 사신으로 보내 침공을 멈추어 줄 것을 요청했다. 한비를 만난 시황제가 지나치게 기뻐하자 이사는 자신보다 학문이 뛰어난 한비가 자신의 입지를 흔들까 두려워졌다. 이에 이사는 시황제에게 한비가 한나라의 공자이기 때문에 오직 한나라만을 위해 일하고 진나라를 위해서는 전력을 다하지 않을 것이라고 말했다. 또한 한비를 진나라에 오래 머물게 했다가 돌려보내면 후에 큰 화근으로 돌아올지 모르니 한비에게 죄를 물어 엄벌에 처해야 한다고 덧붙였다.

이사의 말에 동요한 시황제는 한비를 진나라 법에 따라 투옥시켰다. 하지만 이사는 한비를 옥에 가두는 것으로 만족하지 않았다. 후에 황제가 마음을 바꾸어 한비를 석방할 것을 염려한 이사는 옥중의 한비에게 독약을 보내 자살할 것을 강요했다. 한비는 직접 시황제를 만나겠다고 요청했지만 허락되지 않았다. 그 후 시황제가 자신의 결정을 후회하고 한비를 사면하고자 옥중에 사람을 보냈으나 이미 한비의 목숨은 끊긴 뒤였다. 기원전 233년 한비는 동문인 이사가 준 독을 마시고 생을 마감했다.

한비는 전국 시대의 다른 유세가들처럼 자신의 주장을 받아 줄 왕을 찾아다니지 않았다. 말을 더듬었던 데다 유세에 특별한 재능이 없었기 때문이기도 했지만, 무엇보다 한비가 궁극적으로 원했던 것은 조국 한나라의 융성이었기 때문이다. 그는 한나라가 강성해지기 위해서는 군주의 힘을 약화시키는 지방 세력을 억제할 강력한 군권이 필요하다고 생각했다.

한비는 세 명의 법가 사상을 종합하여 법가 사상을 체계화했다. 상앙에게서는 법치를, 신불해申不害에게서는 권모술수를 이용한 통치술을, 신도愼到에게서는 절대 권력의 필요성을 수용했다. 그리하여 한비는 모든 정치적 행동과 백성들의 행동 기준이 되는 엄격한 법을 제정하고, 절대 권력을 가진 통치자인 군주에게는 법을 시행하는 관리를 제어할 수 있는 치술治術이 있어야 한다는 학설을 세웠다. 즉, 군주가 나라를 다스릴 때 필요한 기본을 법, 술, 세로 정리한 것이다.

《한비자》는 한비가 이러한 사상을 바탕으로 법가 사상을 집대성한 책이다. 《한비자》의 원래 제목은 《한자韓子》였으나 송나라 때부터 지금의 이름으로 불리기 시작했다. 《한비자》의 편수는 《사기》에도 정확한 기록은 없으나 후에 유향이라는 학자가 총 55편으로 교정했으며, 총 20권 55편이다. 그중 〈해로解老〉와 〈유로喩老〉 편은 노자에 관한 최초의 주석서이자 해석서다.

이 중에서 한비의 자서로 추정되는 편은 〈오두〉, 〈고분〉, 〈현학〉이다. 그는 인간의 본성은 이기적이고 악에 바탕을 두고 있으며, 세상은 경제적인 원인에 의해 끊임없이 변하기 때문에 과거의 정책이 현대에는 맞지 않을 수도 있다고 생각했다. 따라서 시세에 맞는 법을 시행해야 하는 군주에게 유가나 묵가의 주장은 공론에 불과하다고 주장했다. 또한 부국강병을 위해서는 농업과 군인을 중시하고 이익만 좇는 상인들은 엄히 다스려 장악해야 한다고 했다. 그 밖에도 《한비자》에는 한비 일파의 강학 토론으로 추정되는 〈난세〉, 〈문변問辯〉, 〈정법〉 등과 전국 시대 말부터 한 대까지 후학들의 정론으로 추정되는 〈유도有度〉, 〈심도心度〉, 〈제분制分〉, 〈팔간八姦〉, 도가의 영향을 받은 후학들의 통치론과 상고 시대부터 전해지는 설화들, 비非한비파의 논저들이 수록되어 있다.

한비가 주장하는 법가론은 중국의 정치 무대에서 끊임없이 응용되었다. 시황제는 한비의 주장을 수용하여 제국의 기초를 구축했고, 한 고조 유방은 한나라를 건국한 후 법가와 유가를 적절히 배합하여 통치했다. 한비의 사상은 냉혹하고 윤리성이 배제되어 공식적으로 인기를 얻지 못했지만, 비공식적으로는 중국 역대 왕조의 통치 이념으로 큰 인기를 끌었다.

왕후장상의 씨가 따로 있는가

진승

陳勝(?~B.C. 208년)

- 중국 최초의 농민 반란 지도자.
- 진나라의 제2대 황제인 이세황제 때 오광과 함께 농민 반란을 주도했고, 진현을 함락한 후 장초국을 세웠다.
- 진승의 봉기는 실패했지만, 그로 인해 군웅할거의 시대가 시작되어 진나라 멸망의 계기를 제공했다는 데 의의가 있다.

"왕후와 장상의 씨가 어찌 따로 있다는 말인가王侯將相寧有種乎!"라는 말은 왕권에 도전하는 반란 지도자들이 무리를 선동할 때 가장 많이 언급하는 말이다. 이 말의 주인공은 진나라 시대의 농민 진승이다. 진승과 오광의 난은 중국 역사에서 처음으로 일어난 대규모 농민 반란으로 진나라가 멸망하고 한漢나라가 건국되는 계기를 마련했다.

진승의 자는 섭涉이고 오광의 자는 숙叔으로, 둘은 하남성의 가난한 농민 집안에서 태어났다. 진승은 집안이 가난하여 머슴으로 일하며 남의 땅을 경작하며 살았지만 가슴에 큰 뜻을 품고 대성하고자 다짐했다. 어느 날 그는 친구와 농사일을 하다가 자신이 후에 재산을 모아 지위가 높아지면 지금의 가난한 형제들을 잊지 않을 것이라고 말했다. 이를 듣고 사람들이 모두 그를 비웃자 진승은 "어찌 참새, 제비 같은 새가 기러기, 고니의 큰 뜻을 알겠는가!" 하며 탄식했다고 한다.

기원전 210년 시황제가 순행을 나갔다가 사구에서 병을 얻어 세상을 떠났다. 시황제가 승하한 후 시황제의 막내아들 호해가 황위를 계승해 이세황제로 즉위했다. 이세황제는 승상 이사와 환관 조고에게 정사를 맡기고 자신은 사치와 향락에 빠져 민생은 살피지 않았다. 형법은 시황제 때보다 더 가혹하고 엄격하게 적용해 무고한 사람이 죽는 일도 일어나곤 했다. 또한 그는 시황제가 착수했던 만리장성 축조, 도로 건설, 아방궁 건설 등의 국책사업을 그대로 진행했고, 여기에 시황제의 능인 여산릉을 빨리 완성하고자 백성들을 무자비하게 동원했다. 이런 과도한 국책사업으로 인해 백성들의 조세와 부역에 대한 부담이 가중되었고, 민심은 극도로 황폐해졌다.

진승은 기원전 209년 변방 수비군 동원령에 하급 장교로 징발되어 북쪽의 변방인 어양漁陽으로 향하게 되었다. 이렇게 징발된 수는 약 900명 정도였는데, 이들 중에는 오광도 있었다. 그러나 어양에 도착하기 전 대택향大澤鄕이라는 곳에서 홍수를 만나 더 이상 나아갈 수 없어 도착해야 할 기일을 넘기고 말았다. 당시 진나라에는 징발령이 내렸을 경우 장교가 기한 내에 도착하지 못하면 참형에 처한다는 법령이 있었다. 이러한 징발법에 의해 진승과 오광의 무리는 참형을 당할 위기에 처하게 되었다.

진승과 오광은 대책을 논의하고 책임자를 설득하려 했지만 오히려 심한 매를 맞았다. 이에 분노한 두 사람은 "목적지까지 가도 죽고, 도망가도 죽고, 봉기를 일으켜도 죽는 것은 매한가지이니 어차피 죽을 운명이라면 난을 일으켜 나라를 세우고 죽자."라며 봉기를 결심하고 징발 인솔자를 죽였다. 이때 "왕후장상의 씨가 따로 있나!"라는 말로 무리를 선동했다. 중국 역사상 최초의 농민 반란의 시작이었다.

《사기》에는 진승과 오광이 어양에서 봉기를 일으킬 것을 결심하고 상의하는 장면이 묘사되어 있다. 그들은 봉기를 정당화하고 백성들의 호응을 얻기 위해 시황제의 장자 부소와 초나라 사람들이 존경하는 장군 항연項燕을 이용하기로 했다. 당시에는 이세황제가 태자 부소를 죽였다는 소문과 함께 시황제가 죽였다고 알려진 항연이 어딘가에 살아 숨어 있다는 소문이 돌았다. 이에 진승과 오광은 스스로 부소와 항연이 되고자 했다.

또한 봉기의 당위성을 확보하기 위해 점괘를 이용했는데, 진승은 비단 위에 지워지지 않는 염료로 '진승왕陳勝王'이라는 글자를 써서 다른 사람이 잡아 온 물고기 뱃속에 넣어 두었다. 그 물고기를 사 먹고 글자를 발견한 호송 수졸들이 이를 괴이하게 여겼음은 당연했다. 여기에다 진승이 오광에게 그날 밤 여우 소리로 "진승이 초나라의 왕이 된다." 하고 외치게 하면서 기이한 분위기는 더욱 고조되었다. 다음 날 기묘한 일을 연이어 겪은 수졸들은 진승을 힐금거렸다.

이로써 미천한 농민에 불과했던 진승은 스스로 장군이 되었고, 오광은 도위가 되었다. 그들은 몽둥이와 농기구를 무기 삼아 대택향 주변의 기현蘄縣을 공격하여 점령했다. 기현 점령으로 한껏 고무된 진승과 오광은 동서로 나누어 진나라 군대를 공격했고 질銍, 찬酇, 고苦, 자柘, 초譙 다섯 개 현을 점령하는 성과를 올렸다. 진승은 여러 현을 함락시키면서 진나라의 폭정에 시달리던 농민들을 규합하여 계속해서 병사를 모집했다. 그리하여 진승의 무리가 진현陳縣을 공격할 무렵에는 700량의 전차와 천여 명의 기병, 수만 명의 병사를 소유한 막강한 군대의 모습을 갖추게 되었다.

진현을 함락한 진승은 봉기 1개월 만에 스스로 왕이 되어 진지陳地를 수도로 하고 나라 이름을 '초나라를 넓힌다'라는 의미의 '장초張楚'라고 지었다. 장초는 중국 역사상 농민 반란으로 건국된 최초의 국가였다.

진승은 진현에 머물면서 지배 지역을 확대하려고 했다. 곧 봉기군은 진나라를 무너뜨리기 위해 진격을 시작했다. 오광은 서쪽의 형양으로, 장군 무신武臣은 교위 장이張耳, 진여陳餘와 함께 북쪽의 조나라로, 등종鄧宗은 남쪽의 구강九江으로 향했다.

진승은 오광으로 하여금 형양을 공격하게 했지만 승상 이사의 아들인 이유가 성을 굳건히 지키는 바람에 성을 함락시키지는 못했다. 진승은 형양을 함락하기 위해 주문周文을 장군에 임명했다. 주문의 부대는 진군 중에 점점 세가 불어나 함곡관에 이르렀을 때는 전차가 천 량, 병사가 수십만에 달했다. 주문이 수도 함양 근처의 희戱에 진을 치자 진나라 장수 장감章邯은 인근 군현의 병력만으로는 대처하기 힘들 것이라고

농기구 전국 시대 이후 소를 이용하는 경작이 발달하면서 농업 생산력이 증가되었다. 또한 전쟁에 적합하지 않은 주철이 농기구를 만드는 데 사용되면서 농기구도 발전했다.

함곡관 중국에서 가장 오래된 관문의 하나로, 함양을 함락시키기 위해서는 이곳을 지나야 했다. 전국 시대에 진나라를 공격한 연합군이 패퇴하고, 유방이 이곳을 통과해 장안의 관중으로 진격하고, 항우가 장량과 한판승을 벌여 장안으로 진격한 곳이다.

판단했다. 그는 여산릉 건설에 징집된 죄수와 노예의 자손들을 사면시켜 군대를 편성하여 주문의 군대를 격퇴했다. 진승은 무신에게 주문을 지원하라고 명령했지만, 조왕이 된 무신은 그의 명령을 수행하지 않았다. 패퇴한 주문은 장감이 민지澠池까지 추격해 오자 그곳에서 스스로 목숨을 끊었다.

한편 북쪽의 조나라를 공격하러 떠났던 무신은 조나라의 여러 성을 함락시키고 동북쪽으로 이동하여 범양范陽까지 함락시켰다. 무신은 조나라의 옛 도읍지 한단에 입성했다. 함곡관에서 주문이 패했다는 소식을 들은 장이와 진여는 승리에 도취한 무신에게 조나라 왕으로 즉위하라고 조언했다. 무신은 장이와 신여의 충고를 따라 스스로 조왕에 올랐고 이를 진승에게 통보했다. 진승은 무신의 행동에 크게 분노했지만 진나라를 멸망시키지 못한 상태에서 무신을 처벌하는 것은 불리하다는 것을 인식하고 행동에 옮기지는 못했다.

주문의 죽음으로 형양을 포위하고 있던 오광의 봉기군은 진나라에게 협공을 당할 위기에 처했다. 하지만 오광과 장수 전장田臧이 형양성을 함락시킬 방법에서 의견을 달리하게 되자, 전장은 다른 장수와 모의 끝에 진승의 명령을 위조하여 오광의 목을 베는 데 성공했다. 이들은 오광의 목을 진승에게 보냈고, 오광의 목을 받은 진승은 그들을 벌하기는커녕 전장을 영윤으로 임명했다. 진승과 오광이 봉기를 결의한 지 몇 달 만에 일어난 일이었다. 이렇듯 내부 분열을 일으킨 봉기군은 결국 진나라군에 크게 패하고 말았다.

반진反秦 항쟁이 진행되면서 봉기군은 점점 지휘 체계가 문란해지고, 내부 분열을 일으켰다. 조나라를 점령하라는 명을 받은 무신은 스스로 조나라 왕이 되어 진승에게 상황을 통보만 했고, 연燕나라를 점령시키기 위해 무신이 보낸 한광韓廣은 연나라에 도착하자 귀족들과 담합하여 스스로 연나라 왕이 되었다. 위나라를 점령하러 떠난 주시周市는 위나라 왕이 되어 달라는 요청은 물리쳤지만 대신 위나라의 귀족 위구魏咎를 위왕으로 추대했다.

함양에서 진나라의 장군 장감에게 크게 패한 봉기군은 어렵사리 포위망을 뚫고 진현으로 도망쳤다. 뿐만 아니라 담현에 주둔해 있던 등열鄧說과 허현에 주둔해 있던 오서伍徐의 봉기군도 장감에게 패해 진현으로 도망쳤다. 장감은 승세를 몰아 진현으로 진격했고, 진승이 직접 군사를 이끌고 분투했으나 막아 내지 못했다. 결국 진승은 진현을 버리기로 결심하고 퇴각했다. 진승은 퇴각 도중 허망하게도 하성부下城父에서 수레를 끌던 마부 장고莊賈의 손에 죽고 말았다. 봉기를 일으킨 지 고작 6개월 만의 일이었다. 중국 최초의 농민 반란은 이렇게 끝났다.

　진승과 오광의 봉기는 진나라를 멸망시키지는 못했지만 그 파급력은 실로 대단했다. 진승과 오광이 봉기를 일으킨 6개월 동안 전국 각지에서는 반진 봉기가 들끓었다. 진이 통일하기 전 서로 힘을 겨루었던 6국은 이 반란을 틈타 각각 진에 반기를 들었다. 제 왕실의 후예 전담田儋은 자립하여 제나라 왕위에 올랐고, 위 왕실의 후예 위구魏咎는 주시에 의해 위나라 왕으로 옹립되었다. 특히 반진 세력들 중 두각을 나타낸 인물은 바로 항우項羽와 유방劉邦이다. 결국 이 둘이 패권을 겨루다 기원전 206년 진 왕조가 멸망하고 한漢 왕조가 건국되었다.

군웅할거의 시대를 열다
항량

項梁(?~B.C. 208년)

▌ 진나라 말기의 반란군 지도자로 서초패왕 항우의 삼촌으로 알려져 있다.
▌ 훗날 한 고조가 되는 유방과 서초패왕이 되는 항우를 이끌어 진나라와 다수의 전투를 치렀고, 그가 죽은 후 유방과 항우 두 인물이 천하를 놓고 다투게 된다.

항량은 진나라 말기 반진 세력의 지도자로 서초패왕西楚霸王 항우의 삼촌으로 알려져 있다.

기원전 210년 중국 역사상 최초로 통일 국가를 이룩한 진의 시황제가 승하했다. 시황제는 죽음에 이르러 장자 부소를 황위 계승자로 내정했으나, 환관 조고와 승상 이사의 음모로 결국 막내아들 호해가 황위를 계승하게 되었다. 장자 부소는 조작된 유서에 따라 자결로 생을 마감했다. 이세황제로 즉위한 호해는 조고와 이사에게 정치를 맡긴 채 사치와 향락에 빠졌다. 이세황제 치하의 진나라에서는 가혹한 법치주의가 시행되어 억울하게 죽거나 형을 받는 백성들이 많아졌고, 이에 더해 무리한 군사 동

초나라의 도읍인 기남성 유적

원과 토목 공사 등으로 민생은 파탄 지경에 이르렀다. 결국 기원전 209년 농민 진승과 오광이 반기를 들었고, 이들의 반진 항쟁이 불씨가 되어 전국 각지의 영웅호걸들이 일거에 반란을 일으켰다. 이들 반진 세력들 중 제일 먼저 규모와 군대의 모습을 갖춘 집단이 바로 항량의 군대였다.

항량의 출생연도는 알려지지 않았으나 하상下相에서 대대로 초나라의 무장을 맡아 왔던 귀족 가문에서 태어났다. 초나라는 중국의 남방계 민족이 세운 정권으로 춘추 시대의 강대국 중 하나였다. 초기에는 영도郢都에 도읍을 정하고, 장강 이남 지역을 호령했다. 그러다 진나라가 세력을 동쪽으로 확장함에 따라 진陳으로 도읍을 옮겼고, 또다시 남쪽으로 밀려 다시 수춘壽春으로 천도했다. 그 이후 진나라의 압박에 못 이겨 기원전 223년에 멸망했다.

항량의 아버지는 전국 시대 말기 진나라에 맞서 싸웠던 초나라 최후의 명장 항연項燕이다. 항연이 진나라의 노장 왕전王翦이 60만 명의 대군을 이끌고 초나라를 공격할 때 끝까지 대항하다 전사했기 때문에 항량은 진나라에 깊은 원한을 품고 있었다.

초나라가 멸망하자 항량은 진나라에 사로잡혀 역양현櫟陽縣에서 포로 생활을 했다. 그러나 기현蘄縣의 옥리 조구曹咎를 통해 역양의 옥리 사마흔司馬欣에게 서신을 보내 구명을 요청했고, 그의 도움으로 풀려날 수 있었다. 그 뒤 떠돌던 항량은 우연히 사람을 죽여 조카 항우를 데리고 오중吳中으로 도망쳤다. 항량은 오중 지역에서 백성들의 부역이나 초상 때 앞장서서 일을 처리해 주면서 민심을 모으는 한편 비밀리에 자신의 세력을 모았다. 무인 집안 출신으로 병법에 능했던 그는 자신의 아래로 모여드는 빈객과 젊은이 들의 능력을 파악하여 그들을 군대식으로 배치하고 훈련시켰다. 또한 조카 항우의 기백을 알아보고 병법을 가르쳤다.

기원전 209년 7월 진승이 대택향에서 진나라에 반기를 들고 장초국을 세우자 6국의 귀족들도 각지에서 반란을 일으켰다. 이때 회계 태수 은통殷通은 반란군에 살해될까 두려워 항량에게 같이 거사를 도모할 것을 청했다. 그러나 항량은 은통을 죽이고 그 인수印綬를 빼앗아 회계군의 병력을 장악한 뒤 강동 지역을 근거로 거사를 시작했다. 항량은 백성들에게 거사의 목적을 알리고 스스로 회계 태수가 되었으며 조카 항우를 부장으로 삼고 군사를 모으기 시작했다.

기원전 208년 단순한 농민군에 불과했던 진승의 무리가 진나라 장군 장한에게 대패하고 진승도 장한의 휘하 장수에게 살해되었다. 이때 항량은 진승의 잔존 세력이 구원을 요청하자 진승이 죽었다는 것을 알지 못한 채 8천여 명의 군대를 이끌고 진나라를 향해 서진했다. 이때 진영陳嬰, 영포英布, 포장군蒲將軍 등이 합세하여 항량의 군대는 10만 대군으로 늘어났으며, 항량은 반란군의 총사령관이 되었다.

항량은 산동성 설현薛縣에 도착해서야 진승이 죽었다는 소식을 들었다. 항량은 장수들을 불러 대책을 논의했다. 이때 전략가 범증范增이 초회왕懷王의 자손을 왕으로 옹립해 신망을 얻으라고 진언했다. 항량은 범증의 의견을 받아들여 시골에서 양치기를 하던 회왕의 손자를 찾아내 조부의 이름을 따서 회왕으로 옹립하고 우이盱怡를 수도로 정했다. 항량은 스스로 무신군武信君이라 일컫고, 군대를 지휘했다.

초나라를 재건하는 데 성공한 항량은 계속 진나라 군대를 공격하여 항부亢父를 점령했고, 이어 제나라를 위해 제나라의 전영田榮, 사마용조司馬龍且와 함께 동아東阿 지역에서 진나라 군대를 격퇴하는 등 연승을 거두었다. 이 전투에서 항량은 제나라의 반대에도 단독으로 퇴각하는 진나라의 군대를 추격했다.

항량의 기세는 수그러들 줄 몰랐다. 그는 항우와 유방을 보내 성양城陽을 함락하고, 복양濮陽에서도 진나라 군대와 접전을 벌여 대승을 거두었다. 항우와 유방은 정도定陶 공격에는 실패했으나 곧바로 서진하여 옹구雍丘에서 진나라 군대를 대파하고 승상 이사의 아들 이유까지 살해했다.

그러나 거듭된 승리에 도취된 항량은 곧 진나라를 멸망시킬 수 있으리라 자만했고, 이것이 결정적인 패착이 되었다. 초나라 대신이던 송의宋義가 섣불리 진나라를 공격해서는 안 된다고 간언했으나 이미 교만해진 항량은 이에 귀 기울이지 않고 정도로 진격했다. 정도를 지키던 진의 장수 장한은 항량의 자만심을 이용해 진나라의 구원병이 도착할 때까지 기다렸다가 항량의 부대를 기습했다. 항량은 급히 방어하려 했으나 성공하지 못했다. 기원전 208년 9월 항량은 자신에게 망국의 한을 안겨 주고 집안

전국 시대의 거마도

을 몰락시킨 진나라의 멸망을 보지 못한 채 전사했다. 항량의 죽음 이후 반진 세력은 조카 항우와 유방 세력으로 나뉘고, 이 두 사람이 이후 천하 제패를 두고 경쟁하게 된다.

진시황제 사후 진승과 오광의 난이 기폭제가 되어 각지에서 반란이 일어났다. 그중 유방이 천하를 재통일하여 약 400년간 이어지는 한 왕조를 세우게 된다. 한나라 시대 유교가 공식 국교로 승인되고, 실크로드를 통해 서역 교류가 시작되면서 농업, 수공업, 상업 등이 비약적으로 발전했다. 외척과 환관의 발호로 인해 정치가 문란해지자 황건적이 일어났고, 이를 계기로 각지에서 군웅들이 할거하면서 위·촉·오의 삼국 시대가 열린다. 이후 북부의 5호 16국과 중원의 동진이 대치하는 남북 분열의 시대를 거쳐 581년 양견이 북주 정제 우문연에게 선양을 받아 수나라를 세우면서 400년간의 대분열에 종지부를 찍는다.

중국사 연대표

- **B.C. 202** 유방이 해하 전투에서 항우를 물리치고 한 고조로 즉위했다.
- **B.C. 154** 오초칠국의 난이 일어났다.
- **B.C. 139** 장건의 제1차 서역 원정이 시작되었다.
- **B.C. 91** 사마천이 《사기》를 완성했다.
- **A.D. 8** 왕망이 전한을 멸망시키고 신 왕조를 건국했다.
- **A.D. 25** 유수가 낙양에 도읍을 정하고 후한을 일으켰다.
- **A.D. 1** 채륜이 종이를 했다.
- **A.** 황건 발생

한국사 연대표

- **B.C. 57** 신라가 건국되었다.
- **B.C. 37** 주몽이 졸본부여로 남하해 고구려를 세웠다.
- **B.C. 18** 온조가 하남 위례성에 도읍을 정했다.
- **A.D. 32** 고구려 대무신왕이 낙랑을 정복했다.
- **A.D. 42** 김수로가 금관가야를 건국했다.

한나라부터 수나라까지

A.D. 220
후한이 멸망하고 위, 촉, 오의 삼국이 정립되었다.

A.D. 316
서진이 멸망하고 화북 지역에 5호 16국 시대가 시작되었다.

A.D. 290
팔왕의 난이 일어났다.

A.D. 581
양견이 북주를 멸망시키고 수나라를 건국했다.

A.D. 611
수 양제가 고구려 정벌을 단행했으나 실패했다.

A.D. 209
고구려 산상왕이 지금의 통구 지역인 환도성으로 천도했다.

A.D. 300
고구려 미천왕이 요동의 서안평을 점령했다.

A.D. 527
신라 법흥왕이 불교를 공인했다.

A.D. 414
고구려 장수왕이 광개토대왕비를 세웠다.

A.D. 553
신라 진흥왕이 한강 유역을 차지했다.

A.D. 612
고구려 장군 을지문덕이 살수에서 수나라 군에게 대승을 거두었다.

A.D. 313
고구려 미천왕이 한사군을 멸망시켰다.

한 고조 유방의 맞수
항우

項羽(B.C. 232~B.C. 202년)

- 초나라의 대장군 항연의 손자로 이름은 적, 자는 우다.
- 진나라에 대항해 군사를 일으킨 군웅들 중 항량 휘하에서 군사를 지휘했으며, 훗날 한나라를 건국한 유방과 패권 다툼을 했다.
- 기원전 206년 함양을 함락하고 서초패왕의 자리에 올라 유방과 대치했으나, 한신에게 포위되어 오강포에서 자결했다.

    진나라 말기 진승과 오광의 난이 실패로 끝난 후 반진 세력은 농민 봉기군에서 지주 계급과 6국의 옛 귀족 세력으로 이동했다. 그중 가장 막강한 세를 지니고 있던 지도자는 항우와 유방이다. 항우는 진나라를 멸망시키고 초나라 패왕이 되어 후에 한나라를 건국하는 유방과 천하를 놓고 패권을 다투었다.

    항우는 초나라의 대장군 항연의 손자로, 기원전 232년 하상에서 태어났다. 이름은 적籍, 자는 우羽다. 아버지가 죽자 항우는 반진 봉기군이었던 숙부 항량을 따라 오중으로 이주했고, 그에게서 병법을 배웠다. 기원전 210년 시황제가 회계산으로 순행을 나왔을 때 행렬을 구경하던 항우는 "저 사람 대신 내가 저 자리를 차지하겠다!"라고 말하며 천하 제패의 꿈을 꾸었다.

기원전 209년 진승과 오광이 봉기를 일으키자 항우는 항량과 함께 회계 태수 은통殷通을 죽이고 스스로 부장이 되어 군사를 모았다. 이때 모인 군사는 약 8천여 명에 이르렀다. 기원전 208년 진승이 진나라와의 전투에서 전사했고, 진승 부대의 구원 요청에 당시 진승의 죽음을 알지 못했던 항량과 항우는 군대를 이끌고 서쪽으로 진격했다. 진격 도중 항량과 항우의 군대는 그 세가 점점 늘어나 반진 세력의 주력 부대가 되었고, 항량은 반진 세력의 총사령관이 되었다. 이때 유방도 항량의 군대에 합류했다. 항량은 전략가 범증의 의견을 받아들여 당시 양치기 목동이던 초나라 회왕의 손자 웅심熊心을 찾아내 조부의 이름을 따서 회왕으로 추대했다.

기원전 208년 항량이 전사했다. 이후 회왕은 지휘 본부를 팽성彭城으로 옮기고 항우와 유방의 병력을 초나라로 편입시켰다. 회왕은 진나라 장한의 북상에 위협받던 조나라를 원조하기 위해 송의宋義를 대장군으로 임명하고 항우를 부장으로 임명해 군대를 파견했다. 그러나 송의가 안양安陽에 진을 친 뒤 공격할 생각은 하지 않고 46일을 그냥 보내자, 항우는 평소 자신을 무시했던 송의의 목을 베고 스스로 대장군에 올랐다. 회왕은 어쩔 수 없이 항우의 행동을 묵인하고 조나라를 지원하도록 했다.

기원전 207년 대장군 항우는

항우

진나라 왕리에게 포위된 거록성을 구하고자 군대를 이끌고 진격했다. 거록성을 구원하고자 모인 군대는 초나라 군대를 포함하여 10여 진영이 더 있었으나 어느 누구 하나 감히 왕리의 50만 대군에 대적하지 못했다. 이에 항우는 직접 10만여 명의 군사를 이끌고 강을 건너 배수진을 쳤다. 항우의 군대는 9차례에 걸쳐 진나라를 공격하여 모두 승리했고, 왕리를 사로잡았다. 거록에서 크게 승리한 항우는 40만 대군을 이끄는 대장군의 모습을 갖추었다.

그러나 항우는 곧 유방이 진의 수도 함양을 차지했다는 비보를 들었다. 초 회왕은 항우와 유방에게 "누구든 관중關中을 먼저 차지한 자가 관중의 왕이 된다."라는 약속을 했는데, 유방이 먼저 함양을 함락했기 때문에 관중의 왕은 유방이 되어야 했다. 함양 진입에 늦은 항우는 크게 노하여 유방의 군사를 쳐부수려 했고, 경포黥布를 시켜 함곡관을 함락하고, 함양의 동남방 홍문鴻門에 진영을 설치했다. 이때 항우의 군사는 40만이었고 유방의 군대는 10만이었다.

항우는 참모 범증의 건의에 따라 유방을 제거하기로 하고 다음 날 새벽 유방을 공격하기로 결심했다. 그런데 유방의 전략가 장량에게 매수된 항우의 당숙 항백이 항우에게 유방은 관중의 왕이 될 의사가 전혀 없다고 변호했다. 거기에다 유방이 군사 백여 기만을 거느리고 항우를 찾아와 관중을 먼저 차지하게 된 것을 사죄했다. 항우는 유방을 제거하기로 한 계획을 철회한 것은 물론 유방을 자기 처소에 머물게 하고 잔치까지 베풀었다. 장래 항우에게 큰 장애가 될 것이 분명한 유방을 제거하고자 했던 범증은 항우에게 신호를 보내 유방을 죽일 것을 건의했으나 항우는 범증의 신호를 끝내 무시했다. 항우가 유방을 제거할 의사가 없음을 간파한 범증은 심복 항장項莊을 조용히 불러 검무를 추다가 유방을 죽이라고 시

홍문의 연 함양을 정복한 항우가 유방을 홍문으로 초대해 떠보는 홍문의 연.

컸다. 그러나 유방의 경호를 맡고 있던 번쾌樊噲가 달려와 항우를 상대했고, 그 사이 유방은 말을 달려 자기 진영으로 도망쳤다. 이 홍문의 연회로 인해 항우와 유방의 운명은 극명하게 달라졌다.

기원전 206년 항우는 40만 대군을 이끌고 함양을 함락하고 진나라 황제 자영子嬰을 살해했다. 항우의 군대는 금은보화와 비단, 궁녀들을 탈취하고, 아방궁에 불을 질러 완전히 폐허로 만들었다.

패권을 장악한 항우는 서초패왕西楚霸王에 올라 9개의 군郡을 영지로 삼고 팽성에 도읍을 정했다. 그리고 초 회왕을 의제義帝로 삼고 반란군 장수들을 제후왕에 책봉했다. 그러나 항우는 제후왕을 책봉하는 과정에서 공로의 경중과 상관없이 무분별하게 제후로 봉하는 실수를 저지르고 말았다. 특히 항우는 유방을 견제하고자 사천성 방면으로 추방하듯 밀어냈다가 항백의 설득으로 한중의 제후 자리를 주었는데, 이것이 제후왕들의 불만을 샀다. 제나라 승상 전영田榮, 조나라 승상 진여陳余, 양나라 장군 팽월彭越 등이 영지에 부임하자마자 초나라에 반기를 들었다. 항우는 이들 반란군을 진압하는 과정에서 항복하는 자들까지 생매장시키고 살육을 일삼아 민심을 잃고 말았다. 한왕 유방은 기원전 206년 초 회왕이 항우에게 시해되었다는 소식을 접하고, 항우에게 불만을 가지고 있던 다른 제후왕들을 규합하여 항우를 토벌할 것을 요청했다.

기원전 205년 유방은 항우가 제나라 정벌로 자리를 비운 틈을 타 56만 대군을 이끌고 팽성을 함락했다. 이에 격분한 항우는 팽성을 수복하기 위해 유방군의 예상을 깨고 서쪽으로 진격하여 유방의 군대를 크게 물리쳤고, 군대의 절반가량을 잃은 유방은 형양滎陽으로 패주했다.

기원전 205년 4월부터 항우와 유방은 형양과 성고 일대를 경계로 대치했다. 대치 기간 동안 항우는 유방을 도발했지만 병력 손실이 컸던 유방은 쉽게 응하지 않았다. 시간을 끌수록 전세는 항우에게 불리해졌다. 항우의 처사에 불만을 가진 제후왕들이 항우 군대의 후방을 공격하고 병력과 군량미 보급을 차단하는 등 유방을 지원했기 때문이다. 기원전 203년 유방은 항우에게 홍구鴻溝를 경계로 천하를 양분할 것을 제안했다. 전세가 역전되고 있음을 느낀 항우는 유방의 제안을 받아들여 형양에서 병력을 철수시키기 시작했다. 그러나 유방은 여기에서 한 가지 실수를 저질렀다. 장량과 진평의 진언을 듣고 한신과 팽월에게 사자를 보내 철수하는 초나라를 공격하게 한 것이다. 이후 한신과 팽월의 군대와 합류하지 못한 유방은 고릉固陵에서 다시 항우에게 크게 패하고 말았다.

기원전 202년 2월 여러 제후국들과 연합한 유방은 50만 명의 병력으로 해하垓下에서 항우와 대치했다. 유방의 10만 군사에게 포위되고, 한신의 30만 대군의 공격을 받은 항우는 대패한 채 고작 몇백 명의 군사만을 데리고 포위망을 뚫었다. 유방은 휘하 장수 관영灌嬰에게 5천 기의 기병을 주어 남쪽을 도망가는 항우를 추격시켰다. 결국 화현和縣의 오강포烏江浦까지 쫓겨 간 항우는 그곳에서 자결로 생을 마감했다.

항우는 키가 8척에 힘이 세고 장수의 풍모를 지녔으며 재기가 뛰어나고 군사적인 전략에서 탁월한 능력을 보였다고 한다. 그러나 의심이 많고 아량이 넓지 않아 수하들을 제대로 다루지 못했으며 항복하는 사람까지 무참하게 응징하는 잔인성을 보여 민심을 잃었다. 그랬기에 유방과 함께 봉기를 일으켜 진나라를 멸망시키고도 천하를 얻는 데는 실패했고, 5년 만에 자멸하게 되었다.

《사기》에는 항우가 한신의 군대에게 포위된 장면이 극적으로 묘사되어 있다. 군량미도 떨어지고 탈주병이 늘어 항우의 군대에 남아 있는 병사의 수는 매우 적었다. 밤이 되자 유방의 진영에서는 항우의 진영을 향해 "한군이 초나라를 점령했는가? 어찌하여 초나라 군사들이 이리도 많은가!"라는 초나라 노래를 불렀다. 이에 항우는 술로 자신을 위로하며 애첩 우희虞姬를 바라보고 "힘은 산을 뽑고 기개는 세상을 덮었노라! 불운하여 명마마저 달릴 줄 모르네. 명마가 달리지 않으니 어찌할 거나. 우희여 우희여 너를 장차 어찌할 거나."라는 노래를 읊조렸다. 우희가 슬픈 노래로 화답했고 항우가 하염없이 눈물을 흘리자 주위의 병사들도 함께 울며 고개를 숙였다고 한다.

한나라를 건국하다
유방

劉邦(B.C. 247~B.C. 195년)

- 한나라를 건국한 한 고조(재위 B.C. 202~B.C. 195년).
- 강소성 패현 출신의 백수건달이었으나 진나라 말기의 군웅할거 시대를 종식시키고, 두 번째로 대륙을 통일하는 입지전적인 인물이다.
- 기원전 206년 수도 함양에 입성한 일로 서초패왕 항우의 견제를 받았으나 결국 항우와의 전쟁에서 승리하고 진을 멸망시켰다.

    기원전 210년 시황제가 죽은 후 기원전 202년 한漢나라의 유방이 재통일할 때까지 중국은 대혼란을 맞이했다. 진승과 오광이 농민 반란을 일으키면서 그 기세를 이어받아 6국의 귀족들이 각지에서 반기를 들었으며, 결국 반란 지도자들 중 항우와 유방이 천하를 두고 다투게 되었다.

    진나라 말기의 혼란을 마감하고 천하를 두 번째로 통일한 사람은 바로 유방이다. 그는 강소성 패현 사람으로 양친의 이름조차 모르는 미천한 농민 출신이었다. 4형제 중에 셋째였던 유방은 젊은 시절 농사짓기를 싫어해 백수건달로 방탕한 세월을 보냈다. 그는 서른 살 무렵 패현의 하급 관리인 정장이 되었으며, 선보 지역의 유지인 여공呂公의 딸과 결혼했다.

여공은 유방의 관상에서 비범함을 느껴 그에게 딸을 주었다고 한다.

그 후 유방은 정장 신분으로 인부들을 인솔하여 여산릉 축조 공사장으로 가게 되었다. 그런데 도중에 인부가 탈주하는 사건이 발생했다. 그대로 목적지에 간다 해도 인부들이 하나도 남아 있지 않을 것 같았던 유방은 아예 그들을 모두 풀어 주고 자신은 패현 망탕산으로 도망쳤다. 그때 몇십 명의 무리가 유방을 따랐고 유방은 점차 패현 근방에서 활동하는 반진 무리의 중심인물이 되었다.

기원전 209년 7월 진승이 반기를 들었을 때 유방은 패현의 하급 관리이던 소하蕭何, 조삼曹參 등과 합세하여 패현 현령을 죽였다. 진나라의 가혹한 징발에 시달리던 사람들은 유방을 현령으로 추대했고 패공沛公이라고 불렀다.

기원전 208년 아직 세력이 미미했던 유방은 반진 세력 중 규모가 가장 컸던 항량과 항우를 찾아가 합류했다. 유방, 향량, 항우 연합군은 각지에서 진나라 군대와 싸워 승리를 거두었다. 항량이 진나라 장군 장한과의 전투에서 죽고 나서 유방은 항우와 함께 반진 세력의 주축이 되었다.

기원전 206년 유방은 항우보다 빨리 진나라의 수도 함양에 입성하여 자영의 항복을 받아내고 진나라를 멸망시켰다. 유방은 진나라의 법률 중 '살인죄는 사형, 상해죄는 징역, 절도죄는 징역'이라는 세 가지 법률만 남기고 나머지 법은 폐지하는 〈약법삼장約法三章〉을 선포하여 민심을 얻었다. 그러나 초 회왕이 한 '먼저 진나라의 수도 함양에 입

유방

망탕산

성하는 자가 그 땅의 왕이다'라는 말 때문에 항우와의 관계는 악화 일로로 치달았다.

유방의 선 함양 입성에 대노한 항우는 군사 40만을 이끌고 함양에 도착했다. 항우는 함양 동남방 홍문에, 유방은 홍문 서남에 주둔했는데, 둘 사이의 거리는 40리 정도였고 병력은 항우가 40만, 유방이 10만이었다. 항우는 책사 범증의 의견에 따라 유방을 죽이기로 결심했다. 그러나 이미 항우의 계획을 눈치챈 유방은 군사 100여 기만을 직접 이끌고 홍문까지 와 항우에게 사죄했다. 이에 항우는 연회를 베풀어 유방을 환대했다. 유방은 항우에게 자신이 천하를 두고 다툴 의사가 없음을 거듭 강조했고,

유방의 관중 입관 초 회왕이 진나라의 본거지인 관중에 최초로 들어간 자를 관중 왕으로 삼는다고 약속한 바에 따라 유방이 관중 사람들에게 삼장의 법으로 다스릴 것을 약속하고 관중으로 들어갔다.

이에 마음이 누그러진 항우는 유방을 죽일 계획을 철회했다. 항우의 마음을 간파한 범증은 항장을 시켜 유방의 목을 베어 버리고자 했다. 항장이 검무를 추며 접근하자 유방 휘하의 번쾌가 달려와 항우와 술을 주고받았고, 그 사이 유방은 연회장을 빠져나가 자기 진영으로 몸을 피했다.

홍문에서 유방을 복속시킨 항우는 서초패왕이 되어 유방을 한왕에 책봉했고, 유방은 영지인 한중으로 향했다. 한편 항우는 홍문의 연회 후 함양으로 쳐들어가 진나라의 마지막 왕 자영을 죽이고 온갖 약탈과 파괴를 자행했다.

유방이 한중에 도착하고 얼마 지나지 않아 항우에 대항하는 제후들이 군사를 일으켰다. 항우가 그들을 상대하는 사이 기원전 206년 8월 유방은 관중의 3국을 수복했다. 항우가 초 회왕을 죽이자 유방은 다른 제후들과 연합하여 항우에게 대항했다. 유방과 한우의 이 싸움은 4년간 지속되었다. 이 싸움을 '초한 전쟁'이라고 한다.

항우는 유방에게 도읍지 팽성을 쉽게 뺏겨 당황했으나 곧 반격하여 회복했다. 항우는 유방을 계속 추격하여 포위 끝에 유방을 사로잡을 뻔했으나, 유방은 장군 기신紀信을 가짜로 세우고 탈출에 성공했다. 유방과 항우는 기원전 205년부터 기원전 203년까지 형양과 성고 일대에서 대치했고, 유방이 항우에게 밀리는 형국이었다.

그러나 그는 탁월한 인재 등용 능력으로 결국 전세를 역전하는 데 성공했다. 유방의 가신 소하는 병력과 군수물자를 제때에 공급하여 사기를 누그러뜨리지 않도록 노력했고, 진평은 황금으로 항우의 장수들을 매수했다. 또한 한신韓信은 북방의 제후국을 공격하여 빼앗고, 항우의 배후까지 진격했다. 여기에 팽월이 아군으로 합세하여 항우를 공격했다. 마침내 기원전 202년 유방은 해하에서 숙적 항우를 대파하고 천하의 주인이 되었다.

기원전 202년 12월 유방은 즉위식을 거행하고, 한 왕조를 창업했다. 그는 장량의 진언에 따라 장안을 도읍으로 삼고, 진나라가 급진적인 군현제를 실시하여 멸망한 것을 본으로 삼아 군국 제도를 실시했다. 이는 주초 봉건제의 장점과 군현제의 장점을 살린 제도로 군사적으로 중요한 지역에는 조정이 관리하는 '군'을 두고 그 밖의 다른 지역은 '현'을 단위로 개국공신이 다스리게 하여 그곳에서 징수된 조세를 국가 수입원으로 삼았다.

또한 유방은 진나라의 가혹한 정치와 오랜 전쟁으로 피폐해진 민생을 안정시키기 위해 소하에게는 법률을, 한신에게는 병법을, 장창張蒼에게는 음률과 역법을 정비시켰다. 그리고 부역과 조세를 감면하여 백성들이 농업에 종사할 수 있도록 했다.

건국 초기 유방이 가장 역점을 둔 일은 제후왕으로 봉해진 공신 세력들을 제거하는 것이었다. 유방은 황제에 오른 뒤 개국공신들의 공을 치하하기 위해 왕국들을 만들어 그들을 각지의 왕과 후에 봉했다. 이에 따라 한신은 초왕으로, 팽월은 양왕으로, 신은 한왕으로 삼았다. 그러나 공신들에게 평등하게 포상하기 위해 만든 왕국들은 30개가 넘는 데 비해 유방이 직접 다스리는 지역은 15개 지역에 불과한 것이 문제가 되었다.

그 무렵 초왕 한신이 반란을 계획했다는 상소가 올라왔다. 유방은 이 사건이 부인 여태후와 진평의 계략임을 알았지만 묵인했다. 유방은 진평의 계책대로 순행을 핑계 삼아 한신을 유인하기로 했다. 한신은 남방에

악단 한나라 시대의 악사, 무용수, 곡예사와 구경꾼 토용.

서 돌아오는 유방을 마중 나왔다가 그 자리에서 체포되어 자신의 고향인 회음淮陰의 후侯로 강등되었다. 팽월도 반란의 증거 없이 체포되어 서촉 지역으로 유배를 갔다. 그러나 이 둘은 결국 반란죄의 누명을 쓰고 죽임 당했고, 유방은 이들의 삼족을 멸하였다. 그 후 경포는 두려운 나머지 반기를 들었으나 직접 군대를 이끌고 출전한 유방에게 진압되었다.

왕위에 오른 지 12년 후인 기원전 195년 유방은 62세의 나이로 생을 마감했다. 경포의 반란을 진압하던 중에 화살에 맞았던 자리가 덧나 몸져 누운 것이 원인이었다. 유방 사후 그의 부인 여태후가 이후 15년간 한나라의 실질적인 지배자로 군림했고, 기원전 180년 여태후가 죽은 후에야 다시 천하는 유씨에게로 돌아왔다. 이후 유씨의 한나라는 400여 년간 지속되었다.

중국 문화의 꽃, 경극

중국 문화의 꽃, 경극은 우리에게 영화 〈패왕별희〉로 잘 알려져 있다. 경극은 '북경에서 행해진 연극'을 의미하며, 기원은 확실치 않지만 1790년 건륭제의 80세 생일을 축하하기 위해 전국의 극단이 북경에 들어와 새로운 형태의 극을 공연한 것에서 시작되었다고 한다.

경극은 초패왕과 우희, 제갈공명, 유비, 관우, 장비, 조조 등 중국 역사를 수놓은 역사적 인물들의 파란만장한 삶을 통해 인생의 보편성을 노래한다. 〈패왕별희〉는 그중 진나라 말기 천하 패권을 두고 유방(훗날의 한 고조)과 다툰 초패왕과 그의 애첩인 우희를 소재로 한 것이다. 경극은 4대 행당이라고 불리는 배우들이 주축이 된다. 전통적으로 하나의 배역을 평생 연기하는 배우로 남자 역할을 하는 생生, 여자 역할을 하는 단旦, 군인·무뢰배·정치가·신神 역할을 하는 정淨, 우스갯소리를 하며 공연에 활기를 불어넣는 어릿광대 역할을 하는 축丑이다. 인물의 성격이나 선악 구도는 배우들의 분장을 통해 구별할 수 있다.

건륭제의 생일 축하연으로 시작된 경극은 한때 서민의 연극이라 홀대받기도 했으나 서태후 시절에는 이화원에 경극장이 마련될 정도로 귀족과 상인의 적극적인 후원을 받았다. 청나라 말기에 이르러서는 중앙은 물론 지방에도 많은 수의 극단이 생겼으며, 국민당 시절에는 인기 배우들이 대거 배출됐다. 국공내전 이후 들어선 중화인민공화국 시절에는 문화대혁명을 거치며 이전보다 더욱 활성화되었다. 마오쩌둥의 아내 장칭(江靑, 강청)은 경극에 피아노와 발레 동작을 도입했을 뿐만 아니라 공산당 이데올로기에 맞춰진 영웅적인 인민상을 그리는 계몽적인 공연을 시도하는 등 경극의 현대화를 꾀했다. 덩샤오핑 정권 이후에는 공연이 금지되었던 전통극들이 부활하며 전통적인 요소도 많이 회복되었다.

중국의 경극은 연극, 노래, 무용, 음악 등 모든 예술적인 요소가 총집합된 종합예술로서 한국의 창극, 일본의 가부키와 같이 전통과 역사가 고스란히 배인 자랑스러운 문화유산이다. 하지만 현대에 들어서는 개혁개방 정책을 통해 수입된 영화나 스포츠 등에 밀려 소외되고 있다. 이에 대해 중국 정부는 국가적인 차원에서 경극을 지원하며 문화 수출의 첨병으로 삼고 있다. 창극을 비롯한 마당놀이 등의 문화유산을 가지고 있는 우리나라 또한 눈여겨볼 만한 대목이다.

토사구팽의 주인공
한신

韓信(?~B.C. 196년)

- 한나라의 개국공신으로 소하, 장량과 함께 한초삼걸이라 불린다.
- 유방의 진영에서 대장군으로 활동했고, 후에 제나라의 가왕(假王)이 되었다.
- 위, 제, 조, 초나라를 멸망시키는 데 큰 공을 세웠으나, 훗날 '토사구팽'의 주인공으로 더욱 잘 알려지게 되었다.

    기원전 202년 유방은 역사상 두 번째로 대륙을 통일하는 대업을 이룩하고 한 고조로 즉위했다. 유방이 한나라를 건국하는 데 최고의 라이벌은 바로 서초패왕 항우였으리라. 대과업을 이루기 4년 전 10만 대군의 항우에게 맞선 유방의 군대는 고작 4만에 불과했다. 수적으로 불리했던 유방이 전세를 역전시킬 수 있었던 것은 '한초삼걸漢初三傑'이라고 불리는 소하, 장량, 한신이 있었기에 가능했다. 유방 스스로도 황제 즉위식에서 소하의 행정력, 장량의 계책, 한신의 전략을 치하하며 이들의 공을 인정했다. 특히 후대의 사람들은 한신의 역할을 높이 평가하는데, 한신의 전투 전략이 유방의 천하 통일에 결정적으로 공헌했기 때문이다.

《사기》에 따르면 한신은 회음의 평민 집안에서 태어났다(왕족이라는 설도 있다). 그는 어린 시절 양친을 잃고 매우 가난한 생활을 했다. 남창정南昌亭 정장의 집에서 밥을 얻어먹었는가 하면, 낚시질을 하여 생계를 유지하기도 했으며, 빨래터의 아낙에게 밥을 얻어먹기도 했다. 풍채도 좋고 무예에도 능했던 그가 하급 관리의 자리라도 얻으려 하지 않고 무위도식으로 세월을 보내자 사람들은 그를 멸시했다.

어느 날 마을 불량배가 큰 칼을 차고 지나가는 한신에게 시비를 걸었다. 불량배는 키도 크고 몸집도 좋은 한신이 큰 칼을 차고 다니는 것은 실은 그가 겁쟁이기 때문이며, 만약 죽음이 두렵지 않다면 자신을 칼로 찌르고 죽음이 두렵다면 자신의 가랑이 사이를 기어 가라며 그를 놀렸다. 이에 한신은 화가 났지만 불량배의 얼굴을 한 번 본 후 몸을 숙여 그의 가랑이 사이를 기어 지나갔다. 이 일로 한신은 마을의 조롱거리가 되었다.

기원전 209년 진승과 오광의 봉기를 시작으로 반진 세력들이 각지에서 일어났다. 항량은 조카 항우와 함께 오중에서, 유방은 패현에서 진나라 타도를 목적으로 군사를 일으켰다. 비록 마을의 웃음거리가 되었지만 큰 뜻을 잃지 않았던 한신은 항량의 군대를 찾아갔다. 그러나 항량은 한신의 능력을 알아보지 못했다.

한신

향량이 전사하고 나서 항량의 군대는 조카인 항우가 이어받았다. 이에 한신은 항우의 휘하로 들어갔지만 역시나 발탁되지 못한 채 낭중이 되어 보초를 서는 등 하찮은 일을 맡았다. 한신은 항우에게 수차례 전략을 제시했지만 귀족 출신이던 항우는 평민 출신인 한신을 무시했으며, 한신은 자신의 능력을 알아주지 않는 항우에게 크게 실망했다.

기원전 206년 항우와 유방의 연합군은 진나라를 멸망시키고, 항우는 스스로 서초패왕이 되어 공신들을 각지의 제후왕으로 봉했다. 유방은 한왕에 봉해졌다. 항우 아래에서는 장래가 불투명하다고 생각한 한신은 한중으로 부임해 가는 유방의 진영에 투항하기로 결심했다.

유방의 진영에 편입했지만 한신은 여전히 주목받지 못한 채 보급품을 관리하는 말단직인 치속도위에 임명되었을 뿐이었다. 그러나 유방의 진영에서 유일하게 한신을 눈여겨본 사람이 있었다. 바로 참모 소하였다. 소하는 원래 패현의 관리로 유방이 무명이었을 때 도움을 주면서 인연을 맺은 인물이었다. 그 후 유방이 진나라에 대항에 군사를 일으켰을 때 그를 보좌해 진나라를 격파했고, 유방이 관중을 차지할 수 있게 도왔다. 소하는 유방이 한중의 왕이 된 후에는 승상에 임명되었고, 한나라가 건국된 후에도 승상으로 활약했다. 한신의 능력을 꿰뚫어 본 소하는 연신 유방에게 그를 천거했지만 유방은 한신을 중용하지 않았다.

유방에게서도 희망을 발견하지 못한 한신은 기회를 틈타 유방의 진영을 탈출했다. 한신의 탈출에 가장 민첩하게 반응한 사람은 역시 소하였다. 소하는 유방에게 보고도 하지 않고 한신의 뒤를 쫓아 그를 다시 데리고 오는 데 성공했다. 진영으로 복귀한 소하는 유방에게 한중의 왕으로 머물고자 한다면 한신을 내치고, 천하의 주인의 되고자 한다면 반드시 한신을 중용해야 한다고 간언했다. 유방은 소하의 조언을 받아들여 한신을 장군으로 임명하려 했으나 소하의 거듭된 청에 대장군으로 임명했다. 대장군으로 등용된 한신은 유방에게 전국의 객관적인 정세 분석과 패권을 차지할 전략을 내놓았다.

이후 한신은 옹왕 장한을 기습하여 제압했다. 이어 새왕 사마흔, 적왕 동예, 하남왕 신양, 한왕 정창, 은왕 사마앙 등도 그에게 투항했다. 이로써 기원전 206년 8월 관중 지역을 평정한 유방은 서초패왕 항우가 초나라 회왕을 죽이자 기원전 205년 반反항우 세력과 연합하여 항우를 공격하기에 이르렀다. 유방과 연합군 56만은 항우가 제나라를 공략하는 사이 초나라의 도읍 팽성을 공격하여 함락시켰다. 팽성 함락 소식을 들은 항우는 군사 3만을 이끌고 누구도 예상치 못한 진로로 유방을 공격했다. 방심하고 있던 유방은 항우에게 패해 쫓기게 되었다. 한신은 형양에 방어선을 구축하여 더 이상 항우가 유방을 쫓지 못하게 했다. 유방이 항우에게 패하자 연합군은 와해되기 시작했고, 제나라와 조나라는 다시 항우의 편으로 돌아섰다.

유방은 형양과 성고를 사이에 두고 항우와 대치하게 되었다. 한신은 배후를 공격하여 위기를 벗어나고자 위나라부터 공격했다. 위나라 왕 위표는 임진관臨晉에서 강을 건너려는 한신을 방어했는데, 한신은 위표가 볼 수 있게 일부 병력은 임진을 건너려는 척 위장시키고 몰래 대군을 상류에 도하시켜 위나라의 안읍安邑을 공격하게 했다. 한신은 위표를 생포하여 위나라를 멸망시켰다.

다음으로 기원전 204년 한신은 3만의 군사를 이끌고 조나라를 공격했다. 조나라 왕 조헐趙歇과 성안군 진여는 군사를 정경 어귀에 집결시켰다. 한신은 정경에서 30리 정도 떨어진 곳에 야영장을 꾸리고, 한밤중에 기병 2천여 명을 선발해 산속에 매복시켰다. 다음 날 한신이 선발대 1만여 명을 보내 강을 등지고 진을 치자 조나라 군사들이 병법도 모르는 장수라며 그를 비웃었다. 전투를 벌이다가 한신이 거짓으로 퇴각하자 조나라 군사들이 추격해 왔고, 그 사이 산속에 매복해 있던 기병대가 조나라 군의 빈 진지를 습격하여 한나라군의 깃발을 세웠다. 한신은 이 전투에서 조헐을 사로잡고, 성안군 진여는 참살했다. 이것이 '배수의 진' 전략이다. 한신이 '산을 우편으로 배후를 삼고, 물을 앞으로 왼편에 두라'라는 병법서의 내용과 반대로 진을 친 데는 이유가 있었다. 한신의 군대는 잘 훈련된 군대가 아니라 일반 농민들이었기 때문에 등 뒤에 땅이 있다면 자기가 살 땅을 찾아 모두 도망가리라고 생각한 것이다.

또한 기원전 203년 한신은 제나라를 공격했다. 한신이 거듭 승리하자 유방은 제나라에 사신을 보내 투항을 권고했다. 그러나 이때 한신의 참모 괴통蒯通이 제나라를 함락시켜 공을 세울 것을 부추겼고, 한신은 제나라를 급습하여 크게 승리했다. 갑작스런 공격에 제나라 왕은 초나라에 원군을 요청했고, 항우는 20만 대군을 지원해 주었다. 한신은 초나라와 전투 중에 패하고 달아나는 척하다 초나라 군사들이 유수에 이르렀을 때 둑을 터트려 초—제 연합군을 대파해 결국 제나라를 멸망시켰다.

마지막으로 한신은 연나라의 항복을 받아냄으로써 항우를 완전히 고립시키는 데 성공했다. 한신은 그동안의 설움을 떨쳐내듯 뛰어난 전략들을 구사하여 유방을 천하의 패자로 군림시키는 데 성공했다. 위, 조, 제나라는 왕과 장수들 모두 한신을 과소평가한 덕에 멸망의 길을 걷고 말았다.

제나라를 멸망시킨 한신은 스스로 가왕假王에 올랐다. 유방은 허락도 없이 제나라 왕에 오른 한신이 괘씸했지만, 형양에서 항우와 대치 중인 긴박한 상황이었기 때문에 어쩔 도리가 없었다. 결국 유방은 장량과 진평의 조언에 따라 한신을 제나라 왕에 책봉했고, 초나라를 공격하도록 했다.

　기원전 202년 마침내 유방은 해하에서 항우를 포위했다. 한신은 30만 대군을 이끌고 항우를 공격했고, 좌우 앞뒤로 항우의 10만 대군을 완전히 포위했다. 곧 항우의 진영에 군량미가 떨어지고 군의 사기가 떨어지기 시작했다. 한신은 자기 군대에 초나라 노래(楚歌, 초가)를 가르쳐 부르게 했다. 초가를 들은 항우의 군사들은 고향 생각에 눈물을 흘리다 속속 진영을 이탈해 도망치기 시작했다. 항우는 결국 대패하여 오강烏江까지 후퇴한 후 그곳에서 자결함으로써 생을 마감했다. '사면초가四面楚歌'는 이때의 일을 일컫는 고사성어로 '사방에서 들려오는 초나라 노래'라는 의미다. 사방이 빈틈없이 적에게 포위된 고립무원孤立無援의 상태를 가리키는 말이다.

　이로써 유방은 천하의 주인공이 되었다. 유방은 한나라 고조로 즉위 후 공신들을 각지의 제후왕으로 책봉했다. 그러나 그는 막강한 군사력과 뛰어난 지략을 지닌 한신을 경계했다. 한신은 제나라 왕에서 초나라 왕으로 임명되었다. 그리고 기원전 201년 초나라 왕으로 책봉되어 임지로 떠난 지 9개월 만에 한신은 반란죄로 체포되었다. 한신이 반란을 꾀한다는 밀고가 들어오자 유방은 대신들을 모아 놓고 의견을 물었다. 진평은 한신의 군사력이 유방의 군사력보다 강하고, 한신이 뛰어난 장수이기 때문에 그를 토벌할 수 없다고 진언했다. 그 대신 유방에게 운몽雲夢을 순시한 후 한신의 영지 근처인 진현에서 제후들을 소집하여 한신을 참석하게 한 후 체포할 것을 조언했다. 체포된 한신은 "날쌘 토끼를 사로잡으면 사냥개는 잡아먹히고, 높이 나는 새를 잡으면 활은 곳간에 처박히고, 적국을 멸하고 나면 충신은 죽임당한다더니, 천하가 평정되니 내가 잡혀 죽게 되는구나!"라며 울분을 토했다. 그러나 한신의 반란죄는 입증되지 않아 그는 목숨을 건지고 회음후淮陰侯로 강등되었다. 그 후 한신은 병을 핑계로 조정에 나가지 않았다.

기원전 196년 소하가 한신을 찾아왔다. 소하는 유방이 거록鉅鹿 태수 진희의 반란을 평정했으니 입궁하여 여태후에게 축하의 인사를 올리라고 전했다. 소하의 말을 의심하지 않고 입궁한 한신은 곧 매복 중이던 무사들에게 포박되어 살해되었다.

후대 사람들은 한신의 죽음을 '토사구팽'에 비유하여 그의 억울한 죽음을 위로했다. 하지만 한신에게도 천하의 주인이 될 기회가 있었다. 한신의 참모 괴통은 앞서 한신에게 그의 공적과 지도력은 항우와 유방에 못지 않으니 그들과 천하를 삼분하여 다스릴 것을 조언했다. 그러나 한신은 괴통의 조언을 물리치고 유방을 도왔고, 결국 유방에 의해 목숨을 잃었다. 한신은 죽음을 앞둔 상태에서 괴통의 조언을 따르지 않은 것을 후회했다고 한다. 한신의 가솔들은 삼족을 멸하는 형을 받았다.

장자방의 대명사
장량

張良(?~B.C. 189년)

- 한나라의 재상. 명참모를 의미하는 '장자방'의 주인공이다.
- 항우에게 세력이 밀리던 유방을 도와 그가 함양을 돌파하게 하고, 홍문의 연에서 유방의 목숨을 구하는 등 많은 공을 세웠다.

장량은 소하, 한신과 더불어 한나라를 건국한 3걸 중 한 사람이다. 그의 일생은 세 가지로 요약된다. 첫째는 유방을 도와 진나라를 멸망시킨 일, 둘째는 유방을 보좌해 진나라를 멸망시키고 한나라를 건국한 일, 마지막으로 한나라의 기틀을 마련한 일이다. 기원전 206년 진나라가 완전히 멸망하고, 기원전 202년 유방이 한 고조로 즉위했다. 장량이 유방을 도와 한漢나라를 건국하는 데 일생을 바친 것은 오직 조국 한韓나라를 멸망시킨 진시황제에 대한 복수였다고 봐도 무방하다.

장량의 자는 자방子房, 시호는 문성文成이다. 흔히 모사가, 명참모를 일컫는 '장자방'이라는 말은 바로 장량을 가리키는 말이다. 장량은 천리 밖의 승패도 한눈에 들여다본다는 지략가로 알려져 있다. 한韓나라 명문가 출신으로, 한나라의 다섯 왕을 모신 재상 집안에서 태어났다. 그의 할아버지 희개지姬開地는 소후, 선혜왕, 양애왕 시절에 재상을 지냈고 아버지 장평張平은 희왕, 도혜왕 시절에 재상을 역임했다. 이렇듯 명문가에서 태어난 장량에게 한나라를 멸망시킨 진나라는 고국을 멸망시키고 자신의 인생을 망가뜨린 원수였다. 장량은 진나라에 복수하기 위해 시황제가 하남성 원양현原陽縣 동남방의 박랑사博浪沙를 지날 때 창해역사倉海力士를 시켜 시황제를 제거하려고 했다. 그러나 그 뜻을 이루지 못하고, 장량은 이름을 바꾸고 하비下邳로 숨어들었다. 이곳에서 그는 황석공黃石公이라는 노인에게 전국 시대에 편찬된 무장 선발 시험의 기본 교재 중 하나인 《태공병법》을 배웠다.

장량

기원전 210년과 기원전 209년 천하는 그야말로 혼란의 시기였다. 진시황제가 죽고 어린 나이의 호해 황자가 이세황제로 즉위하자 환관 조고가 전권을 휘둘러 진나라는 뿌리째 흔들렸고, 그다음 해에는 진승과 오광이 농민 900여 명을 이끌고 반란을 일으켰다. 이후 전국 각지에서 진나라를 타도하자는 군사 봉기가 일었다. 초나라 장군이던 항연의 아들 항량은 조카 항우를 데리고 회계에서 군대를 일으켰고, 유방 역시 군사를 일으켜 하비의 서쪽 교외에

《태공병법》을 받는 장량 장량이 다리에서 황석공을 만나 물에 빠진 신발을 건져 주고 《태공병법》을 얻었다고 한다.

주둔했다. 장량은 이 소식을 듣고 100여 명의 종을 데리고 유방을 찾아갔다. 장량은 유방의 얼굴에서 제왕의 기운을 느끼고 그를 돕기로 결심했다.

장량은 《태공병법》을 토대로 유방에게 유세를 했고, 항우와 4년간의 치열한 결전을 승리로 이끌었다. 그리고 기원전 206년 유방이 요관曉關과 남전藍田에서 진나라 군대에게 승리하여 진왕 자영의 투항을 받았다. 이로써 시황제가 세운 최초의 통일 국가 진이 멸망했다.

유방은 이때까지만 해도 항우에게 세력이 밀리고, 살해될 뻔한 위기를 겪기까지 했다. 최대 위기 순간에 그를 구해 주고, 훗날 영광의 자리를 마련해 준 사람은 다름 아닌 장량이었다. 유방이 가장 세력이 강성하던 서초패왕 항우를 꺾고 중국을 통일할 수 있었던 것은 그가 하늘의 뜻을 부여받은 사람이어서가 아니라 장량과 소하, 한신 같은 유능한 책사들의 도움이 있었기 때문이다.

기원전 207년 10월 유방은 항우보다 한발 앞서 무관武關을 돌파하여 함양을 평정하고 진나라 왕 자영의 항복을 받았다. 이에 격노한 항우는 단

잔도 험한 산에 널빤지를 놓아 선반처럼 만든 길로 군량 수송 등에 사용되었다.

번에 함곡관을 돌파하여 12월에 홍문에 진을 쳤다. 항우는 유방이 스스로 황제가 되려 한다고 생각하고 유방을 죽이고자 했다. 장량은 항우의 당숙 항백을 매수하여 항우를 설득해 다음 날로 예정되어 있던 공격을 무마시켰다. 또한 유방이 항우를 찾아가 그간의 상황을 보고하고 항우와 천하를 다툴 의지가 없음을 알리게 했다. 이에 항우가 유방을 용서한 후 연회를 베풀었을 때(홍문의 연) 항우의 책사 범증이 심복 항장을 시켜 유방을 암살하려고 했으나 유방을 빼돌려 목숨을 구했다.

장량은 항우가 유방을 촉, 파, 한중의 왕으로 삼아 파촉의 산지에 가두려 했을 때도 항우가 세운 도읍지로 들어가는 잔도栈道를 불태워 유방이 관중으로 진출할 의사가 없음을 나타냈다. 그러는 한편 항우 몰래 군사를 일으켜 관중을 평정했다. 또한 장량은 한나라 건국 3걸 중 한 명인 한신을 천거했다. 한신은 이후 한나라의 대장군으로 관중을 탈환하는 데 결정적인 공을 세웠고, 제나라와 초나라 연합군을 대파하여 해하 전투에서 항우를 제압하는 데 큰 공을 세웠다. 이처럼 장량은 유방을 여러 번 위기에서 구해 냈을 뿐만 아니라 천하 제패의 길을 닦아 주었다.

유방이 항우를 제거하고 완전하게 한 왕조를 세운 후 장량은 정치에 일절 관여하지 않았다. 여기에서 또 한 번 혀를 내두르게 만드는 장량의 처세를 엿볼 수 있다. 유방은 황제에 등극하자 공신들을 제후왕에 봉해 그 공을 치하했다. 유방은 장량에게 제나라 지역의 3만 호를 다스리도록 하려 했지만, 이를 사양하고 전쟁의 피해가 가장 심해 3천 호에 불과했던 하남성 중부의 유현留縣을 선택했다. 이때 장량은 자신이 유현에서 유방을 두 번째로 보았는데, 이는 하늘의 뜻이었으며 한나라 건국에 자신의 공은 미미하다고 말하며 스스로 몸을 낮췄다. 권력에 초연한 모습을 보여 권력 다툼에서 생명을 보전하고자 함이었다.

또한 장량은 기원전 201년 자신의 건의로 유방이 낙양에서 관중 지역으로 천도한 후부터는 항상 신병을 이유로 조정에 출석하지 않고 두문불출하여 권력의 중심에서 비켜서 있었다. 실제로 기원전 196년 개국공신 한신은 유방의 정부인 여태후의 농간에 죽임을 당했고, 후에 소하는 수감되었으며, 함께 해하 전투를 치렀던 양나라 왕 팽월도 살해되었다. 이들 모두 개국공신으로 한나라가 개국된 후 권력과 부의 중심에 있던 인물들이었다. 장량은 이 모든 것을 꿰뚫어 보고 있었다.

장량은 건국 후 단 한 번 정치에 개입한 적이 있었다. 바로 유방의 후계자 문제로 여태후가 장량을 닦달했을 때다. 유방은 말년에 애첩인 척희戚姬를 사랑해 그가 낳은 아들 여의如意로 황태자 유영劉盈을 대신하려고 했다. 다급해진 여태후는 장량을 다그쳤고, 장량은 유방이 존경해 마지않던 상산사호常山四皓에게 황태자의 보좌를 맡기면 유방이 황태자를 바꾸지 않을 것이라고 귀띔했다. 과연 유방은 후계자를 바꾸지 않았고, 이로써 장량은 황태자와 여태후를 살린 은인이 되어 자신의 목숨을 보전했다.

기원전 196년 장량은 다시 관직에서 물러나 신선술을 배우겠다는 이유로 다시 두문불출한 생활을 했다. 그러나 이것 역시 한신과 팽월의 살해와 이에 공포를 느껴 일어난 경포의 반란 등 살벌한 세상에서 자신을 방어하기 위한 처세술이었다. 아니나 다를까 여태후가 장차 장량이 반란을 일으킬 것이라고 모함하자 유방은 장량이 머물고 있던 장가계張家界를 공격해 왔다. 하지만 유방은 천연의 요새인 이 지역을 끝내 정벌하지 못했다. 장량은 유방이 세상을 뜨고 8년 후 세상을 떠났고 이곳에 묻혔다.

장량이 유방을 돕게 된 데는 조국 한韓나라에 대한 충성심과 진나라에 대한 보복감 때문이었다. 그러나 장량의 복수는 단순히 진나라에 대한 개인적인 복수에서 끝나지 않았다. 장량은 다른 사람을 존중할 줄도, 의로운 일에 목숨을 걸거나 죽음을 태연하게 받아들일 줄도 모른데다 참을성까지 없었던 유방을 한나라의 건국자로 만들었다. 뿐만 아니라 장량의 뛰어난 계책과 가르침은 한 고조 유방을 완전한 대륙의 패자로 만들었다. 장량이 한 고조 유방을 돕지 않았다면 중국의 역사상 가장 강대했던 시기 중 하나인 한나라의 시대도 존재하지 않았을 것이다.

악녀인가 위대한 정치가인가
여태후

呂太后(?~B.C. 180년)

- 한 고조 유방의 정비로 중국 역사상 3대 악녀로 꼽힌다.
- 고조 사후 효혜제와 소제 시절 15년간 정권을 장악하고 여씨 일족이 한나라를 통치하게 했다.
- 안으로는 민생을 돌보고 사회질서를 확립했으며, 밖으로는 흉노에 대한 선린 정책을 펴 한나라 건국 이후 혼란스럽던 국내외 정세를 안정시켰다.

여태후는 한 고조 유방의 정부인으로 이름은 치雉이며 산동성 단현單縣에서 태어났다. 중국 역사상 3대 악녀로 꼽히는 인물로 유방 사후 한나라의 실질적인 권력자로서 15년간 한나라를 통치했다.

유방은 패현 사수에서 정장이라는 역참을 맡아 보는 하급 관리였는데, 그녀의 아버지 여공이 유방의 관상을 보고 그가 귀한 인물임을 알아차리고 딸을 시집 보냈다고 한다. 유방과 그녀는 직접 농사를 지으며 평범한 삶을 살았다. 진나라 말기 진승과 오광이 반란을 일으킨 것이 도화선이 되어 각지에서 반진 세력들이 형성되자 유방도 군사를 일으켰다. 패현에 홀로 남은 여치(훗날의 여태후)는 집안을 돌보고 아이들을 키우며 유방을

여태후의 옥새

기다렸다.

초한 전쟁이 시작된 후 유방은 항우의 근거지인 팽성을 공격했다가 크게 패했다. 유방은 군을 물리면서 가족들을 데려가려 했지만, 여치와 아버지의 행방은 찾지 못하고 아들과 딸만 찾아 퇴각했다. 여치와 유방의 아버지는 항우의 포로가 되어 심한 고초를 겪었고, 초한 전쟁이 끝나고서야 유방을 만날 수 있었다. 유방이 기원전 202년 천하를 통일하고 한나라를 건국하자 여치는 황후가 되었다. 15년간의 고생이 끝난 것이다.

유방이 한나라를 건국할 수 있었던 것은 수많은 참모들 덕분이었다. 따라서 건국 후 유방은 참모들의 공적을 치하하기 위해 그들을 지방의 제후로 봉했다. 그러나 여전히 반란이 끊이지 않는 상태에서 공신들의 지배권이 강해지는 것을 두려워한 유방은 일등공신 한신과 팽월을 제거함으로써 자신의 지배권을 강화했다. 그 배후에는 여황후가 있었다.

기원전 196년 초나라 왕 한신은 유방이 반란을 진압하고 돌아오는 중이니 먼저 여황후를 만나 축하인사를 올리라는 전갈을 받았다. 한 치의 의심도 없이 황후를 만나러 궁으로 들어간 한신은 그 자리에서 무장한 무사들에게 죽임을 당했다. 이는 여황후가 지시한 일로 그녀는 한신의 삼족까지 멸했다. 팽월 또한 역모의 누명을 쓰고 체포되었는데 유방은 차마 그를 죽이지 못하고 사천성 청의현靑衣縣으로 유배를 보냈다. 유배를 떠나던 중 여황후를 만난 팽월은 자신의 억울함을 호소하며 조용히 살 것이라고 읍소했다. 그녀는 그 자리에서는 팽월을 위로했지만 궁으로 돌아오자 유방을 설득하여 팽월을 죽이고 삼족을 몰살시켰다. 그녀는 팽월을 삶아 만든 국을 다른 장군들에게 내렸다고 한다.

평민 시절의 여치라면 이렇게 잔인하게 공신들을 제거하는 것은 생각할 수도 없는 일이었지만, 여황후로서의 그녀는 민첩하고, 결단력 있으며, 심지어 잔인하기까지 했다. 그녀가 한신과 팽월을 무자비하게 제거한 것은 태자 유영이 황위를 이어받았을 때 그들을 제압하지 못할 것이라고 계산했기 때문으로 여겨진다.

유방에게는 여황후 소생의 태자 유영 외에 애첩인 척희 소생의 여의가 있었다. 유방은 척희를 지나치게 아낀데다 자신을 닮은 여의를 태자로 삼고 싶어 했다. 그러나 여황후는 조정 신료들을 움직이고, 장량의 조언에 따라 유방이 존경하던 상산사호가 태자 유영을 지지하게 함으로써 유방의 생각을 단념시켰다.

기원전 195년 유방이 죽고 태자 유영이 어린 나이에 혜제로 등극하자 여태후는 황태후가 되어 정권을 장악했다. 그녀는 남편 유방 때문에 겪은 고되고 불안했던 지난 15년간을 보상이라도 받으려는 듯 전권을 휘두르기 시작했다.

여태후는 먼저 가장 증오했던 척희와 그녀의 소생 여의에게 보복했다. 척희를 후궁들이 거처하던 후궁전에 유폐시켜 그녀의 고운 머리카락을 잘라 버리고 목에 쇠목걸이를 끼운 후 매일 힘든 노동을 시켰다. 여의는 혜제의 보호를 받아 조나라 왕에 임명되어 간신히 목숨을 보전했다. 하지만 그 역시 여태후의 보복을 피할 수 없었다. 여태후는 거듭 조왕 여의를 수도로 불러들였고, 그때마다 여의는 어쩔 수 없이 입성해야 했다. 소식을 들은 혜제가 여의를 지켜주고 싶은 마음에 그의 곁을 떠나지 않자 여태후는 혜제에게 배신감까지 느꼈다. 어느 날 혜제가 일찍 사냥을 떠난 틈을 타 여태후는 여의를 독살했다.

여태후의 복수의 화살은 다시 척희를 겨누었다. 그녀는 척희의 양팔과 양다리를 잘라 몸통만 남긴 후 눈을 뽑고 귀를 멀게 하고 약을 먹여 목소리가 나오지 않게 했다. 그리고 아직 죽지 않은 척희를 변소에 던져 '인체人彘', 즉 '인간돼지'라고 부르도록 했다. 여태후는 사사건건 자신과 대립하는 혜제에게 인체를 보여 주었고, 그것이 척희라는 것을 알게 된 혜제는 충격을 받아 음주와 주색에 빠져 정사를 돌보지 않게 되었다.

동서고금을 막론하고 왕위를 둘러싼 음모와 배신, 보복은 빈번하게 일어난다. 정적을 제거하는 데 있어서는 상대가 누구든지 원만한 타협점을 찾아볼 수 없으며, 패배한 자에게는 죽음만이 있을 뿐이다. 여태후와 척희도 마찬가지였다. 여태후가 주도권을 잡았기에 척희와 여의는 비참한 최후를 맞았고, 만약 반대 상황이었더라면 여태후와 혜제가 그 운명에 처했을 것이다. 다만 여태후가 희대의 악녀라는 호칭을 얻게 된 것은 복수 방법이 지나치게 잔인하고 과했기 때문이다.

기원전 188년 혜제가 스물세 살의 나이로 갑작스럽게 붕어했다. 여태후는 혜제와 비빈 사이에서 난 여러 아들 중 한 명을 골라 황제로 내세우고 실권은 본인이 쥐었다. 여태후는 각 지방의 왕으로 봉직하고 있던 유씨 집안의 공신과 여씨 일족을 혼인으로 결속시켜 공신들을 견제했고, 조카인 여태呂台, 여록呂祿 등을 장군으로 임명하여 남군과 북군을 통솔하게 했다. 또한 여태후는 유씨가 아닌 자가 제후왕이 되면 모두 토벌하라는 유방의 유언을 무시하고 각지의 제후왕으로 봉해졌던 유방의 서자들을 죽이고 그 자리에 여씨 일족을 앉혔다.

   기원전 184년 혜제의 뒤를 이은 소제가 죽었다. 일찍이 혜제는 여태후의 명으로 누나인 노원공주의 딸을 황후로 맞았다. 근친상간의 관계였기에 아이를 낳을 수 없었던 황후는 비빈 중 한 사람이 낳은 아이를 빼앗아 생모를 죽이고 자기가 낳은 것처럼 행동했다. 이 아이가 바로 소제였다. 그런데 훗날 모든 사실을 알게 된 소제는 성인이 되면 복수하리라고 다짐했고, 이를 알게 된 여태후는 소제를 살해했다. 여태후에게는 다른 어린 손자들이 많이 있었고, 그중 누구든 골라 황제로 내세우기만 하면 되었

금루옥의 한나라 시대에 임금이 죽었을 때 시신을 염하고 난 후 입힌 수의로 네모난 옥편을 금실로 꿰어 만든 옥의다.

다. 한나라의 4대 황제로 상산왕 홍弘이 즉위했지만, 이미 천하는 여씨 일족의 것이었다.

여태후가 정권을 장악한 지 15년째 되던 해인 기원전 180년 3월 그녀는 병을 얻어 위독한 상태가 되었다. 공신들의 불만이 많다는 것을 알고 있던 여태후는 뒷일이 걱정이었다. 여태후는 여록을 상장군에 임명해 북군을 통솔하게 했고, 여산을 남군 총사령관과 상국에 임명하여 여씨 일족이 중앙 병권을 장악하게 했다. 그해 7월 여태후가 죽었다.

여태후가 죽고 전권을 여씨 일족이 쥐었지만 여태후의 조카들은 국정을 감당할 만한 인물이 못 되었다. 태위 주발周勃과 승상 진평陳平, 주허후朱虛侯 유장劉章 등 공신들이 살아남은 유씨 제후들과 협력하여 신속하게 여씨 일족을 모두 주살하고 유방의 넷째 아들인 유항劉恒을 황제로 책립했다. 그가 바로 한나라 문제다.

사마천은 여태후를 제왕의 행적을 기록한 〈본기本紀〉에 수록했다. 비록 그녀가 황제에 이름을 올리지는 못했지만, 혜제가 재위한 7년, 혜제의 아들들이 재위했던 8년, 즉 15년간 한나라를 실질적으로 통치했기 때문이다. 여태후 시절 한나라는 평화롭고 안락했다. 물론 정계에서는 황족과 공신 들이 살해되는 피바람이 불었지만, 백성들은 전란에서 벗어나 농사에 힘을 쏟아 의식이 풍족했으며, 형벌은 상대적으로 관대했고, 사회질서가 잘 유지되었다. 또한 대외적으로는 유방 시절의 흉노에 대한 선린 정책을 유지하여 국력을 키울 수 있었다. 이 때문에 여태후가 다음에 이어지는 문제와 무제의 태평성대, 즉 '문경의 치文景之治'의 발판을 마련했다 해도 과언이 아니라는 평가가 뒤따른다.

문경의 치의 토대를 닦다
진평

陳平(?~B.C. 178년)

- 한나라의 정치가.
- 서초패왕 항우의 책사였으나 후에 유방을 도와 한나라를 건국하는 데 큰 공을 세웠다.
- 여씨의 난 때 주발과 함께 여씨 일족을 몰아내고 한 문제를 옹립했다.

자신의 인생을 회고하면서 스스로 다른 사람을 해치는 '계책'을 많이 사용했기 때문에 후손들이 잘되기 어려울 것이라고 예측한 이가 있다. 바로 한나라의 개국공신 진평이다. 그는 뛰어난 계책으로 유방을 도와 한나라를 건국하는 데 기여했고, 한 고조 사후의 불안했던 한나라를 안정시켰다.

진평은 하남성 난고현蘭考縣에서 가난한 농민의 아들로 태어났다. 결혼을 하기 전까지 형 진백陳伯 내외에게 얹혀살 정도로 가난하고 별 볼 일 없는 생활을 했다. 기원전 209년 진승과 오광의 난 당시 그는 위나라 왕 구咎의 신하가 되었으나 중용되지는 못했고, 구가 죽은 후 항우에게 투항하여 책사가 되었다. 항우가 진나라를 격파하는 데 공을 세워 높은 벼슬에 임명되기도 했지만, 기원전 206년 유방이 관중을 차지하고 동쪽으로 진출하는 것을 방어하지 못해 항우의 분노를 샀다. 이때 생명의 위기를 느끼고 위무지魏無知의 도움으로 유방에게 투항했고, 호군중위에 임명되었다. 진평은 이때부터 역사의 전면에 등장하기 시작했다.

기원전 205년 유방은 56만 대군을 이끌고 항우의 본거지인 팽성을 공격하여 함락했지만, 항우의 반격으로 많은 군사를 잃고 형양으로 퇴군했다. 기원전 205년부터 기원전 203년까지 유방과 항우는 홍구를 경계로 2년 5개월간을 대치하면서 공격과 화친을 반복했다. 이에 진평은 무력만으로는 항우를 물리치기 어렵다고 판단하고, 반간계反間計를 계책했다.

먼저 진평은 귀족들로부터 황금 4만 근을 마련해 항우 진영의 장수들을 매수하고, 첩자를 파견하여 종리매種離昧를 비롯한 항우의 장수들이 반란을 계획한다는 소문을 냈다. 다소 즉흥적이고 의심이 많던 항우는 자신의 장수들을 의심하기 시작했다. 항우의 진영에서 유방에게 사자를 파견했을 때 유방은 호화로운 연회를 베풀어 주었다. 그런 다음 사자의 얼굴을 보면서 제법 놀란 듯이 "범증의 사자인가 했더니 항우의 사자였던가?"라고 말하며 산해진미를 모두 물리고 형편없는 요리를 가져오게 했다. 항우의 진영으로 돌아온 사자는 이 일을 빠짐없이 전했고, 항우는 그 후부터 범증을 믿지 않게 되었다. 결국 항우는 자신의 최고 참모이자 최고 전략가였던 범증을 내치는 우를 범했고, 그로 인해 유방에게 전세를 역전당하고 말았다.

형양성에 고립되었을 때도 유방은 진평의 계책으로 관중으로 돌아갈 수 있었다. 진평은 장군 기신을 유방으로, 부녀자 2천여 명을 병사로 위장시킨 다음 형양성의 동문으로 나가 항복하는 척했다. 항우의 관심이 그쪽으로 쏠리자 진평은 서문으로 유방을 탈출시켰다. 관중으로 돌아온 유방은 군대를 정비하여 다시 항우를 공격했고, 진평의 반간계로 뛰어난 장수와 전략가를 잃은 항우는 수세에 몰렸다. 기원전 202년 유방은 해하에서 항우를 대파하고 한나라를 세우게 되었다.

건국 초기 유방이 가장 주력한 일은 지방에 할거해 있던 세력들을 평정하는 것이었다. 그중에서도 가장 강력한 세력은 초나라 제후로 봉해진 한신이었다. 한신은 항우를 제압하는 데 가장 큰 공을 세운 인물이었지만, 반대로 유방에게 위협적인 인물이기도 했다. 기원전 201년 한신이 반란을 계획하고 있다는 밀고가 들어왔다. 진평은 유방에게 "폐하가 남방의 운몽호雲夢湖를 순시하신다고 속이고, 제후와 진陳의 땅에서 회동하십시오. 진은 초의 서쪽에 있으니 천자가 나들이를 한다는 말을 들으면 아무리 한신일지라도 일을 꾸밀 수는 없을 것입니다. 아마도 스스로 찾아와서 알현을 청할 것입니다. 그때를 놓치지 말고 그를 사로잡으십시오."라고 진언했다. 이 계략으로 유방은 가장 큰 위협이던 한신을 제거할 수 있었다.

유방이 한나라를 세우고 대륙을 통일했지만 각 지역에서는 계속 반란이 일어날 정도로 나라의 기틀은 잡혀 있지 않았다. 유방은 지속적으로 토벌군을 꾸려 궁정을 떠나야만 했다. 그가 없는 틈을 타 유방의 부인인 여황후는 한신을 처형했고, 여씨 일족과 장량의 도움을 받아 황태자 유영의 지위를 확고하게 했다.

기원전 195년 유방이 개국공신 경포의 반란을 진압하던 중에 입은 상처로 세상을 떠나고 태자 유영이 혜제로 즉위하자 여태후는 그 후견을 맡아 정권을 장악했다. 이후 여태후는 그동안 황태자 자리를 놓고 경쟁했던 측실 척희 소생의 여의를 독살하고, 척희는 잔인하게 살해했다. 이때

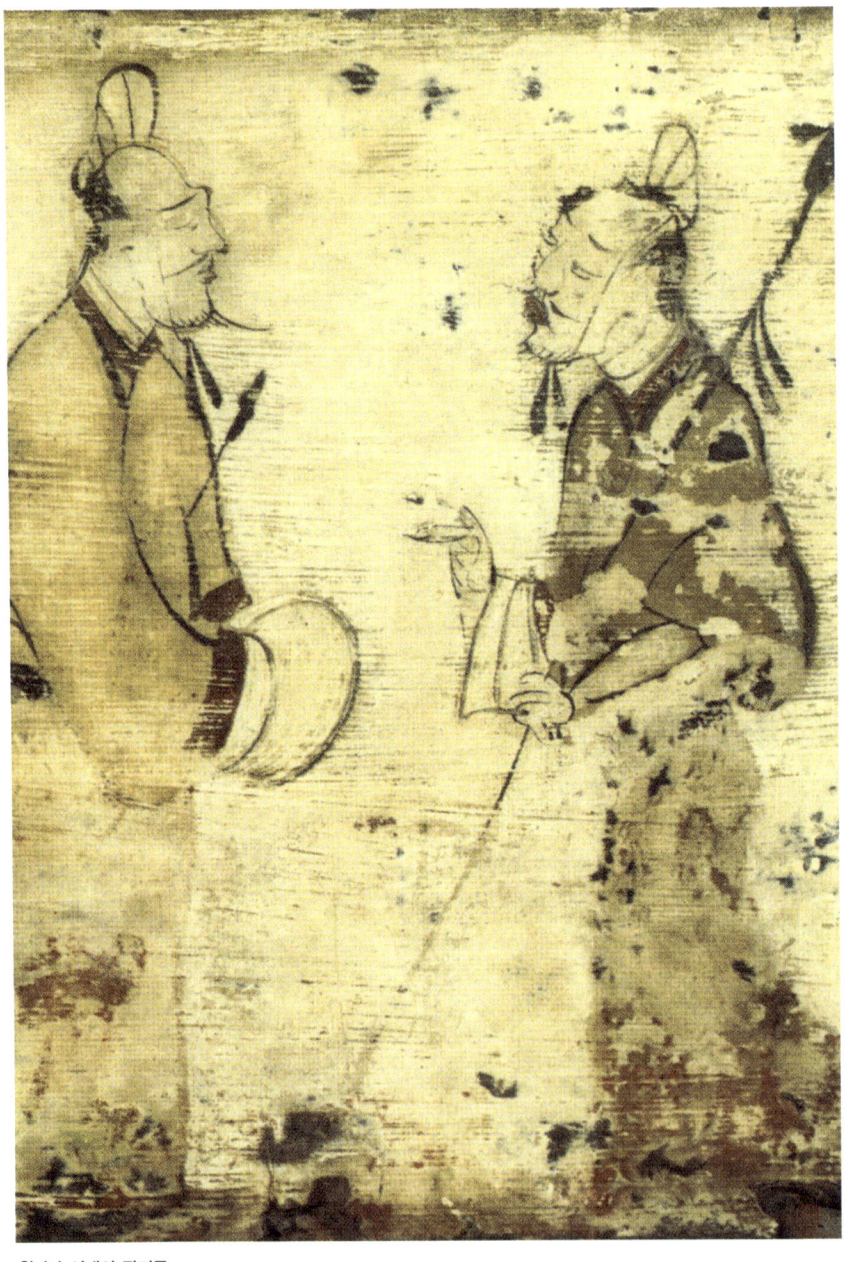
한나라 시대의 관리들

진평은 여태후를 거스르지 않았으며, 이로써 기원전 189년 진평은 상국 조참曹參이 사망하자 뒤를 이어 상국좌승상에 임명되었다. 이 자리는 일반 관리가 오를 수 있는 최고의 자리인 승상보다 한 단계 높은 자리였다.

기원전 188년 혜제가 세상을 떠나자 그의 모후인 여태후가 정치적 실권을 완전히 장악했다. 여태후는 혜제의 후궁 소생 소제를 황제로 세우고 본인은 태황태후가 되었다. 그리고 여씨 일족과 개국공신 주발, 장벽강의 협력으로 정국을 안정시켰으며, 당연히 진평도 이에 참여했다.

한편 태후는 "유씨가 아닌 자를 지방의 왕으로 삼으면 토벌하라."라는 한 고조 유방의 유언을 무시하고, 각 지방의 제후왕으로 있던 유방의 서자들을 제거하고 그 자리에 여씨 일족을 봉했다. 당시 우승상인 왕릉王陵은 여씨를 제후왕에 임명하는 것은 고조의 유언에 어긋나는 일이라고 아뢰었지만, 진평은 "고조 황제께서 권좌에 계실 때 유씨를 제후왕에 봉했듯, 지금은 여후께서 권좌에 계시니 여씨를 제후왕에 봉한다 하여 안 될 것이 없습니다."라는 말로 여태후의 처사에 동조했다. 여태후가 전권을 행사하고 있는 상황에서 진평은 여태후에게 영합하여 그녀의 처분에 반대하지 않았던 것이다. 여태후는 이에 우승상 왕릉을 파직하고 진평을 우승상에 임명했다. 진평은 여태후의 집권 기간 동안 주색에 빠지는 등 최대한 관심 밖의 인물이 되려 했고, 여태후가 하는 대로 내버려 두었다. 그러나 여씨 일족의 전횡은 더욱더 심해졌다. 기원전 184년 여태후는 자신에게 반항적이던 소제를 죽이고, 고조의 후궁 소생인 소제홍少帝弘을 옹립했다. 이후 여태후는 죽을 때까지 정권을 장악했다.

기원전 180년 여태후가 병으로 사망했다. 여태후가 죽기 전 그녀의 안배로 여씨 일족이 권력을 쥐었지만 그들은 군을 지휘할 만한 역량을 갖추지 못했다. 반면 우승상 진평과 태위 주발 등 고조를 따르던 충신들의 힘은 여전히 그대로였다. 공신들은 고조의 손자 주허후 유장과 협력하여 군사를 일으켰다. 이들은 여산, 여록, 여통 등 여씨 일족을 모두 주살하고 소제홍을 폐위한 뒤 고조의 넷째 아들 유항을 새로운 황제로 추대함으로써 유씨의 천하를 회복시켰다. 여태후가 죽은 지 2개월 만의 일이었다. 여씨 일족의 난은 자칫 내전으로 발전할 수 있었으나 진평과 주발은 국력을 거의 소모하지 않고 여씨 일족을 몰아냄으로써 정권을 안정시켰다.

기원전 180년 문제가 즉위했다. 진평과 주발은 여씨 일족을 타도한 공을 인정받아 주발은 우승상, 진평은 좌승상에 임명되었다. 문제 1년 주발이 물러나자 진평은 혼자서 승상을 맡아 국정을 지휘하여 '문경의 치'의 토대를 닦는 데 크게 기여했다. 기원전 178년 진평이 세상을 떠나자 문제는 그에게 '헌후獻候'라는 시호를 내렸다.

실크로드의 개척자
장건

張騫(?~B.C. 114년)

- 한 무제 시대의 정치가.
- 기원전 139년 장안을 출발하여 두 차례 서역행을 추진하여 실크로드를 개척했다. 이후 한나라에 서역의 각종 문물이 전파되고, 동서양 문물 교류가 활성화되었다.

    비단길 혹은 실크로드는 고대 중국과 유럽을 잇는 교역로를 일컫는 말로, 중국의 비단이 로마 제국으로 흘러들어 간 것을 의미하여 붙여진 이름이다. 실크로드를 통해 동양과 서양은 다양한 물품들을 주고받았는데, 특히 중국은 이 길을 통해 비단과 철기를 서방 세계에 수출하고, 로마로부터 보석이나 유리 제품을 수입했다. 실크로드는 단순히 교역로의 의미를 넘어서 동서 간의 문화가 교류된 통로라는 역사적 의의를 지니고 있다. 이 길을 통해 중국의 주철 기술과 양잠, 제지법이 서방 세계에 전달되었고 중앙아시아와 서아시아의 산물과 풍속은 물론 불교, 조로아스터 교, 이슬람 교 같은 종교가 중국에 유입되기도 했다.

실크로드

    실크로드를 통한 동서 간의 교역은 기원전 2세기 중엽까지 간간이 이루어지기는 했지만 공식적으로 이 길이 개척되어 무역로로 사용된 것은 한나라 무제 때다. 정확히는 장건이 월지月氏와 동맹을 맺으러 파견된 이후부터다.
    한 고조 유방이 한나라를 건국한 이래로 북방의 흉노족은 한나라에 가장 위협적인 존재였다. 유방은 직접 흉노족 정벌에 나서기도 했지만 끝내 정벌하지 못했고, 한나라 공주를 흉노에게 시집 보내거나 조공을 하는 조건으로 화친을 맺곤 했다. 한 문제와 경제 시대에도 이러한 정책은 지속되었다. 기원전 141년에 즉위한 무제는 흉노와 화친 관계를 유지하는 한편 선대 황제들이 이룩한 탄탄한 경제력을 바탕으로 불안 요소였던 흉노 정벌을 도모했다. 당시 흉노에서는 내분이 일어나 전성기 때만큼 강성하지는 못했으나 여전히 군사력에서 한나라를 압도하고 있었다. 무제

서역으로 떠나는 장건 장건은 월지와 동맹을 맺고 흉노를 격파하기 위해 서역 월지로 파견되었다. 그의 여행을 통해 동서양 문물 교류가 시작되었다.

는 일리(오늘날의 카자흐스탄 지역) 강 유역에 있던 유목 민족 월지와 연합하기로 계획을 세웠다.

월지는 북아시아와 중앙아시아 지역에서 활약했던 튀르크계 유목 민족으로 늘 흉노의 압박에 시달렸으며, 기원전 176년경에는 흉노에 패해 서쪽으로 쫓겨나 일리 강 유역으로 옮겨 갔다. 월지는 그 후 계속된 흉노의 침입에 오늘날의 아프가니스탄 지역을 향해 서쪽으로 이동하여 왕국을 건설했다. 특히 흉노의 선우가 패배한 월지 왕의 두개골로 술잔을 만든 이후 월지와 흉노의 관계는 극도로 악화되었다. 무제는 월지와 흉노의 적대 관계를 이용하여 월지 동맹을 계획했고, 이를 위해 파견된 인물이 바로 장건이었다.

장건은 한중 출신으로 출생연도는 불분명하나 무제가 즉위했을 당시 이미 낭관직을 맡고 있었다. 기원전 139년 장건은 100여 명의 사절단을 이끌고 흉노 출신 감부甘父를 데리고 목숨을 건 여정을 시작했다. 하지만 장건 일행은 월지의 정확한 위치를 알지 못했고, 그저 흉노의 영역인 서쪽을 향해 걸어나갈 수밖에 없었다.

장안長安을 출발한 장건 일행은 흉노의 영역을 통과하던 중 하서河西 지역에서 흉노에게 붙잡혀 포로가 되었다. 장건 일행의 목적을 안 흉노의 군신軍臣 선우(單于, 흉노족 군장을 뜻함)는 장건을 억류시켰고, 장건은 10여 년간 포로 생활을 하며 흉노족 출신의 여인을 아내로 맞고 아들까지 두었다. 흉노가 한나라의 공격을 받아 어수선해진 틈을 타 장건은 부하 몇 명만을 데리고 탈출해 서쪽으로 도망쳤다. 흉노에 의해 한나라로 가는 길이 막혀 다시 서쪽으로 향한 장건 일행이 도착한 곳은 월지와 인접해 있는 대완大宛이었다.

대완의 왕 역시 흉노의 압박을 받고 있는 상황이었기 때문에 그는 장건 일행에게 호의적이었다. 장건은 대완에서 길 안내와 통역을 제공받으며 드디어 기원전 129년 월지에 도착했다. 월지에 도착한 장건은 월지 왕에게 무제의 동맹 의지를 전했다. 그러나 흉노에 복속되어 있기는 하지만 주변국 대하大夏를 항복시키고 평화를 누리던 월지 왕은 동맹을 거부했다.

임무를 완수하지 못한 장건은 귀국을 잠시 뒤로 미룬 채 월지의 지배하에 있던 대하 주변, 즉 서역 여러 나라의 지리, 정세, 물산 등의 정보를 수집했다. 기원전 126년 흉노의 군신 선우가 세상을 떠났다. 장건은 흉노의 내분을 기회로 귀국길에 올랐다. 장건은 귀국길에 다시 흉노에게 잡혀 포로가 되었으나 흉노의 왕위 계승을 둘러싼 내분을 틈타 탈출에 성공했고, 결국 기원전 126년에 장안으로 돌아올 수 있었다.

장건은 무제에게 13년간의 서역 생활을 보고했다. 비록 월지와 동맹을 맺는 데는 실패했으나 서역의 정세를 상세히 알 수 있게 된 무제는 그의 공을 인정하여 태중대부에 임명했다.

기원전 123년 무제는 장건의 보고를 바탕으로 흉노 정벌 계획을 세웠다. 교위로 참전한 장건은 서역 체험을 바탕으로 한나라 군대를 여러 번 위기에서 구명했고, 그 공으로 박망후에 봉해져 제후 반열에 올랐다. 그러나 기원전 121년 위위에 임명되어 비장군飛將軍 이광李廣을 따라 나선 전투에서 본진과 합류하는 기일을 맞추지 못해 직위를 박탈당하고 목숨까지 위태로워지는 지경에 이르렀다. 하지만 서역에 대해 박식한 지식을 가진 장건을 우대한 무제로 인해 목숨을 구할 수 있었다.

기원전 119년 흉노의 세력은 많이 약해져 있었고, 무제는 흉노와의 세 번째 대결을 준비했다. 장건은 일리 지역에 있는 오손烏孫과 동맹하여 흉노를 협공할 것을 제안했고, 곧 중랑장으로 임명되어 오손으로 파견되었다.

300명의 사절단과 막대한 재물을 가지고 오손에 도착한 장건은 오손왕 곤막에게 동맹을 제안했다. 그러나 곤막은 오손의 불안한 국내 사정과 흉노에 대한 두려움으로 동맹을 거절했다. 장건은 포기하지 않고 대원, 강거康居, 월지, 대하 등 주변 여러 나라에 부사副使들을 파견했다. 기원전 115년 장건은 오손의 사신 수십 명과 대원의 명마 수십 필을 데리고 귀국했다. 장건은 대행령에 임명되어 외국 사신을 접대하는 일을 맡아보다가 기원전 114년에 생을 마감했다.

장건의 두 차례 서역행의 목적은 흉노를 견제하기 위해 주변국과의 동맹을 체결하려는 것이었다. 비록 군사적, 외교적으로 동맹을 맺는 데는 실패했으나 그는 한나라와 서역의 여러 나라가 교류할 수 있는 물꼬를 텄다. 장건의 서역에 대한 전문적인 지식을 바탕으로 무제는 이광리李廣利

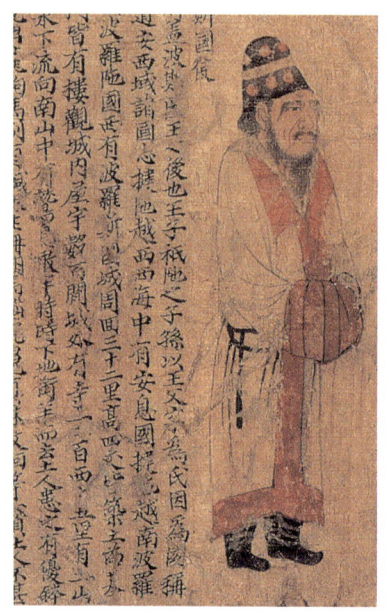

페르시아 사신과 그리스 병사 한나라 시대 서역을 오가던 페르시아(파사국) 사신을 묘사한 벽화와 그리스 병사가 묘사된 벽걸이는 실크로드를 통해 동서 간의 교역이 활발하게 이루어졌음을 알 수 있게 한다.

장군을 파견하여 명마를 얻어 유목 민족인 흉노에 비해 약했던 기병을 보강하여 흉노와의 서역 패권 다툼에서 승리할 수 있었다. 한나라는 서역을 지배하기 위해 둔전(屯田, 변경이나 군사 요지에 설치하여 군량에 충당한 토지) 정책을 실시했고, 무제 사후에는 서역도호부를 두어 서역을 한나라의 지배하에 두었다. 이러한 상태는 전한 시대(한나라는 서기 8년 왕망의 왕권 찬탈을 계기로 전한과 후한으로 구분한다) 말기까지 지속되었다.

당시의 동서 양쪽 지역을 주름잡던 한나라와 로마는 서로를 상상의 나라라고만 생각했다. 그러나 장건의 서역 개척으로 인해 두 나라는 서로의 존재를 인식했으며, 이후 서역과 한나라는 군사적, 외교적, 정치적 교류를 넘어 상업적 교류를 시작했다. 중국의 비단, 철기, 동기, 칠기 등이 서역으로 수출되고 향료, 옥 같은 사치품과 우수한 말, 서역의 동식물들이 중국으로 유입되었다. 또한 중국의 우수한 야철 기술과 우물 파는 기술이 중앙아시아로 전파되었다.

그러나 서기 8년 왕망이 한나라를 무

너뜨리고 신나라를 세우는 등 혼란한 시기가 계속되자 한나라는 서역의 지배권을 잃어버렸다. 25년 광무제가 도읍을 낙양으로 정하고 후한을 건국했다. 후한은 이후 3대에 걸친 황제의 통치를 받으며 번성했고, 비로소 대외 정책을 본격화할 수 있게 되었다.

후한의 서역 원정은 73년 반초班超의 흉노 정벌 출정으로 시작되었다. 75년 북흉노를 정벌한 반초는 서역도호부를 설치하고, 부장 감영을 대진(大秦, 로마)에 파견했다. 이로써 후한은 서역 지배권을 다시 확보하고 로마와 직접 교류하기에 이르렀으며, 이 시기에 불교가 유입되기도 했다.

중국 유교 문화의 토대를 닦다
동중서

董仲舒(?~?)

- 한 무제 시대의 유학자.
- 유가 사상을 국교로 삼는 데 이바지했고, 특히 유교 철학과 음양 사상을 통합한 새로운 학문을 탄생시켰다.
- 주요 저서로는 《동자문집》, 《춘추번로》 등이 있다.

　동중서는 한나라 초기 제자백가들로 사상계가 혼란스럽고 도가 사상이 유행할 때 유교의 터전을 굳건히 한 대표적인 유학자다. 한나라 무제 때 그의 의견이 수렴되어 유교 사상이 국학으로 채택되면서 교육과 정책에 반영되었으며, 이후 중국의 사상계에 큰 영향을 미쳤다.

　동중서는 신도국信都國 광천현(廣川縣, 오늘날의 허베이 성) 출신으로 출생 연도가 불분명하지만 대략 무제 때까지 살았던 것으로 보이며, 무제보다는 이른 시기에 죽은 것으로 여겨진다.

　당시의 유교 경전 중 한 가지를 공부하던 풍조에 따라 동중서는 《춘추春秋》를 전공했다. 그러나 그 밖에도 다수의 유교 경전을 연구하여 학문의 깨달음이 매우 깊었다. 그의 행동은 도덕군자와 흡사했으며, 배움과 행동이 일치하여 많은 사람들이 제자가 되기를 희망했다고 한다.

　동중서는 한나라 경제 때 박사가 되어 활동했다. 제자를 가르칠 때는 장막을 치고 그 안에서 강의한 후 장막 안에서 그에게 강의를 들은 제자가 다음 제자에게 그 내용을 다시 강의하는 독특한 방식으로 가르쳤다. 그래서 스승의 얼굴을 한 번도 보지 못한 제자도 있었다고 한다. 《사기》에는 그가 3년 동안 장막 안에 머물며 자신의 정원을 돌보지 않을 정도로 강의에 열의를 다했다고 기록되어 있다. 동중서는 사람들에게 '한 대의 공자'라고 불릴 정도로 명망이 높았다. 그러나 경제 시절에는 크게 중용되지 못했다. 이는 문제와 경제 시대에 유교가 환영받지 못했기 때문이다.

　건국된 이래 문제와 경제 시대까지 약 60여 년간 한나라를 지배했던 사상은 황로 사상黃老思想이었다. 이는 황제와 노자의 준말로, 특히 정치나 군사에 노자의 사상이 적용된 것을 일컫는다. 한나라는 진나라 이후 두 번째로 중원을 통일하는 과정에서 수많은 전쟁을 겪으며 민생이 피폐해진데다 진나라의 가혹한 법치에 시달리던 백성들을 위로하기 위해 '무위無爲'를 내세웠다. 조정이 백성을 되도록 간섭하지 않고 자유롭게 해 준다는 것을 천명한 것이다. 그러나 기원전 141년 열여섯 살의 어린 나이에 형들을 제치고 황위에 오른 무제에게는 기존의 지배 이념인 황로 사상이 적합하지 않았다.

동중서

　무제가 즉위했을 때는 문경의 치라는 태평성대를 거치면서 경제가 회복되고 국력도 상당히 강해져 있었다. 그러나 북방의 흉노족과 지방의 제후 세력 등이 여전히 불안 요소로 작용하고 있었기 때문에 강력한 왕권이 필요했다. 무제는 국가를 하나로 통치할 만한 새로운 지배 이념이 필요하다고 생각했다.

한 무제는 즉위하자마자 각지에 인재들을 추천하라는 조서를 내렸다. 그때 추천된 인재가 100여 명에 달했는데, 무제는 직접 그들을 시험하여 10명을 선발했다. 무제는 그들에게 나라를 올바르게 통치할 대책을 올리도록 했고, 동중서와 공손홍公孫弘이 주목을 받으면서 결국 유가 사상이 채택되었다.

승상 공손홍은 인재 등용에 있어서 법가나 종횡술을 연구한 사람은 모두 파면해야 한다고 주장했다. 이에 동중서는 《춘추》에는 고금의 일과 도리가 모두 포함되어 있으니 먼저 유가 사상을 《춘추》로 통일하고, 유가 사상 이외의 모든 학설은 폐지해야 사회가 통합되고 민생도 안정을 찾을 것이라고 건의했다. 무제는 동중서의 의견을 받아들여 "제자백가 사상을 축출하고 오로지 유가 사상만을 숭상한다."라고 명하고 유가 사상을 국교로 삼았다.

《춘추번로春秋繁露》에는 동중서의 사상이 잘 나타나 있다. 그는 유가, 법가, 음양가陰陽家 사상을 적절히 버무려 새로운 학문을 탄생시켰다.

먼저 동중서는 하늘이 자연과 인간을 주관하며, 개인이나 나라의 길흉화복은 모두 하늘에 의해 결정된다는 천인감응설(天人感應, 하늘과 인간이 교감한다)과 음양오행설을 전적으로 받아들여 유가 사상을 종교화했다. 특히 개인이 교화될 때는 공자와 맹자에게 용기를 얻고, 그들을 도덕적 완성으로 삼아야 한다고 주장했다.

다음으로 황제는 백성들 위에 있으며 황제의 권력은 하늘에서 비롯된 것이므로 모든 백성은 황제의 명령을 따라야 한다는 논리를 폈다. 그러는 한편 황제의 권한에도 제약을 두었다. 황제는 현명하고 유능해야 하며 백성을 사랑과 은혜로 다스려야 한다. 이것이 하늘의 뜻을 지키는 것으로 만약 황제가 이런 천명을 저버린다면 왕권은 상실되고 백성들의 반란을 불러일으킬 것이라고 했다. 그리고 공자의 "군왕은 군왕다워야 하고, 신하는 신하다워야 하고, 아비는 아비다워야 하고, 자식은 자식다워야 한다."라는 주장을 "임금은 신하의 근본, 아버지는 아들의 근본, 남편은 부인의 근본"이라는 지배와 종속의 관계로 변경했다.

동중서에 의해 새롭게 탄생한 유교의 목적은 왕권을 강화하는 데 있었다. 그러나 동중서는 계속되는 전쟁과 노역 그리고 지배 계

서민들의 생활 추수를 하고 사냥을 하는 사람들(위)과 암염 광산에서 일하는 사람들(아래).

층의 사치와 낭비로 고통받는 백성들을 위한 정책을 건의하기도 했다. 동중서는 귀족들이 사유 경작지를 지나치게 확대하는 행위를 억제하고, 소금이나 철 등에 대한 권한을 백성들에게 주며, 세금과 노역을 줄여 백성들이 생업에 종사할 수 있도록 해야 한다고 주장했다. 또한 관리들이 백성들을 함부로 착취하지 못하도록 엄격히 제재하고, 관리는 백성들과 이익을 다투어서는 안 된다고 했다. 그러나 민생 안정을 위한 동중서의 의견 대부분은 현실성이 떨어져 정책에 반영되지는 않았다.

헌제의 토론 후한의 마지막 황제인 헌제가 유교 경전을 놓고 관리들과 토의하는 모습. 유교는 전한 무제 시절 국교로 채택되어 이후 중국의 대표적인 사상으로 자리 잡았다.

 동중서는 중앙 관리로서는 크게 중용되지 못했는데, 이는 그와 함께 발탁되어 승상이 된 공손홍과 반목했기 때문이다. 공손홍은 학문이 동중서에 미치지 못하자 그를 시기했으며, 동중서 역시 공손홍이 아첨하는 자라고 여겼다. 공손홍은 무제를 설득하여 동중서를 교서국의 재상으로 임명했다. 당시 교서국의 왕은 무제의 형 유단劉端이었는데, 그는 성격이 포악하고 방탕하기로 유명했다. 하지만 유단은 동중서의 군자다운 모습과 학식에 반해 그를 존중했다.

 동중서가 교서국에 있던 어느 날 요동遼東의 고제묘高帝廟와 장릉長陵의 고제원高帝園, 즉 한 고조 유방의 사당에 원인을 알 수 없는 화재가 발생했다. 그러자 인간의 악하고 선한 행동이 자연재해를 일으킨다는 '재이災異'에 대해 논하기를 즐겼던 동중서는 이 이론을 토대로 화재 원인을 밝히는 글을 썼다. 동중서는 이 글을 올리지 않았지만 그를 미워하던 주부언主父偃이 글을 무제에게 올렸다. 무제는 글쓴이가 동중서임을 밝히지 않고 유생들에게 글을 평가하도록 했다. 이때 동중서의 제자 여보서呂步舒가 스승의 글인지도 모르고 글이 근거 없고 저속하다며 비방했다. 이에 동중서는 체포되어 사형을 선고받았다. 그러나 사형되기 전 무제는 그를 사면했고, 그 후 동중서는 재이 사상과 관련된 글을 쓰지 않았다고 한다.

말년에 동중서는 병을 핑계로 더 이상 벼슬길에 나가지 않고 고향에서 저술과 제자 양성에 전념했다. 그러나 조정에 중대한 일이 있으면 무제는 정위 장탕張湯을 동중서의 집에 보내 의견을 물었다고 한다.

무제는 동중서의 유교 사상을 수렴하여 유교를 숭상할 것을 천명했다. 그러나 무제는 유교 경전을 이용하여 백성들을 교화하면서도 한편으로는 진나라의 강력한 법치주의를 함께 구사했다. 무제는 유교를 표방한 철권 통치, 전쟁 준비를 위한 소금과 철기 국영화 등의 경제 정책과 유교 경향의 문화·교육 사업 등을 함께 추진했다. 무제의 시대는 동중서의 사상을 받아들여 이를 정책화함으로써 유교가 중국의 국학으로 자리매김할 수 있는 계기가 되었다. 그 후 유교는 2천 년 동안 국교의 지위를 굳건히 지켰다.

중국 전기 2천 년 역사를 집대성하다
사마천

司馬遷(B.C. 145~B.C. 86년)

- 한 무제 시대의 역사가.
- 흉노족과의 전투에서 투항한 이릉 장군의 처분 논의에서 그를 옹호하다 무제의 노여움을 사 궁형을 당했다.
- 중국 2천여 년의 역사를 담고 있는 최고의 기전체 통사 《사기》를 완성했다.

    중국 최고의 역사서이자 최고의 문학서라는 평가를 받는 《사기》. 이 책의 저자는 한나라 시대의 역사가 사마천이다. 그는 중국 역사상 최고의 황제로 평가되는 한 무제 때의 사람이다.

    무제는 기원전 141년에 황위에 올랐는데, 그가 통치하던 당시는 역사상 손꼽히는 전성기로 경제가 완전히 회복되고 국력도 강성했던 시기였다. 한편 주변의 흉노, 남월, 동월, 서남이, 대원 등 이민족 정벌을 반복적으로 감행하여 가장 넓은 국토를 가졌던 때이기도 하다. 그러나 한편으로는 지도층의 사치와 낭비, 영토 확장을 위한 빈번한 군사 동원령 등으로 백성들에게는 고난의 시기이기도 했다. 사마천은 역사를 기록할 때 번영과 고통이 공존한 이 시기를 어느 한쪽에 치우치지 않고 공정하고 사실적으로 기술했다.

사마천은 상고 시대의 황제로부터 시작해서 요·순 임금, 하, 상, 주, 진, 전한 초기인 기원전 2세기 말 한 무제 때까지의 2천여 년의 역사를 시간 순서가 아닌 인물 중심으로 엮은 최초의 인물 전기傳記 작가다. 그는 개인의 전기로 역사를 기술하는 기전체라는 획기적인 서술 방법을 창조했는데, 이후 중국 역사가들은 정사正史를 기록할 때 사마천의 서술 방법을 따르는 것을 주저하지 않았다.

사마천은 섬서성陝西省 하양현夏陽縣 농촌 마을에서 태어났고, 자는 자장子長이다. 아버지 사마담司馬談은 매우 박학다식한 인물로 무제 치세 초기에 천문과 달력을 기록하는 부서의 장인 태사령으로 재직했다. 일찍이 아들의 총명함을 느낀 사마담은 고대 문헌들을 구해 와 사마천에게 읽혔다. 기원전 135년 사마천은 아버지를 따라 장안으로 왔고, 그곳에서 본격적으로 고대 문헌들을 접했다. 기원전 126년 사마천은 학업을 일시적으로 중단하고 아버지의 조언에 따라 각지를 유람하며 사회 분위기, 지리, 풍토 등 다양한 문화를 체험하고, 과거의 사건들을 연구하고, 역사 자료를 수집하기 시작했다. 기원전 118년 장안으로 돌아온 그는 낭중이 되어 벼슬살이를 시작했으며, 기원전 112년에는 무제를 모시고 새롭게 개척된 강남, 산동, 하남 등의 서남 지방을 시찰했다. 또한 이듬해에 무제의 명으로 파촉巴蜀 이남 지역을 순시하여 문물을 관찰했다. 이러한 다양한 경험들을 통해 훗

사마천

날 그는 《사기》에서 보이는 생생한 표현력을 구사할 수 있게 되었다.

기원전 110년 아버지 사마담이 병사했다. 거의 30년간을 사관으로 재직했던 사마담은 생전에 자신이 《사기》를 쓰려고 계획했다. 그러나 이를 이루지 못하고 죽음과 마주한 그는 임종을 앞두고 아들 사마천에게 자신의 과업을 완성해 달라고 신신당부하며 눈을 감았다. 기원전 108년 사마천은 죽은 사마담의 뒤를 이어 태사령에 부임했고, 아버지의 유언을 받들어 《사기》 집필의 사전 작업에 착수했다. 그리고 기원전 103년부터 본격적으로 《사기》를 집필하기 시작했다.

《사기》 집필은 그가 이릉李陵 사건에 연루되기 전까지 순조롭게 진행되었다. 기원전 100년 무제는 이릉에게 군사 5천을 주고 애첩의 오빠인 이광리李廣利를 도와 흉노족을 토벌할 것을 명했다. 여기에는 흉노를 토벌한다는 목적도 있었지만 여러 번의 참전에도 전과를 세우지 못한 이광리에게 공을 세우게 해 주고 싶은 마음도 작용했다. 그러나 이광리는 전투에서 대패했고, 이릉은 흉노족 8만을 상대로 용감히 싸웠으나 결국 투항하고 말았다.

기원전 99년 무제는 조정 대신들을 불러 모아놓고 이릉에 대한 처분을 논의했다. 무제의 화를 눈치챈 대신들은 침묵으로 일관했다. 이때 당시 역사 기록을 위해 자리에 있던 태사령 사마천만이 고향 친구인 이릉을 비호했다. "이릉은 흉노족 토벌에서 패전했다고 볼 수 없습니다. 5천의 군사로 8만의 적군을 상대했고, 화살과 군량미가 제때 공급되지 않았음에도 분투했습니다. 살아남은 부하의 목숨을 가벼이 여기지 않고 그들의 목숨을 살리려 투항한 것뿐, 이는 단순히 자신의 목숨을 보전하고자 함이 아니라 지금 목숨을 지켜 후에 기회를 얻어 흉노를 멸하고자 한 것입니다."

흉노족의 사슴형 금괴수와 벨트 버클(좌측부터)

하지만 이러한 진언은 무제의 분노를 사고 말았다. 기원전 98년 사마천은 파면된 것은 물론 감옥에 갇혔으며, 심지어 흉노족에 투항한 이릉이 그곳에서 벼슬을 받았다는 소문이 나자 사형까지 언도받았다. 《사기》 저술이 중단될 위기에 처하자 사마천은 중대한 결정을 내렸다. 당시 한나라에서 사형을 언도받은 자들은 세 가지 중 한 가지를 선택할 수 있었다. 첫째는 허리가 잘리는 요참형으로 죽는 것, 둘째는 50만 전의 벌금을 내고 죄를 사면받는 것, 마지막으로 궁형宮刑, 즉 거세를 하여 살아남는 것이었다.

기원전 97년 돈도 없고 자신을 구명해 주는 사람도 없던 사마천은 치욕을 감수하고 궁형을 선택해 목숨을 보존했다. 하지만 궁형은 사마천의 육체와 정신 모두를 크게 훼손시켰다. 사마천은 불구의 몸을 자책했고 울분에 쌓여 흡사 미친 사람처럼 살았다. 하지만 사마천은 곧 자신이 왜

궁형을 선택하면서까지 살아남아야 했는지를 깨닫고 고통 속에서 《사기》를 다시 집필하기 시작했다. 이제는 그 어떤 것도 《사기》 저술에 대한 그의 집념과 열정을 꺾을 수 없었다.

기원전 96년 사마천은 사면령을 받고 감옥에서 나왔다. 궁형으로 인해 이미 환관이나 다를 바 없던 그에게 중서령직이 내려졌고 덕분에 사마천은 궁궐 내부를 마음대로 출입하며 관찰하고 문헌을 연구할 수 있었다. 게다가 중서령으로서 무제를 수행하여 각지를 순시하면서 《사기》 저술에 필요한 정보를 모을 수도 있었다. 《사기》의 완성연도는 불분명하나 사마천이 자신의 친구인 익주益州 자사 임안에게 보내는 서신을 바탕으로 한다면 대략 기원전 91년경으로 보인다. 《사기》라는 명칭은 한나라 후기에 붙여진 것으로, 당시에는 《태사공서太史公書》라고 불렸다.

《사기》는 중국 역사상 최고의 기전체 통사로 모두 다섯 부분으로 나뉘며, 2천여 년간의 중국 역사를 담고 있다. 첫째 부분은 총 12권의 〈본기〉로 제왕을 기준으로 삼았다. 둘째 부분은 〈표表〉로 복잡하고 난해한 역사상의 인물과 사건 들을 도표 형식을 빌려 알기 쉽게 정리했다. 셋째 부분은 8권으로 된 〈서書〉다. 〈예서禮書〉, 〈악서樂書〉를 시작으로 6개의 서가 더 있으며 경제, 군사, 수리, 천문, 제사 등의 분야를 다루고 있다. 넷째 부분 〈세가世家〉는 30권으로 춘추전국 시대부터 한나라에 이르기까지 제후 가문의 역사를 기록하고 있다. 공자나 진승은 제후가 아니었으나 〈공자세가〉, 〈진승세가〉로 따로 기록하는 등 파격적인 편성이 눈에 띈다. 다섯째 부분은 〈열전〉으로 학자, 정치가, 군인은 물론 자객, 협객 등 한 시대를 풍미한 인물들의 행적을 열거하고 있다. 여기에는 사마천의 주관적인 평가도 포함되어 있다.

《사기》는 시대와 지역을 망라하여 방대한 역사가 기술되어 있을 뿐만 아니라 문화에 대해서도 자세히 기록되어 있어 중국 문화 연구의 중요한 사료로도 그 가치가 높다. 또한 사마천은 무미건조한 연대순 나열이 아닌 인물 중심으로 역사적 사건들을 기술하는 방법인 기전체를 탄생시키며 최초의 인물 전기라는 평가와 함께 후대의 산문 문학 발달에도 지대한 영향을 끼쳤다. 더불어 사마천은 《사기》에 자신의 주관적인 견해나 사상이 드러나는 것을 개의치 않았는데, 심지어 의도적으로 견해와 사

《사기》의 죽간

상을 드러내 이상적인 치국의 방법을 암시하기도 했다.

   사마천은 《사기》가 완성된 지 얼마 지나지 않아 임안에게 보낸 서신의 내용이 무제의 심기를 불편하게 하여 다시 하옥되었다가 처형된 것으로 추측된다.

비련의 미인
왕소군

王昭君(?~?)

- 한 원제의 후궁이었으나 흉노와의 화친을 위해 흉노의 호한야 선우에게 시집 보내졌다.
- 왕소군 이야기는 민간 전승, 설화, 시가 등으로 재창조되었으며, 당나라 시인인 이태백과 백거이, 송나라 시인 왕안석과 구양수 등에 의해 시로 창작되는 등 중국 문학 소재로 애용되었다.

　왕소군은 중국 역사상 4대 미인으로 꼽히는 인물로 한나라 원제의 후궁이었다. 훗날 흉노의 호한야呼韓邪 선우에게 화친을 목적으로 시집 보내진 비극성으로 인해 중국 문학의 소재로 자주 애용되었다. 왕소군의 원래 이름은 장嬙이고, 자는 소군昭君이며, 아명은 호월皓月이다.

　기원전 36년 11대 황제 원제는 전국에 궁녀를 뽑아 올리라는 조서를 내렸다. 한나라 시대에는 민간의 여성을 궁녀로 뽑는 것이 제도화되어 있었는데, 집안이나 국적 등 출신에 제한을 두지 않았다. 왕소군은 열여덟 살에 이미 가무와 비파 연주에 능했고, 자색이 뛰어나 궁녀로 선발되었다. 당시에는 뇌물을 주면서까지 궁녀로 선발되려는 경우가 많았으며,

선발되는 궁녀의 수도 수천 명에 달했다. 따라서 황제가 일일이 선발된 궁녀를 확인하는 일은 불가능했고, 이에 화공이 궁녀들의 초상화를 그린 것을 보고 간택했다.

원제가 본 왕소군의 초상화는 실물과 달리 세상에 둘도 없는 추녀의 모습이었다. 황제가 초상화를 보고 간택한다는 것을 안 궁녀들은 황제를 하룻밤이라도 모시기 위해 화공들에게 뇌물을 주어 자신을 예쁘게 그려 달라고 했다. 그러나 집안이 가난하고 궁에 연줄도 없었던 데다 원제를 속일 마음도 없었던 왕소군은 화공 모연수毛延壽에게 뇌물을 바치지 않았고, 그 결과 평범한 얼굴에 큰 점이 찍힌 초상화를 얻게 되었다. 그녀는 5년간 원제의 얼굴조차 보지 못하고 궁녀 신분에 머무르며 외롭고 쓸쓸한 궁 생활을 비파를 연주하며 이겨냈다.

기원전 33년 흉노의 수령 호한야 선우가 장안에 입성하여 신하의 예를 갖추었다. 호한야가 형 질지郅支와 선우 자리를 놓고 다툴 때 한나라는 그를 지원하여 태자 질지를 북으로 쫓고 그가 선우가 되는 데 도움을 준 적이 있었다. 기원전 51년 이미 한나라와 동맹 관계를 구축하고 장안을 방문했던 호한야는 이번 기회에 스스로 한나라의 사위가 되길 청하며

궁녀들의 초상을 그리는 화가 궁녀들의 수가 수천 명에 달했으므로 황제가 일일이 선발된 궁녀를 확인하는 일은 불가능했고, 때문에 화공이 그린 초상화를 보고 간택했다.

화친을 도모하고자 했다.

한나라는 건국 후 계속되는 흉노와의 갈등 속에서 이렇다 할 해결책을 찾지 못했다. 흉노를 정벌하려 대군을 파견했던 적도 있었으나 성과 없이 사상자만 낼 뿐 흉노의 선우를 복종시키는 것은 불가능했다. 이에 한나라는 정벌과 화친의 양면 정책을 구사했고, 화친의 방법으로 흉노의 선우와 종실의 공주를 정략결혼시켜 평화를 유지하기도 했다.

호한야가 사위가 되길 자청한 것은 전적으로 흉노의 내부 분열이라는 사정 때문이었다. 원제는 이를 알고도 크게 기뻐하며 성대한 연회를 베풀었고, 자신의 부름을 받지 못한 궁녀들에게 연회 자리에서 술을 따르도록 명했다. 그중에는 왕소군도 끼어 있었다. 왕소군에게 마음을 빼앗긴 호한야는 종실의 공주가 아닌 궁녀들 중 한 명을 택해도 좋다며 왕소군을 선택했다. 원제는 공주를 선택함으로써 생길 어려움을 피할 수 있다는 기대로 호한야의 제의를 기꺼이 수락했다. 원제는 "흉노에 시집 가는 궁녀는 공주와 같은 대우를 받을 것이다."라고 말로써 뒷일을 보장해주기까지 했다.

원제는 날을 택해 호한야 선우와 왕소군을 장안에서 결혼시키고 그녀에게 '한나라 황실과 황제를 빛내라'는 의미가 담긴 '소군'이라는 칭호를 내렸다. 흉노족 차림의 붉은 옷을 입은 신부 왕소군을 태운 말이 떠날 때 원제는 절세미인이 단아하면서도 우아한 자태로 앉아 있는 모습을 보았다. 그제야 왕소군의 미모를 알아차린 원제는 자신의 결정을 크게 후회했으나 어쩔 도리가 없었다. 왕소군의 출가를 번복할 경우 호한야 선우와의 신뢰가 깨지고 흉노와의 관계가 악화될 것이 분명했기 때문이다.

궁으로 돌아와 궁녀들의 초상화를 대조해 본 원제는 왕소군의 초상화가 실물과는 전혀 다르게 그려진 데다 커다란 점까지 있는 것을 발견했다. 이에 분노한 원제는 초상화 제작 과정에서 뇌물이 왕래했음을 간파하고 자신을 기만한 화공 모연수를 참수했다.

왕소군은 한나라와 흉노 관원들의 호위를 받으며 장안을 떠났다. 장안을 떠나던 날 왕소군은 '낙안落雁'이라는 별칭을 얻었다. 부모 형제가 있는 고향과 이별하고 홀로 먼 북쪽으로 떠나는 자신의 처지를 한탄하며 왕소군이 〈출새곡出塞曲〉을 노래하자 마침 남쪽으로 날아가던 기러기가 왕소군의 미모에 취해 날갯짓하는 것을 잊고 땅으로 떨어졌다고 한다.

흉노로 떠나는 왕소군

왕소군이 불렀다고 전해지는 〈출새곡〉은 "봄은 봄이로되 봄이 아니구나"라는 구절로 시작된다. 이는 당나라 시인 동방규東方虯가 왕소군을 생각하며 지은 〈소군원昭君怨〉의 한 구절로, 그의 표현이 매우 적절하여 후대에 왕소군이 직접 부른 것처럼 잘못 전한 것이다. 또한 당나라 시대의 이태백李太白과 백거이白居易, 송나라 시대의 왕안석王安石과 구양수歐陽脩 등도 왕소군이 국경을 넘는 장면을 애절한 시로 지어 남겼다.

호한야 선우와 결혼한 왕소군은 흉노족의 환영을 받았지만 한족의 여인으로 교육받은 그녀로서는 생활에 적응하기가 쉽지 않았다. 그러나 그녀는 한족 문화를 전하는 동시에 흉노족의 관습에 따라 생활했다. 이러

흉노 귀족들의 생활

한 노력에 호한야 선우는 그녀를 총애했고, 흉노족은 그녀를 존경하였다. 호한야 선우는 왕소군을 '녕호연씨寧胡閼氏'에 봉했는데, 여기에는 흉노족에게 안녕과 평화를 가져다주기를 바라는 기대가 담겨 있었다. 호한야 선우는 자신의 결혼으로 흉노가 오랜 분열과 대외 전쟁에서 벗어나 안정을 찾았다는 것을 알리고자 했다. 일 년 뒤 왕소군은 호한야 선우와의 사이에서 이도지아사伊屠智牙師라는 아들을 낳았다. 이도지아사는 후에 흉노의 왕이 되어 후한에 위협을 가하기도 했다.

기원전 31년 호한야 선우가 세상을 떠났다. 20대 초반이던 왕소군은 '아버지가 죽으면 아들이 어머니를 아내로 맞이'하는 흉노의 풍습에 따라 호한야의 장자 복주루復株累와 혼인해야만 했다. 왕소군은 이러한 풍습에 거부감을 느끼고 고향으로 돌아가려고 했으나 한나라의 제12대 황제 성제의 만류로 그 뜻을 접어야만 했다. 다행히도 젊었던 복주루가 왕소군을 사랑하여 두 사람은 사이가 좋았다. 복주루와 결혼한 왕소군은 11년간 그와 살면서 두 명의 딸을 낳았다. 그 사이 한나라에 있던 왕소군의 형제들이 제후의 신분에 봉해졌으며, 그녀의 두 딸인 수복거차須卜居次와 당우거차當于居次도 장안에 머물며 원제의 황후를 모시는 등 두 나라 간에 평화가 지속되었다.

기원전 20년 복주루 선우가 사망했다. 이후 왕소군은 홀로 생활하다 흉노 땅에서 사망했다. 그녀는 지금의 내몽골자치구 소재지 후허하오터呼和浩特 시에서 남쪽으로 10킬로미터 떨어진 곳에 묻혔다. 그녀의 무덤은 가을에 북방의 풀들이 모두 누렇게 시들어도 오직 그 무덤의 풀만은 늘 그 푸름을 잃지 않았다고 해서 '청총青塚'이라고 불린다.

왕소군은 흉노로 시집 가서 길쌈과 같은 중국 문물을 전파했으며, 흉노와 한나라 사이의 우호 관계를 유지하는 데 힘써 60년이라는 오랜 세월 동안 전쟁이 일어나지 않도록 했다. 후대인들은 이 때문에 왕소군의 출가를 흉노 정벌에서 큰 공을 세운 한의 명장 위청衛青과 곽거병藿去病에 비견된다고 평가하기도 한다.

중국 역사 기록의 특성상 여인에 대한 기록은 매우 인색한 편이기 때문에 왕소군에 대한 역사적 기록 역시 부족한 상태다. 《한서漢書》, 《흉노전》, 《후한서》, 《남흉노전》 정도에서만 그녀에 대한 기록이 보이며, 《금조琴操》, 《서경잡기西京雜記》 등에 기록된 이야기들은 그 신빙성이 의심된다. 지금까지 전해 오는 그녀에 대한 모습은 시가, 소설, 희곡, 민간 전설 등으로 재창조된 것이 대부분이다.

최초의 역성혁명을 일으키다
왕망

王莽(B.C. 45년~A.D. 23년)

- 신 왕조를 건국한 전한 말의 정치가.
- 중국 역사상 최초로 선양의 형식으로 왕위를 양도받는 역성혁명을 일으켰다.
- 신 왕조 건국 후 오행참위설을 나라의 바탕 이론으로 하고, 주나라의 정책을 모방하여 토지, 화폐, 지명에 대한 개혁 정책을 시행했다.

    한 고조 유방이 건국한 한나라는 후에 전한과 후한으로 나뉘는데, 그 시기는 왕망이 세운 신新의 건국과 멸망을 기준으로 삼는다. 신 건국 이전의 한나라를 전한으로, 신 멸망 이후의 한나라를 후한으로 구분한다. 왕망은 한 무제가 죽은 후 권력의 실세로 등장한 외척으로, 최초로 선양혁명(禪讓革命, 역성혁명을 이름)을 성공시켜 신 왕조를 건국했다. 하지만 신 왕조는 오래 지속되지 못하고 15년 만에 몰락함으로써 역사상 가장 짧은 왕조라는 기록을 남겼다.

    왕망의 자는 거군巨君이며, 한나라의 제11대 황제 원제의 황후 왕씨의 배다른 동생 왕만王曼의 둘째 아들로 태어났다. 아버지 왕만이 일찍 세상을 떠 그는 불우하고 가난한 어린 시절을 보냈다. 그는 유교 경전《예기禮記》를 배우며 몸가짐을 단정히 하고 검소한 생활을 하여 당시 세력가였던 큰아버지 왕봉王鳳의 인정을 받았다. 왕봉은 한나라 제12대 황제 성제의 외척으로 조정의 권력을 장악하여 전권을 휘두르고 있었다.

기원전 87년 제7대 황제인 무제가 죽은 후 한나라 조정에서는 권력 투쟁이 끊이지 않았다. 겨우 여덟 살이던 태자 유불릉劉弗陵이 소제로 황위에 오르자, 곽광霍光은 어린 황제를 보필한다는 명목으로 정권을 장악했다. 그 후 기원전 74년 소제가 후사 없이 죽자 곽광은 창읍왕 유하劉賀를 황제로 옹립했으나 불량한 품행을 이유로 곧 폐위시켰다. 유하의 뒤를 이어 황제가 된 선제는 곽광이 죽자 곽씨 일족이 쥐고 있던 권력을 되찾기 위해 곽황후의 소생이 아닌 전처 허황후의 소생을 태자로 삼았다.

선제가 기원전 49년에 죽자 허황후 소생의 태자가 원제로 등극했다. 원제가 재위 26년 만에 죽자 그의 어린 아들이 성제로 등극했지만, 나이가 너무 어려 원제의 황후이자 성제의 어머니인 원태후가 섭정을 하게 되었다. 이에 따라 외척 왕씨 일족의 시대가 시작되었다. 성제는 정치에 관심이 없던 인물로 향락에 빠져 정사를 돌보지 않아 조정의 권력은 원태후의 형제들이 나누어 가졌다. 그녀의 다섯 형제는 제후가 되었으며, 특히 왕봉은 대사마와 대장군을 겸했다.

왕봉이 중병에 들었을 때 그를 지극정성으로 간호한 인연으로 왕망은 기원전 33년 황문랑에 임명되어 관직에 올랐다. 비록 정계에 진출한 시기는 늦었으나 왕망은 빠른 속도로 출세하여 기원전 16년에는 신도후에 봉해졌으며, 기원전 8년에는 대사마의 자리까지 올라 권력의 중심부에 들어섰다.

기원전 7년 성제가 후사도 없이 돌연 세상을 뜨고 성제의 이복동생의

절함도 오른편에는 성제가 앉아서 권신 장우를 호통치고 있고, 좌측에는 주운이 장우를 당장 사형시키라고 고하고 있다. 한나라 시대 왕궁과 관리, 시녀, 환관의 모습이 잘 묘사되어 있다.

아들이 애제哀帝로 등극했다. 애제의 할머니 부소의傅昭儀가 원태후와 연적 관계였기 때문에 당시 실권을 장악하고 있던 원태후와 왕망에게 애제의 즉위는 거북할 뿐이었다. 왕망은 스스로 대사마의 직위를 내놓고 잠시 정계에서 물러났다. 왕망은 정세를 살피며 정계에 복귀할 시점을 기다렸다.

기원전 1년 애제가 선대 황제들처럼 후사 없이 죽자 원태후는 왕망을 대사마로 다시 불러들여 후사를 논의했다. 왕망은 원제의 손자인 아홉 살짜리 중산왕을 평제로 옹립했다. 또한 왕망은 성제의 비인 조황후와 애제의 비인 부황후를 자살하도록 해 왕씨 일가 외의 외척 세력을 제거함으로써 조정의 전권을 장악했다. 그리고 측근을 통해 평제가 자신을 안한공에 봉하도록 했다. 평제가 열네 살이 되던 해 왕망은 딸을 황후로 들여보냈다.

조정의 권력을 잡은 왕망은 자신을 성인聖人으로 만드는 작업에 착수했다. 왕망은 주나라 초기 주공이 어린 성왕을 보좌할 때 이민족들이 주공의 덕을 칭송하기 위해 흰 꿩을 선물했던 전설을 흉내 내어 몰래 이민족들을 시켜 흰 꿩을 바치도록 했다. 이를 통해 백성들이 자신이 어린 평제를 보좌하는 것과 주공이 성왕을 보좌했던 일을 같은 것으로 여기게끔 했다. 또한 아들 왕획王獲은 노비를 죽인 죄로, 왕우王宇는 미신으로 민심을 어지럽혔다는 이유로 죽이고, 왕망 자신을 사사로운 정에 얽매이지 않는 공정하고 의로운 사람으로 포장했다. 왕망은 자신의 정치적 입지를 더욱 공고히 하기 위해 서기 4년에는 은나라 탕왕湯王을 보좌했던 이윤伊尹의 관직 '아형阿衡'과 주공의 관직이었던 '태재太宰'를 합친 '재형宰衡'이라는 관직을 만들어 스스로 그 자리에 올랐다. 이 역시 자신을 성인화하는 작업의 일환이었다.

왕망전

　　서기 5년 왕망은 평제가 점점 성장하자 부담을 느끼고 그를 독살했다. 왕망은 이미 자신이 황제에 오를 수 있도록 조정과 민심을 손아귀에 넣었지만 원태후의 반대로 두 살 난 유영劉嬰을 황태자로 삼았다. 그러나 자신을 '섭정하는 황제'라는 뜻의 '섭황제'라고 칭하며 다음을 기약하는 것을 잊지 않았다.

　　왕망의 섭황제 기간은 그리 길지 않았다. 서기 8년 왕망은 황태자 유영을 폐하고 스스로 황제에 올랐다. 왕망은 자신의 황제 즉위를 정당화하기 위해 애장哀章을 시켜 '하늘이 왕망에게 황제가 될 것을 명하노라' 하고 새겨진 흰 돌판이 나타나게 하는 등 연극을 연출했다. 그리고 한 고조 유방의 영혼에게 선양을 받았다고 하며 선양혁명의 형식을 취했다.

　　신 왕조를 건국한 왕망은 유교를 정치 이념으로 삼아 참위 사상(讖緯思想, 미래의 일을 예언한 도참 사상) 유학을 전공한 유학자들을 등용하여 신 왕조 건국의 이론적 바탕을 마련했다. 더불어 주나라 시대의 정책들을 모방한 개혁 정책을 실시했다.

첫째, 주나라의 정전제丁田制를 모방하여 왕전제王田制를 실시했다. 왕전제는 토지의 불균형 분배를 해소하기 위한 것으로 귀족들의 토지를 몰수하여 국유화한 후 토지의 사사로운 거래를 금지시키고 자영 농민에게 토지를 나누어 주는 제도였다. 그러나 왕망의 토지 개혁은 실시한 지 3년 만에 실패로 끝나고 말았다. 토지를 빼앗긴 귀족과 관료 들의 반발 때문이었다. 이에 대해 약속받은 땅을 미처 받지 못한 백성들도 불만을 가지게 되었다.

둘째, 기존의 화폐를 없애고 새로운 화폐를 단계적으로 새롭게 발행했다. 이때 발행된 화폐를 '왕망전王莽錢'이라고 일컫는다. 그러나 왕망전은 필요에 따라 무계획적으로 빈번하게 발행되어 고액의 명목 화폐로 전락하고 말았으며, 경제를 더욱 혼란시키는 결과를 낳았다.

셋째, 현재 지명을 《상서尚書》 등에 나타나 있는 주나라 때의 지명으로 변경했다. 그러나 수시로 바뀌는 지명은 관료와 백성의 혼란만 가중시켰다. 또한 노비매매법을 폐지했고 상공업과 세금 징수를 관리하는 오균五均과 소금, 철, 화폐 주조를 담

왕망의 육관 제도 국가가 소금, 철, 술을 전매하고 화폐 주조를 독점하며, 그 재료의 채굴과 야련을 장악한다는 등 여섯 가지 물자를 국영화한다는 내용이다.

당하는 육관六筦을 만들어 국가가 직접 물가를 통제하고 부정거래와 고리대금업 등을 억제하고자 했다. 그러나 이를 관리하는 관료로 주로 대상인들이 임용되어 부정거래와 고리대금의 관행은 사라지지 않았다.

국내의 개혁 정책이 모두 실패로 끝나자 왕망은 실책을 만회하고자 흉노 정벌을 계획했다. 그러나 흉노 정벌을 공표하고 나서 주변국의 군주들을 왕에서 제후로 격하시키자 주변국들이 왕망을 이반하기 시작했고, 흉노와의 전투에서도 대패했다.

왕망의 대내외적 정책이 모두 실패로 돌아가자 각지에서 왕망에게 불만을 가진 집단들이 생겨나기 시작했다. 17년 호북의 녹림산에서 왕광王匡과 왕봉이 녹림병綠林兵이라는 반란군을 일으켰고, 18년에는 번숭樊崇을 선봉으로 한 적미병赤米兵이라는 반란군이 등장했다. 이외에도 크고 작은 반란이 들끓자 지방의 호족과 귀족 들이 이에 호응하면서 사태는 걷잡을 수 없이 번졌다. 그중 유연劉縯과 유수劉秀는 한 왕조인 유씨 일족이었기 때문에 따르는 무리의 수가 많았다. 유연과 유수는 녹림군과 연합해 일족인 유현劉玄을 경시제로 추대하고 왕망의 군대에 맞섰다. 왕망은 40만 대군을 보내 경시제의 군대를 포위했지만 패배하고, 녹림군의 공격을 받아 도망치다 상인 두오杜吳에게 살해되었다. 이로써 전한을 멸망시키고 건국된 신 왕조는 15년 만에 멸망하고 말았다.

왕망의 신 왕조는 중국 역사상 최초로 선양으로 권력을 찬탈한 왕조였다. 그리고 왕망의 급진적이고 과격한 개혁이 실패하면서 이후 200년간의 후한 시대는 호족의 시대가 되었다.

한족의 실크로드 경영
반초

班超(33~102년)

- 후한 시대의 무장으로 흉노를 정벌하여 한나라의 서역 지배를 확립했다.
- 아버지는 역사가 반표, 형은 《한서》의 저자로 유명한 반고이고, 여동생은 시인 반소다.
- 서역도호부를 설치한 후 부장 감영을 로마에 파견하는 등 서역과의 교류를 증대시켰다.

    기원전 126년 전한 무제의 명으로 서역 사행을 떠났던 장건이 13년간의 서역 사행을 마치고 장안으로 돌아왔다. 장건에 의해 개척된 실크로드를 통해 전한은 서역 여러 나라와 교류하고 흉노를 제압했다. 그러나 왕망이 전한을 무너뜨리고 신 왕조를 세우면서 서역 교류는 일시적으로 중단되었다. 전한은 서역 지배를 위해 둔전 정책을 실시하고 서역도호부를 설치했다. 그러나 왕망의 대외 정책은 남방을 정벌하여 영토를 확장하는 데 그 목적을 두었다. 이에 서역의 여러 나라들이 왕망을 배신하고 흉노의 지배 아래로 들어갔으며 중국과의 교역은 뜸해졌다. 서기 25년 신나라가 멸망하고 광무제가 후한을 건국한 후, 그는 다시 흉노를 견제하고 서역 진출을 도모했다. 후한의 서역 지배는 이후 반초의 서역 원정에 의해 실현된다.

반초는 33년 섬서성 함양에서 태어났으며 자는 중승仲升이다. 그의 아버지는 역사가 반표班彪이며 형은 《한서》의 저자로 유명한 반고班固이고, 여동생은 시인 반소다.

반초는 키가 크고 체구가 컸으며 언변이 뛰어났다. 어려서부터 형 반고와 함께 아버지 반표에게서 학문을 익혔으며 난대영사(蘭臺令史, 한나라 왕실의 문고를 '난대'라고 하는데, 궁중에서 장서를 교열하고 문서를 관장하던 직책이 난대영사다)가 된 반고를 따라 낙양洛陽으로 진출했다. 이곳에서 반초는 문서를 베끼는 일을 했다. 그러나 가슴속에는 항상 큰 뜻을 품고 있었다. 《후한서》에는 그의 포부를 알 수 있는 말이 기록되어 있다. 일찍이 반초는 이상적인 인물로 비단길의 개척자 장건을 꼽았는데, 어느 날 문서를 베끼다 화가 난 그는 붓을 던지며 "남자라면 마땅히 장건을 본받아 이역만리로 나가 공을 세워야 한다!"라고 외쳤다고 한다.

후한 광무제 시절 흉노는 심각한 내분으로 남흉노와 북흉노로 나뉘었다. 남흉노가 후한에 항복한 반면 북흉노는 후한의 서북방 쪽으로 이주하여 후한의 근심거리가 되었다. 73년 흉노가 변경에 침범하여 백성들을 약탈하고 살상하는 일이 빈번하게 발생하자 후한의 제2대 황제 명제는 두고竇固를 총대장으로 삼아 흉노를 정벌하기로 결심했다. 이에 반초는 두고가 이끄는 흉노 원정군의 별장으로 출정했다. 두고는 반초를 36명의 수행원들과 함께 서역에 사신으로 파견했다.

반초가 처음으로 도착한 나라는 선선국(鄯善國, 타림 분지 남동쪽에 있던 오아시스 국가로 동서 무역의 요충지)이었다. 그러나 선선국에는 이미 흉노의 사자들이 들어와서 동맹 외교 전략을 구사하고 있었다. 반초는 '호랑이 새

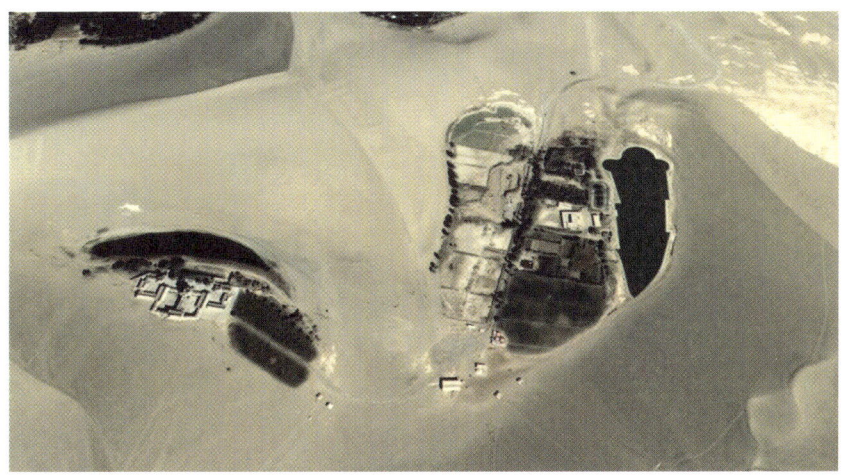

둔황 기원전 1세기 초 한 무제가 서역 진출의 전진기지로 삼아 관문을 설치하고 둔전병과 한인을 거주시키면서 고대 동서양 교류의 요충지가 되었다. 실크로드로 가는 통로였다.

끼를 잡으려면 호랑이 굴에 들어가야 한다'라며 수행원들을 독려하여 흉노의 사자들을 무력으로 제압하고 선선국과 동맹을 맺는 데 성공했다. 다음으로 반초는 우전국(于闐, Khotan, 호탄)으로 향했다. 선선국에서 반초의 명성을 전해 들은 우전국의 왕은 곧 반초에게 투항했다. 또한 반초는 부하 전려田廬를 시켜 소록국(카슈가르)의 항복을 받았다. 이것을 시작으로 반초는 2년여 동안 서역의 수십 나라들을 평정함으로써 오랫동안 단절되었던 한나라와 서역 교류 부활의 서막을 열었다.

75년 서역 정책에 소극적인 제3대 황제 장제가 왕위에 오르면서 반초에게 귀환 명령을 내렸다. 반초는 어명을 어길 수 없어 귀국길에 올랐다. 하지만 흉노의 보복이 두려웠던 서역의 동맹국들은 반초의 귀국을 극심하게 반대했다. 반초 역시 자신이 귀국한 후 흉노가 서역에서 세력을 회복할 것을 우려했다. 그는 장제에게 서역을 평정하는 임무를 계속하게 해 달라고 허락을 구하는 동시에 군사도 요청했다. 반초는 다시 흉노의 손에 넘어갔던 소륵국 뿐만 아니라 강거(康居, 키르키스스탄)를 격파하고 서역 남부 지역을 확보했다. 또한 그는 사차국(莎車, 쿠차)을 평정하는 데 성공했으며 월지 원정군도 대파했다.

반초는 89년부터 91년까지 남북으로 세력이 양분되어 있던 흉노를 크게 무찌르고 서역 대부분의 지역을 장악하기에 이르렀다. 반초는 91년에 쿠차에 서역도호부를 설치하고 서역도호가 되었다. 반초의 서역 원정은 여기에서 멈추지 않아 94년에는 언기(焉耆, 카라샤르), 위수危須, 위리尉犁 등도 정복했다. 이에 서역의 50개국이 후한에 복속되었다.

97년 정원후에 봉해진 반초는 부장 감영甘英을 대진에 사신으로 파견했다. 대진은 로마 제국이지만 지금의 이탈리아 반도라기보다는 로마 제국이 다스리는 영토라고 보는 것이 옳을 듯하다. 《후한서》에는 "감영은 서역을 통해 안식국(安息國, 페르시아)에 도달했고, 커다란 바다(페르시아 만)의 기슭까지 갔는데, 그곳에서 그는 대진을 볼 수 있었다."라는 기록이 있는데, 이를 통해 감영이 페르시아까지 도달했음을 알 수 있다. 하지만 감영은 부족한 모험심과 파르티아 인의 방해 등 여러 가지 이유로 더 이상 나아가지 못했고, 대진과의 직접 교류는 성사시키지 못했다.

100년 반초가 고향을 떠나 서역에 머문 지 거의 30년이 다 되어 있었다. 반초는 후한의 제4대 황제 화제에게 귀국 탄원서를 올렸으나 받아들여지지 않았다. 102년 반초는 다시 상소를 올렸고, 이번에는 여동생 반소의 애절한 탄원서에 힘입어 마침내 귀국할 수 있게 되었다. 그해 8월 낙양으로 돌아온 반초는 채 한 달이 지나지 않아 71세의 나이로 병사했다.

반초로 인해 후한은 서역 지방을 30여 년간 지배했으나, 그 세월이 무색하게도 그가 죽은 후 후한은 서역 지배권을 곧바로 상실했다. 그 후 123년 반초의 아들 반용班勇이 서역장사西域長史로 임명되어 서역 지배권

둔황의 막고굴 명사산 기슭에 자리한 막고굴은 실크로드를 통해 전래된 불교 예술의 결정체로 천여 년간 수많은 승려, 화가, 석공, 도공이 드나들며 만들어졌다. 산비탈에 벌집처럼 천여 개의 석굴이 뚫려 있어 '천불동'이라고 불린다.

을 되찾았다. 장건으로 시작되어 반초, 반용에 이르는 한의 서역 지배를 '3통 3절三通三絶'이라고 일컬으며 이는 한의 서역 지배가 세 번 이어졌다가 세 번 끊어졌다는 의미다.

 반초에 의해 다시 열린 실크로드를 통해 후한은 수십 년간 빼앗겼던 서역에 대한 지배권을 흉노에게서 찾아올 수 있었다. 반초의 서역 원정을 통해 후한은 비로소 서역은 물론이고 서아시아, 중앙아시아, 인도 등과 활발하게 문화를 교류하며 자국 문화를 발전시켰고, 이때 중국에 불교가 유입되는 계기가 마련되었다. 후한의 명제는 꿈속에 나타난 불상을 얻기 위해 월지로 사신을 보냈는데, 이 사신들이 귀국길에 불상, 불화, 불경 등을 가져왔고 명제는 중국 최초로 백마사白馬寺라는 절을 지어 그것들을 안치했다. 실크로드 개척은 중국사뿐만 아니라 인류사에도 지대한 영향을 끼쳤다.

둔황과 혜초의 《왕오천축국전》

　둔황은 중국 감숙성(甘肅省, 간쑤 성) 서북부에 위치한 오아시스 도시다. 중국의 서쪽 끝이자 서역이 시작되는 실크로드의 관문으로 동서양 문물 교류의 중심지였다. 중계무역지로서 번영을 누리던 둔황은 독특한 문화 예술을 탄생시켰는데, 그중 가장 유명한 것이 막고굴이다.

　명사산 기슭에 위치한 막고굴은 5호 16국 시기 승려 낙준이 굴을 파고 불상을 조각한 것을 시작으로 약 천여 년간 천여 개의 석굴이 만들어졌다. 여기에 그려진 벽화와 조각상들은 당시 사람들의 세계관을 보여 주는 중요한 자료다.

　우리가 둔황에 관심을 갖는 것은 둔황만의 독특한 불교 문화를 볼 수 있기 때문이기도 하지만, 무엇보다도 이곳에서 신라의 승려 혜초의 《왕오천축국전》이 발견되었기 때문이다. 1900년대 초반 막고굴 발굴이 시작되면서 이곳에서 엄청난 양의 문헌들이 발견되었다. 혜초의 《왕오천축국전》도 그중 하나였다. 이 책은 혜초가 서역을 여행하면서 기록한 것으로 당시 서역인들의 생활이 생생하게 묘사되어 있으며, 특히 중앙아시아 지역에 대한 기록은 세계에서 유일무이한 기록으로 인정받고 있다. 발굴에 참여했던 프랑스 학자 폴 펠리오가 이 책을 프랑스로 가져가면서 지금까지도 프랑스 국립도서관이 소장하고 있다. 2010년 국립중앙박물관에서 〈실크로드와 둔황〉 전이 열리면서 혜초의 《왕오천축국전》은 세상에 처음 선을 보이게 되었다. 이처럼 불교 예술의 극치이자 우리와도 뗄 수 없는 관계인 둔황 막고굴은 세계 최대의 불교 석굴군으로 1987년에 세계문화유산으로 등록되었다.

종이의 발명자
채륜

蔡倫(?~121년)

- 후한 시대의 환관으로 중국의 4대 발명품 중 하나인 종이의 발명자로 알려져 있다.
- 그의 제지 기술은 후에 한국과 일본, 서양까지 전해져 각국의 문화 발전에 도움을 주었다.

　　제지 기술이 발명되기 전 사람들은 거북이 등껍질, 짐승의 뼈, 금속, 돌 등에 글자를 썼으며 시간이 더 흘러서는 대쪽이나 나무, 비단에 썼다. 전한 시대 이전의 사람들은 주로 대쪽으로 만든 죽간이나 비단에 기록했는데, 죽간은 무겁고 휴대하기가 불편했으며 비단은 가격이 비싸 널리 사용되기 어려웠다. 때문에 학문 연구는 상류의 특정한 계층에게만 국한되었으며, 기록을 남기는 데도 막대한 시간과 비용이 소비되었다. 이러한 문제들은 후한 시대 채륜이 종이를 개발함으로써 해결되었는데, 그는 제지 기술을 발전시켜 '채후지蔡侯紙'라는 경제적이고 질 좋은 종이를 개발했다.

채륜의 자는 경중敬仲으로 계양桂陽의 가난한 집안에서 태어났다. 그는 후한 명제 때 환관으로 입궁했다. 채륜은 어려서부터 총명하여 홀로 사색하며 연구하고 발명하기를 즐겼다고 한다. 88년에 화제가 즉위한 후 그는 중상시가 되어 궁정을 출입하며 황제의 시중을 들고, 문서를 관리하고, 황제의 명령을 전달하는 일을 했다.

화제의 시대는 외척 세력과 환관 세력이 격렬히 대립하던 시대로 관리들이 환관들과 결탁하곤 했다. 그러나 채륜은 이런 시류에 관계하지 않고 원칙을 고수했고, 이 때문에 화제의 신임을 받았다.

97년 채륜은 황실의 무기와 물건을 제작, 감독하는 직책인 상방령으로 진급했다. 그는 이때 황실의 검과 다양한 도구를 만드는 데 탁월한 재능을 발휘했다. 채륜은 작업장에서 기술자들을 감독하면서 함께 기술을 연구했는데, 그의 책임 아래 제조된 각종 무기와 도구 들은 황제를 크게 만족시켰다. 황제는 채륜을 더욱 신임하여 정책을 입안할 때 그를 참여시키고, 때로는 그에게 조언을 구하기도 했다.

독서를 즐겼던 채륜은 죽간과 목독(木牘, 나무로 만든 책)으로 만들어진

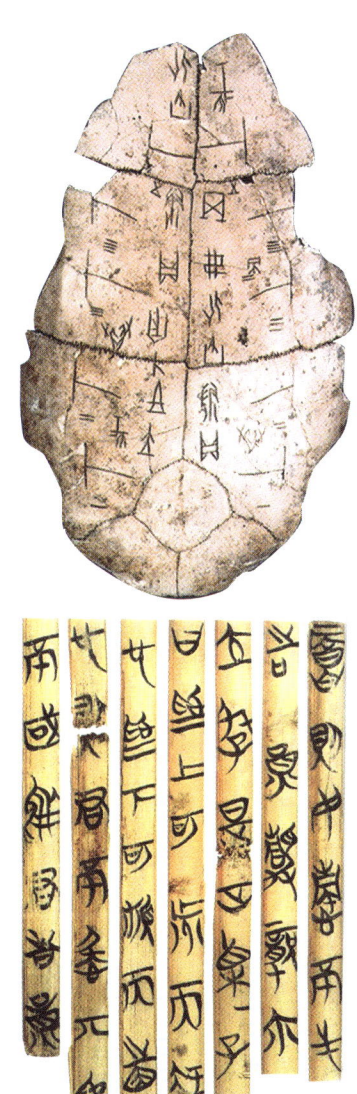

갑골문과 죽간

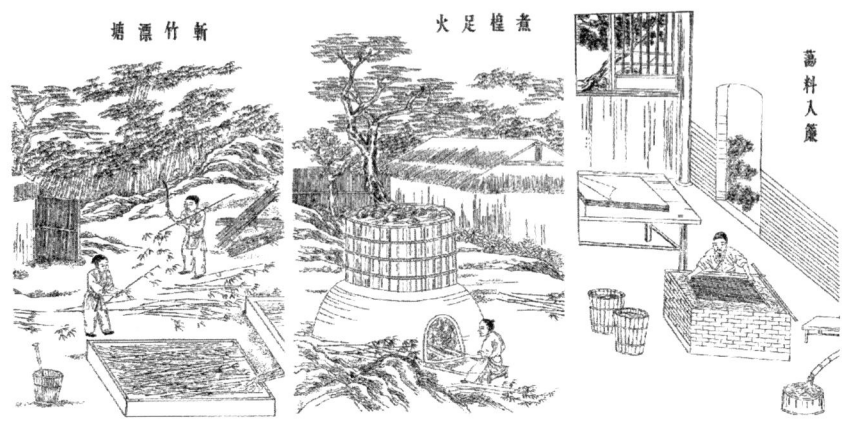

서간을 읽는 데 불편함을 느끼고 이를 개선하고자 연구를 거듭했다. 어느 날 궁녀들이 방직물을 만드는 작업을 본 그는 기술자들과 함께 나무껍질, 톱밥, 마(麻) 부스러기, 헝겊, 고기잡이 그물 등을 혼합, 분쇄하여 종이를 만들어 냈다.

《후한서》〈채륜전〉에는 "채륜이라는 인물이 여러 방법을 시도한 끝에 105년 황제에게 종이를 바쳤다. 황제는 그의 노고를 크게 치하하고 앞으로 채륜의 방법으로 종이를 만들도록 명했다. 채륜이 만든 종이를 사람들은 채후지라고 불렀다."라는 기록이 있다.

105년 화제가 승하하고 태어난 지 갓 100일이 지난 상제가 즉위했다. 이에 따라 화제의 황후인 등태후가 섭정을 하면서 외척들이 득세하기 시작했다. 등태후가 정권을 잡은 이후에도 채륜은 계속 중용되었고, 114년 그는 용정후에 봉해져 책을 정리하고 교정하는 일의 책임자가 되었다.

하지만 상제가 즉위 이듬해에 죽고 안제가 즉위한 후 121년 등태후가 죽자 채륜은 냉대를 받기 시작했다. 제3대 황제 장제 시절, 아들을 낳지 못한 황후 두태후는 장제의 은총을 한 몸에 받던 송귀인을 몹시 질투했

종이를 만드는 과정

다. 두태후는 채륜을 시켜 송귀인을 중상 모략해 목을 매 자결에 이르게 했다. 이후 당시 황태자였던 유경(劉慶, 안제의 아버지)이 쫓겨나 청하왕淸河 王으로 낮춰졌다.

안제는 황제에 오르자마자 이 일의 경위를 조사했고, 채륜이 관련되어 있음을 알았다. 안제는 지위가 높은 고급 관리 채륜에게 하급 관리 정위를 찾아가 조사를 받을 것을 명했다. 안제의 명령에 치욕을 느낀 채륜은 죽음을 피할 수 없다고 판단하여 스스로 독을 마셔 생을 마감했다.

일반적으로 채륜이 종이의 발명자라고 여겨지지만, 실제로 종이는 채후지가 나오기 200여 년 전부터 사용된 것으로 여겨진다. 1934년 신장에서 발견된 마로 만든 종이는 1세기 것으로 판명되었고, 이후 1957년 파교, 1973년 거연, 1978년 부풍에서 발견된 종이는 전한 시대의 것으로 밝혀졌다. 따라서 채륜을 종이의 발명자로 보는 것은 무리이며, 그가 제지 기술을 개량하여 기록하기 좋은 품질의 종이를 만들어 낸 인물로 보는 것이 옳을 것이다. 또한 채륜이 직접 종이를 제조했다기보다는 그가 관리했던 제지 기술자들이 제조했다고 보는 것이 타당하다.

채륜 이후에도 종이 개량은 계속되어 죽간과 목간의 사용은 점차 줄어들고 기록도구로 종이가 각광받게 되었다. 또한 후한 말 제지 기술자 좌백左伯이 '좌백지左伯紙'라는 품질 좋은 종이를 만들어 종이가 널리 보급되었다. 더 나아가 동진東晉 시대에는 기록도구로 죽간과 목간을 사용하지 않고 종이만을 사용했으며, 또한 불교와 도교가 백성들 사이에서 인기를 얻자 경전을 정리하기 위해 종이의 수요는 더욱 늘어났다. 그리고 드디어 6세기 초 종이는 일상용품으로 자리 잡았다.

제지 기술의 발달과 종이의 보급은 학문의 발전에 기여했으며, 3~4세기경에는 제지 기술이 한국과 일본에 전해져 문화를 발전시키는 데 기여했다. 중국의 제지 기술은 서양에도 영향을 끼쳤는데, 기록에는 751년 당나라와 사라센(중세 유럽 인이 서유럽의 이슬람 교도를 지칭하던 말) 제국과의 전쟁에서 당나라가 패함에 따라 당나라의 제지 기술자가 포로가 되어 아라비아 인들에게 제지 기술을 전파했다고 한다. 제지 기술은 지남침, 화약, 인쇄술과 함께 중국의 4대 발명으로 꼽힌다.

종이와 붓을 든 문관상

치세의 능신, 난세의 간웅

조조

曹操(155~220년)

- 삼국 시대의 군웅 중 한 사람으로 위나라를 세웠다.
- 황건적의 난을 평정하면서 두각을 드러내기 시작했고, 196년 후한 헌제의 후견인이 되어 정권을 장악했다.
- 병법과 임기응변에 능해 난세의 간웅이라 불렸고, 아들 조비가 황제에 오르면서 위나라 태조 무황제로 추존되었다.

2세기 중엽부터 외척과 환관의 세력 다툼으로 흔들리기 시작하던 후한의 정치는 폭정으로 치달았다. 결국 184년 민중들의 생활이 황폐해지자 장각張角이 민중을 선동하여 '황건의 난'이라는 반란을 일으켰다. 이것이 기폭제가 되어 후한 말기의 불안정한 정국 속에서 각지에서 할거하던 군웅들이 패권 다툼을 시작했다. 이 싸움은 손권孫權, 유비劉備, 조조曹操가 천하를 삼분하여 다스리는 것으로 마무리되었다. 후한 시대는 막을 내리고 위, 촉, 오의 삼국 시대가 시작되었다.

손권은 강동 지역 명문가의 후손으로 주유周瑜, 노숙魯肅 등의 보좌를 받아 오吳나라를 세웠다. 유비는 전한 경제의 아들 유승劉勝의 후손으로 의형제 관우關羽, 장비張飛와 도원결의를 맺고, 제갈량諸葛亮을 등용하여 사천성 지역에 촉한蜀漢을 건국했다. 후한 말기 각지에서 일어난 국가들 중 가장 강성했던 나라는 화북 지역의 위나라였다. 위나라의 기초를 닦은 인물이 바로 조조다. 그는 탁월한 군사 전략과 뛰어난 인재들을 규합하여 삼국의 영웅들 중 단연 독보적으로 두각을 드러냈다.

조조의 자는 맹덕孟德, 아명은 아만阿瞞으로 패국沛國 초현譙縣 출신이다. 원래 성은 하후夏侯인데 부친 조숭曹嵩이 후한의 대환관인 조등曹騰의 양자가 되면서 조씨가 되었다. 조조는 어린 시절부터 영특하고 기민했으며 임기응변에 능했다고 한다. 그러나 그는 다소 방탕하고 제멋대로인 성격이라 사람들은 그가 뛰어난 인물이 되리라고는 생각하지 않았다. 다만 양나라 출신의 태위 교현橋玄이 조조를 만난 후 "나는 세상의 인재들을 많이 만나 보았지만 자네처럼 뛰어난 인물은 아직 보질 못했네."라고 말했을 뿐이다.

조조는 흔히 '난세의 간웅'으로 일컬어진다. 이 말은 조조가 당대 명망을 떨쳤던 인물 비평가인 허소許劭에게 자신이 어떤 인물인지 묻자 그가 "치세의 능신, 난세의 간웅"이라고 답했다는 일화에서 유래했다. 이때 보통 사람이라면 벌컥 화를 냈겠지만, 조조는 오히려 어느 쪽이든 결국 천

조조 중국 전통극에서 사용되는 조조의 가면.

하를 움직이는 것이 자신이니 이름 없이 죽어갈 바에야 간웅이 낫다면서 웃었다고 한다.

174년 조조는 스무 살의 나이에 효렴(孝廉, 효제충신 사상에 기초하여 효자를 지방 관원으로 채용하던 고대 중국의 제도)으로 천거되어 낭관이 되었고, 곧 낙양 북부위를 역임하게 되었다. 조조는 이때부터 여러 서적을 공부하고 특히 병법을 열심히 연구했다. 낙양 북부위로 일하면서 조조는 엄격하게 법을 집행하기로 유명했다. 야간통행금지령을 실시하여 위반하는 자에게는 10대의 태형을 내렸고, 죄질이 나쁜 자는 때려죽이는 형에 처했다. 당시 큰 권력을 휘둘렀던 환관의 숙부가 이를 어겼을 때도 조조는 지위를 막론하고 법을 집행하여 결국 그를 때려죽이게 했다.

184년 외척과 환관의 전횡에 생활이 곤궁해진 백성들은 스스로 황건적이 되어 난을 일으켰다. 후한 영제는 황후의 오빠인 하진何進과 대책을 논의하고 각지에서 군대를 모집했다. 조조는 기도위에 임명되어 영천潁川에서 황건적의 장수 파재波才를 물리치는 공을 세워 제남濟南 지역의 상(相, 지방관)으로 승진했다.

189년 후한의 영제가 승하하고 하황후 소생의 황자 변이 소제로 즉위했다. 이에 하황후와 하진 일파는 후궁인 왕씨 소생의 황자 협과 그를 둘러싸고 있던 시어머니 동태후, 당시 최대 실권자였던 건석과 대립하게 되었다. 하진은 건석을 제거했고, 얼마 지나지 않아 동태후가 병사하면서 투쟁은 일단락되었다. 원소는 그다음으로 여러 대에 걸쳐 선비와 지방 호족 세력을 억누르던 환관 세력들을 모조리 제거하려고 했으나 섭정인 허황후의 반대에 부딪혔다. 이에 이들은 각지의 호족들을 끌어모으고자 했으나 위기를 느낀 환관들의 계책으로 하진이 살해되고 말았다. 하진의 죽음에 원소는 사촌 동생 원술袁術, 부장 오광과 함께 환관들을 모두 죽였다. 이 틈에 황제 형제는 십상시 장양과 단규와 함께 궁궐을 빠져나왔지만 추격을 받는 도중에 장양과 단규가 자결하고 말았다. 어찌할 바를 모르고 있던 황제 형제는 정세를 관망하다 낙양으로 오던 동탁과 마주치게 되었다. 이로써 동탁의 시대가 열렸다.

189년 동탁은 소제를 폐위시키고 황제의 동생 협을 헌제로 옹립하고 승상에 올랐다. 원소는 낙양을 떠났고, 원술도 남양으로 갔으며, 조조는 진류로 갔다. 동탁의 위세는 황제를 넘어섰고, 폭정과 독재에 백성들은 물론 지배 계급 내부에서도 동탁에 대한 불만의 목소리가 하늘을 찌르게 되었다. 조조는 조인曹仁, 하후돈夏侯惇을 중심으로 군대를 조직하여 원소를 맹주로 한 동탁 토벌 연합군에 분무장군奮武將軍으로 동참했다. 190년 3월 조조는 군대를 이끌고 서쪽의 형양에서 동탁의 군대와 싸웠으나 수가 많고 강한 동탁의 군대에 밀려 산조酸棗로 퇴각했다. 그러나 동탁을 격파하고자 했던 조조와는 달리 동탁 토벌군은 동탁을 토벌하겠다는 의지가 부족했고, 나아가 내분까지 발생하기에 이르렀다. 이에 조조는 동탁 토벌군에서 나와 자신만의 세력을 형성하기로 결심했다.

독자적인 행보를 결심한 조조는 먼저 인재 확보에 나섰다. 당시에는 후한의 정치 세력이던 환관들을 반대하는 '청류파淸流派'라는 관료들이 존재했는데, 그중 대표적인 인재가 순욱荀彧이었다. 191년 조조는 순욱을 군사로 영입했고, 순욱을 따르던 청류파의 우수한 인재들도 조조 휘하에 모이게 되었다. 또한 192년 조조는 청주靑州 지역의 황건적을 격퇴하고 30만 대군의 청주군을 창설함으로써 급속도로 세력을 확장했다.

192년 전권을 휘두르던 동탁이 왕윤王允과 여포呂布에게 살해되었고, 이들 역시 동탁의 잔당에게 목숨을 잃는 등 혼란이 계속되었다. 헌제는 난을 피해 달아났지만 다시 동탁의 잔당에게 붙잡혔다. 196년 조조는 순욱 등 참모들의 의견을 받아들여 이름만 남아 있던 헌제의 후견인을 자청했다. 조조는 헌제의 명의를 빌어 각종 조칙을 반포하고 제후들을 호령하는 등 후한의 정치적 실권을 장악했다. 삼국 시대의 영웅들은 각각 천

삼국 시대의 군영과 둔전 개간

시天時, 지리地利, 인화人和를 나누어 가졌다고 일컬어지는데 조조는 천시를, 손권은 지리를, 유비는 인화를 가지고 있었다고 평가된다.

헌제를 수중에 넣은 조조는 후한의 수도를 낙양에서 자신의 근거지인 허창許昌으로 옮기고, 참모들의 의견을 수렴하여 둔전제를 실시했다. 조조는 오랜 전쟁으로 피폐해진 농민들의 생활을 복구시키기 위해 일정 규모의 토지와 농기구, 씨앗 등을 원조하여 그들이 농사에 전념할 수 있도록 했다. 또한 군인들도 평화 시에는 농사를 짓게 하여 군량을 안정적으로 공급할 수 있도록 했다. 이것으로 조조는 경제적인 안정을 꾀함과 동시에 군비를 안정적으로 조달할 수 있는 기반을 마련했다.

정치적, 경제적으로 안정적인 기반을 구축한 조조는 198년 하비에서 여포를 죽였고, 199년에는 원술을 격파했다. 이로써 화북 지역에서 조조에게 대항할 수 있는 세력은 원소만이 남게 되었다. 200년 조조는 1만 군사로 원소의 10만 대군과 대치했다. 원소군이 조조군을 포위했지만 조조는 유인책과 매복 작전으로 원소군을 크게 물리쳤다. 전세를 가다듬은 원소군은 조조군을 다시 공격했고, 둘은 관도官渡에서 다시 대치했다. 조

적벽

조는 항복한 원소군의 허유許攸의 건의를 받아들여 원소군의 식량 보급지 오소烏巢를 점령했다. 원소는 패잔병 800여 기를 이끌고 자신의 근거지로 도망쳤고, 2년 뒤 병사했다. 원소의 군대를 대파한 조조는 명실상부한 화북 지역의 권력자가 되었다. 조조는 이 관도 전투에서의 승리를 바탕으로 207년 원소의 아들 원상袁尙, 원담袁譚, 원희袁熙 세력을 전멸시키고 중국 북쪽 지역을 완전히 제패했다.

208년 북방을 통일한 조조는 승상이 되어 천하 통일의 대업을 이룩하고자 형주의 유표劉表와 강동의 손권에게로 진격했다. 조조군이 신야新野에 이르렀을 때 형주의 유표가 마침 숨을 거두었다. 아들 유종劉琮이 뒤를 이었지만 그는 조조군과 싸워 보지도 않고 항복해 버렸다. 유표에게 의탁하여 번성樊城에 머무르던 유비는 남쪽으로 도망쳤고, 다급해진 그는

강동의 손권에게 동맹을 제안했다.

강릉江陵을 탈취한 조조가 강동으로 진격해 오자 유비와 동맹을 결성한 오나라의 손권은 주유에게 군사 5만을 주어 조조군에 대항하게 했다. 조조군에 비해 수적으로 열세였던 연합군은 반간계(反間計, 적의 첩자를 이용하여 적을 제압하는 계책), 고육계(苦肉計, 아군을 희생시켜 거짓 전략을 진짜로 믿게 하는 계책), 연환계(連環計, 36계 중 35계로 다양한 전략들을 하나로 연결시키는 계책) 등의 책략을 구사했다.

적벽赤壁에 진을 친 조조군은 모두 북방 출신이라 수전에 익숙하지 못해 심한 뱃멀미를 앓고 있었다. 이때 조조는 병사들의 고통을 덜어 주고자 배들을 전부 쇠고리로 연결하고 널빤지를 깔아 흔들림이 거의 없는 함선을 만들도록 했다. 하지만 이것이 조조의 가장 큰 실책이 되고 말았다.

조조군의 함선이 하나로 묶여 움직임이 자유롭지 못하다는 것을 파악한 주유의 부장 황개黃蓋가 화공火攻 전략을 제안했다. 황개의 제안대로 주유는 배 10척에 마른 섶과 갈대를 가득 싣고 기름을 부어 만발의 준비를 갖추었다. 황개는 조조에게 거짓으로 투항하고 섶과 갈대를 실은 배로 조조의 함대에 접근하여 불을 붙였다. 조조군의 함대는 순식간에 잿더미가 되었다. 이것이 적벽대전이다. 적벽대전에서 유비와 손권의 연합군에게 대패한 조조는 천하 통일을 꿈을 접어야만 했다. 그리고 이로 인해 조조의 위나라, 유비의 촉한, 손권의 오나라의 삼국 정립이 이루어졌다.

 적벽대전에서 패한 조조는 북방으로 돌아와 211년 관중을 평정하고 213년 위공魏公의 자리에 올랐다. 그리고 216년 조조는 위왕魏王에 올라 위나라의 기반을 마련했다. 조조는 이때 비록 '제帝'의 호칭은 사용하지 않았지만 이미 황제와 다름없는 막강한 권력을 행사하고 있었다. 그는 끝내 황제의 자리에는 등극하지 않았다. 조조는 220년 66세의 나이로 낙양에서 병사했다. 조조가 죽고 얼마 지나지 않아 그의 아들 조비曹조가 위나라 문제로 등극했고, 조조는 태조 무황제로 추증되었다.

조조가 간웅인지 영웅인지에 대한 논의는 과거부터 현재까지 계속되고 있는데, 조조와 동시대 인물이었

적벽대전의 주요 전함 모형

던 교현은 그를 두고 '치세의 도적이자 난세의 영웅'으로, 허소는 '치세의 능신이자 난세의 간웅'으로 상반된 평가를 내렸다. 조조는 송 대 이후부터 간웅으로 폄하되기 시작하여, 나관중의 《삼국지연의》가 출판되면서부터는 악인의 부정적인 이미지를 갖게 되었다. 하지만 현대에 이르러 중국 현대 문학의 거장 루쉰과 마오쩌둥毛澤東, 곽말약(郭沫若, 궈모뤄) 등에 의해 '재능이 뛰어난 영웅'으로 재평가되고 있다. 그러나 어떤 평가를 받든 조조가 변화무쌍한 당대 상황 속에서 임기응변과 처세에 강한 유능한 정치가였으며 동시에 용병과 병법에 능했던 전략가였다는 객관적인 사실만은 인정되어야 할 것이다.

중국 최고의 무신
관우

關羽(?~219년)

- 삼국 시대 촉나라의 무장.
- 유비, 장비와 도원결의로 의형제를 맺고, 유비를 보좌하여 손권의 연합군과 함께 적벽대전에서 조조의 대군을 격파했다.
- 충신의 전형으로 여겨지며 후대에 무신으로 숭배되었다. 공자와 함께 '문무이성(文武二聖)'으로 일컬어진다.

관우는 하동군 해현解縣에서 농민의 아들로 태어났고, 자는 운장雲長이다. 본래의 자는 장생長生으로 그는 어린 시절 소금으로 폭리를 취하던 호족 염상鹽商을 죽이고 탁현涿縣으로 도망쳐 성과 이름을 바꾸어 관우라고 했다. 그는 그곳에서 유비와 장비를 만나 형제의 의를 맺고 그들과 평생을 같이할 것을 약속했다.

184년 전국 각지에서 농민들이 황건적이 되어 봉기를 일으키자 후한 영제는 각지의 군대를 소집하여 반란을 진압하고자 했다. 이에 유비는 장정 500여 명을 모아 모집에 응했고, 관우도 그를 따라 황건적 진압군에 가담했다.

얼마 지나지 않아 유비는 황건적에 패해 유주를 다스리던 공손찬에게 몸을 의탁했다. 그 후 유비가 공을 세워 190년 평원군平原郡의 현령으로 임명되면서 관우는 별부사마가 되어 군대를 통솔했다. 관우는 194년 조조군, 196년 원술군, 198년 여포군과의 전투에 참가했으며, 199년에는 유비의 명령으로 서주 자사 거주車冑를 죽여 유비가 서주를 차지할 수 있도록 하고, 하비下邳 태수가 되었다.

유비가 서주를 차지하자 200년에 조조는 유비를 공격했다. 유비는 조조군에 패하고 도망쳐 하북의 원소에게 몸을 의탁했다. 이때 하비의 관우는 유비의 가솔들과 함께 조조군에게 생포되었다. 관우는 조조에게 "한 왕조에는 항복하나 조조에게 항복하는 것이 아님을 분명히 하고, 유비의 두 부인을 비롯한 다른 사람들의 생명을 보장하고, 주군인 유비의 행방이 알려지면 그에게 돌아가겠다."라는 세 가지 조건을 내세우고 항복했다. 관우는 편장군으로 임명되어 지극한 대우를 받았지만, 조조에게는 예만 갖추었을 뿐 진정으로 그의 사람이 되지는 않았다. 그는 자신을 지극한 예로 대하는 조조에게 보답하기 위해 조조와 원소의 싸움에 출전했다. 이 전투에서 관우는 원소 휘하의 장군 안량顔良의 목을 단칼에 베어 공을 세웠다. 조조는 후한 헌제에게 글을 올려 관우를 한수정후에 책봉했다. 이는 관우가 황제에게 받은 최초의 작위였다.

같은 해 7월 유비가 원소 휘하에 있다는 것을 알게 된 관우는 조조에게 돌아가겠다는 의사를 표명했다. 관우의 뜻을 안 조조는 수차례 관우를 피했지만, 관우는 사의를 표하는 편지, 조조에게 하사받은 귀중품, 한수정후의 인을 남겨 두고 유비의 두 부인을 호송하여 황급히 조조의 진영을 떠났다.

유비, 관우, 장비 관우가 위나라 장군 방덕을 사로잡은 사건에 관한 그림으로, 화면의 좌측부터 장비, 유비, 관우가 묘사되어 있다.

　유비와 조우한 관우는 형주의 유표에게 의지하면서 신야新野에 머물렀다. 207년 유비는 관우, 장비와 함께 융중의 제갈량을 세 번 찾아가 진심을 보인 끝에(삼고초려) 군사로 영입했다.

　208년 조조는 형주의 유표를 공격했다. 이로부터 약 한 달 후 유표가 병사하자 그의 차남 유종이 조조에게 항복하고 말았다. 형세가 불리해진 유비는 번성樊城에서 강릉으로 달아났다. 관우는 수군을 통솔하여 유표의 장남인 유기劉琦에게 원군을 요청한 후 유비와 합류했다. 제갈량은 오나라로 찾아가 친유비파인 노숙魯肅의 도움으로 손권을 설득하여 동맹을 맺었다. 유비군과 오나라 연합군은 적벽에서 조조의 대군을 격파했다.

적벽대전의 승리로 유비는 형주 남쪽의 4개 군을 점령하게 되었고, 209년에는 형주 북쪽의 군도 다스리게 되었다. 관우는 양양襄陽 태수에 임명되고, 역적의 무리를 소탕했다는 의미의 '탕구장군蕩寇將軍'이라는 칭호를 받았다. 211년 유비는 익주益州를 평정하기 위해 출정했고, 형주는 제갈량과 관우가 수비했다. 하지만 유비는 익주에서 군사 방통龐統을 잃고, 유장劉璋의 군대에게 고전을 면치 못했다. 이에 214년 제갈량은 장비, 조운趙雲과 함께 유비를 구원하기 위해 형주를 떠났고, 관우 혼자 형주를 방비했다. 유비가 익주를 평정한 후 관우는 형주의 도독형주사무에 임명되었다.

215년 손권은 유비에게 형주를 반환할 것을 요구했지만 유비는 여러 핑계를 대며 미루었다. 결국 손권은 장사長沙, 영릉零陵, 계양桂陽에 관리를 파견했지만 관우의 군대에 밀려 후퇴할 수밖에 없었다. 손권은 다시 여몽呂蒙에게 장사와 계양을 급습하게 했고, 유비와 관우가 각각 5만과 3만의 군사를 이끌고 다시 여몽군과 익양益陽에서 대치하게 되었다. 그런데 이때 조조가 한중을 공격해 왔다. 익주를 잃을 것이 두려웠던 유비는 손권과 다시 동맹을 맺기로 하고, 강하, 장사, 계양을 오나라에 넘겨 주면서 일시적으로 오나라와의 갈등을 해소했다.

219년 유비는 조조를 공격하고 한중을 점령하여 한중왕이 되었다. 관우는 전장군에 임명되었다. 같은 해 여름 관우는 손권과 조조가 대치하는 틈을 이용하여 대군을 이끌고 조조군의 방어 중심지였던 번성을 공격했다. 관우는 조조군의 안량顔良과 방덕龐德을 죽이고 우금于禁을 생포하는 등 큰 승리를 거두었다.

그러나 219년 가을 오나라의 여몽이 형주를 습격하여 점령했다. 당시 촉나라와 오나라는 서로 연합하여 위나라와 대치하는 상황이었다. 그러

삼국지 설화도(경기대학교박물관 소장)

나 217년 오나라가 위나라에게 항복하고, 오나라의 친유비파인 노숙이 죽으면서 촉나라와 오나라의 동맹 관계에 금이 가기 시작했다. 병권을 장악한 반유비파 여몽이 형주를 공격할 것을 주장하자 위나라에 충성을 보여야 했던 손권이 이를 받아들였던 것이다.

관우는 번성에서 철수하여 형주 탈환을 시도했지만 오나라의 기습으로 형주로 돌아가지 못하고 맥성麥城으로 퇴각했다. 손권은 강릉에 이르러 관우에게 투항을 권고했으나 관우는 이를 거절했다. 그러나 수하 장병들이 모두 도망치자 관우는 어쩔 수 없이 맥성에서 도망치기로 했다. 오나라 군대는 관우의 퇴로를 차단하고 맥성 북쪽의 임저臨沮에서 관우와 그의 아들 관평關平을 생포하여 여몽에게 호송했다. 관우 부자는 참수되었고 관우의 머리는 함에 담겨 손권에게 보내졌다.

관우는 중국 역사상 매우 특수한 인물로 생전에는 장수, 후작으로, 사후에는 공公, 왕王, 제군帝君, 대제大帝로 계급이 올랐고, 후에는 '무묘武

廟'의 주신이 되어 공자 문묘와 같은 제사를 받았다.

관우에게 왕이라는 작위가 붙기 시작한 것은 송나라 때부터다. 1102년 송 휘종은 관우를 충혜공忠惠公으로 추봉했고, 1104년에는 숭녕진군崇寧眞君, 1108년에는 무안왕武安王, 1123년에는 의용義勇 두 자를 더해 의용무안왕義勇武安王으로 봉했다. 남송의 고종은 1128년에 관우를 장목의용무안왕壯繆義勇武安王으로 봉했고, 후에 영제왕英濟王으로 고쳐 추존했다. 원 문종은 1328년에 관우를 현령무안제왕顯靈武安濟王에 봉했다.

관우를 황제로 높여 부르기 시작한 것은 명나라 때부터로 1402년 정변을 일으켜 황제가 된 영락제는 자신의 행동을 정당화하기 위해 관우의 영검한 도움을 받아 황제가 되었다고 했다. 이에 명의 신하와 백성들도 관우를 신으로 숭상했다. 1509년 명 무종은 조서를 내려 전국에 있는 관우의 사당 이름을 모두 충무묘忠武廟로 고칠 것을 명했다. 1594년 명 신종은 도사 장통원張通元의 요청을 받아들여 관우를 제帝에 봉하고, 충무묘를 영렬묘英烈廟로 바꾸었다.

관우에 대한 숭배는 청나라 때도 계속되어 1644년 청 세조는 관우를 충의신무관성대제忠義神武關聖大帝에 봉했으며, 1703년 청 성조는 관우의 조부에게는 유창왕裕昌王, 부친에게는 성충왕成忠王의 작위를 내려 공작으로 추존했다.

관우의 묘를 부르는 관제묘는 '관림關林'이라고도 하는데, '림林' 자는 오직 성인의 무덤에만 붙였던 글자다. 중국 역사상 '림' 자가 붙는 무덤은 단 두 개뿐으로, 바로 유학의 시조 공자의 무덤인 공림孔林과 관우의 무덤인 관림이다. 관림은 모두 세 곳으로 관우의 목이 안장된 낙양관림, 그의 시신이 묻힌 당양관림, 그의 고향에 세워진 운성관림이다.

관우는 중국 역사상 수많은 무장 중에서 순수한 충성심, 의리, 뛰어난 용맹, 기묘한 무예, 당당한 성품 등이 두드러져 사람들에게 신으로 숭배되었으며 공자와 함께 '문무이성文武二聖'으로 일컬어진다.

부신 한나라 시대의 신표. 부신이라는 글자와 도장이 찍힌 두꺼운 종잇조각은 두 조각으로 나누어 한 조각은 발행인이, 한 조각은 상대가 보관하여 필요할 때 서로 맞추어 증거로 삼았다.

Tip

의술의 신, 편작과 화타

동양의 '의성醫聖' 하면 흔히 중국의 편작과 화타가 꼽힌다. 이들은 '죽은 사람도 살린다'라고 일컬어질 만큼 뛰어난 의술을 가지고 있다고 전해지나 애민 정신을 몸소 실천한 의원들이기도 하다.

편작은 춘추전국 시대의 명의로 원래 이름은 월인越人이다. 젊은 시절에 선인을 만나 10년간 수학하고, 그가 준 약을 먹고 사람의 몸속을 훤히 볼 수 있게 되었다고 한다. 진맥과 침술에 능해 죽은 괵나라 태자를 살려 죽은 이도 살린다는 명의로 알려졌다.

《사기》에는 그가 오늘날 중시되는 예방의학을 실천했던 선구자임을 알리는 대목이 나온다. 편작이 제나라에 갔을 때 환공을 보자마자 그의 병증을 진단했다. 난데없이 환자 취급을 하는 편작의 행동에 불쾌함을 느낀 환공은 그의 말을 귀담아듣지 않았다. 편작은 병세가 깊어지는 것을 근심하며 환공을 계속 찾았으나 오히려 화만 당했고, 결국 환공은 병이 깊어져 죽고 말았다.

화타는 후한 말기에서 삼국 시대에 활약했던 인물로 침술과 뜸에 능해 풍현증을 앓는 조조를 치유했다고 한다. 특히 그는 마비산이라는 마취제를 발명하여 세계 최초로 외과 수술을 시도한 장본인이기도 하다. 화타도 편작과 같이 예방의학을 강조했다. 그는 사람이 몸을 움직여 체질을 강화시키면 혈과 맥이 통해 병이 생기지 않는다고 했다. 이를 위해 호랑이, 사슴, 곰, 원숭이, 새 등 다섯 동물의 동작을 연구하여 일종의 체조인 오금희五禽戱를 개발하기도 했다.

편작과 화타는 의술뿐만 아니라 인품과 덕이 매우 높았다. 편작의 명성을 듣고 그를 곁에 두려는 권력자들이 많았지만, 그는 제자들과 전국을 돌아다니며 가난하고 소외된 사람들을 돌보는 인술을 펼쳤다. 화타 역시 시의가 되어 달라는 조조의 요청을 뿌리치고 백성들 곁에서 진정한 의술을 펼친 인물이다.

이들은 병을 고치는 실력으로도 유명했지만 그들이 전하고자 했던 의술은 병을 앓기 전에 예방하는 것이었다. 그것은 아마도 힘 없고 가난한 이들이 행할 수 있는 가장 확실한 자가치유법이었기 때문일 것이다.

삼국지 최고의 명장
조운

趙雲(?~229년)

- 삼국 시대 촉나라의 무장. 자는 자룡으로, 흔히 조자룡이라고 불린다.
- 초기에는 북평 태수 공손찬 휘하에서 활동했으나 유비 아래로 들어가 조조와의 쟁탈전에서 여러 번 승리를 이끌었다.
- 유비 사후에는 제갈량과 함께 북벌을 시도했다.

《삼국지연의》에서 가장 인기 있는 인물 중의 한 사람인 조운. 그는 상산군常山郡 진정현眞定縣 출신으로, 자는 자룡子龍으로 중국인들에게 충의로 대표되는 인물이다. 그는 8척의 큰 키에 준수한 외모를 지녔으며, 무예에 뛰어났는데 특히 창을 잘 썼다고 한다. 관우, 장비, 황충黃忠, 마초馬超와 함께 촉의 '오호대장군五虎大將軍'으로 불렸으며, 유비를 도와 촉한을 건국하는 데 큰 공을 세웠다.

184년 후한 말 외척과 환관이 전횡을 휘둘러 민생이 파탄의 지경에 이르자 장각을 중심으로 황건의 난이 일어났다. 후한 영제는 대장군 하진과 대책을 의논하고 각지의 군대를 소집하여 난을 평정하도록 했다. 조운은 발해 태수 원소가 의병을 모집할 때 휘하로 들어가 졸백으로 임관했다. 그해 장각이 병사하자 황건의 난은 자연스럽게 소멸되는 양상을 보였다. 황건의 난이 토벌되고 조운은 원소로부터 별군무군이라는 작은 관직을 받았다. 그러나 조운은 원소의 도량이 좁은데다 그의 수하에 훌륭한 장수들이 많아 중용될 기회를 얻지 못할 것이라고 생각하고 원소의 군영을 떠나기로 결심했다.

당시 북평 태수 공손찬도 원소와 함께 황건적을 토벌할 의병을 일으켰는데, 그의 명성을 익히 들어왔던 조운은 그를 찾아가 스스로 수하가 되었다. 이후 조운은 공손찬이 당시 골칫거리였던 북부 유민족 오환烏丸 토벌에 나섰을 때도 참여했다.

189년 서량의 군벌 동탁이 어린 황제 소제를 죽이고 아홉 살 난 황제의 동생 진류왕(협)을 헌제로 옹립했다. 상국이 된 동탁은 정치적, 군사적 실권을 장악했고 어린 헌제는 허수아비 황제가 되었다. 이에 각지의 제후들이 모여 원소를 맹주로 한 동탁 토벌 연합군을 결성했는데, 여기에 공손찬과 헌제의 황숙이었던 유비도 참가했다.

그해 동탁이 장안에 불을 지르고 장안으로 천도하면서 소제와 하태후를 살해하자 원소는 황족 유우를 황제로 옹립하려고 계획했다. 그러나 유우의 완강한 거절로 계획은 무산되었고 구심점을 잃은 연합군은 동탁과 결판을 내지 못한 채 붕괴하고 말았다. 연합군

조운 청나라 시대에 사용된 경극 가면.

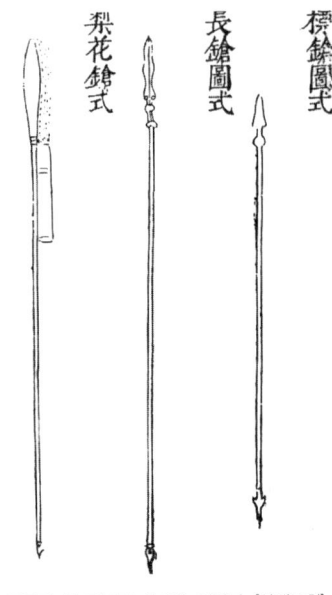

중국의 창 명나라 시대에 편찬된 《삼재도회》에 실린 중국의 창.

은 붕괴되었으나 후한 황실의 정통성이 사라진 이때부터 본격적인 군웅할거의 시대가 열리게 되었다.

191년 공손찬이 동탁을 토벌한다는 명분으로 기주의 한복韓馥을 격퇴했다. 이에 기주에서 내란이 발생했고, 원소가 이 내란을 잠재우면서 한복을 협박해 기주를 양도받았다. 공손찬은 원소가 기주를 얻는 데 자신을 이용했음을 깨닫고 그와 대립하기 시작했다. 이에 더해 공손찬의 사촌 동생 공손월이 원소에 의해 죽는 사건이 발생했다. 이에 격분한 공손찬은 대군을 일으켰으나 계교에서 원소군에게 패하고 말았다.

계교 전투 이후 별다른 활약을 보이지 못한 조운은 이 무렵 공손찬에게 의탁하고 있던 유비를 만난 뒤 그의 영웅적 기개에 반하게 되었다. 조운은 유비의 부하가 되고자 형의 죽음을 핑계로 공손찬을 떠났다. 《삼국지연의》에는 조운이 유비에게 부하가 되고 싶다는 뜻을 전했지만, 유비가 공손찬에게 의탁해 있는 처지였기 때문에 그 요청을 수락하지 않았다고 한다.

200년 조조가 서주를 정벌하자 서주를 잃은 유비는 원소에게 의탁했다. 201년 조운은 조조에게 패해 여남汝南에 머물던 유비를 찾아와 부하가 되기를 자청했다. 이때 유비는 조운과 같은 침대에서 자는 등 절대적인 신뢰를 보여 주었고, 이에 조운도 자연스럽게 유비에게 충성을 다하게 되었다고 한다. 조운은 유비에게 전장군의 직책을 받았다.

208년 형주 자사 유표가 죽자 내분이 일어났고, 이 기회를 놓치지 않고 조조가 공격을 시작했다. 조조를 피해 10만여 명의 백성과 함께 피란길에 오른 유비는 당양현當陽縣 장판교에서 조조군의 습격을 받아 대패했다. 유비는 조조에게 쫓겨 부인 감씨와 아들 유선劉禪을 버리고 남으로 도망쳤다. 조운은 홀로 적진 속으로 들어가 품에 유선을 안고 감부인을 보호하며 혼란 속을 돌파했다. 조운은 그 공로를 인정받아 아문장군牙門將軍으로 승진했다. 장판 전투 후 조운은 계양 태수로 임명되었다.

211년 조조가 익주를 침공할 것을 두려워한 익주 자사 유장劉璋이 유비를 맞아들이기로 했다. 그러나 유비가 익주에 입성한 후 두 사람의 관계가 틀어져 마찰이 생겼고, 그 와중에 유비의 군사 방통이 전사했다. 결국 제갈량, 장비, 조운 등이 위기에 몰린 유비를 구원하기 위해 나섰고, 조운은 건양과 건위를 평정하여 유장의 항복을 받아 익군장군에 임명되었다.

219년 유비는 조조와 한중을 놓고 쟁탈전을 벌였다. 조운은 황충과 함께 조조가 북산에 쌓아 놓은 군량미를 빼앗으러 갔다. 황충이 돌아올 때가 되었음에도 나타나지 않자, 조운은 기병 수십 기만 이끌고 황충을 찾아 나섰다. 이때 조조의 대군이 나타나 조운을 압박해 오자 조운은 공영계空營計로 조조군을 물리쳤다. 공영계는 영채를 비워서 적을 치는 계책으로, 조운은 군영의 문을 활짝 열고 깃발을 흔들며 북을 쳐서 조조군을 혼비백산시켜 스스로 무너지게 했다. 유비는 "자룡의 온몸이 담膽이구나!"라는 말로 그의 용맹을 극찬했다고 한다.

219년 강동의 손권이 형주를 공격해 관우가 사망했다. 이어 221년에는 장비를 죽여 그의 목을 가지고 달아난 장비의 부하 범강范彊과 장달이 오나라로 달아나는 일까지 발생했다. 크게 노한 유비는 대군을 이끌고 손

유선과 감씨를 구출하는 조운

권을 치려고 했다. 하지만 이는 승산이 없는 전투였다. 조운은 유비에게 "나라의 적은 조조이지 손권이 아닙니다. 먼저 위나라를 멸망시키면 손권의 오나라는 자연히 멸망할 것이니 위나라를 그대로 둔 상태에서 오나라와 먼저 싸워서는 안 됩니다."라고 간언했다. 정세를 올바르게 보고 올린 충언이었으나 유비는 이를 무시하고 동쪽으로 진군했다. 강주에 남아 후방을 지키고 있던 조운은 유비가 자귀에서 패했다는 소식을 접하고 구원에 나섰다.

223년 유비가 죽고 아들 유선이 황위를 계승했다. 조운은 촉한 건국의 공로를 인정받아 중호군, 정남장군이 되었고 다시 영창정후, 진동장군으로 임명되었다.

제갈량은 227년부터 북쪽의 위나라 정벌을 시도했다. 조운은 1차 북벌 때 선봉이 되어 기산箕山으로 출병했다. 조운은 기곡을 지키면서 위나라 대장군 조진曹眞을 상대했지만 병력 면에서 크게 열세였던 터라 결국 기곡을 내주게 되었다. 1차 북벌이 실패로 끝나자 제갈량을 포함하여 참전했던 모든 장수들이 강등되었으며, 조운도 진군장군으로 강등되었다.

228년 조운은 위나라 장수 하후무의 20만 대군을 크게 무찌르고 그를 생포해 그의 아들까지 모두 죽이는 등 일흔 살이 넘은 나이에도 크게 활약했다. 그러나 이듬해 병으로 죽고, 261년 대장군 순평후順平候라는 시호를 받았다.

전설이 된 책략가
제갈량

諸葛亮(184~234년)

- 삼국 시대 촉나라의 정치가. 자는 공명으로 흔히 제갈공명이라고도 불린다.
- 유비의 책사로 탁월한 지략을 이용해 적벽에서 조조의 대군을 크게 물리치고 형주를 차지했다.
- 221년 촉한이 건국된 후 승상이 되었으며, 유비 사후 여러 차례 위나라 정벌을 시도했으나 모두 실패했다.

    제갈량은 낭야군琅邪郡 양도현陽都縣 출신으로, 촉한 유비의 책사로 활약해 유비가 촉의 황제가 되자 그 공을 인정받아 승상에 올랐다. 유비가 천하 통일의 대과업을 이룩하지 못했으므로 그 또한 통일 중국의 재상은 될 수 없었다. 하지만 유비와 촉에 대한 충의를 지키고 당당한 패자의 길을 선택했기에 중국인들에게 존경받는 인물이 되었다.

    제갈량의 자는 공명孔明으로 낭야군의 하급 지방관이던 제갈규諸葛珪의 둘째 아들로 태어났다. 어려서 양친을 잃은 제갈량은 예장豫章 태수인 숙부 제갈현諸葛玄 아래에서 자랐다. 제갈현이 옛 친구인 형주 자사 유표에게 의탁할 때 그도 숙부를 따라 함께 갔다. 197년 서성 백성들의 반란으로 제갈현이 죽자, 제갈량은 형주 양양 근처의 융중산隆中山에 초가집을 짓고 살면서 농사와 독서를 하며 지냈다.

제갈량은 27세 때 황승언의 딸 황아추를 아내로 맞이했다. 황승언은 면남의 명사이자 유표와 함께 형주 최대의 가문인 채씨 가문의 친척이었다. 아내로 맞이한 황아추는 재능은 뛰어났지만 못생기기로 유명했다. 때문에 제갈량이 추녀인 황아추를 아내로 삼은 것은 그녀의 아버지 황승언을 염두에 두고 혼인을 이용하여 관직의 연줄을 얻으려 한 것으로 생각되기도 한다. 출신, 가문, 계급을 따지는 풍조가 만연하던 당시 천하를 구하고 공적을 세우고자 하는 열망이 강했던 그로서는 그것이 최선의 방법이었다. 실제로 제갈량은 황승언의 사위가 된 후 형주의 세력가와 명사로부터 관심을 받게 되었으며 평판도 높아졌다. 또한 당시의 양양은 형주의 정치·문화적 중심이었던 곳으로 여러 부류의 사람들이 모여들었고, 제갈량은 그곳에서 석도石韜, 서서徐庶, 맹건孟建과 같은 명사들을 사귀고 학문을 교류했다. 형주에서의 제갈량은 방덕이 그를 '와룡臥龍'이라고 표현했던 시기로, 그는 이 시절 유유자적하게 지내는 듯이 보였으나 실상 명성을 쌓고 시대의 변화를 읽으며 때를 기다렸다.

제갈량의 출사는 207년 유비를 만나면서 이루어졌다. 조조에게 패해 형주의 유표에게 의탁하고 있던 유비는 한나라를 부흥시키기 위해

제갈량

삼고초려 유비가 제갈량의 초가집을 세 번 찾아가 군사로 맞이했다는 일화에서 나온 고사성어로, 인재를 진심으로 예를 갖추어 맞이하는 것을 비유할 때 쓰인다.

인재를 모으고 있었다. 서서의 추천에 따라 처지가 절박했던 유비는 제갈량을 직접 찾아 나섰다. 유비는 제갈량의 초가를 친히 세 번이나 방문했는데 두 번은 만나지도 못하고 세 번째에서야 그를 만날 수 있었다.

제갈량은 유비를 만난 자리에서 자신이 관측한 정세를 피력하고 중원을 차지할 계책을 내놓았다. "북으로는 조조가 굳건하여 그와 더불어 싸울 수 없으며, 남으로는 손권이 강동을 3대째 지배하고 있어 백성들은 그에게 의지하고 현명한 사람은 이미 그의 사람이 되었으니 그를 도울 수는 있어도 도모할 수는 없습니다. 그런데 형주의 유표와 익주의 유장은 백성을 보살피는 역량이 부족하고 서툴러 그들의 안위를 지켜 주지 못할 것이 분명하오니 먼저 형주와 익주를 취하여 백성들의 마음을 달래십시오. 그 후 동쪽으로는 손권과 연합하여 북쪽의 조조에 대항하는 자세를 취하시는 것이 좋겠습니다."라고 말했다.

이것이 제갈량의 '천하삼분지계天下三分之計'로, 그는 더 나아가 근거지를 탄탄히 해 국력을 키운 다음 위나라에 난이 일어났을 때 공격하여 난을 평정하면 천하 통일의 과업을 이룩하여 한 황실을 일으킬 수 있다고 주장했다. 유비는 이를 기꺼이 받아들였으며 제갈량 또한 그를 성심으로 보좌할 것을 다짐했다.

208년 원소를 정벌한 조조는 형주와 동오東吳를 취하고자 기세등등하게 남하했다. 이때 형주 자사 유표가 죽고, 아들 유종이 조조의 대군이 두려워 바로 항복해 버리는 일이 일어났다. 괴멸의 위기에 몰린 유비는 제갈량을 오나라에 파견했다. 제갈량은 형주가 조조의 손에 넘어가면 오나라도 조조의 압력을 받아 결국 형주와 같은 처지가 될 것이며, 손권과 유비가 연합하여 조조의 대군을 물리쳐야만 서로가 살 수 있다는 논리를 내세워 손권을 설득했다. 결국 손권은 주유에게 출전 명령을 내렸다.

융중대 제갈량이 유비에게 정치, 군사상의 천하삼분지계를 설명한 글.

　　하구에서 유비의 군사와 합류한 주유는 조조의 수군과 긴 대치 끝에 208년 말 적벽에서 화공으로 조조군을 크게 격퇴했다. 소설 《삼국지연의》에 나오는 일화처럼 제갈량이 하늘에 제사를 지내 손권과 유비 연합군에게 유리한 동남풍이 불게 한 일은 정사에는 기록되어 있지 않다. 다만 제갈량의 활약으로 손권과의 동맹이 성사되고, 적벽대전에서 승리를 거두게 된 것만은 분명하다. 적벽대전의 승리로 유비는 형주를 취해 근거지를 마련할 수 있었으며, 이로써 유비는 제갈량의 천하 통일 전략의 기초가 되는 삼국 정립의 기틀을 갖출 수 있게 되었다.

　　214년 익주까지 취한 유비는 221년 촉한을 건국하고 제갈량을 승상으로 임명했다. 2년 후 유비는 오나라와의 전투에서 얻은 병이 깊어져 숨을 거두었다. 유비는 제갈량에게 아들 유선과 뒷일을 부탁하며, 만약 유선이 촉한을 다스리기에 부족하다면 그 자리를 취해도 좋다는 유언을 남겼다. 제갈량은 유비의 유언에도 유선에게 충성을 다할 것을 다짐하고, 당시 촉한의 불안정한 대내외적 상황을 수습하는 데 착수했다. 내적으로는 후주後主 유선을 보좌할 뜻을 확실히 표명하고 백성들이 생업에 집중할 수 있도록 했으며 군대를 정비하는 한편 인재를 등용했다. 또한 법을 집행함에 있어 공정함을 잃지 않아 백성들의 원성을 사는 일이 없게 했다. 한편 외적으로는 형주 소유권 문제로 깨진 오나라와의 동맹 관계를 회복시켜 위나라를 경계했으며, 남쪽 지역의 이민족을 평정하여 후방을 안정시켰다.

225년 제갈량은 후방의 불안 요소들을 제거하기로 결심하고 남정南征에 나섰다. 유비가 죽은 후 남쪽에서 옹개雍闓, 고정高定, 주포朱褒 등이 모반을 일으켰고, 이에 제갈량이 직접 군대를 이끌고 진격하여 반란을 평정했다. 이때 옹개를 대신하여 왕이 된 맹획孟獲을 일곱 번 생포했으나 일곱 번 풀어주고 화친을 맺었다는 일화가 전한다. 맹획은 이 '칠종칠금七縱七擒' 후 진심으로 제갈량에게 항복했다고 한다. 제갈량의 남정은 단순히 반란을 평정하는 것이 아니라 위나라를 정벌하기 위한 준비 단계이기도 했다. 위나라를 정벌하기 위해서는 배후를 튼튼히 할 필요가 있는데다 남정으로 풍부한 노동력과 재력을 확보할 수도 있었다. 이에 더해 남정에서의 승리는 저하되어 있던 군대의 사기를 상승시켰다.

227년 제갈량은 북쪽의 위나라를 정벌하기 위해 유선에게 출사표를 올렸다. 이는 천하 통일에 대한 오랜 계획을 실현하는 것이자 촉한을 지키는 방법이기도 했다.

제갈량의 1차 북벌은 228년 봄에 이루어졌다. 제갈량이 먼저 기산을 점령하자 위나라의 남안南安, 천수天水, 안정安定은 곧 항복했다. 그러나 가정街亭에서 마속馬謖이 제갈량의 명령을 어기고 그릇된 군사행동을 하여 촉한군은 위나라군에게 대패했다. 제갈량은 패배의 책임을 물어 자신이 중용했던 마속을 목 베고 스스로 벼슬을 낮추는 등 1차 북벌을 실패로 마무리했다.

228년 겨울 군을 재정비한 제갈량은 유선에게 다시 출사표를 올리고 2차 북벌에 올랐다. 그는 진창陳昌을 포위했지만 위나라 장수 학소의 격렬한 저항으로 20여 일이 지나도록 점령하지 못했다. 그동안 위나라의 지원군이 합류하고, 군량 보급로가 끊겨 결국 제갈량은 철수를 명할 수밖에 없었다. 이후 제갈량은 229년 촉한과 국경을 맞대고 있는 무도와 음평을 공격했으나 역시 대패했다.

231년 봄 제갈량은 북벌의 실패 원인을 물자 보급이 원활하지 못한 데 있다고 생각하고 농서 지방에서 보리를 재배, 수확해 군량을 확보했다. 그러나 위나라는 전투를 장기전으로 이끌었고 결국 제갈량은 한중으로 퇴각을 결정할 수밖에 없었다. 이로써 네 차례에 걸친 북벌은 모두 실패로 끝나고 말았다.

북벌 실패 후 제갈량은 3년간 국력을 키워 30만 대군을 양성했다. 드디어 234년 봄 5차 북벌이 시작되었다. 제갈량은 30만 대군을 이끌고 오장원에 진을 치고 위나라와 대치했다. 그러나 천운은 그의 편이 아니었다. 제갈량은 위나라와 대치한 지 100여 일도 지나지 않아 병에 걸리고 말았다. 234년 8월 제갈량은 천하 통일의 뜻을 뒤로한 채 군영에서 54세의 나이로 병사했다. 이후 촉한은 더 이상 북벌을 시도하지 않았고 끝내 위나라에 멸망당했다.

제갈량의 뛰어난 재능과 반복된 노력에도 그의 북벌이 성공하지 못한 데는 다양한 이유들이 제시된다. 대표적으로 촉한과 위나라의 현격한 국력 차이, 촉한의 인재 부족에 더해 제갈량의 군 지휘 능력과 임기응변 부족, 조심스럽고 완벽을 기하는 성격 등이 꼽힌다. 하지만 지략과 정세 파악 능력이 뛰어났던 제갈량이 북벌에 불리했던 촉한의 객관적인 사실까지 간파하지 못했을 리 만무하다. 그럼에도 그가 다섯 차례나 북벌을 감행한 데는 표면적으로 내세운 이유인 위나라의 멸망보다는 유비의 죽음으로 세력이 약해진 촉한의 존재를 대외적으로 알리고, 국력을 신장시켜 촉한을 유지하고자 한 이유가 클 것이다.

삼국 시대의 진정한 승리자
사마의

司馬懿(179~251년)

- 위나라의 정치가. 자는 중달로 흔히 사마중달이라고 불린다.
- 그의 손자 사마염이 훗날 삼국을 통일하고 진나라를 건국했다.
- 조조의 지략가로 활동을 시작하여 그의 후손인 조비, 조예, 조진, 조방을 보필했으며, 234년 오장원에서 제갈량의 군대를 물리쳤다.

 후한 말 동탁이 정권을 찬탈하자 각지의 군웅 세력은 한나라 황실의 회복이라는 대의명분을 앞세워 할거하기 시작했다. 이어 조조의 위, 유비의 촉, 손권의 오가 대립하는 삼국 시대가 개막되었다. 삼국 시대는 수많은 영웅들이 명멸했던 시기로 약 60여 년간 이어졌다. 하지만 천하 통일을 위한 별들의 전쟁의 최대 수혜자는 조조도, 유비도, 손권도 아니었다. 삼국 시대의 최고 수혜자는 바로 사마의였으니, 그는 위나라의 조조, 조비, 조예, 조방 등 4대를 보필하여 자신의 세력을 확립했고, 그의 손자 사마염司馬炎이 삼국을 통일하여 진晉 왕조를 수립할 수 있는 기초를 마련했다.

사마의의 이름은 의懿이고, 중달仲達은 자이다. 그는 179년 하내河內에서 낙양령, 경조윤, 상서우승을 역임했던 사마방司馬防의 아들로 태어났다. 사마방은 후한 영제 때 후에 사마의의 주군이 되는 조조를 낙양 북부위로 추천했던 인물이다.

사마의는 사마방의 둘째 아들로 그를 포함한 사마 가문의 여덟 형제는 '사마팔달司馬八達'이라고 불릴 정도로 뛰어나기로 유명했다. 사마의는 이들 중 가장 비범했다고 전하며, 당시 명성이 자자했던 후한의 정치가 최염崔琰 또한 그의 총명을 인정했다고 한다. 사마의는 명문가의 부유한 환경에서 병법과 무예를 익혔으며, 특히 유학의 가르침을 가슴 깊이 새겼다고 한다.

사마의의 유명세는 인재 등용에 열을 올리고 있던 조조에게까지 전해졌다. 조조는 당장 그를 영입하려고 했지만 명문가 자제였던 사마의는 환관 가문 출신인 조조의 휘하에 들어가는 것을 마뜩치 않게 생각해 병을 핑계로 거절했다. 하지만 조조는 사마의를 쉽게 포기하지 않고 그의 병이 사실인지 시험했다. 어느 날 사마의의 침소에 자객이 난입했다. 자객은 사마의의 목에 칼을 들이댔지만 사마의는 마치 중풍환자처럼 꿈쩍도 하지 않았다. 그 자객은 조조가 보낸 사람으로, 이로써 사마의는 조조의 부름을 피할 수 있었다고 한다.

208년 중국 북방을 통일하여 최강자가 된 조조는 승상에 올랐다. 조조는 천하 통일의 대업을 위해 더 많은 인재를 끌어모으기 시작했다. 그는 다시 한 번 사마의를 생각했고, 이

사마의

번에는 그를 문학연으로 삼을 수 있었다. 208년 조조 정권의 문학연이 된 사마의는 얼마 지나지 않아 황문시랑에 임명되었다.

208년 조조군은 적벽에서 유비와 손권의 연합군과 대치했다. 사마의는 하급 관리인 주부로 참전했다. 적벽대전에서 사마의는 주목할 만한 공을 세우지 못했으며, 조조군은 유비와 손권의 연합군에 패했다. 이로써 삼국 정립의 국면이 형성되었다. 북방으로 돌아온 조조는 213년 위공魏公에 책봉되었다. 215년 조조가 한중을 평정했을 때 사마의는 여세를 몰아 익주의 유비를 공격할 것을 건의했으나 조조는 받아들이지 않았다. 이처럼 사마의는 강압으로 조조에게 등용되었지만 중용되지는 못했다. 조조는 사마의가 마음속에 다른 큰 뜻을 품고 있다고 생각하여 그를 신임하지 않았다고 한다.

216년 조조는 위왕魏王에 올랐고, 사마의는 태자중서자가 되어 조비를 보좌했다. 사마의는 조조에게 둔전제를 실시하여 백성들이 농업에 전념할 수 있게 하고, 군인들로 하여금 농사를 짓게 하여 경제적 안정을 이룩하고, 군비를 확충할 것을 진언했다. 또한 219년 형주의 관우가 번성을 공격하여 우금于禁을 생포하고 방덕을 참수하는 등 조조가 수세에 몰렸을 때 정확한 정세 파악으로 조조를 위기에서 구해 냈다. 조조는 관우의 위세가 두려워 도읍을 옮기려 했으나 사마의는 손권의 군사를 이용하자는 계책을 내놓았다. 사마의는 손권에게 강남 소유권을 인정한다는 조건을 내세워 관우의 후방을 공격하도록 해 번성의 포위를 풀 것을 조언했다. 이는 적중하여 조조는 천도를 하지 않고 위기에서 벗어날

조조의 위패 위무왕이라고 쓰인 조조의 위패는 조조가 죽을 당시 위왕의 지위로 죽었다는 것을 입증한다. 조조의 시호는 무왕으로, 얼마 후 아들 조비가 황제에 등극하면서 무황제로 추증되었다.

수 있었다.

220년 조조가 죽자 그의 아들 조비가 위왕의 자리를 이어받았고, 같은 해에 후한 헌제에게 선양받아 위나라의 황제로 즉위했다. 사마의는 조비에게 황위를 선양해야 한다는 내용의 상소를 헌제에게 올려 조비가 황제가 되는 데 큰 공을 세웠다. 224년 사마의는 위나라의 상서가 되었다. 조비는 사마의를 매우 신임하여 무군대장군에 봉하고 급사중, 녹상서사의 벼슬을 내렸으며, 원정 때는 사마의에게 내정을 맡겼다.

226년 병을 얻은 조비는 임종할 때 조진曹眞, 진군陳群, 조휴曹休 등과 함께 사마의를 보정대신으로 삼고, 태자 조예의 보필을 부탁했다. 조예는 위나라 2대

조비

황제 명제로 즉위했고, 사마의는 표기대장군이 되었다. 227년 사마의는 오나라의 공격을 막아내고, 완성宛城에서 머물며 촉나라와 오나라를 감시했다. 같은 해 말 그는 제갈량의 1차 북벌로 발생한 신성新城 군수 맹달孟達의 반란을 성공적으로 진압했으며, 228년에는 위나라와 오나라의 전투에서 홀로 승리하여 군사적 능력을 인정받았다.

230년 조예는 사마의를 대장군 정부대도독으로 임명하여 조진과 함께 촉나라를 공격하고자 했으나 자연재해로 인해 곧 퇴각했다. 퇴각 도중 사마의는 기곡에 진을 치고, 조진은 사곡에 진을 쳤다. 촉나라의 공격을

받은 조진은 대패하여 231년 화병으로 사망하기에 이르렀다. 이에 조예는 사마의에게 복수를 명했고, 조진을 대신하여 전선에 도착한 사마의는 촉군의 도발에도 지구전을 고수하여 결국 양식이 떨어진 촉군이 퇴각하도록 만들었다.

234년 사마의는 오장원에서 제갈량의 군대와 대치했다. 40만 대군을 이끈 사마의는 촉군에 비해 수적으로 우세했지만, 적의 군량이 떨어질 때까지 군사를 움직이지 말라고 명령하며 다시 지구전을 구사했다. 제갈량은 사마의에게 부인용 머리 장식, 여자 옷 등을 보내 규방에 들어앉은 부인처럼 겁을 먹고 출전하지 않느냐며 사마의를 도발했지만, 사마의는 넘어가지 않았다. 얼마 후 제갈량이 병으로 쓰러져 진중에서 숨을 거두자 촉군은 스스로 퇴각했다. 촉군의 공격을 성공적으로 방어한 공을 인정받아 사마의는 태위에 임명되었다.

239년 조예가 서른다섯의 젊은 나이로 죽자 태위 사마의와 대장군 조

군악대

상曹爽은 그의 유언을 받들어 조방曹芳을 보좌했다. 조상은 사마의를 태부로 임명해 우대하는 듯했으나 실제로는 그의 병권을 박탈했다. 사마의는 병을 핑계 삼아 정쟁을 피하고 정변을 구상했다.

사마의는 아들 사마소司馬昭를 시켜 다른 나라로 망명한 사람들을 몰래 소집했다. 3천여 명의 사람이 모였고, 사마의는 이들을 낙양 근처에 분산 배치시킴으로써 비상사태에 대비했다. 248년 조상의 측근 이승李勝이 형주 자사로 임명되어 떠나면서 사마의의 상태를 염탐했다. 사마의는 두 하녀의 부축으로 몸을 겨우 가누고, 손을 떨어 죽을 흘리고, 이승의 말을 알아듣지 못하는 등 노쇠한 노인의 연기를 하여 조상을 방심시켰다. 이로써 사마의는 조상의 경계에서 벗어날 수 있었다.

249년 조상은 어린 군주 조방과 성 밖으로 나가는 것을 자제하라는 책사 환범의 간언을 무시하고 호위병 몇 기만 거느리고 조방을 수행하여 명제의 묘인 고평릉을 알현했다. 사마의는 조상과 조방이 성을 비운 사이 정변을 일으켰다. 그는 태후의 명을 빌려 조상의 관직을 박탈하고 그 무리들을 제거했다. 사마의는 70세의 나이로 다시 승상이 되었고, 정변 이후 조정은 사마씨 세력이 장악했다. 이로부터 14년 후 그의 손자 사마염이 진晉나라를 건국하면서 삼국 시대는 종말을 맞았다.

동진 시대를 열다
왕도

王導(276~339)

- 동진의 초대 재상.
- 290년 서진의 황제 무제가 죽은 후 약 16년간 왕족들 사이에 내분이 일어났을 때 사마예를 지지하여 강남 지역에 근거지를 마련했다.
- 316년 서진이 멸망하고 민제가 죽은 후 사마예를 옹립해 317년 동진을 건국했다.

위, 촉, 오의 삼국 시대는 위나라의 사마염에 의해 반세기 만에 막을 내리고, 256년 낙양을 도읍으로 하여 통일 왕조인 진晉나라가 세워졌다. 진나라는 서진西晉 시대와 동진東晉 시대로 나뉜다. 서진 시대는 사마염이 진나라를 세운 후 316년 북방 호족의 침입으로 멸망할 때까지의 기간을 이른다. 이후 317년 진 왕실의 사마예司馬睿가 건업建業, 南京을 도읍으로 하고 진나라를 재건한 이후를 동진 시대라고 일컫는다. 왕도는 사마예가 진나라를 재건할 때 그를 지지한 공신이다. 그는 낭야왕씨琅邪王氏로 불리는 위나라 이래의 명문 귀족 출신으로, 사마예와는 젊은 시절부터 친한 사이였다.

서진의 초대 황제 사마염은 황족을 각지의 제후왕으로 봉해 왕실의 안정을 꾀하고자 했다. 하지만 그는 말년에 사치와 여색에 빠져 정사를 돌보지 않았고, 정권은 황후 양씨와 외척 양준楊駿 일족에게 넘어가고 말았다. 사마염이 죽고 나서 차남 사마충司馬衷이 혜제로 즉위했지만, 실권은 여전히 양준 일족에게 있었다. 이에 불만을 품은 혜제의 황후 가씨는 실권을 잡기 위해 초왕 사마위司馬瑋를 부추겨 외척 양씨 일족을 제거했다. 양씨 일족을 몰아낸 후 초기에는 황후 가씨가 정권을 종실의 장로인 여남왕 사마량에게 맡겼기 때문에 정권은 황족의 차지가 된 듯 보였다. 그러나 권력욕이 강했던 황후 가씨는 사마량이 자신의 의도대로 움직이지 않자, 이번에는 혜제의 밀서를 이용해 사마량을 제거할 음모를 꾸몄다. 그녀는 사마위가 사마량을 공격하게끔 하여 사마량을 자살로 몰아넣었다. 그 후 더 이상 이용가치가 없어진 사마위는 오히려 사마량을 살인한 죄를 뒤집어쓰고 가씨에게 죽임을 당했다.

황후 가씨의 정권은 이후 약 10년간 지속되었다. 그러나 300년 그녀가 자신의 집권을 연장하기 위해 혜제와 다른 부인의 소생인 황태자 사마휼司馬遹을 폐위시키고 살해하자, 이에 격분한 조왕 사마륜司馬倫과 제왕 사마경司馬冏이 반기를 들었다. 사마륜은 가씨 일족을 제거했고, 301년 혜제를 태상황으로 몰아내고 스스로 즉위했다.

그러나 사마륜의 운명도 그리 길지 않았다. 그의 황제 즉위에 불만을 품은 사마경이 장사왕 사마애司馬乂, 성도왕 사마영司馬穎, 하간왕 사마옹司馬顒 등을 불러 모아 그를 죽였다. 사마경은 혜제를 복위시켰지만 실권은 자신이 장악했다. 그러나 주색에 빠져 정사를 살피지 않는 사마경의 태도는 다시 한 번 피바람을 불러 일으켜 그는 예전에 도움을 받았던 세 황족들에게 살해되었다. 이후 다시 세 황족들 사이에 분쟁이 일어났다.

먼저 사마영과 사마옹이 사마애를 죽이고, 사마영이 황태제 자리에 올랐다. 그러나 결국 사마영도 새롭게 부상한 동해왕 사마월司馬越에게 죽임을 당했다. 306년 사마월은 혜제를 독살하고 예장왕 사마직司馬熾을 회제로 즉위시켰다. 황후 가씨가 외척 양씨 일족을 추방하면서 시작된 기나긴 내란은 이렇게 막을 내렸다. 290년 혜제가 즉위한 후부터 16년 동안 지속된 서진의 내란을 역사는 '팔왕의 난'이라고 부른다.

팔왕의 난은 서진의 국력을 크게 쇠퇴시켰으며, 화북 지방을 대혼란에 빠뜨렸다. 팔왕의 난 당시 서진 왕족들은 전투를 위해 중국 내륙에 정착해 살던 이민족을 용병으로 고용했는데, 이것이 도리어 이민족들의 입지를 강화시켜 그들에게 독립의 기회를 제공했다.

처음으로 두각을 나타낸 것은 흉노족으로, 사마영 휘하의 남흉노 유연劉淵은 304년 자신을 한왕이라 칭하고 한漢을 세웠다. 그가 서진에서 완전히 이탈하여 황제라 칭한 것은 308년의 일이다. 310년 유연의 뒤를 이어 그의 아들 유화劉和가 한나라를 계승했지만, 곧 동생 유총劉聰이 제위를 찬탈하고 311년 서진 공격을 개시했다. 당시 서진의 실권자였던 사마월은 유충의 군대에 대항도 해 보지 못하고 죽었고, 서진의 장수 왕연王衍은 갈족 출신 석륵石勒의 군대에 대패했다. 유총은 낙양을 함락시키고, 회제를 한나라의 수도 평양平陽으로 연행했다. 이것이 바로 '영가의 난永嘉之亂'이다.

중장기병 5호 16국 시대부터 출연한 중장기병.

회제가 죽고 난 후 사마업司馬鄴이 장안에서 황제로 추대되어 민제로 즉위했으나, 낙양의 함락으로 서진은 사실상 멸망한 것이나 다름없었다. 얼마 지나지 않아 민제가 유총에게 패하여 죽음으로써 서진은 완전히 멸망했다. 한편 흉노뿐만 아니라 선비, 저氐, 갈羯, 강羌 등의 비한족들이 화북 지역에 각자 독립 국가를 건국하면서 5호 16국五胡十六國 시대가 열렸다. 317년 서진의 왕실 일가 중 한 사람인 낭야왕 사마예가 강남 지역을 중심으로 서진을 재건함으로써 중국 대륙 북쪽은 비한족인 5호 16국이, 남쪽은 한족인 동진이 차지하게 되었다.

사마예는 307년 이미 영지인 낭야를 떠나 강남으로 피신했다. 그의 책사인 왕도가 내란과 북방 이민족의 침입으로 서진이 곧 붕괴할 것이라고 예상한 데 따른 것이었다. 사마예는 곧 건업에 주둔했으며, 왕도는 그의 참모로서 군사적, 정치적 수완을 발휘하여 사마예가 서진을 재건하는 데 힘을 실어 주었다. 사마예가 건업에 근거지를 마련했지만 강남 토착 호족 세력의 지지는 부족한 상태였다. 이에 왕도는 강남 지역 사대부들의 수장격인 하순賀循과 고영顧榮을 포섭하여 신임을 얻음으로써 강남 토착 세력의 지지를 확보했다. 이때 왕도와 함께 사마예를 지지한 인물은 사촌 왕돈王敦이었는데, 그는 특히 군사적 측면에서 뛰어났다.

왕도와 왕돈은 311년 유총이 낙양을 공격했을 때 서진의 피란민들을 수용하여 정착시키고, 망명 귀족과 토착 귀족을 융합시키는 등 사마예의 정권 기반을 확립하는 데 힘썼다. 서진의 민제가 유총의 포로가 되자 왕도는 사마예에게 진왕의 신분으로 황제의 권력을 대행할 것을 촉구했다. 이에 사마예는 건업에 종묘사직을 세우고 백관들을 임명했다. 왕도는 표기장군 영중서감 녹상서사에 임명되었다. 317년 서진의 민제가 죽었다는 소식이 전해지자 왕도와 백관들은 사마예에게 황제에 오를 것을 진언했

동진 시대 서민들의 생활 감숙성 산해관에서 출토된 고분군을 장식하고 있던 벽돌. 목축, 사냥, 우경, 수렵, 닭털 뽑기 등 서민들의 당시 생활이 생생하게 묘사되어 있다.

고, 사마예는 원제로 즉위했다. 이로써 동진 시대가 시작되었다.

　재상이 된 왕도는 동진의 행정을 총괄했다. 그는 유연한 정치적 판단력과 수완을 발휘하여 화북 지방에서 강남으로 피란 온 이주민과 강남 토착민 간의 화합을 꾀했다. 한편 동진의 개국공신이 된 왕돈은 대장군이 되어 군사력을 장악했다. 이에 "왕씨가 마씨와 함께 천하를 공유했다."라는 표현이 생길 정도로 동진 왕조는 황실 사마씨와 명문 귀족 왕씨의 연합 정권의 성격을 띠게 되었다.

　왕씨의 힘이 황제의 권력에 비견될 정도로 막강해지자 사마예는 왕씨의 세력을 누르기 위한 일련의 조치들을 취해 나갔다. 이에 불만을 품은 왕돈은 322년 군사를 일으켜 서서히 동진을 압박했다. 그러나 2년 뒤인 324년 왕돈이 진영에서 병사하면서 난은 평정되었다. 왕도는 사촌 왕돈의 반란에 처음부터 동조하지 않았다. 화북의 이민족과 대치하고 있는

상황에서 사마씨의 황실을 지키는 것만이 안정을 유지할 수 있는 길이라고 생각했기 때문이었다. 그는 시종일관 왕돈의 반란에 대해 사죄하는 자세를 고수했다.

왕도의 정치적 태도는 대립과 긴장을 완화시키고, 이질적인 요소를 포용하여 평온하게 공존하는 것이었다. 그는 말년까지 자신의 이런 정치적 태도를 유지하여 매사에 "좋아, 좋아."라는 말로 국정을 살폈다고 한다. 이에 세인들이 그가 국정을 대충대충 처리한다고 불평을 늘어놓자, 왕도는 "지금의 사람들은 몰라도 후세는 내가 왜 이렇게 행동했는지 분명 알아줄 것이다."라며 태도를 바꾸지 않았다고 한다. 그는 자신을 감추고 부드럽고 유화적인 처세로 일관했으며, 왕성한 포용력을 발휘하여 동진의 세련된 문화를 탄생시키는 데 기여했다.

서예를 예술로 승화시키다
왕희지

王羲之(307~365년)

- 서성(書聖)으로 존경받는 동진의 서예가.
- 초서, 행서, 해서의 실용적 서체를 예술적인 경지로 완성시켰으며, 시집 《난정집서》의 서문인 〈난정아집시서〉가 대표 걸작으로 꼽힌다.
- 대표작으로 해서의 〈악의론〉, 〈황정경〉, 〈동방삭화찬〉, 행서의 〈난정서〉, 〈집자성교서〉, 초서의 〈십칠첩〉, 〈상란첩〉, 〈공시중첩〉 등이 있다.

    한자의 서체는 전서, 예서, 초서, 해서, 행서순으로 완성되었는데, 이중 행서는 초서를 읽기 쉽고, 해서를 빠르게 쓸 수 있도록 절충하여 만든 서체다. 이를 집대성한 인물이 바로 '서성書聖'으로 존경받는 동진 시대의 왕희지다. 그는 행서를 완성하고, 해서와 초서를 실용서체에서 예술서체로 승화시켰다. 또한 그는 동진 서법을 완성했다.

    왕희지의 자는 일소逸少로, 산동성 낭야 임기臨沂의 명문가에서 태어났다. 그의 조상 왕상王祥은 서진의 고급 관료였고, 아버지 왕광王曠은 회남태수를, 숙부 왕도는 동진의 재상을, 왕돈도 동진 조정의 관료를 지냈다.

    왕희지는 일곱 살 때부터 서법書法을 익혀 열두 살에는 그 실력이 매우 뛰어났다. 그를 가르친 스승은 큰아버지 왕익과 이모 위부인 위삭衛鑠이었다. 위삭은 서진 시대 유명한 여류 화가이자 서예가로 이름이 높았다. 왕희지는 초서는 후한 장지張芝의 서법을 따랐고, 해서는 위나라 종요鍾繇의 서법을 따라 익혔다. 후에 그는 종요의 서체를 더 발전시켜 왕희지체를 완성했다. 그는 밥을 먹을 때, 길을 걸을 때, 휴식을 취할 때도 서법 연구를 게을리하지 않았으며 여러 종류의 글씨를 구하여 글자체와 필획의 구조 등을 연구했다.

왕희지는 열여섯 살에 치감郗鑒의 딸과 결혼했다. 당시 태위였던 치감이 승상 왕도에게 혼담을 넣자 왕도는 직접 사람을 보내 골라보라고 했다. 며칠 뒤 치감은 심부름꾼을 보내 왕씨의 자제들을 살펴보게 했다. 치감의 사위가 되기를 원했던 왕희지의 형제와 사촌 들은 치감에게 잘 보이고자 평소와 다르게 고상한 척 행동했다. 하지만 왕희지는 평소대로 평상에 배를 드러내고 누운 채 큰 떡을 먹으며 무심히 손가락으로 자신의 배 위에 뭔가를 열심히 쓰고 있었다. 필체를 가다듬는 연습 중이었지만 심부름꾼의 눈에는 그저 떡을 먹고 있는 소년일 뿐이었다. 심부름꾼이 돌아와 주인에게 소상히 알리자 치감은 망설이지 않고 왕희지를 사위로 선택했다. 이 일화에서 '배를 드러내고 동쪽 평상에 눕다'라는 '탄복동상坦腹東床'이라는 성어가 생겼고, 이상적인 사위라는 의미로 통용되었다.

왕희지가 벼슬길에 오를 나이가 되었을 때 숙부 왕돈이 반란을 일으켰다. 이 사건은 멸문지화를 당할

왕희지

만큼 큰 사건이었으나 최고의 명문가였던 왕씨 일가는 권세를 이용하여 위기를 모면할 수 있었다. 왕돈의 반란이 진정된 후 왕희지는 비로소 관직에 오를 수 있었다. 왕희지는 비서랑으로 벼슬을 시작하여 정서장군의 참장, 장사를 거쳐 340년 영원장군 강주 자사로 승진했다.

351년 그는 우군장군, 회계내사에 임명되어 발령지인 절강성 소흥부로 갔으며 356년까지 4년 동안 관직 생활을 했다. 후에 그가 '왕우군王右軍'이라고 불리는 것은 이때의 직책으로 인해 생긴 것이다. 당시 한 도사가 많은 예물을 가지고 와 도가의 경서인 《황정경黃庭經》을 써 달라고 부탁했다. 하지만 왕희지는 이를 거절했다. 당시 왕희지는 흰 거위를 매우 좋아했는데, 거위 목의 움직임을 관찰하여 서법을 연구할 수 있었기 때문이다. 그러자 이 소문을 들은 도사는 흰 거위와 글씨를 쓸 좋은 비단을 가지고 다시 찾아와 부탁했다. 이에 왕희지는 그가 가져온 비단 위에 《황정경》을 써 주었다고 한다.

한 번은 왕희지가 회계에서 평상복 차림으로 거리로 나갔다. 거리에서 왕희지는 매우 더운 날씨에 한 노파가 부채를 파는 것을 보았다. 부채 값은 쌌지만 사는 사람이 없어 노파의 모습은 처량하기 그지없었다. 이에 왕희지는 노파에게서 부채를 빼앗아 그 자리에서 몇 자 써 주었고, 자신의 부채에 낙서를 한 줄 안 노파가 화를 내자 "이 부채를 제일 잘 보이는 곳에 두시오. 그러면 1백 전은 족히 받을 수 있을 것이오."라고 말하고 떠났다. 어리둥절해 하던 노파는 왕희지가 시키는 대로 했고, 곧 지나가던 행인이 왕희지의 글씨가 쓰인 부채를 보자마자 선뜻 1백 전을 내고 사 갔다.

이 두 가지 일화는 왕희지가 생전에 이미 서예가로서 명성을 쌓았다는 것을 단적으로 보여 준다. 또한 그가 세상의 영리를 꾀하지 않고 소탈하며 즉흥적인 시작 습관을 가졌다는 것도 알 수 있다.

왕희지는 가문의 명성에 비해 높은 벼슬을 하지 못했는데, 이는 그가 정치적 권세와 명성에 관심이 없어 조정의 부름을 바라지 않았기 때문이다. 더불어 부패상이 드러나기 시작했던 당시 정세가 그의 성격과는 어울리지 않았기 때문이기도 하다.

353년 회계 내사를 지냈을 당시 왕희지는 음력 3월경 명사 손작孫綽, 사안謝安, 허순許詢, 지둔支遁과 자신의 아들 왕응지王凝之, 왕휘지王徽之 등 41명과 함께 회계 산음에 있는 물가의 난정蘭亭에서 봄을

거위를 쫓아다니는 왕희지

맞는 연회를 열었다. 이때 열린 행사는 곡수연曲水宴으로, 9개의 구비에 강물을 끌어들인 후 술잔을 물에 띄워 흘러오는 술잔이 멈춘 자리에 있는 사람이 시를 짓는 놀이다. 이때 지어진 시는 총 37수로, 이를 기념하여 만든 시집이 《난정집서蘭亭集序》다. 왕희지가 쓴 〈난정아집시서蘭亭雅集詩序〉라는 서문에서는 자유분방하면서도 법도에 어긋남이 없이 정교한 왕희지의 서체를 볼 수 있다. 이는 행서 제일의 서체로 여겨지며 서예가들의 찬사를 받았다. 후대에 이 서문을 연구한 이가 20개의 '지之' 자를 찾아서 살펴보았는데, 그 각각이 고상하고 아름다움을 지닌 채 서로 다른 방법으로 쓰여 있다고 한다. 또한 이 서문은 왕희지가 취한 상태로 쓴 것으로 알려져 있는데, 취기가 사라진 후 자신이 쓴 글씨를 보고 스스로 감

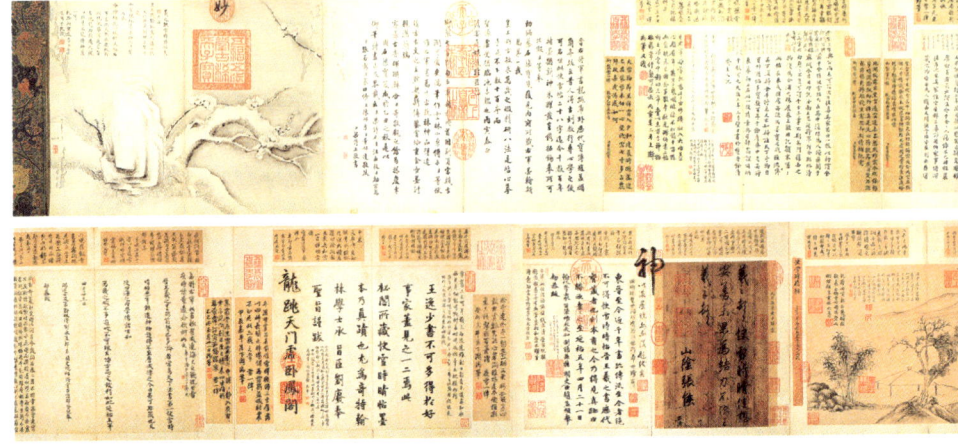

왕희지의 《쾌설시청첩(快雪時晴帖)》 대설이 내린 후 날씨가 화창하게 개자 오래 만나지 못한 친구의 안부를 묻는 왕희지의 편지다. 이 편지와 이에 대한 역대 명사들의 찬사가 기록되어 있다. 청의 건륭제가 "천재일우로 이 보물을 내 손에 넣게 되었구나!" 하며 애지중지했다고 전한다.

탄하여 다시 써 보려고 했으나 그것과 같은 유려한 글씨는 쓰지 못했다고 하는 일화도 전한다.

하지만 이 《난정집서》의 진본은 오늘날 전하지 않는다. 왕희지의 글씨는 그가 살아 있을 당시에도 존경받았지만 남북조 시대를 거쳐 수나라 왕족과 귀족 들까지 애호했다. 특히 당 태종 이세민李世民은 왕희지를 숭배하여 그의 글씨를 늘 곁에 두고 감상했다고 한다. 심지어 그는 왕희지의 글씨를 무덤에 같이 묻어 달라는 유언까지 남겼다. 이런 까닭에 현재는 《난정집서》의 진품이 전해지지 않고 모사품만 전해지고 있다.

《난정집서》가 세상에 나온 지 2년이 지나 왕희지는 스스로 관직에서 물러났다. 그 후 그는 죽을 때까지 경치가 뛰어난 회계의 산중에서 오로지 자연을 벗 삼아 유유자적한 생활을 즐기다가 생을 마감했다.

왕희지의 작품에는 해서의 〈악의론樂毅論〉, 〈황정경〉, 〈동방삭화찬東方朔畵讚〉, 행서의 〈난정서〉, 〈집자성교서集字聖教序〉, 초서의 〈십칠첩十七

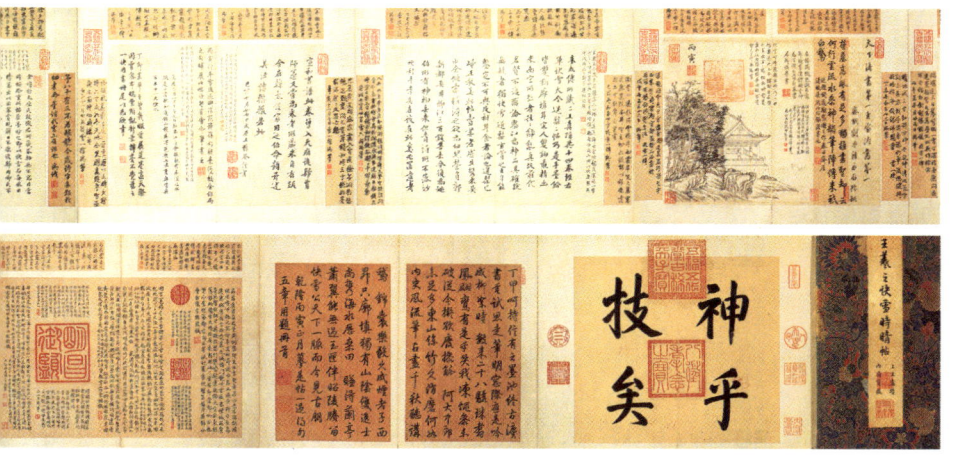

帖〉,〈상란첩喪亂帖〉,〈공시중첩孔侍中帖〉 등이 있다. 그러나 어느 것이든 진필은 전하지 않으며 현재 왕희지의 필체라고 전하는 것들은 모두 모사품과 탁본일 뿐이다.

왕희지는 동한 시대에 시작된 해서, 행서, 초서의 실용 서체를 예술적인 서체로 완성시켰다. 그는 한 글자를 쓰더라도 여러 서체를 함께 사용해 변화를 주었으며, 글자의 변화는 작품의 통일성을 해치지 않는 범위에서 자연스럽게 이루어지도록 했고, 글을 쓸 때는 감성을 따라 쓰되 형식에서 벗어나지 않도록 하여 완벽한 형식미를 구사했다.

왕희지의 서법은 일곱째 아들 왕헌지王獻之에게 이어졌고, 왕희지 부자는 이왕二王 혹은 희헌羲獻이라고 일컬어지며 존경받았다.

5호 16국의 폭군
석호

石虎(?~349년)

- 5호 16국의 하나인 후조의 제3대 황제(재위 334~349년).
- 333년 후조를 세운 석륵이 죽은 후 태자 홍이 조제로 즉위했으나, 이듬해 그를 죽이고 스스로 거섭조천왕이라 칭했다.
- 349년 그가 죽은 후 한족인 염민에 의해 후조가 멸망했다.

    석호는 5호 16국 시대 후조後趙의 제3대 황제로, 잔인하고 난폭하여 5호 16국 시대의 폭군으로 불린다.

    서진 말기 각자 대등한 군사력을 가지고 있던 서진의 왕족들은 왕위 계승 문제를 둘러싸고 팔왕의 난을 일으켜 국력을 소모시켰다. 무려 16년이라는 기간 동안 팔왕의 난이 중원을 휩쓰는 동안 서진 왕족들이 전투를 위해 고용한 북방의 이민족들은 서진으로부터의 독립 의지를 다져 나갔다. 304년 남흉노의 유연이 서진으로부터 독립을 선언하고 한漢을 세웠다. 뒤이어 저족氐族의 성한成漢, 선비족의 대代가 건국되었으며, 316년 서진은 한의 유총에 의해 건국 52년 만에 완전히 멸망했다. 서진이 멸망한 후 흉노, 선비, 저, 갈, 강羌 등 5개의 소수 민족들이 중원을 차지하며 바야흐로 분열과 동란의 시대인 5호 16국 시대가 시작되었다.

석호의 자는 계룡季龍으로, 후에 후조를 세우는 석륵石勒의 조카였지만 석륵의 아버지 주갈주周曷硃가 그를 양자로 삼았기 때문에 석륵의 아우가 되었다. 무예가 뛰어나고 매우 용맹했던 그는 석륵의 총애와 신임을 받아 열여덟 살의 나이에 장군으로 봉해졌다. 그러나 천성이 잔혹하여 새총으로 사람을 때리는 것을 즐거움으로 여겼고, 기생이었던 정앵도鄭櫻桃를 사랑하여 아내 곽씨를 죽이고 정씨를 아내로 삼았다. 그러나 석호는 다시 정씨를 죽인 후 최씨를 세 번째 아내로 삼았다. 또한 석호는 군대에서 자기보다 재능과 무예가 뛰어난 사람이 있으면 술수를 써서 죽였다. 그는 살인을 대수롭지 않게 생각하여 매번 성을 한 군데 점령할 때마다 남녀노소를 불문하고 모두 죽였다. 청주青州를 점령했을 때는 성 안의 주민들을 모조리 학살하라는 명령을 내려 700여 명만이 간신히 목숨을 보존했다고 한다.

319년에 하북 정벌에 나섰던 석륵이 자립하여 하북, 하남, 산동을 근거지로 조趙나라를 세웠다. 역사상 5호 16국 중의 하나인 유요劉曜 정권과 구별하기 위해 전자를 전조前趙, 석륵 정권은 후조後趙라고 부른다. 석륵이 후조를 건국했을 때 석호는 전장에서 세운 혁혁한 공들을 인정받아 중산공에 책봉되었다.

330년 석륵은 전조를 멸망시키고 황제에 즉위했다. 그리고 둘째 아들 석홍石弘을 태자로 삼고, 석호를 중산왕에 봉했다. 그러나 후조를 건국하는 데 누구보다 자신의 공이 크다고 생각했던 석호는 태자의 자리에 오르지 못하자 크게 불만을 가지게 되었다. 이에 정하程遐와 서광徐光이 석륵에게 석호의 권력을 제한할 것을 간언했지만, 석륵은 구체적인 대안을 마련하지 못했다. 333년 병이 위중해진 석륵은 석호와 태자 석홍, 중상시 엄준을 침전으로 불렀다. 그러나 석호는 어명을 위조하여 자신 외에는 아무도 황제의 침전으로 들어오지 못하게 하고, 일찍이 자신을 참소했던 정하와 서광을 옥에 가두었다. 또 아들 석수石邃에게 군대를 이끌고 입궐하게 하여 국권을 완전히 장악했다. 7월에 석륵이 죽자 석호는 스스로 황제에 오르고 싶었지만 반대 세력의 힘이 아직 강했기 때문에 태자 석홍이 황제에 즉위하는 것을 지켜보아야만 했다.

태자 석홍이 황위에 올랐지만 그는 꼭두각시일 뿐 실권은 석호가 장악했다. 석홍은 석호를 승상, 위왕魏王, 대선우로 봉하고 13개의 군을 봉토로 주었다. 그리고 석호의 세 아들을 군권을 소유한 직위에 봉했으며, 석호의 친인척과 신료들 모두 조정의 요직에 임명했다. 한편 선황 석륵의 문무백관들은 지방의 한직에 배치해 권력을 행사하지 못하게 했다. 이로써 후조는 '천자를 등에 업고 제후들에게 명령하는' 국면에 이르렀다. 334년 드디어 석호는 가면을 벗어던지고, 석홍을 핍박하여 선양의 형식으로 황제의 위에 올랐다. 석호는 스스로 거섭조천왕居攝趙天王이라 칭하고, 석수를 태자로 삼았다. 얼마 후 석호는 석홍과 측근들을 모두 연금시키고 바로 살해했다.

황위에 오른 후 석호는 매우 사치스러운 생활을 했다. 336년 그는 양국襄國과 업성鄴城에 궁궐을 짓기 위해 도처에서 백성들을 징집했다. 또한 새 궁궐을 장식하기 위해 관아의 수장 장미張彌를 시켜 낙양의 석종, 석상, 동으로 만든 낙타, 비렴(飛廉, 상상의 새) 등의 장식물을 업성으로 운반했다. 한 번은 운송 중에 쇠종 하나가 황하에 빠졌는데, 장미는 300여 명을 잠수시켜 쇠종을 새끼줄로 묶게 하고, 100여 마리의 소와 많은 도르래를 동원해 끌어올렸다고 한다. 이 사건 후 많은 물건을 실을 수 있는 큰

배와 수레를 만들어 장식물을 운반했다고 한다.

석호는 또한 업성 서쪽에 '상재원桑梓苑'이라는 정원을 조성하여 수많은 미녀들을 거주시켰다. 그는 13세부터 20세에 이르는 미녀들을 3만 명이나 뽑았으며, 심지어 남편을 죽이고 유부녀를 취하기도 했다. 석호는 이곳에서 이름난 진귀한 새와 짐승 들을 구경하고 연회를 열었다. 또한 양국에서 업성까지의 200리 거리에 40리마다 궁을 지어, 궁마다 부인을 한 명씩 두고 수십 명의 시녀와 하인을 두었다.

석호의 이런 사치스러운 궁정생활은 '봉조鳳詔'라는 발명품을

5호 16국 시대의 문관상과 오랑캐 상

탄생시키기도 했다. 석호는 황후와 함께 높은 누각에 앉아 조서를 쓰곤 했는데, 그 조서를 신료들에게 전달할 때 나무로 만든 봉황의 입속에 넣은 후 도르래를 이용하여 내려보냈다고 한다. 이때 시종들은 도르래를 흔들어 마치 '봉황'이 하늘에서 날아 내려오는 것처럼 보이게 했다고 한다. 이것이 봉조다.

타고난 무인이었던 석호는 왕위에 오른 후에도 정복 활동을 계속했다. 338년에는 선비족 단부段部를 공격하여 멸망시켰으며, 같은 해에 전연을 공격했고, 339년에는 동진을 공격했다. 그러나 잦은 전쟁으로 인한 징병

사신화상전 사신은 동서남북의 방위를 나타내고 우주의 질서를 지키는 네 가지 상징으로 신성시되었다. 동의 청룡, 서의 백호, 남의 주작, 북의 현무다. 주작은 봉황이며, 현무는 거북과 뱀이 합쳐진 모습이다.

과 물자 징발은 민생을 도탄에 빠뜨렸다. 그는 병역 면제 특권이 있는 가정에서는 다섯 장정 중에 두 명을, 네 장정 중에 두 명을 징집하게 했고, 특권이 없는 가정에는 모든 장정이 부역하도록 했다. 심지어 342년 동진을 공격할 때는 전국에서 군수물자를 징발하면서 이를 거부하는 사람은 때려죽이기도 했다. 수많은 백성들이 자녀를 팔아가면서까지 징발에 응했다고 한다.

그러나 석호는 이런 절대 권력에도 불행한 말년을 보냈다. 아들들의 후계자 분쟁 때문이었다. 석호가 석선石宣, 석도石韜 두 아들을 지나치게 총애하자 태자 석수가 불만을 가진 것이 발단이었다. 그의 불만은 점점 원한으로 발전되었고, 급기야 그는 석호를 죽이고 제위를 찬탈하려고 했다. 그러나 석수의 반란 계획은 석호에게 발각되어 측근들은 참수되었으며, 석수 본인과 일가족은 죽임당했다.

석수가 죽고 나서 석선이 태자가 되었지만, 그 또한 석호가 석도를 더 총애하자 석도를 제거하고자 했다. 얼마 후 석선은 석도의 수족을 베고, 두 눈을 찌르고, 배를 찔러 처참하게 죽였다. 이것으로 그치지 않고 그는 아버지 석호를 시해하여 황위를 찬탈할 계획까지 세웠다. 총애하는 아들 석도의 죽음으로 기력이 쇠약해진 석호는 석도의 장례에 참석하지 못했다. 후에 모든 내막을 알게 된 석호는 크게 분노하여 석선의 턱을 뚫어 쇠고리를 채우고, 구유에 돼지죽을 넣어 그것을 먹게 했다. 또한 석도의 측근 환관 학치郝稚와 유패劉霸에게 석선의 혀와 머리카락을 뽑게 한 후, 석선의 숨이 넘어가기 직전에 장작더미에 불을 지펴 그를 던져 버렸다. 이렇게 하고도 화가 풀리지 않아 다시 그 재를 모든 길 가운데 뿌리고 사람, 말, 마차 들이 짓밟게 했다. 또 석선의 처와 9명의 아들들을 모두 죽이고, 석선의 호위병, 환관 등 수백의 사람을 찢어 죽여 시체를 장강에 던져 버렸다.

이 일로 급격히 쇠약해진 석호는 병을 얻어 349년에 죽었다. 석호가 죽은 후 그의 자손들은 또다시 제위를 놓고 서로 다툼을 벌였으며, 351년 그 기회를 이용해 석씨 일족의 부하인 한족 염민冉閔이 반란을 일으켜 후조를 멸망시켰다.

남조 시대를 열다
유유

劉裕(363~422년)

- 남조 시대 송나라의 건국자 고조(재위 420~422년).
- 410년 남연, 후진을 멸망시키고, 진 왕실의 귀족, 호족 세력을 제거하고 동진 정권을 안정시켰다.
- 420년 공제의 양위로 왕위에 올랐다.

중국 남조南朝의 첫 번째 왕조는 송宋으로 유유는 송의 초대 황제다. 960년에 조광윤趙匡胤이 세운 통일 왕조 송나라와 구별하기 위해, 유유가 건국한 송나라는 그의 성씨를 따라 유송劉宋이라 불러 구별하고 있다.

그는 363년 팽성현에서 태어났다. 자는 덕여德輿, 아명은 기노寄奴다. 집이 가난하여 태어나자마자 버려졌으나, 유회경劉懷敬의 어머니가 그를 발견하여 양육했다. 유유는 무예가 매우 뛰어났지만 학문에는 흥미가 없어 겨우 글자만 아는 수준이었다고 한다. 그는 도박을 매우 좋아하여 조규刁逵라는 사람에게 3만 냥의 도박 빚을 지고 제때 갚지 못해 말뚝에 결박된 적이 있는데, 그때 낭야琅邪 호족 왕밀王謐의 도움으로 풀려났다. 왕밀은 그를 중시해 양주 자사 등의 벼슬자리에 천거하곤 했다.

383년 동진은 화북의 5호 16국 중 하나인 전진前秦의 부견苻堅이 남하함에 따라 개국 이후 최대의 위기를 맞이했다. 동진은 전진과의 전투에서 장군 사현謝玄의 승리로 가까스로 위기를 넘겼지만, 그 후 농민들의 반란이 빈번하게 발생해 국내 사정이 혼란스러워졌다. 399년 해도에서 오두미도五斗米道의 교주 손은孫恩이 봉기하여 회계에 쳐들어가 내사 왕응지王凝之를 살해하는 사건이 발생했다. 이에 당시 동진 장수 유뢰지劉牢之의 군관이었던 유유는 참군이 되어 손은군 토벌에 참가했다. 그는 용맹과 기지로 여러 차례 전공을 세웠고, 400년 하비 태수에 임명되어 울주鬱州에서 손은을 대파했다. 이 패배로 손은이 자살하면서 오두미교의 난은 마무리되었다.

한편 손은이 봉기를 일으켜 동진 왕조를 위협할 때 예전부터 반역의 뜻을 품었던 형주 자사 환현桓玄이 반란 진압을 핑계로 402년 동진의 수도 건업을 점령했다. 그리고 403년 그는 동진의 제10대 황제 안제에게 양위를 강요하여 스스로 황제가 되었다. 환현이 동진의 정권을 찬탈하고 황제가 되자 유유는 404년 광무장군 하무기何無忌와 유의 등 27명과 연합하여 환현 토벌을 선언했다. 그는 수도를 향해 진군해 사영주捨嶸洲에서 환현을 대파했다. 얼마 지나지 않아 환현이 살해되자 405년 유유는 동진의 안제를 황제로 복위시켰다. 그러나 조정의 권력은 유유가 이미 장악한 상태였다.

유유는 자신의 미천한 출신을 방어하고, 지위를 공고히 하기 위해 북벌을 단행했다. 그는 반란군 잔당을 소탕한 뒤, 409년 대신들의 반대에도 군대를 이끌고 북벌에 나서 남연南燕을 공격했다. 동시에 그는 410년부터 5년 동안 동진의 군웅 세력들을 소탕했는데, 415년 마지막으로 양양襄陽

의 사마휴지司馬休之까지 쫓아냄으로써 동진 내의 모든 세력을 복속시켰다. 416년 후진에 내란이 발생하자 417년 장안을 공격하여 후진을 멸망시켰다.

동진의 정권을 잡은 유유는 정치 개혁을 단행했다. 당시 동진은 귀족 세력의 팽창으로 인해 정치가 문란하고, 질서와 규율이 바르지 못한 상태였다. 415년 유유는 '토단법土斷法'을 단행했다. 동진 건국 초기 중원 지역의 귀족과 주민 들이 이주할 때 대부분이 군이나 현 단위로 집단 이주했기 때문에 화북 지방의 여러 군과 현의 명칭을 그대로 사용하여 설치되어 있었다. 따라서 군과 현이 제대로 정비되지 않아 이주자들에게 세역稅役이 제대로 부담되지 않았다. 유유는 토단법을 실행하여 토착민과 이주민을 가리지 않고 현재의 거주지에 따라 호적을 등기하도록 통일했고, 이주민들의 면세 권한을 폐지하고, 납세와 부역을 균등하게 부과함으로써 재정을 확보했다. 또한 주, 군, 현을 통합하고, 중복되는 조정 기관들을 단일화시켰다. 또한 귀족들의 사치스런 생활을 규제하고, 스스로 검소한 생활을 실천했다. 그의 명성은 날로 높아졌다.

420년 유유는 황제의 자리에 오르기를 간절히 원했으나 스스로 그것을 요구하기는 어려웠다. 이에 그는 대신들을 초청한 연회에서 "환현의 황위 찬탈 시도 이후 동진의 운명은 이미 기울었으나, 나는 황실을 부흥시키고, 북벌을 감행하여 영토를 넓혀 동진의 세력을 회복했소. 그리하여 조정 최고의 영예를 안았지만 이제 나도 황혼기에 접어들었으니 관직을 버리고 고향으로 돌아가 만년을 편히 보낼까 하오."라고 말했다. 대신들 다수는 그의 의중을 알아채지 못했으나, 중서령 부량傅亮만은 그의 뜻을 간파했다.

얼마 후 부량은 동진의 마지막 황제 공제에게 유유에게로 양위할 것을

동진의 귀족 생활

권했다. 유유는 공제의 양위를 받아들여 남교南郊에서 57세의 나이로 황제에 즉위했다. 그는 국호를 송으로, 수도를 건업에 정했다. 그러나 늦은 나이에 황제에 오른 유유의 통치 기간은 너무나도 짧았다. 422년 유유는 재위 3년 만에 병사했다.

420년 유유의 송 건국은 역사적으로 남북조 시대의 개막을 의미한다. 남북조 시대는 중국이 남북으로 나누어져 한족이 세운 남조와 이민족이 세운 북조가 대립한 시기를 말한다. 남조는 강남 지역에 차례대로 건국된 송宋, 제齊, 양梁, 진陳 4개 왕조를 가리킨다. 반면 북조는 5호 16국의 혼란을 수습하고 북위北魏를 건국한 선비족 탁발부에게서 시작되었다. 북위는 6진의 난을 거치면서 동위와 서위로 분열되었고, 동위는 다시 북제北齊로, 서위는 북주北周로 정권이 바뀌었다. 577년 북주는 북제를 멸망시켜 화북 지역을 통일했다. 581년 양견楊堅이 수나라를 세우기 전, 북위, 동위, 서위, 북제, 북주 5개의 나라를 북조라고 칭한다.

남조의 4개 왕조는 무인들에 의해 매번 정권이 바뀌며 정치적으로 혼란했으나 정권과 관계없이 귀족 정치 체제는 계속 유지되었다. 반면 북

여래설법도 북위 시대에 그려진 둔황 벽화로 당시 불교 문화가 융성했음을 알 수 있다.

조는 군주의 권력을 강화하기 위해 북방 유목민의 정치적 관습을 버리고, 정치 체제를 정비하여 중국적이고 귀족적인 정치 체제로 탈바꿈했다. 남북조 시대에는 귀족 문화가 번영했는데, 특히 남조에서는 도연명陶淵明과 왕희지王羲之 같은 인물들이 배출되었다. 남조에서는 화려한 귀족적 형식주의와 연애감정을 주로 표현한 데 비해, 북조에서는 문화적 기반이 빈약하여 실용적이고 질박한 분위기가 주를 이루었다. 또한 남조에서는 유교보다는 불교와 도교가 융성한 것도 하나의 특징이다. 한편 남북조 시대에는 한족의 강남 지역이 크게 개발되어 이후 수나라와 당나라 시대의 경제 기반이 되었다. 589년 수나라의 양견이 남조의 마지막 왕조 진을 멸망시킴으로써 남북으로 분열되었던 남북조 시대는 막을 내리고 중국은 다시 통일되었다.

전원을 노래한 술의 성인
도연명

陶淵明(365~427년)

- 동진, 유송 대의 시인으로 당나라 이후 남북조 시대 최고의 시인으로 평가받는다.
- 동진 시대 지방 하급 관리로 관직 생활을 하기도 했으나 일평생 은둔하며 시를 지었다. 술의 성인으로 불리며, 전원시인의 최고봉으로 꼽힌다.
- 대표작으로는 〈오류선생전〉, 〈도화원기〉, 〈귀거래사〉 등이 있다.

중국을 대표하는 시인 중에는 술을 사랑했던 시인이 많다. 술을 좋아한다는 데서 유래한 별명도 부지기수다. 이백李白은 술의 신선神仙, 소식蘇軾은 술의 친구, 육방옹陸放翁은 술 미치광이, 죽림칠현竹林七賢의 유령劉伶은 술의 귀신으로 불린다. 마지막으로 술로 평가된 시인이 있었으니 바로 중국의 대표적 시인 도연명으로, 그는 술의 성인聖人으로 표현된다. 그는 술을 열렬히 칭송했는데 그가 남긴 약 130여 수의 시 중 절반 정도에는 술에 관한 구절이 포함되어 있다. 도연명은 중국 문학사상 가장 위대한 시인 중의 한 사람으로 은둔자, 전원시인의 최고로 꼽히는 인물이다.

365년 강서성 심양潯陽에서 태어난 그는 본명이 잠潛, 자가 원량元亮 또는 연명淵明이다. 그의 선조 도간陶侃은 동진 시대 초기 공신이었지만, 문벌귀족이 정권을 장악한 상황에서 귀족 계급으로 신분이 상승하는 것은 거의 불가능했다. 부친의 이름은 알려져 있지 않지만 지방의 하급 관리 정도였을 것으로 추측되며, 도연명이 열두 살 때 사망한 것으로 보인다. 아버지를 일찍 여의고 집이 가난했기 때문에 도연명은 집안의 농사일을 거들며 학문을 익혔다.

농사만으로 생계를 유지하는 것이 어려웠던 도연명은 집안과 노모를 돌보기 위해 하는 수 없이 출사했고, 강주 제주祭酒, 진군참군, 건위참군 등의 지방 하급 관리를 지냈다. 하지만 그의 관직 생활은 대부분 일 년을 채 넘기지 못했다. 그의 자유로운 성품이 관리 생활에 맞지 않았던 이유도 있었지만, 무엇보다도 당시 관리 사회의 혼탁함에 염증을 느꼈기 때문이다.

관직 생활을 꾸준히 하지 못한 덕에 도연명의 가난은 계속되었다. 그의 곤궁한 생활을 보다 못한 친척이 그를 팽택현彭澤縣의 현령으로 추천했고, 405년 그는 팽택령에 임명되었다. 하지만 팽택령에서의 관직 생활도 약 80여 일 만으로 끝을 맺었다. 《송서宋書》의 〈도연명 전기〉에는 이와 관련된 일화가 전한다. 도연명이 팽택령으로 부임한 그해 겨울에 상급 기관의 감찰관 독우督郵가 팽택현

도연명

을 시찰하러 나왔다. 현사縣史가 급히 달려와 의관을 갖추고 맞이할 것을 재촉하자 문득 도연명은 그 모든 것이 귀찮아졌다. 도연명은 "내 어찌 다섯 말의 쌀 때문에 시골뜨기 아이에게 허리를 굽힌단 말인가!"라고 탄식하며 사직하고 고향으로 돌아와 은둔 생활을 시작했다.

도연명은 〈귀거래사歸去來辭〉에서 은거에 대한 염원을 밝혔다. 그는 작품 서문에서 시집 간 여동생의 죽음으로 관직을 버린다고 했지만, "돌아가자! 전원이 황폐해지려고 하는데 어찌 아니 돌아갈쏘냐歸去來兮 田園將蕪 胡不歸."라는 문구로 은둔을 선언했다.

〈귀거래사〉는 모두 4장으로 이루어져 있다. 첫번째 장에는 태생적으로 맞지 않는 관직 생활을 그만두고 귀향하게 된 동기와 상황이 서술되어 있다. 두 번째 장에는 집으로 돌아온 후 비록 비좁은 공간이지만 벼슬살이를 할 때처럼 마음 쓸 일 없이 편안한 마음으로 좋아하는 술도 마시고 정원도 산책하는 등의 생활이 그려져 있다. 세 번째 장은 혼탁한 관직 생활에 다시는 미련을 두지 않겠다는 각오와 함께 친척들과 정담을 나누고 거문고와 독서를 즐기는 외에, 농사도 지으며 가끔 수레를 타고 산길을 달리거나 배를 저어 깊은 계곡을 찾아가는 등 전원생활에 대한 감흥을 담았다. 마지막 네 번째 장은 짧은 인생의 여정에서 벼슬을 하거나 그만두는 것에 연연하지 않고, 어차피 신선이 되지 못할 바에는 가끔 밭에 나가 김매고, 언덕에 올라 크게 노래 부르고, 맑은 물가에 나가 시를 읊는 등 자연에 순응하며 하늘의 뜻에 따라 소박하게 살아가겠다는 의지를 표현했다.

이후 고향으로 돌아온 도연명은 다시 저작랑으로 조정의 부름을 받았으나 응하지 않았다. 도연명은 이후 20여 년간 손수 농사를 지으며 산수와 시와 술을 벗 삼아 전원생활을 했다. 은거는 개인적인 성향과 현실에 대한 소극적 도피라고 할 수도 있지만, 동진 왕조에 대한 충성심과 송 왕조에 대한 저항이 내포되어 있다고도 볼 수 있다.

도연명이 은둔 생활을 시작할 무렵 동진 왕조는 멸망의 기운을 드러내고 있었다. 동진 시대의 혼란은 훨씬 전인 4세기 중엽부터 시작되었다. 347년에는 명제의 사위인 환온桓溫이 반란을 일으켰고, 402년에는 손은이 오두미도 교단을 이끌고 반란을 일으켰다. 환온의 아들 환현桓玄이 반란 진압을 핑계로 제위에 올랐으나 장군 유유가 이 두 난을 진압하고 420년에 남조 송나라를 세웠다. 도연명이 은둔한 지 15년이 지난 해였다.

오류 선생의 귀향 오류선생(五柳先生, 도연명의 별명)이 시골집으로 돌아온다는 은거에 관한 '오류귀사'는 동양화에서 즐겨 그려지는 화제 중 하나다. 김홍도 작. 국립중앙박물관 소장.

421년 도연명은 송나라 조정에 출사하지 않고 농사에만 전념했다. 한때 그는 생활이 궁핍하다 못해 걸식 행각까지 할 정도가 되었다. 이러한 생활은 그의 사상에 변화를 가져왔다. 도연명은 백성들이 빈곤한 원인을 세상의 혼란스러움에서 찾았고, 더 나아가 수탈과 억압이 없는 이상 세계를 꿈꾸게 되었다. 도연명의 〈도화원기桃花原記〉는 이런 사상적 변화에서 탄생한 작품이다.

〈도화원기〉는 세 부분으로 나뉜다. 내용은 한 어부가 길을 잃고 헤매다 도화원을 발견하는 데서 시작한다. 도화원에서 사람들은 외부 세계의 흥망성쇠를 모른 채 유유자적하고 태평한 나날을 보낸다. 어부는 도화원 사람들의 환대를 받았지만 아쉬운 이별을 하고 돌아왔다. 그 후 태수를 비롯한 여러 사람들이 도화원을 찾아 나섰지만 끝내 찾아내는 사람이 없었다는 내용이다. 〈도화원기〉는 도피하고 싶다는 도연명의 심정을 표현한 것이기도 하지만, 한편으로는 유유의 왕권 교체에 대한 불만을 드러낸 것이기도 하다.

도연명은 현실에 실망할 때마다 술로 자신을 위로하고, 국화를 기르는 것을 낙으로 삼았다. 그의 후기 작품에는 국화를 읊은 시들이 많은데, 〈음주〉 중 특히 다섯 수가 뛰어나다.

초막집 짓고 사람들 속에 살아도結廬在人境
시끄러운 말과 수레 소리 없어라而無車馬喧.
그대에게 묻노니 어찌 그럴 수 있는가問君何能爾
마음이 세상에서 멀어지니 절로 그렇다오心遠地自偏.
동쪽 울타리에서 국화를 따다가采菊東籬下
한가로운 마음으로 남산을 바라보네悠然見南山.
산 기운은 해질녘에 아름다운데山氣日夕佳
날던 새는 짝 지어 돌아오는구나飛鳥相與還.
이 가운데 진정한 뜻이 있거늘此中有眞意
말하려니 이미 말을 잊었구나欲辨已忘言.

도연명은 집안 형편이 넉넉하지 못해 마음껏 술을 마시지 못했는데, 이러한 그의 처지를 헤아려 종종 친구들이 술자리를 만들어 그를 초대했다고 한다. 그러면 그는 거리낌 없이 실컷 마시고 취하면 곧장 집으로 돌아왔다.

427년 그는 가난과 질병을 이기지 못하고 62세의 나이로 세상을 떠났다. 후세는 도연명의 삶에 대해 자유로운 삶을 추구하고 자신의 신념을 지키며 살았다고 평하기도 하며, 이기적인 삶을 살았다고 평하기도 한다. 하지만 진솔하고, 담담하게 전원생활의 풍취를 담고 있는 그의 시는 오랫동안 사랑받으며, 그 또한 중국 역사상 최고의 전원시인으로 평가받고 있다.

4현 악기 죽림칠현의 한 사람인 완함이 애용했다고 전하는 현악기.

혼란기 지식인의 초상, 죽림칠현

　삼국 시대와 위·진 시대로 이어지는 시기는 정권이 교체되는 혼란기로 배신과 부패가 만연한 혼탁한 시기였다. 당시 위나라에서 공신인 사마씨 일족이 국정을 장악하고 전횡을 일삼자 고고한 선비 일곱 사람이 대나무 숲으로 들어가 은둔 생활을 했다. 이들은 시를 짓고, 거문고를 뜯으며, 술을 마시며 고담준론을 펼쳤다.

　이들을 '죽림칠현'이라고 부르는데, 완적阮籍, 혜강嵇康, 산도山濤, 향수向秀, 유영劉伶, 완함阮咸, 왕융王戎 등 일곱 명의 은자를 말한다. 이들은 도가 사상을 신봉하며 혼탁한 세속에서 벗어나 자아 해방과 자유를 노래하는 '청담淸談'을 펼쳤다. 청담을 통해 나타난 이들의 사상과 행동은 지배 세력에 대한 소극적인 저항으로 이해되었다. 이들이 술을 마시고 시를 짓는 것조차도 현실에 대한 저항으로 여겨진다. 사마소가 완적에게 아들 사마담의 상대로 딸을 달라고 하자 아무런 대답도 하지 않고 무려 60여 일 동안 술만 마시는 것으로 대답을 대신했다는 일화도 있다.

　근대 중국의 문호 루쉰魯迅은 죽림칠현의 행위를 현실 정치의 압력에 맞선 소극적 저항이라 평한다. 공산주의 정권에서도 그들의 유교에 대한 비판적 시각과 은일자적한 태도는 높이 칭송받았다. 하지만 최근 상하이대학의 짜오지엔민 교수는 "어떤 이들은 죽림칠현을 탈속한 사람들로 생각하고 있지만 사실 속된 부분이 많았으며, 각기 서로 다른 속물스러움을 지니고 있었다. 이들이 남긴 가장 귀중한 유산은 스스로 속됨을 멸시하고, 속됨을 깨뜨리고, 속됨을 넘어서기 위해 노력한 것이다. 정말 슬픈 것은 속됨을 벗어나려는 노력이 실패하자 낙망해 길을 헤맸지만 올바른 길을 찾지 못하고 오던 길로 되돌아가는 수밖에 없다는 태도로 속됨과 다시 어울리게 되었다는 점이다."

　이런 해석은 이제까지 알려져 온 죽림칠현에 대한 상식을 깨뜨리지만 한편으로는 아주 인간적인, 당연한 일이 아니었을까 하는 생각마저 들게 한다. 짜오지엔민의 주장은 동서고금을 막론한 지식인들의 속성을 표현한 것이 아닐까?

중국을 재통일하다
수 문제 양견

楊堅(541~604년)

- 수나라의 초대 황제(재위 581~604년).
- 581년 수나라를 세우고 589년 남조의 진을 평정하여 남북조를 통일했다.
- 개황율령 제정, 과거 제도 시행 등 후대까지 이어지는 다양한 개혁 정책을 통해 중앙집권 제도의 기반을 마련했다.

220년 후한이 멸망한 후 중국은 약 360여 년 동안 분열의 시대를 보냈다. 삼국 시대를 거쳐 265년 진晉나라가 중원을 통일하기는 했으나, 50년 후 대륙은 다시 분열되어 중원은 이민족의 5호 16국이, 강남은 한족의 망명 왕조 동진東晉이 차지했다. 420년 동진마저 멸망하니, 중국 역사는 강남의 송·제·양·진陳 등 한족의 남조가, 중원의 북위北魏·서위西魏·북주北周 등 이민족의 북조가 서로 대립하는 남북조 시대를 맞이했다. 이 시기는 중국 역사상 가장 혼란했던 시기로 한족과 이민족이 세운 나라들이 연이어 등장했다가 사라졌다. 또한 남북조 시대는 한족과 이민족들이 정치적, 문화적으로 끊임없이 투쟁하고 갈등하면서도 서로 융합했던 시기이

수 문제 양견

기도 하다. 이렇게 혼란스러웠던 남북조 시대를 종식시키고, 한족의 중원 복귀를 이루어 낸 이가 바로 양견楊堅으로, 그는 360여 년간의 분열을 종식시키고 수隋나라를 건국했다.

양견은 514년 서위西魏의 홍농弘農 화음華陰에서 북주의 대장군 양충楊忠의 아들로 태어났다. 아명은 나라연那羅延이다. 양충은 선비족의 대귀족이었던 독고신獨孤信의 부하로 두 사람은 서위의 실권자였던 우문태宇文泰 휘하에서 활동했다. 양충은 우문태의 아들 우문각宇文覺이 서위를 멸망시키고 북주를 세울 때 큰 공을 세워 대장군의 직위와 더불어 수국공에 봉해졌다. 555년 양견은 부친의 공로에 힘입어 산기상시, 거기대장군, 의동삼사에 임명되었으며, 성기현공에 봉해졌다. 556년 그는 표기대장군으로 승진했으며, 559년 북주의 명제 우문육宇文毓에게 우소궁백의 관직을 제수받고, 대흥군공에 봉해졌다. 560년 북주의 무제로 즉위한 우문옹宇文邕은 다시 그를 수주 자사에 임명하고 대장군으로 승진시켰다. 스무 살이 채 되지도 않은 양견의 초고속 승진에 그의 장래가 유망하다고 생각한 독고신은 딸 독고가라獨孤伽羅를 양견에게 시집 보냈다. 그녀가 훗날 양견의 정치적 조언자가 되는 독고황후다.

578년 북주의 무제가 승하하고 황태자 우문윤宇文贇이 제위를 이어 선제가 되었다. 573년 큰딸을 우문윤에게 시집 보낸 양견은 황제의 장인이 되었다. 선제는 양견에게 상주국과 대사마의 관직을 내렸고, 이로써 양견의 실권은 더욱 커졌다.

나이가 어린 선제는 정치에 무관심하여 방탕한 생활을 일삼았으며, 신하들에게도 존경받지 못했다. 반면에 양견은 백성들을 먼저 생각하고 어진 정치를 하려고 힘쓰니, 당연히 민심은 양견에게 쏠리게 되었다. 이에 위기를 느낀 선제는 일부러 양황후를 모욕하고 양씨 집안의 삼족을 멸하고자 했다. 하루는 선제가 양견을 궁으로 불러들였다. 선제는 양견이 조금이라도 언짢은 표정을 지으면 그것을 구실로 양견을 제거할 요량이었으나, 양견의 표정은 시종일관 무덤덤했다. 구실을 찾지 못한 선제는 그를 제거하는 것을 포기했다. 그 후 양견은 선제의 의심을 피하기 위해 지방 관직을 자청했다.

579년 북주의 선제가 병으로 세상을 뜨자, 황위는 여덟 살의 정제에게 돌아갔다. 당시 양견은 양주 총관에 임명되었으나 나이 어린 정제를 보좌한다는 명분을 내세워 부임지 양주로 향하지 않았다. 그는 내사상대부 정역鄭譯과 어정대부 유방劉昉의 도움을 받아 선제의 유언을 위조해 섭정이 되었다. 그러나 조정 대신들이 모두 그의 섭정에 찬성한 것은 아니었다. 조정의 실권을 장악한 양견은 반대파들을 제거해 나가기 시작했다. 그는 지방 제후들의 반란을 염려하여 조趙, 진陳, 월

6세기경의 수레

과거 시험 고시 방식으로 사회 각 계층에서 인재를 선발하는 제도인 과거 제도는 수나라 시대에 만들어져 이후 청나라 때까지 지속되었다.

越, 대代, 등藤의 우문씨 왕들을 제거하고, 스스로 승상이 되었으며, 곧이어 수왕隋王에 올랐다. 581년 양견은 결국 정제에게 황위를 선양한다는 조서를 받아내 황위에 올랐다. 그는 연호를 개황開皇, 국호를 대수大隋라 칭하고, 수도를 장안으로 삼았다. 그가 수 문제다.

문제는 황위에 오른 후 대륙 통일 작업을 시작했다. 우선 그는 582년 북부 변경을 침범한 돌궐을 무찔렀고, 후에 돌궐의 화의를 받아들여 우호적인 관계를 유지해 변경 지역을 안정시켰다. 북부가 안정되자 문제는 남부에 할거하는 세력들을 평정하기 시작했다. 587년 그는 먼저 형주 지역을 차지하고 있던 후량後梁을 병합했고, 588년에는 진왕晉王 양광楊廣을 보내 진나라를 공격했으며, 그다음 해에 진나라를 멸망시켰다. 이로써 문제는 약 360년간 분열되어 있던 중국을 재통일했다.

중국 통일 작업을 완수한 문제는 조정의 정치를 혁신했다. 먼저 그는 관제를 개혁하여 한나라와 위나라 시대의 관제를 회복시켰다. 중앙에는 삼사三師, 삼공三公과 상서성, 문하성, 내사성, 비서성, 내시성 등의 5성을 두었다. 또한 상서성 아래에는 육조와 12부府를 두었다. 이러한 제도는 중앙집권제를 강화하는 데 매우 유리했으며, 이후 들어선 왕조들도 이 제도를 따랐다. 한편 지방기구는 간소화하여 전국의 모든 군을 폐하고, 주州에서 현縣을 통솔하게 하는 주·현 양급제로 고쳤다. 또한 주에는 차리를, 현에는 현령을 개설하고, 지방관을 임명할 때는 가능한 현지 사람은 피했다.

다음으로 그는 법제를 개혁했다. 그는 북주의 법률이 가혹하고 복잡하여 요령을 파악할 수 없었던 것을 거울삼아 형법을 수정했다. 복야僕射 고경高潁의 주도하에 시행된 1차 형법 수정은 효수(梟首, 죄인의 목을 베어 높은 곳에 매다는 처형 방법), 거열(車裂, 사람의 팔과 다리를 각각 다른 수레에 묶고, 그 수레를 반대 방향으로 달리게 하는 처형 방법), 편달(鞭撻, 채찍으로 때리는 처형 방법)

등의 혹형을 없애는 데 주력했다. 소위 蘇威의 주도하에 이루어진 2차 형법 수정 때는 새로운 법률을 제정하는 한편 죄명을 대폭 줄이고, 동일한 죄로 받는 형벌을 줄임으로써 형법을 간단 명료화했다. 이는 중국 법제상 중대한 개혁으로 평가된다.

이 밖에도 문제는 군사 제도를 개혁하고 균전제를 반포해 농민들이 적극적으로 일할 수 있도록 하여 농업 생산량을 증대시켰다. 또한 그는 장안성을 재건하고, 우문개에게 황하와 양자강을 연결하는 대운하를 건설하게 하고 남북 경제와 문화를 소통시켰다. 문제의 개혁에서 가장 중요한 개혁 중 한 가지는 바로 과거 제도 실시다. 과거 제도는 고시 방식으로 인재를 선발하는 제도로 각 계층의 재능이 뛰어난 사람들에게 능력을 발휘할 수 있는 기회를 제공했다. 그는 587년 위·진 시대의 구품중정제九品中正制와 관리세습제를 폐지한 뒤 과거 제도를 통해 관원을 선발했다. 이때 시행된 과거 제도는 수나라가 멸망한 후에도 계속 개선되어 이어지다 청나라 말기에 이르러서야 폐지되었으며, 한국도 이를 받아들여 발전시켜 나갔다.

문제는 스스로 조정의 기풍을 바로잡기 위해 본보기를 보였다. 그는 "예부터 사치한 제왕은 오래가지 못했다."라고 말하며 솔선수범하여 근검절약하는 생활을 했다. 그는 수레와 가마를 고쳐 사용했으며, 연회를 제외한 식사 때는 한 가지 고기 요리만을 허락했다고 한다. 또한 그는 불법을 저지른 관리를 엄하게 다스렸으며, 선량한 관리를 장려했다.

그러나 만년의 문제는 불교, 도교 및 귀신 등에 집착하고, 성격이 예민해져 법을 가혹하게 집행했고, 심한 변덕을 부려 특별한 이유 없이 사람들을 죽이곤 했다. 그는 도둑들이 많아져 그 피해가 심각해지자 동전 한 닢을 훔친 자도 목을 벴으며, 길일에 무장의 의복이 단정하지 못하다 하

수 대의 맥적산 석굴 불교는 서한 말부터 실크로드를 통해 중국에 유입되었다. 맥적산 석굴은 384년부터 10여 개의 왕조를 거치면서 조성되어 막고굴과 함께 찬란한 불교 문화 유산으로 꼽힌다.

여 죽였고, 무기 창고 마당의 무성한 풀이 지저분해 보인다는 이유로 책임자 여러 명을 죽였다. 또한 간신들의 참언을 의심 없이 받아들여 여색을 밝히고 권모술수에 능한 둘째 아들 양광을 어질고 효성이 뛰어난 인물로 잘못 알아 태자 양용을 폐하고 그를 태자로 삼았다.

604년 문제는 병이 위중해져 장안의 인수궁 대보전에 누워 있었다. 하루라도 빨리 황제가 되고 싶었던 태자 양광은 문제의 시중을 들고 있던 승상 양소楊素에게 문제 사후의 일을 상의했다. 그러나 이들이 나눈 서찰이 한 궁인의 실수로 문제의 수중에 들어가고 말았다. 진노한 문제는 양광을 소환했다. 이때 문제의 애첩 선화부인 진씨가 옷매무새가 흐트러진 채로 들어와 태자 양광의 소행이라고 고했다. 문제는 불같이 화를 내며 병부상서 유술柳述에게 양광을 폐하고 양용을 다시 태자로 삼으라는 조서를 쓰게 했다. 양소는 즉시 양광에게 이 모든 사실을 전했고, 양광은 군사를 동원하여 황궁을 포위했다. 양광과 양소가 문제가 누워 있던 대보전에 들어간 후 얼마 지나지 않아 문제는 승하했다. 일설에는 양광이 아버지 문제를 시해했다고 하나 이는 확실하지 않다. 604년 태자 양광이 황위를 이어 수나라 제2대 황제에 올랐다. 그가 바로 중국을 대표하는 폭군 중의 한 사람인 수 양제다.

문제가 건국한 수나라는 약 37년 만에 멸망했다. 그러나 문제가 기틀을 마련한 수나라의 영토와 제도들은 당나라에 그대로 전해져 당나라가 번영하는 발판을 제공했으며, 이후 약 천 년간 지속되었다.

중국 역사상 최악의 폭군
수 양제 양광

楊廣(569~618년)

- 수나라의 제2대 임금(재위 604~618년).
- 광통거, 통제거 등 무리한 운하 사업 추진으로 백성들을 착취했고, 영토를 확장하고자 고구려 원정을 감행했다가 을지문덕 장군이 활약한 살수대첩에서 대패했다.
- 중국 역사상 최악의 폭군으로 알려져 있으며 수나라 멸망의 원인이 되었다.

수 양제 양광은 중국 역사상 가장 유명한 폭군으로, 후한의 멸망으로부터 약 360년 만에 천하를 재통일한 수 왕조를 불과 37년 만에 닫게 한 군주다.

그의 이름은 양광 혹은 영英이다. 그는 수나라를 건국한 문제와 문헌황후 독고씨의 둘째 아들로 581년 진왕晉王의 작위를 받았으며, 589년에는 행군원수에 임명되어 진陳 정벌에 나서 큰 공을 세웠다.

수 양제 양광

600년 양광은 계략을 꾸며 태자 양용을 폐위시키고 태자가 되었다. 양광의 어머니 문헌황후는 문제의 부인이 될 당시 후궁에게서 절대 후손을 얻지 말 것을 약속받았을 정도로 질투가 심한 여인으로, 남편뿐만 아니라 신하들도 정실부인만을 두길 바랐다. 또한 그녀는 정치적 영향력도 강해 문제는 조정의 중대한 일들을 그녀와 의논했을 정도였다.

태자 양용은 여색을 밝히는 인물로 태자비 원씨가 죽었을 때 애첩 운씨와 함께 사치와 향락에 빠져 그녀가 죽은 줄도 몰랐다. 이 일로 그는 문헌황후의 눈 밖에 나기 시작했고, 이런 분위기를 간파한 양광은 계략을 꾸미 문제와 문헌황후의 환심을 사기 위해 갖은 방법을 다했다. 양광은 문제와 문헌황후가 방문할 때마다 먼지투성이인 악기를 일부러 보이고, 궁중의 미녀들은 감추고 늙은 하녀들에게 시중들게 하는 등 사치와 음악과 여색을 싫어하는 것처럼 연기했다. 또한 태자의 부하들을 매수하여 태자의 잘못을 문제에게 고자질했다. 결국 문헌황후는 문제에게 태자 양용의 폐위를 논의했고, 양용은 폐위되어 서인으로 강등되었다. 양광은 바라던 대로 태자가 되었다.

602년 문헌황후가 서거하자 양광에게 금욕적인 생활은 더 이상 의미가 없어졌다. 그는 본성을 되찾아 여색을 밝히고 심지어 문제의 후궁인 선화부인 진씨에게까지 연정을 품었다. 604년 문제가 중병이 들어 자리에 누웠을 때 양광이 선화부인을 범하려고 한 일이 있었다. 이 사실을 안 문제가 그를 궁궐로 불러 문책하고, 태자를 장남 양용으로 바꾸려 했다. 그러나 양광은 이를 먼저 알아채고 승상 양소와 결탁하여 군대를 이끌고 궁궐로 진입했다. 그는 사람을 보내 문제를 시해하고 후환을 없애기 위해 양용까지 살해했다. 604년 양광은 아버지와 형을 죽이고 제위에 올랐으니, 이가 바로 수 양제이다. 그는 605년에 연호를 대업大業으로 고쳤다.

대운하

양제는 604년 왕위에 오르자마자 낙양으로 천도를 결정하고 새로운 도성을 건설하기 위해 200만 명의 백성들을 동원했다. 그는 현인궁顯仁宮이라는 궁궐과 서원西苑이라는 큰 정원을 건설하게 했다. 서원 안에는 바다, 인공 섬, 수많은 정자와 누각이 있는 등 호화롭기 이를 데 없었다고 한다. 또한 서원 바다의 북쪽에 '용린거' 라는 물길을 만들고, 물길에 일정한 간격마다 갖가지 희귀한 동물을 사육하는 정원을 조성했다고 한다. 양제는 그곳에서 아름다운 여인들과 함께 연회를 즐겼다.

한편 양제는 아버지 문제가 중단했던 운하 공사를 재개했다. 605년 그는 문제가 완성했던 광통거廣通渠와 회수, 장강을 잇는 통제거通濟渠를 6개월 만에 완성했다. 608년 양제는 장강과 탁군을 연결하는 영제거永濟渠, 610년에는 강남하江南河, 4천여 리에 이르는 대운하를 6년 만에 완성시켰다. 게다가 대운하 옆에 대로를 건설하고, 그 옆에 느릅나무와 버드나무를 심어 경치를 아름답게 꾸몄다. 또한 자신이 머물면서 쉴 행궁을 짓는 것도 빠뜨리지 않았다.

수 양제는 토목 공사 외에도 편안하게 유람하기 위한 공사도 벌였다. 50만 대군을 거느리고 육로로 유람을 떠났을 때는 군사를 시켜 태행산에 굴을 만들고, 백성들에게는 대로를 만들게 했다. 100만 명의 인부들이 20일 만에 양제의 명령을 완수했다고 전한다. 또한 건축가 우문개宇文愷에게 명령하여 이동식 궁전인 관풍행전觀風行殿을 짓도록 했는데, 이 궁전은 때와 장소를 불문하고 설치와 해체가 자유로웠다고 한다.

양제가 즉위한 후부터 실시된 토목 공사에 동원된 인력은 도성 축조에 200만 명, 운하 건설에 약 1억 5천만 명에 달했다고 한다. 또한 장정들로 인력이 충족되지 않으면 부녀자들까지 공사에 동원했다. 전하는 바에 의하면 대운하를 건설할 때 운하의 얕은 부분이 발견되자 그 구간을 공사한 관리와 인부 5만 명을 잡아다 강에 빠뜨려 죽일 것을 명했다고 한다. 양제는 자신을 태운 용선龍船을 선두로 황후와 후궁, 대신 들을 태운 배를 뒤따르게 하여 운하를 건넜다. 그때마다 배를 끌어당기기 위해 8만 명의 백성들이 동원되었고, 이에 더해 양제와 그 무리들이 먹고 마실 음식을 진상하기 위해 가산을 털었다고 한다.

612년 양제는 대신들의 만류 속에 고구려 정벌을 감행했다. 양제는 113만 대군을 이끌고 제1차 고구려 정벌에 나섰다. 그는 대동강을 통해 수군을 상륙시키고, 육군으로 하여금 요동성을 공략시켜 고구려의 평양성을 함락하고자 했다. 그러나 양제의 군대는 모두 고구려군에게 대패하고 말았다. 특히 양제는 요동성 공격이 실패로 돌아가자 별동대까지 편성했으나 고구려의 명장 을지문덕에게 살수에서 대패했다.

613년 양제는 제2차 고구려 원정을 계획하고 그해 4월 요동성을 공격했다. 그러나 대외원정의 실패와 가혹한 수탈을 견디다 못해 여양黎陽에서 양현감楊玄感의 반란이 일어났다. 이에 후방을 안정시키고자 양제는 군대를 철수했고, 이로써 제2차 고구려 정벌은 실패로 끝났다. 614년 2월 양제는 다시 한 번 고구려를 정벌하고자 군대를 소집했지만 이미 두 차례의 원정으로 국고가 바닥나고 민심도 황폐해진 상태였기 때문에 이 또한 실패하고 말았다.

무리한 토목 공사와 대외원정으로 인해 수나라는 극도로 피폐해졌고, 결국 각지에서 반란이 일어났다. 611년 왕박王薄의 농민 반란을 시작으로 각지에서 반란이 끊이지 않았고, 617년에는 양제의 이종사촌인 이연李淵이 포함된 반란군이 봉기하여 수나라 군대를 크게 물리쳤다. 이연은 양제를 태상황에 봉하고 양유楊侑를 황제의 자리에 앉혔다. 하지만 양제는 사치와 방탕한 생활을 멈추지 않았고, 결국 618년 반란을 일으킨 우문화급宇文化及에게 사로잡혀 살해되었다.

양제는 폭정과 과도한 토목 공사, 무리한 대외원정으로 수나라를 단기간에 멸망시킨 중국 역사상 최악의 군주로 꼽힌다. 하지만 낙양 수도 건설, 만리장성 보강, 대운하 사업 등은 그의 치적으로

수나라의 여인

기록되어야 할 것이다. 비록 이러한 토목 공사들을 실행하면서 백성들을 가혹하게 착취했으나, 이 공사들의 대부분은 선왕인 문제 때부터 시작된 사업을 이어받은 것이라는 점도 간과할 수는 없다. 또한 이런 대사업은 정치적으로뿐만 아니라 경제적으로도 필요한 사업으로, 언젠가는 이루어져야 하는 것들이었다. 특히 양제에 의해 완성된 영제거와 통제거 운하는 중국 남북 지역 간의 교류를 활성화시켜 강남 지역 개발을 완성했다. 강남에서 생산된 풍부한 물자는 운하를 통해 강북으로 이동했고, 이로써 강북 지역은 인구가 증가하고 재정을 확충할 수 있었다. 이를 계기로 중국 내륙 왕조는 북방 이민족과의 격차를 더 벌렸고, 후에 여러 민족을 지배할 수 있는 경제력과 지배력을 갖추었다.

민심은 천심, 수의 멸망

　수나라의 제2대 황제에 오른 양광은 중국 역사상 가장 포악한 군주 중 한 사람으로 꼽힌다. 그는 새 도읍의 궁궐 공사와 장강과 황하를 잇는 대운하 공사로 인해 민심을 크게 잃었고, 무리한 고구려 원정으로 인해 수나라의 멸망을 재촉했다.

　난세를 평정하고 중국의 패권을 거머쥔 수 양제에게는 수나라를 견제하는 고구려가 눈엣가시였다. 때마침 고구려와 대치하고 있던 백제와 신라의 원정 요청은 그의 정복욕을 자극했다. 그는 300만 명 이상의 대군을 동원해 고구려 원정을 감행했다. 이때 동원된 전투 병력만 해도 133만 3,800명에 달했다. 수나라의 대군이 탁군(북경)을 출발할 때만 해도 승리는 그들의 것처럼 여겨졌다. 하지만 300만 명 이상이 한꺼번에 기동력을 발휘하며 움직일 수는 없었다. 그들이 탁군을 빠져나가는 데만 40여 일이 걸렸고, 요동성에 도착했을 때도 130만 명이나 되는 대병력이 한꺼번에 운용되기는 무리였다. 게다가 정작 싸울 수 있는 전장도 넓지 않았다. 걸림돌은 이뿐이 아니었다. 수 양제는 군사를 움직일 때나 주목할 만한 일이 발생하면 즉시 보고하게 했다. 만약 고구려가 항복하면 받아들이고 밀어붙이지 말라는 명령도 내렸다. 고구려는 이 점을 간파하고 이를 역이용해 거짓으로 항복하며 지구전에 돌입했다.

　수 양제는 전쟁이 지지부진하자 작전을 바꿔 우문술과 우중문에게 별동대 30만 명을 이끌고 평양성 공격을 지시했다. 이때 고구려의 명장 을지문덕은 우문술에게 '신기한 계책은 천문을 꿰고, 기묘한 전술은 지리를 통달했네. 기묘한 꾀는 땅의 이치를 다 알아서 하는 게지. 싸움에서 이긴 공 높을 수밖에 없겠네. 그만하면 족하니 이제 그치는 게 어떠한지' 라는 시를 보내 우문술을 추켜세우고 거짓으로 항복했다. 이미 사기가 바닥난 수나라 군대의 상황에 우문술은 항복을 받아들이고 퇴각하기로 했다. 그러나 퇴각하는 수나라 군대가 지금의 평안남도와 평안북도의 경계인 살수에 이르렀을 때, 을지문덕은 미리 막아 놓았던 수로를 열어 강을 건너는 수나라 군을 몰살시켰다. 수나라 군의 별동대 30만 명 중 요동성으로 돌아간 군사는 약 2,700명에 불과할 정도의 참패였다.

　고구려 원정 실패는 지방 호족들에게 반란을 일으킬 빌미를 제공했다. 그로부터 몇 년 지나지 않은 618년 결국 반란으로 인해 수 양제가 살해되면서 수나라는 37여 년 만에 막을 내렸다.

수나라는 37년 만에 폭정으로 인해 멸망했다. 그 후 잠시의 혼란기를 거쳐 당 고조 이연이 장안을 함락하고, 당나라를 세웠다. 이 시기에 중국 고유의 문화가 개화하면서 이백, 두보, 구양순, 안진경 등이 배출되었다. 당나라 말기 반세기 동안 중원에 5왕조, 남부에 10왕조가 교체되다 후주의 조광윤이 송나라를 세우면서 중원을 통일한다. 문화 국가를 표방한 송나라에서는 주자, 당송팔대가(唐宋八大家) 등 많은 문인과 학자가 배출되었다. 기원전 13세기 몽골 초원의 영웅 칭기즈 칸이 대제국을 건설하면서 중원은 이민족인 몽골의 지배를 받게 된다. 이 나라가 원이다. 그러나 원은 유목민적 사고방식을 벗어나지 못하고 정치 체제가 낙후되어 결국 90년 만에 멸망하고 만다.

중국사 연대표

618 이연이 수 공제에게 선양받아 당 고조로 즉위했다.

626 이세민이 현무문의 변을 일으켜 당 태종으로 즉위했다.

629 현장법사가 인도에 갔다.

690 측천무후가 제위에 올라 국호를 '주'로 고쳤다.

755 안사의 난이 일어났다.

875 왕선지, 황소의 난이 일어났다.

907 주전충이 당을 멸망시키고 후량을 건국했다.

한국사 연대표

676 신라가 삼국을 통일했다.

698 대조영이 길림성 동모산에 정착해 진(발해)를 건국했다.

828 신라의 장보고가 청해에 진을 설치했다.

918 신라 말 지방 토호인 왕건이 고려를 세웠다.

당나라부터 원나라까지

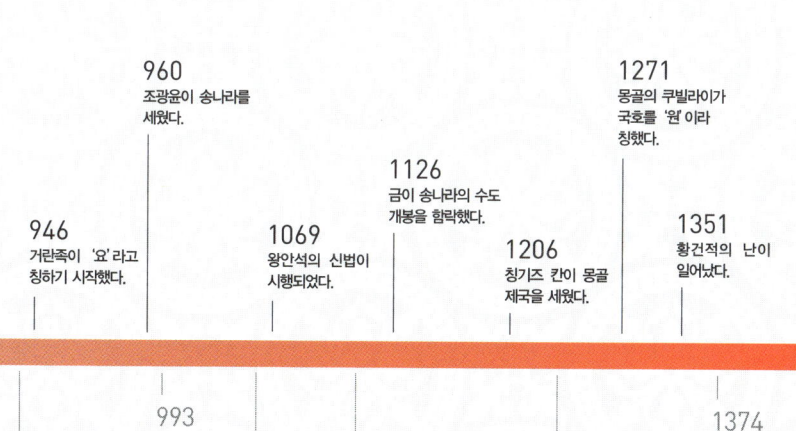

946
거란족이 '요'라고 칭하기 시작했다.

960
조광윤이 송나라를 세웠다.

1069
왕안석의 신법이 시행되었다.

1126
금이 송나라의 수도 개봉을 함락했다.

1206
칭기즈 칸이 몽골 제국을 세웠다.

1271
몽골의 쿠빌라이가 국호를 '원'이라 칭했다.

1351
황건적의 난이 일어났다.

936
왕건이 후백제를 멸망시키고 후삼국을 통일했다.

993
거란이 고려를 침략했다.

1033
천리장성이 축조되었다.

1107
윤관이 여진을 평정하고 동북 9성을 쌓았다.

1231
몽골이 고려를 침입했다.

1374
공민왕이 친원 세력에 의해 시해되었다.

정관의 치
이세민

李世民(599~649년)

- 당나라의 제2대 황제 당 태종(재위 626~649년).
- 형과 아우를 죽이고(현무문의 변) 태자가 되어 왕위를 계승했으나 중국의 대표적 명군으로 손꼽힌다.
- 그의 치세는 연호를 따 '정관의 치'라고 일컬어지며 중국 역사상 가장 찬란한 문화를 꽃피운 시기로 여겨진다.

아버지 이연(李淵,당 고조)을 도와 수나라를 멸망시키고 당나라를 건국한 이세민. 그는 태자인 형 건성과 동생 원길을 죽이고 피로 얼룩진 황좌에 올랐지만 당시 세계 초강대국이던 이슬람 제국과 어깨를 나란히 겨눌 만한 강건한 국가를 만들었다. '정관貞觀의 치治'라고 불리는 그의 치세는 중국 역사상 태평성대를 상징하는 이상적인 국가로 손꼽힌다.

이세민은 수나라 태원 유수 이연의 둘째 아들로 태어났다. 아버지 이연은 한족 귀족 가문 출신으로 수 양제 양광의 이종사촌이었다. 수 양제는 대운하 건설과 동도 건설 같은 무리한 토목 공사에 더해 무리한 고구려 원정을 감행하는 등 백성들의 삶을 피폐하게 만들었다. 여기에 고구려 원정 실패로 각지에서 세력을 키우고 있던 호족들이 반란을 일으키면서 혼란은 극심해졌다. 이에 이세민은 아버지 이연에게 봉기할 것을 권유했다. 산서성山西의 성도 태원太原의 군사령관이던 이연은 군사를 일으켜 장안을 점령하고, 양유를 옹립했다가 618년 선양의 형식으로 즉위했다. 이연은 나라 이름을 당이라고 하고, 이로써 수나라는 멸망했다. 그러나 대륙 곳곳에서는 여전히 지방 군벌들이 득세하고 있었다. 남부 지역은 남조를 계승한다는 명분으로 독립했고, 변경에서는 돌궐이 호시탐탐 수나라를 노리고 있었다.

이런 상황에서 고조로 즉위한 이연은 장남 건성建成을 황태자로 책봉하고 이세민을 진왕秦王, 셋째 원길元吉을 제왕濟王에 봉했다. 그리고 당나라 개국에 큰 공을 세운 이세민에게 반란 세력을 진압하는 임무를 맡겼다. 이세민은 618년부터 624년에 이르기까지 돌궐 족을 만리장성 밖으로 몰아내고 남부 지방을 정복했으며, 지방 호족 세력의 반란도 진압했다.

당 고조 이연

혁혁한 전과를 세운 이세민은 고조의 신임과 민심의 기대를 한몸에 받았다. 황제는 그에게 천책상장天策上將이라는 칭호를 내렸으며, 이세민에게 새로 홍의궁을 지어 하사했다. 그러자 황태자 건성은 자신의 지위에 위협을 느끼고 이세민을 견제하기 위해 고조와 이세민 사이를 이간질했으며, 여러 차례 자객을 보내 암살을 시도했다. 그는 동생인 원길까지 끌어

당 태종 이세민

들여 이세민을 제거하고자 했다.

그러나 이를 눈치챈 이세민은 626년 고조에게 이 사실을 고한 후, 7월 2일 현무문을 통해 궁중으로 들어서던 건성과 원길을 활로 쏘아 죽였다. 이세민은 그 길로 황제를 협박하여 별궁에 유폐시킨 후 황태자가 되었다. 이 사건이 현무문의 변이다. 이로부터 3개월 후 28세의 이세민은 고조로부터 양위받아 당나라 제2대 황제 당 태종으로 등극했다. 이세민은 이듬해 나라의 연호를 정관貞觀이라 하고, 국가 제도를 정비하여 국정을 안정시키고 당나라만의 독자적인 문화를 창출하는 데 힘써 '정관의 치'라고 불리는 태평성대를 이룩했다.

당 태종은 먼저 3성 6부 관제를 완성하고, 전국을 10도로 나누어 국가 체제를 정비했으며, 정관율령격식을 공표하여 형벌과 행정에 관한 법령도 완성했다. 그뿐만 아니라 수나라 때부터 이어진 선거 제도를 정비하여 과거 제도를 실시해 출신을 가리지 않고 인재를 등용했다. 능력이 뛰어나면 적을 기용하는 것도 거리낌이 없었으며, 신하들의 간언 역시 올곧게 받아들였다. 또한 당 태종은 학문을 숭상하여 학자들을 우대했고, 직접《남북조사》편찬 작업에 참여할 정도로 관심을 쏟았다.

당 태종은 민생을 안정시키기 위한 제도 개혁에도 주력했다. 먼저 새로운 세금 제도인 조용조 법이 실시되었다. 조租는 구분전에 징수하는 세금, 용庸은 부역, 조調는 집에 관한 현물세로 계급별·재산별로 세금을 차등 부과해 백성들의 세금 부담을 가볍게 했다. 군역은 부병제로, 지역별로 정남(丁男, 부역이나 군역에 소집될 연령의 남자) 중 3명당 1명씩 3년에 한 번 징집하여 근무하게 했고, 농민들이 군장과 군량을 스스로 마련하던 부담을 덜기 위해 정남 1인에게 100묘畝의 토지를 지급하는 균전법을 시행했다. 또한 군역을 이행하는 중에는 조용조 세금을 면제해 주었다.

십팔학사도 당 태종은 학문소를 두고 학자들을 예우로 대접하고 정부의 요직에 앉혔다. 학자들의 역할은 의논을 통해 정책안을 제시하는 것이었다.

당 태종이 이러한 정관의 치를 이룩한 데는 그가 발탁한 인재들의 활약도 컸다. 대표적인 인물이 위징魏徵, 방현령房玄齡, 두여회杜如晦 등이다. 위징은 수나라 출신으로 당 고조 이연에게 발탁되어 당시 황태자였던 건성 아래에서 활동한 인물이다. 위징은 이세민의 세력이 커지는 것을 경

당나라 시대의 무사와 말 당 태종의 왕릉에서 출토된 무사와 말 부조.

계하여 건성에게 이세민을 먼저 제거할 것을 간언한 적도 있었다. 그러나 건성이 현무문의 변으로 죽은 후 위징은 죽음을 두려워하지 않고 이세민에게 자신의 책략을 당당하게 밝혀 감탄을 샀다. 이세민은 위징의 기개를 높이 사 측근으로 중용했으며, 이후로도 위징은 당 태종에게 서슴지 않고 충언을 올려 재상의 자리에 올라 활약했다.

위징과 함께 당나라의 기틀을 세우는 데 공헌한 또 한 사람은 방현령이다. 방현령은 당 태종의 최측근으로 그가 즉위하기까지의 과정을 같이하여 큰 신임을 받았다. 당 태종이 직접 군사를 이끌고 고구려를 공격하기 위해 장안을 비울 때는 대신 수도를 지켰다. 그런 그가 발탁한 인물이 정관의 치를 주도한 두여회다. 두여회는 수나라 조정에서 현위를 지냈던 인물로, 당 태종이 즉위한 후에는 병부상서, 상서우복야 등 요직을 두루 거치며 법률 제도 및 행정 제도를 확립한 명신이다.

이렇게 내적으로 안정을 되찾자 당 태종은 밖으로 눈을 돌려 영토를 확장하고자 했다. 그러나 고구려 원정은 그의 오점 중 하나로 남았다. 644년 11월 당 태종은 고구려를 공격하기 위해 직접 30만 명에 이르는 군대를 이끌고 원정을 떠났다. 당 태종은 고구려의 군사상 요지인 개모성, 비사성, 요동성, 백암성을 차례로 함락시킨 후 드디어 안시성에 도착했다. 당 태종은 안시성 동남쪽에 흙산을 쌓고 공격을 꾀했으나 갑자기 큰 비가 내려 흙산이 무너진 데 이어 고구려군에게 산을 빼앗기기까지 했다. 당나라는 사력을 다해 공격했으나 군량이 점차 바닥나면서 결국 안시성을 함락시키는 데는 실패하고 말았다. 당나라군은 고구려의 거듭된 공격에 엄청난 피해를 입고 퇴각했다. 이 과정에서 당 태종은 눈에 화살을 맞았는데, 이후 이 부상이 악화되어 사망했다고도 전해진다.

당 태종 시절 당나라는 중국 역사상 손꼽히는 강대국으로 성장했으나 후계는 그와 달리 현명하지 못했다. 당 태종은 전례에 따라 정비 장손황후와의 사이에서 태어난 첫째 승건承乾을 황태자로 책봉했으나 승건이 역모를 일으키자 폐위하고, 다시 장손황후 소생의 셋째 아들 치治를 태자로 책봉했다. 그가 바로 당나라 제3대 황제인 고종이다. 그러나 고종은 태자 시절부터 당 태종의 후궁이었던 무미랑과 남녀 관계를 맺었으며, 태종 사후에는 그녀를 자신의 후궁으로 책봉했다. 무능력했던 고종은 그녀를 두 번째 황후로 삼고 점차 모든 권력을 빼앗긴 채 죽었다. 고종의 황후가 된 무미랑, 그녀는 고조가 사망한 후 아들들을 차례로 폐위하고 스스로 왕위에 오르기까지 하는 등 15년간 무소불위의 권력을 휘둘렀다. 그녀가 바로 측천무후則天武后다.

세상 모든 글씨를 뜻대로 쓰다
구양순

歐陽詢(557~641년)

- 당나라 초기의 서예가.
- 우세남, 저수량과 함께 당나라 초기의 3대 서예가로 꼽히며, 서성 왕희지와 함께 해서 분야의 모범으로 여겨진다.
- 〈구성궁예천명〉, 〈몽촌첩〉, 〈장한첩〉 등의 작품이 있으며, 《팔결》, 《삼십육법》 등의 서예 이론서를 저술했다.

    구양순은 당나라 초기의 서예가로 '서성書聖'이라고 불리는 동진의 서예가 왕희지 이래 해서의 모범으로 여겨진다. 그는 중국 서예사상 '해서 제일'이라고 불리며 우세남虞世南, 저수량楮遂良과 함께 당나라 초기의 3대 서예가로 꼽힌다.

    자는 신본信本이며, 557년 남북조 시대 진陳나라 담주潭州에서 태어났다. 아버지는 진나라 광주 자사를 지낸 구양흘歐陽紇로 진 무제 때 모반에 가담했다 죽임을 당했다. 이후 구양순은 아버지의 친구인 중서령 강총江總에게 입양되어 역사와 서예를 배웠다. 그는 아버지가 반역자인데다 원숭이를 연상시키는 볼품없는 외모 때문에 업신여김을 받으면서 불우한 어린 시절을 보냈다. 하지만 어린 시절 따를 자가 없을 정도로 총명했던 그는 많은 책을 읽었다. 그는 경서(經書, 유교 사상과 교리를 기록한 책들의 총칭)뿐만 아니라 고금의 서적을 모두 읽어 《사기》, 《한서》, 《동관한기》의 3사三史에도 정통했다.

그는 수나라 양제 때 태상박사를 지냈고 후에 당 고조가 되는 이연의 상객이 되었다. 617년 이연이 수나라 말기의 혼란을 수습하고 당나라를 건국하자 그는 급사중으로 발탁되었으며, 당 태종 때는 태자솔경령과 홍문관 학사 등을 지냈다.

구양순은 우세남과 더불어 홍문관에서 귀족 자제들에게 글씨를 가르쳤다. 그는 특히 서예를 좋아하여 거의 탐닉하는 정도에까지 이르렀다. 한 번은 말을 타고 외출한 그가 우연히 서진 시대의 서예가 소정索靖이 쓴 비석을 보게 되었다. 그는 말 위에서 비석을 한참 보았지만 주목할 만한 점을 발견하지 못하고 갈 길을 재촉했다. 그러나 몇 걸음 가지 않아 그는 일대의 서예가였던 소정의 글씨에는 분명 그만의 특색이 있을 것이라고 생각하고, 말을 돌려 되돌아왔다. 그는 말에서 내려 반복해서 몇 번을 보고나서야 그곳에서 정교함과 절묘함을 발견했다. 결국 그는 비석 옆에 아예 자리를 깔고 앉아 소정의 필획을 사흘 밤낮으로 연구한 후 비로소 떠났다고 한다. 그는 그곳에서 소정의 필체를 통해 붓을 놀리는 취지를 깨달았으며, 이로 인해 더욱 완벽하고 아름다운 경지에 도달할 수 있었다.

처음에 구양순은 왕희지의 서체를 모방했으나 후에 독자적인 서체를 완성해 일가를 이루었다. 그는 해서, 예서, 초서 등에 모두 조예가 깊었는데, 그중 해서가 으뜸이라고 여겨진다. 그의 해서 작품의 글씨체는 세로로 길며, 구조가 독특하고, 필력에 힘이 느껴지고, 웅장하며, 엄정한 규범

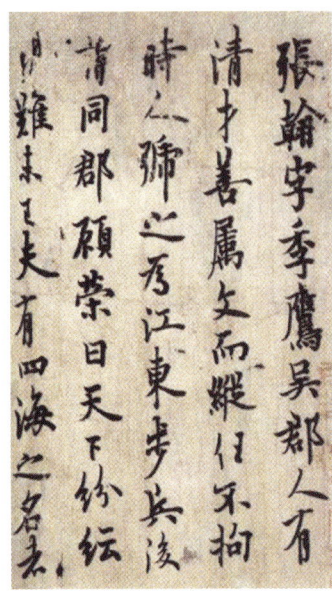

해서로 쓰여진 구양서의 〈장한첩〉

을 따르고 있어 후대 서예가들에게 모범이 되었다. 그의 서체는 '구체歐體'라고 불린다. 해서 작품으로는 〈구성궁예천명九成宮醴泉銘〉, 행서는 〈몽촌첩夢奠帖〉과 〈장한첩張翰帖〉 등이 유명하다.

당 대 서예가 장회관張懷瓘은 《서론서書論書》〈서단〉에서 그의 서체에 대해 이렇게 평했다. "전서체는 우아하고 정교하며 글씨가 하늘을 나는 듯 절묘하다. 그 모습이 마치 용과 뱀의 전투처럼 얽혀 있고, 운무가 가볍게 감싼 기세에 번개가 치듯 휘몰아치고 있어 신선이 붓을 휘두르면 이와 같을 것이다. 한편 행서는 무기고의 창과 비늘처럼 매섭다. 비록 갈고 다듬어진 것은 오세남보다는 덜하지만, 풍채는 수대의 서예가 지영智永보다 엄격하다. 또한 그의 초서는 막힘없이 자유분방하여 이왕(二王, 왕희지와 왕헌지 부자를 일컬음)을 엿볼 수 있으며, 가히 생동적이다."

더불어 그는 예서에도 탁월한 실력을 발휘했는데, 예서 작품으로는 631년에 쓴 〈서주도독방언겸비徐州都督房彦謙碑〉가 전해진다. 그는 붓의 쓰임을 연구하여, 부드러우면서도 힘 있고 당찬 기세를 겸비하여 "마치 풀 속에서 뱀을 놀라게 하고, 구름 사이에서 전기가 이는 듯하고, 금강역사金剛力士가 눈을 부릅뜬 것 같으며, 장사가 주먹을 휘두르는 듯하다."라는 평을 받았다. 그의 〈화도사읍선사사리탑명化度寺邑禪師舍利塔銘〉, 〈오공공온언박비虞恭公溫彦博碑〉, 〈황포탄비皇甫誕碑〉 등은 해서 작품이지만 그중 세로, 구부린 선, 삐침, 아래에 삐침이 있는 세로획 등의 필획은 예서로 쓰였다. 오세남은 그의 글씨를 보고 "지필을 고르지 않아도 모두 뜻대로 할 수 있다."라고 극찬했다.

또한 구양순은 오랫동안 서예를 연구하여, 후학들이 서예를 연습하고 글씨를 배울 수 있도록 자신만의 서법 이론을 만들었는데 이를 '구양순 팔법八法'이라고 칭한다. 그의 팔법에 따르면 "점点은 높은 봉우리에서 돌이 떨어지듯, 삐침 있는 가로획橫戈은 긴 하늘의 갓 나온 달처럼, 가로橫는 천리를 가르는 구름처럼, 세로竪는 만 년 된 마른 등나무처럼, 삐침 있는 세로竪戈는 힘 있는 소나무가 쓰러져 부러져 떨어지다 돌벼랑에 걸린 듯, 꺾는 획折은 만 근의 활을 당기듯, 비스듬히 왼쪽으로 내려오는 가로획 撇은 날카로운 칼이 코끼리의 상아를 자르듯, 파임 은 한 획에 세 번의 파도가 치는 듯" 쓸 것을 요구했다.

구양순은 《전수결傳授訣》, 《용필론用筆論》, 《팔결八訣》, 《삼십육법三十六法》 등의 서예 이론서를 저술했는데, 이것들은 그의 서예 경험이 총결된 것으로 서법과 붓 사용법, 결체, 장법 등이 구체적으로 설명되어 있다. 그의 서예 이론서들은 서예에 필요한 형식 기교와 미학을 한데 묶은 것으로 중국 서예 이론의 귀중한 유산이다.

구양순은 국내외 서예 애호가들의 많은 사랑과 존경을 받았다. 고구려 시대에는 특별히 장안으로 특사를 파견해 구양순의 서예를 배워 오게 할 정도였다. 이에 당 고조 이연은 감탄하며 "구양순의 명성이 멀리 오랑캐들까지도 알 정도일 줄은 생각도 못했구나. 그들은 구양순의 필적을 보고는 그가 분명히 우람한 체구의 인물일 것이라고 여겼을 것이다."라고 말했다고 한다.

한편 일본인은 구양순의 서예를 존경하여, 1879년 〈아사히신문〉을 창

구양순체로 쓰인 '아사히 신문'

간할 때 한자 제목 네 글자를 구양순의 서체로 쓰고 싶어 했다. 일본 내의 유명한 서예가들로 구성된 기획준비위원회는 구양순의 작품 〈종성관기宗聖觀記〉를 토대로 '조朝', '일日', '문聞' 세 글자를 골라내 쌍구법雙鉤法을 사용해 진본眞本을 그려 냈다. 그러나 서첩 속에서 '신新' 자를 찾을 수 없어 '친親' 자와 '석析' 자를 찾아, '견見' 자와 '목木' 자를 빼내 '신新' 자를 만들어 냈다. 이리하여 4개의 풍만하면서도 가늘고 힘 있는 '아사히 신문朝日新聞'이라는 글자가 만들어졌다.

구양순은 85세의 고령으로 641년 세상을 떠났다. 사후 세상에 전해지는 친필 작품으로는 〈복상첩葡商帖〉, 〈장한첩〉 등이 있으며, 비석에 새긴 글로는 〈구성궁예천명〉, 〈황포탄비〉 등이 있다. 그의 아들 구양통歐陽通 또한 서예가로 유명하여 후세는 그들 부자를 '대소구양大小歐陽'이라고 부른다.

한 고승의 열정과 용기의 노래, 《대당서역기》

　현장법사는 수나라 시대 강릉 현령 진혜의 넷째 아들로 불교를 신봉하는 집안에서 태어났다. 종교에 대한 열정이 남달랐던 그는 둘째 형 진소를 따라 열한 살 때 출가했다. 그가 공부에 매진할 당시 당나라에는 제대로 번역된 불경이 많지 않아서 교리 해석에 많은 논쟁이 따랐다. 이러한 이유로 많은 구법승들이 목숨을 건 험난한 여정에도 서역행을 고집했다. 현장 또한 당시의 구법승들처럼 불교의 발원지인 천축국으로 가서 불경을 구하고자 했으나, 나이가 너무 어려 무산되었다가 스물아홉 살이 되어서야 서역으로 떠날 수 있었다.

　현장법사는 스승과 경전을 찾아 16년간 중앙아시아 지역과 인도 등을 여행했다. 그는 여행 도중 도적을 만나 목숨의 위협을 받기도 했고, 본국의 서역 여행 금지령으로 도망자 신세가 되기도 하는 등 많은 고생을 했다. 그러나 인도의 날란다(나란타)에서는 예언에 등장하는 승려로 여겨져 극진한 대접을 받았으며, 최고의 실력자들과 함께 공부를 하기도 했다.

　645년 현장법사는 여행을 마치고 많은 경전과 율律, 논論, 불상, 사리 등을 가지고 당나라로 돌아왔다. 이듬해 당 태종이 그에게 구법 여행을 기록할 것을 명하자 열두 권에 걸쳐 직간접적으로 여행한 138개국의 지리, 기후, 산물, 정치, 교통, 언어, 전설 등과 사찰·승려의 수, 인물 등 불교적 상황을 자세히 기록한 《대당서역기》를 편찬했다. 《대당서역기》는 7세기 당시 대외 전략의 방향을 고심하고 있던 당나라 조정에 중요한 지침서가 되었다.

　1,500년 전에 쓰인 《대당서역기》의 여정을 좇다 보면 믿음을 위해 목숨을 건 한 고승의 용기와 열정을 만날 수 있다. 그리고 그가 목숨을 걸고 얻어 낸 깨달음에 대해서도 느낄 수 있다. 현재에도 《대당서역기》는 당나라와 서역에 관한 유일한 기록으로 중국과 중앙아시아, 인도, 네팔, 파키스탄 등과의 교역사 및 고고학 사료로 매우 귀중하게 여겨지고 있다.

　현장법사는 664년 2월 5일 열반에 들기 전까지 20여 년간 1,335권이나 되는 불경을 번역하여 불교가 대중 속에 깊이 파고드는 데 이바지했다.

중국 역사상 유일의 여황제
측천무후

武曌(624~705년)

- 당나라 고종의 황후로 690년 황제의 자리에 올라 15년간 대륙을 통치했다. 후에 나라 이름을 주(周)로 고치고 스스로를 신성 황제라 일컬었다.
- 한나라 이후 대륙 역사상 제2의 황금시대를 구가할 정도로 빼어난 정치력을 발휘해 그녀의 치세는 '정관의 치'에 빗대어 '무주의 치'라고 불린다.

측천무후는 중국에서 최초이자 최후로 여황제에 오른 인물이다. 당나라 고종의 비였던 그녀는 스스로 권력을 쟁취하여 황제의 자리에 올랐고, 마침내 주(周)나라를 열었다.

측천무후의 아명은 미랑媚娘이며 황제로 즉위한 후 이름을 조曌라고 바꾸었다. 아버지는 당나라의 개국공신 무사확武士彠으로, 목재상으로 부를 쌓고 귀족 가문과 연을 맺기 위해 수나라의 몰락한 귀족 출신인 양달의 딸과 재혼했다. 두 사람 사이에서 둘째로 태어난 무조는 무사확이 죽은 후 궁핍하게 생활했다.

무조는 638년 열네 살의 나이로 당 태종의 눈에 들어 입궁했다. 그녀는 재인이 되었으나 태종은 그녀를 찾지 않았고, 승은도 받지 못했다고 한다. 그러나 대신 태종의 아들인 태자 이치의 눈에 들어 깊은 관계가 되었다. 그녀가 입궁한 지 12년째인 649년 5월, 태종이 사망했다. 무조는 황제가 죽으면 후궁은 비구니가 되어야 한다는 황실 전통에 따라 감업사感業寺로 들어가 비구니가 되어야 했다. 그런데 태종의 뒤를 이어 고종 황제가 된 이치는 무조가 머무르는 절을 자주 찾으며 그녀와의 관계를 지속했다.

그러던 중 고종의 황후 왕씨가 당시 고종의 총애를 받던 소숙비를 견제하기 위해 무조를 궁궐로 들이고 소의에 봉했다. 소의가 된 무조는 먼저 황후와 결탁하여 소숙비를 제거하는 데 성공했다. 무조는 652년에 아들 이홍李弘, 이듬해 이현李賢을 낳으며 고종의 사랑을 독차지하고 승승장구했다. 그러나 무조에 대한 고종의 지나친 총애에 황후의 위기의식이 높아졌다. 황후는 맏아들 이충李忠을 내세워 그녀를 견제하기 시작했다. 무조는 다른 비빈들을 모두 제거하고 스스로 황후에 오른 후 자신의 아들 홍을 태자로 올리고자 했다. 그러나 조정 신료들은 무조가 고종의 후궁이었다는 점, 귀족 가문 태생이 아니라는 점 등을 이유로 격렬히 반대했다.

무조는 654년 자신이 낳은 딸을 죽이고, 황후가 다녀가자 아이가 죽었다며 황후에게 누명을 씌웠다. 이 일로 황후는 폐위되었고,

측천무후

무조는 655년 드디어 황후의 자리에 올랐다. 황후가 된 그녀는 병약한 고종을 대신하여 권력을 장악했다. 그녀는 먼저 환관에게 은밀히 명하여 황후와 소숙비를 죽였다. 657년에는 자신이 황후 자리에 오르는 데 반대했던 원로대신들을 모두 숙청하기 시작해, 659년 태종의 공신이자 요직을 역임한 장손무기長孫無忌까지 귀양을 보낸 후 자결하게 함으로써 보복을 완성했다. 또한 황후 왕씨 소생의 태자 이충을 폐하고, 자신의 첫째 아들 홍을 태자에 책봉했다. 고종의 지병이 심해져 시력을 잃게 되자 그녀는 수렴청정을 시작했고, 스스로를 천후라고 지칭했다. 그녀가 고종의 뒤에서 장막을 치고 어전회의에 참석해 정사를 좌지우지한 일을 빗대 항간에서는 이성二聖, 즉 '두 명의 황제'라고 불렀다.

고종은 날이 갈수록 건강이 악화되자 황좌를 태자 홍에게 물려주고자 했다. 그러나 무후는 안팎으로 지지를 받던 홍을 견제해 태자가 자신에게 반기를 들려 한다는 이유를 들어 독살했다. 이어서 둘째 아들 이현李賢을 태자로 책봉했으나 역시 신하들의 지지가 그에게 쏠리자 5년 후 태자가 마음에 들지 않다는 이유로 폐했다. 이현은 몇 년 후 무후가 보낸 자객들에게 살해되었다. 무후는 셋째 아들 이현李顯을 태자 자리에 앉혔고, 683년 허수아비 황제였던 고종이 사망하자 그에게 황위를 물려주었다. 그가 당나라의 제4대 황제 중종이다.

그러나 중종의 황후가 외척 세력을 등에 업고 무후에게 맞서자 그녀는 이듬해 중종을 폐하고, 넷째 아들인 이단李旦을 예종으로 즉위시켰다. 유약한 성정의 예종은 무후의 말에 절대적으로 복종하는 허수아비였으며, 무후는 그가 직접 정치에 나서는 것을 금하고 섭정을 계속했다. 당나라의 실권은 완전히 무후의 손아귀에 있었다. 그러자 그녀의 섭정에 대한 반발로 나라 곳곳에서 반란이 일어났다. 서경업, 서경유 형제가 양주에

당나라 궁실의 풍경

서 황족과 연합해 난을 일으킨데다 태종의 아들 이정李貞이 박주와 예주에서 반란을 일으켰다. 그러나 무후는 이를 모두 제압하고 조정을 완전히 장악했다.

당삼채 당나라 전기에 백색 바탕에 녹·갈·남색의 유약으로 무늬를 그려 넣은 당삼채는 당나라 귀족들의 취미와 풍속 등을 보여 준다.

마침내 690년 8월 18일 예순다섯 살의 무후는 예종에게서 선양받는 형태로 황제에 즉위하고, 자신을 '성신황제'라고 칭했다. 국호는 고대 주나라를 계승한다는 의미에서 '주周'로 변경했으며, '천수天授'라는 연호를 사용했다. 또한 당 황실의 성을 이李에서 무武로 바꾸면서 실질적으로 새로운 왕조를 개창했다.

또한 수도를 낙양에서 신도神都로 옮겼고, 과거 당 황실의 친척과 신료들을 제거하여 귀족 중심 정치에서 벗어나 황제 중심의 중앙집권 체제를 강화했다. 당나라 이전 북주 시대부터 이어진 귀족들의 권력 장악을 해소시키기 위해 측천무후는 과거 제도를 개편하여 신진 세력을 대거 기용했다. 이때 등용된 요숭姚崇, 송경宋璟 등의 학자들은 당 현종이 즉위한 후 적극적으로 활약하면서 당나라 왕조의 전성기인 '개원開元의 치治'를 이루었다. 675년에는 지방에 은거하고 있던 학자들을 소집하여 각종 서적을 편찬하게 했다. 이 학자들을 '북문학사'라고 부르는데, 측천무후는 이들로 하여금 신권을 견제하는 각종 개혁 방안을 고안하게 했다. 또한 전국에 불교 사원을 건립하여 불교를 중흥시켰다.

그러나 나이가 든 측천무후가 아첨을 일삼던 장역지, 장창종 형제를 총애하고 충신들의 간언을 무시하면서 정국은 점차 불안해졌다. 결국 705년 장간지 등 신료들이 난을 일으켜 장씨 형제를 처형하고, 82세의 측천무후를 폐하고 중종을 복위시켰다. 이로써 주 왕조는 15년 만에 끝을 맺었다. 측천무후는 같은 해 12월에 죽었으며, 황후로서 고종과 함께 합장되었다. 그녀의 능 앞에는 유언에 따라 한 글자도 새겨지지 않은 비석이 세워졌다. 이를 '무자비無字碑'라고 한다.

측천무후는 정적을 제거하고, 황제를 갈아치운 데 더해 결국 스스로 황좌에 오르기까지 하면서 중국 역사상 최고의 악녀 중 한 사람으로 꼽히게 되었다. 그러나 그녀의 치세 동안 민생은 안정되어 백성들에게 널리 지지받았다. 측천무후가 세운 주나라는 과거의 주나라와 비교하여 '무주武周'라고 부르며, 그녀가 이룩한 태평성대는 '정관의 치'와 비교하여 '무주武周의 치'라고 불린다.

양귀비와의 치명적인 로맨스
이융기

李隆基(685~762년)

- 당나라의 제6대 황제 당 현종(재위 712~756년).
- 조운 개량, 둔전 개발 등 경제를 발전시키고, 국경의 수비를 튼튼히 하여 태평성세를 이룩한 명군 중의 한 사람이다.
- 말년에 며느리인 양귀비를 귀비로 책봉한 후부터 정사를 돌보지 않고 방탕한 생활을 하여 755년 안사의 난의 빌미를 제공했다.

중국 역사상 태평성세라고 일컬어지는 경우는 대략 12번 정도로 그중 청나라의 강희제, 옹정제, 건륭제가 통치했던 130여 년간의 '강건성세康乾盛世'를 최고로 꼽는다. 다음으로 긴 기간은 당나라 시대로 당 태종 이세민의 '정관의 치'와 당 현종 이융기의 '개원성세開元盛世'를 합친 기간이다. 하지만 태평성세를 이룩한 이 황제들 중 번영과 쇠퇴를 동시에 경험한 황제는 단 한 명으로, 그가 바로 당 현종 이융기다. 그는 당나라의 제6대 황제로 29년간 재위하면서 '개원의 치'로 칭송받는 태평성대를 이루었지만, 중국 역사상 최고의 요부로 알려진 양귀비와의 로맨스로 국정을 살피지 않아 당나라를 망국의 길로 이끌기도 했다.

당 현종 이융기

본명이 이융기인 그는 당나라 제5대 황제 예종과 숙명황후 사이에서 셋째 아들로 태어났다. 그가 태어났을 때는 할머니 측천무후가 당나라의 정권을 장악하고 있던 시기로, 그는 세 살에 초왕楚王으로 책봉되었다가 아홉 살에 임치왕臨淄王으로 책봉되었다. 704년 그는 4품관 관직인 노주별가에 임명되었으나, 710년 중종의 황후이자 자신의 큰어머니인 위황후에게 모함을 받고 파직되어 수도 장안으로 돌아왔다.

위황후는 죽은 시어머니 측천무후처럼 여제女帝에 오르려는 정치적 야심을 가지고 있었다. 하지만 그녀는 측천무후처럼 조정을 완전히 장악하지는 못했다. 위황후 일파는 안락공주와 함께 710년 중종을 독살하고, 위황후의 넷째 아들 북해왕 이중무李重茂를 옹립했다. 그러나 위황후가 정권을 장악하려는 순간, 파직되어 한적한 생활을 하고 있는 줄만 알았던 이융기가 비밀리에 우림군羽林軍 병사를 소집하여 궁중으로 쳐들어왔다. 그는 중종 시해의 죄를 물어 위황후와 안락공주를 죽이고 위황후의 위씨, 측천무후의 무씨 가문 모두를 몰살시켰다.

이리하여 710년 상왕으로 물러나 있던 예종이 다시 황제의 자리에 앉았고, 이융기는 평왕平王에 책봉되었다가 큰형인 이헌李憲이 황태자 자리를 양보함으로써 황태자에 올랐다. 예종이 다시 황제가 될 수 있었던 데는 그의 여동생 태평공주의 힘이 크게 작용했다. 유약했던 예종은 매번 조정의 일을 태평공주와 상의했고, 이에 조정의 권력은 태평공주의 손에 들어갔다. 태평공주는 이융기의 주변에 야심가들이 모여들기 시작하자 위기감을 느끼고 예종에게 그를 모함하기 시작했다. 그러나 이를 알아챈 이융기도 심복들을 시켜 예종에게 태평공주를 멀리할 것을 진언하도록 했다. 이융기와 태평공주의 권력 다툼이 가열될 즈음, 예종은 복위 2년 만인 711년 이융기에게 제위를 물려주었다.

이융기가 황위에 올랐지만 7명의 고관 중 5명이 태평공주의 사람인지라 완전한 정권 장악은 이루어지지 못했다. 713년 당 현종과 태평공주의 권력 투쟁은 더욱 가열되었고, 급기야 태평공주는 심복을 시켜 당 현종을 독살하려고 했다. 그러나 사전에 정보를 입수한 당 현종은 태평공주의 일당을 모두 잡아들여 주살했고, 사원에 피신해 있던 태평공주에게 자결을 명했다. 713년 황권을 완전히 장악한 당 현종은 연호를 '개원'이라 정했다.

정권을 장악한 당 현종은 먼저 측천무후 사후 혼란스러웠던 정국을 바로잡는 데 착수했다. 당 현종은 제일 먼저 관료 조직 개혁을 단행했다. 그는 지나치게 팽창되어 있던 당시의 관료 조직을 개편하고, 불필요한 관리들을 퇴출시켜 효율적으로 관료 제도를 운영했다. 또한 지방을 중앙 정부의 확실한 통제 아래 두기 위해 중앙 관리와 지방 관리를 맞바꾸는 독창적인 제도를 도입했다. 중앙의 인재를 지방의 도독이나 자사로 파견하고 반대로 지방의 유능한 도독이나 자사를 중앙 관직으로 불러들인 것이다. 한편 측천무후 밑에서 고위직에 오른 관리들을 제거하는 데도 많은 노력을 기울였다. 이러한 노력은 그가 즉위한 지 10여 년의 세월이 지나서야 비로소 결실을 맺어, 측천무후 시대에 형성된 파당, 황족, 궁중 관리, 황후의 인척 같은 집단들 간에 세력 균형이 형성되었다. 그리고 그는 측천무후와 위황후, 태평공주를 거울삼아 황후의 친인척이나 환관이 국정에 관여하지 못하도록 했다.

당 현종은 당 태종을 본받아 적절한 인재를 등용하고, 신하들의 간언을 받아들이기 위해 노력했다. 당 현종은 재위 초기 요숭姚崇, 한휴韓休, 송경宋璟, 장구령張九齡, 장가정張嘉貞, 장열張說 등의 유능하고 충직한 재상을 두어 국정을 살피게 했다. 특히 승상 요숭은 당 현종이 직접 등용한 인물로, 빈곤한 백성을 구제할 방안을 포함해 치국의 열 가지 조건을 제안함으로써 통치 방침을 정립했다. 또한 송경은 재능 있는 사람들을 선출할 수 있도록 과거 제도를 개선하여 당 조정에 새로운 지배층이 형성되게 했다.

한편 당 현종은 측천무후 시절에 우후죽순으로 생겨난 사찰과 승려의 수를 대폭 줄여 승려들을 환속시키고, 호구戶口 조사도 새롭게 하여 세수稅收를 늘렸다. 또한 사치와 낭비를 엄금하고, 측천무후 시절에 황폐해졌던 대운하를 개수해 물자 교류를 원활하게 했다. 이로써 당나라 전체가 부유해지고 안정되었으며, 인구가 크게 증가하는 등 번영을 이루었다. 당 현종의 성실한 정치 덕분에 황권은 강화되고, 관리 제도가 효율적으로 운영되고, 백성들의 생활은 윤택해지면서 당나라의 국력은 강성해졌다. 이에 당 현종의 당나라는 당 태종 이세민이 이룩한 태평성세인 '정관의 치'에 버금갈 정도로 번영하여, 후세는 당 현종의 치세를 당시의 연호인 개원을 따 '개원의 치'라고 칭송했다.

그러나 태평성세가 지속되자 만년의 당 현종은 거만해져 충언하는 훌륭한 대신들을 내치고 아첨하고 순종적인 신하들을 중용하기에 이르렀다. 당 현종은 개원 30년, 연호를 '천보天寶'로 고치고 이임보李林甫를 승상으로 임명했다. 이임보는 무식하고 무능한 인물이었지만 아첨에는 뛰어난 인물이었다. 그는 감언으로 당 현종의 비위를 맞추면서 신료나 백성 들의 충언이 전달되지 못하도록 언로言路를 차단했다. 이러한 방법으로 그는 19년이라는 긴 세월 동안 전횡을 휘두르며 국정을 농락했다. 737

현종의 피란길 안녹산의 난으로 당 현종은 사천 지방으로 피란을 떠났다. 피란길에서 수행하던 군대가 양귀비를 죽이고, 반란은 당 현종의 아들인 숙종에 의해 진압되었다.

년 자신이 가장 총애했던 무혜비마저 죽자, 당 현종은 마음을 다잡지 못하고 더욱 방황하기 시작했다.

그러던 어느날 당 현종은 궁중에서 한 여인을 보고 죽은 무혜비를 떠올렸다. 양옥환楊玉環이라는 이 여성은 후에 당 현종의 귀비에 책봉되어 양귀비라고 불린다. 당 현종은 양귀비를 얻고자 우선 화산의 도사로 출가시켜 수왕에게서 빼낸 후, 궁 안에 도교 사원인 태진궁太眞宮을 짓고 이곳을 관리하는 여관女冠으로 다시 불러들였다. 이때 당 현종은 57세였으며, 양귀비는 22세였다. 당 현종은 양귀비와 사랑에 빠져 정사는 전혀 돌보지 않고, 모든 국정을 이임보에게 일임하고 자신은 양귀비와 사랑놀음에 빠졌다. 745년 당 현종은 양옥환을 귀비에 책봉했고, 황후가 없던 황실에서 양귀비는 황후의 역할을 대신하다시피 했다.

752년 재상 이임보가 죽은 후, 당 현종은 양귀비의 사촌 오빠인 양국충楊國忠을 재상으로 삼았다. 양국충도 이임보와 별반 다르지 않은 인물로 40여 개의 관직을 겸하면서 온갖 부정한 방법으로 부를 축적하고 전횡을 일삼았다. 그는 양귀비의 양아들이 되어 국방을 책임지던 안녹산安祿山과 권력 다툼을 했는데, 755년 안녹산은 양국충과의 갈등이 심화되자 양국충 타도를 명분으로 반란을 일으켰다. 이 '안사의 난'으로 당 현종은 양귀비와 소수의 조정 대신들과 함께 피란길에 올랐다.

당 현종이 마외역馬嵬驛에 도착했을 때였다. 당 현종을 수행하던 군사들은 추위와 굶주림에 분노가 폭발했고, 이 모든 것의 원인을 양귀비에게 돌렸다. 당 현종의 친위대는 급기야 양국충의 목을 베고, 양귀비를 없애지 않으면 한 걸음도 움직이지 않겠다며 버텼다. 이에 당 현종은 어쩔 수 없이 양귀비에게 자결을 명했고, 그녀는 울면서 역관 옆의 나무에 목을 매 죽었다. 피란길에 당 현종은 태자 이형李亨에게 황제의 자리를 물려주고 태상황으로 물러났다.

757년 태상황이 된 당 현종은 장안으로 돌아와 서쪽의 감로전甘露殿에서 쓸쓸한 나날을 보냈다. 당 현종은 애달픈 자신의 신세를 한탄하다 762년에 78세의 나이로 병사했다.

황제를 지배한 여인
양귀비

楊玉環(719~756년)

- 본명은 양옥환으로 열일곱 살 때 당 현종의 아들 이모와 결혼했으나 후에 당 현종의 귀비가 되었다.
- 서시, 왕소군, 초선과 함께 중국 4대 미인으로 꼽힌다.
- 756년 안사의 난으로 피란을 가던 도중 현종의 명으로 자결했다.

    양귀비는 당나라 현종의 며느리이자 부인으로 서시, 왕소군, 초선과 더불어 중국 역사상 4대 미인으로 꼽힌다. 이름은 옥환이며, 719년 사천성 포주蒲州에서 태어났다. 아버지는 촉주蜀州의 사호司戶라는 하급 관리 양현염楊玄琰으로 그녀가 어렸을 때 세상을 떠났다. 고아가 된 양귀비는 숙부 양현교陽玄璬 아래에서 자랐다.

    733년 양귀비는 열일곱 살의 나이로 현종과 무혜비의 18번째 아들인 수왕 이모와 결혼했다. 737년 현종이 총애하던 무혜비가 병사하자 현종의 두터운 신임을 받고 있던 환관 고력사는 현종을 위로하기 위해 무혜비를 대신할 미녀를 찾고자 중국 전역을 살폈다. 그런데 어느 날 우연히 현종은 며느리 양귀비를 보고 죽은 무혜비를 떠올리며 한눈에 반했다. 현종은 고력사와 의논하여 그녀를 데려오게 했다. 양귀비는 금琴을 잘 탔고 노래와 춤 솜씨도 훌륭했다. 그녀는 현종이 연주하는 가락에 맞춰 아름답게 춤을 추었고, 현종은 양귀비가 며느리인 것도 잊은 채 그녀를 자신의 비로 맞이할 방법을 모색했다. 결국 고력사가 매수한 하녀들의 계속되는 설득과 물량 공세로 양귀비는 남편 이모를 버리고 현종을 택하기로 결심했다.

현종은 우선 양귀비에게 '태진太眞'이라는 도호를 내려 화산의 도사로 출가시킨 후 그 사이 궁 안에 도교 사원인 태진궁을 짓게 했다. 740년 현종은 태진궁을 관리하는 여관 자격으로 그녀를 궁으로 다시 불러들였다. 마침내 745년 61세의 현종은 첩지를 내려 양귀비를 자신의 귀비로 책봉했다. 비록 귀비였으나 황후가 없는 황실의 귀비는 황후나 다름없었다.

현종은 29년간 어진 정치를 펼쳐 '개원의 치'를 이룩한 칭송받는 군주였으나 양귀비를 맞이한 후부터 정사는 돌보지 않고 방탕한 생활을 하기 시작했다. 백거이白居易는 〈장한가長恨歌〉에서 "연꽃 방장이 드리운 포근한 봄밤을 함께 지새웠으며, 봄밤이 짧아 안타깝게 아침 해가 떠오르면 조례를 빠지게 되었다."라며 양귀비에 대한 현종의 사랑을 노래했다. 《구당서舊唐書》〈양귀비전〉에는 "현종의 통치 이래로 호족과 귀족들이 성행했는데 양씨를 따르지 않는 자가 없었다. 현종이 어디를 가든 귀비가 따르지 않는

양귀비

일이 없었으며, 귀비가 말을 탈 때면 고력사가 고삐를 잡아 주었다. 궁 안에는 귀비원에서 비단을 짜는 공인이 700명이나 되었으며, 조각하거나 옷을 만드는 사람도 수백이었다."라는 기록이 있다. 양귀비가 얼마나 현종의 총애를 받았는지 알 수 있다.

양귀비에 대한 현종의 총애는 그녀의 가족에게까지 쏟아졌다. 현종은 죽은 양귀비의 아버지를 대위제국공에 봉하고, 어머니는 양국부인에 봉했으며, 숙부에게는 광록경이라는 벼슬을 내렸다. 또한 양귀비의 친오빠에게도 홍로경, 시어사, 사공의 높은 벼슬을 하사했으며, 그녀의 세 언니 모두를 왕의 부인에 버금가는 한국부인, 괵국부인, 진국부인으로 책봉하였으니 그 세도가 굉장했다. 그러나 이들보다 더 세도를 누린 사람이 있었으니 바로 양귀비의 사촌 오빠 양검陽劍이었다. 양검은 현종에게 '국충國忠'이라는 이름을 하사받고 40여 개의 관직에 임명되었으며, 이임보가 죽자 승상의 지위까지 올라 국정을 전횡했다. 이렇듯 세상의 권력과 부가 양귀비 일족에게 집중되었다. 백거이는 이를 〈장한가〉에서 "마침내 천하의 모든 부모들은 아들 낳기를 중히 여기지 않고 딸 낳기를 중하게 여기네."라고 표현했다.

현종은 양귀비뿐만 아니라 그녀의 언니인 괵국부인과도 밀회를 했다. 이는 당시 만연했던 풍조로 황족은 여러 친족과 통혼할 수 있었다. 현종이 괵국부인에게 빠져 자신을 찾는 횟수가 적어지자 양귀비는 괵국부인의 입궐을 금지했다. 이를 괘씸히 여긴 현종은 급기야 양귀비를 양국충의 집으로 돌려보냈다. 자신과 양씨 일족의 존폐가 양귀비에 의해 좌우된다는 것을 안 양국충은 환관 고력사에게 현종의 마음을 달랠 방도를 의논했다. 양국충과 고력사는 현종과 양귀비를 장안 동쪽에 있는 온천 별궁인 화청지로 보냈다. 그곳에서 목욕하는 양귀비를 본 67세의 현종은

당나라 시대 궁녀들의 생활 비단 옷감을 두드리고, 실을 뽑고, 바느질을 하고, 숯불 화로에 부채질을 하는 등 당시 궁녀들의 생활이 드러나 있다.

다시 그녀에게 반해 더욱 사랑하게 되었다.

양귀비에게 흠뻑 빠진 현종에게 정사는 관심 밖의 일이었다. 정치는 승상 이임보의 농간에 넘어갔다. 변방에서 군사적 공을 쌓은 이들이 자신의 반대 세력으로 성장할 것을 우려한 이임보는 현종에게 그동안 문사가 담당했던 변방의 절도사를 이민족 출신으로 대신할 것을 아뢰었다. 이에 현종은 이임보의 건의를 받아들여 안녹산, 고선지高仙芝, 가서한哥舒翰 등을 절도사와 장군으로 임명했다.

747년 현종은 변방의 절도사 안녹산을 환영하는 연회를 열었다. 안녹산은 우람한 몸집과 넉살 좋은 성격, 거칠 것 없는 입심과 행동으로 우스꽝스러운 행동도 마다하지 않아 현종과 양귀비의 마음을 사로잡았다. 현종은 그를 총애하여 양귀비의 양자로 삼게 했다. 안녹산은 현종과 양귀비의 총애에 힘입어 751년 하동 절도사에 임명되어 병력의 3분의 1을 장

악할 정도로 세가 커졌다.

안녹산의 세가 점점 커지자 위협을 느낀 양국충은 현종에게 안녹산을 모함하기 시작했다. 그러나 매번 양귀비가 안녹산을 변호하여 그를 구했다. 그러나 이임보의 죽음으로 자신을 비호해 주던 세력이 줄어들고, 양국충의 비방으로 위기감을 느낀 안녹산은 마침내 군사를 일으켰다.

755년 안녹산은 간신 양국충을 타도한다는 명분을 내세워 범양范陽에서 반란을 일으켰다. 그는 얼마 지나지 않아 여러 성을 무너뜨렸고, 756년 여름 여세를 몰아 15만 대군을 이끌고 장안으로 진격했다. 이 소식을 접한 현종은 양귀비와 그녀의 가족, 몇몇 대신들을 이끌고 양국충 가문의 기반인 사천으로 피란을 떠났다.

현종과 양귀비가 마외역에 도착했을 때 금군의 병사들이 정변을 일으켰다. 금군의 병사들은 양국충과 양귀비의 언니 한국부인을 죽이고, 이

귀비상마도 말에 오르는 양귀비와 그녀를 바라보는 당 현종.

러한 사태가 발생한 것은 현종이 양귀비에게 빠져 정사를 살피지 않은 탓이라고 규정했다. 이에 병사들은 더 이상 나아가지 않고 현종에게 그녀의 일족을 죽이고 양귀비도 사사시킬 것을 강요했다. 병사들의 요구에 불응할 경우 자신의 목숨도 보장받지 못할 것을 깨달은 현종은 양귀비를 포기하기로 결심했다. 현종은 무력하게 양귀비에게 자결할 것을 명했고 양귀비는 마외역관 앞 배나무에 비단 천을 감고 목을 매 자결했다.

병사들은 양귀비의 죽음에 환호하고 그녀의 죽음을 확인한 후에야 다시 피란길에 올랐다. 안녹산의 난은 태자 이형에 의해 평정되었으며, 후에 이형은 숙종 황제로 즉위하고 현종은 태상황이 되었다.

양귀비가 죽은 후 장안으로 돌아온 현종은 그녀에 대한 그리움을 이기지 못하고 환관 고력사에게 옛사람을 찾아오라고 시켰다. 이에 고력사는 양귀비의 시녀였던 홍도紅桃를 데려왔고, 현종은 그녀에게 양귀비가 생전에 만들었던 〈양주사凉州詞〉를 부르게 했다. 노래가 끝난 후 현종의 얼굴은 눈물로 뒤범벅되었다고 한다. 또한 현종은 환관을 시켜 마외역에 있는 양귀비의 묘를 이장하려 했지만 대신들의 반대로 뜻을 이루지 못했다. 그러나 다시 몰래 환관에게 명을 내려 묘를 이장했는데, 그때 묘를 팠던 환관이 생전에 양귀비가 사용했던 향주머니를 발견하여 이를 현종에게 진상했다. 향주머니를 받아 든 현종은 눈물을 그치지 않았다고 한다. 현종은 양귀비를 그리워하다 그녀가 죽은 지 6년이 지난 762년 병으로 세상을 떠났다.

양귀비의 미모는 '수화羞花', 즉 '꽃이 부끄러워한다'라는 말로 대변된다. 이 말은 열일곱 살에 궁에 입궐한 양귀비가 아직 현종의 눈에 띄기 전인 어느 날의 일화에서 유래했다. 정원에서 꽃을 구경하던 양귀비가 화려하게 핀 모란과 월계화를 보고 덧없이 지나가는 청춘을 아쉬워하며 "꽃아! 너는 해마다 피어나지만 나는 언제 빛을 보겠느냐!"라고 탄식하며 꽃을 살며시 어루만졌다. 그러자 꽃이 서서히 오므라들었고, 마침 지나가던 궁녀가 이 모습을 보고 신기하게 여겨 가는 곳마다 "양귀비가 꽃들과 아름다움을 견주었는데, 꽃들이 모두 부끄러워서 고개를 숙였다." 하는 소문을 냈다는 일화다.

술 한 잔에 백 편의 시를 짓다
이백

李白(701~762년)

- 당나라 시대의 시인으로 '시선'으로 일컬어지며 대표적인 낭만주의 시인이다.
- 당 현종 시절 한림공봉에 임명되어 출사했으나 향락에 빠진 왕에게 환멸을 느끼고 장안을 떠나 유람했다.
- 그가 남긴 천여 편의 시들은 원나라 소사빈의 《분류보주 이태백시》, 청나라 왕기의 《이태백전집》 등을 통해 전한다.

    618년에 건국되어 약 290여 년간 지속됐던 당 왕조는 중국 내륙 왕조 중 한 왕조 이래 두 번째 대제국이었다. 한나라가 한족의 순수한 정체성을 확립했다면, 당나라는 그 정체성의 세계화를 이루었다고 봐야 할 것이다. 즉 당나라는 사상적으로 대단히 관대하고 방임적이어서 세계문화적 성격을 띠는 국제적이고 종합적인 문화를 이룩했다. 특히 당 대의 문학은 대단히 복잡하고 다양했다. '시선詩仙'이라 불리는 이백은 그에 따라 시 세계 또한 복합적이고 다양한 양상을 띠는데, 그는 근체시, 고체시, 악부시 등을 고루 잘 지었으며 그 가운데서도 그의 자유분방한 성격과 잘 맞는 악부시에 특히 뛰어났다. 이백은 또한 서정시의 새 국면을 열고 새로운 경지를 개척한 중국 역사상 최고의 시인으로 꼽힌다.

이백의 자는 태백太白으로 출생과 본적에 대해서는 다양한 설들이 존재한다. 첫 번째는 그가 촉蜀 태생으로, 모친이 꿈에서 태백성(太白星, 금성)을 보고 출산했다는 설이다. 두 번째는 아버지와 함께 서역에서 왔다는 설로, 이는 아버지 이광李廣이 서역에서 유배 생활을 할 때 태어났다는 설과 부친이 서역의 부유한 상인이었다는 설이 있다. 이백의 성장 과정에 대해서도 분명하게 밝혀지지 않았으나 단 젊은 시절 촉에서 교육을 받은 것으로 알려져 있다.

이백은 스물다섯 살 무렵 촉을 떠나 양양, 형주, 무창, 금릉金陵, 양주 등 장강 연안 지역을 유람하며 시 창작의 제재를 얻었다. 그는 안릉安陵에서 10년 정도 머물러 살 때 맹호연(孟浩然, 고독한 전원생활을 즐기고, 자연의 한적한 정취를 사랑한 작품을 남긴 시인)과 교류했다. 이백은 서른다섯 살 무렵 안릉을 떠나 북쪽 지역을 여행했다. 그는 산동 연주兗州의 조래산徂徠山에서 도사 공소부孔巢父, 배정裵政 등 네 사람과 함께 머물며 술로 나날을 보냈다. 세상 사람들은 이들 6명을 '죽계육일竹溪六逸'이라고 불렀다.

이백의 유람 생활은 두 가지로 읽힌다. 단순한 유람 생활이었다는 설과 출사를 위해 명사들과 교류했다는 설이다. 이백은 당시 자유분방하고 거침없는 문장력으로 명성을 얻고 있는 상태였다. 하지만 당시는 뛰어난 재능을 지녔어도 왕족이나 제후 등 권세가들에게 청탁하지 않고는 출사하기가 힘들었던 때로, 천성이 청렴했던 이백에게 출사의 길은 멀고도 험했다.

742년 이백이 회계에서 머물며 교류했던 도사 오균吳筠이 현종의 부름을 받고 궁에 들어갔다. 오균은 현종에게 이백의 재능을 칭찬하며 그를 적극적으로 추천했고, 이에 이백은 장안으로 올라가게 되었다. 마흔두

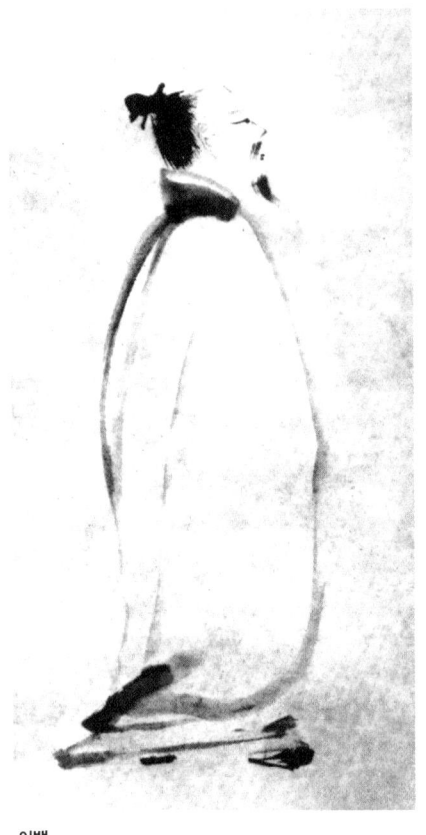
이백

살이 되어서야 비로소 소망하던 출사를 하게 된 것이다.

장안에 도착한 이백은 오균의 소개로 고관 하지장賀知章을 알게 되었고, 그에게 자신의 작품들을 선보였다. 하지장은 이제야 이백과 만나게 된 것을 안타까워하면서 이백을 '적선인謫仙人'이라고 칭했다. 이백은 현종을 알현하고 다시 한 번 재능을 인정받아 한림공봉(翰林供奉, 천자의 조칙을 기초화하는 일을 하는 관직)에 임명되었다.

조정에 나간 이백은 자신의 정치적 포부를 마음껏 펴고 싶었다. 그러나 그에게 내려진 관직은 유명무실한 직책으로 현종은 그가 관리로서의 재능이 아니라 시인으로서의 재능을 펼쳐 주길 바랐다. 이백의 실망은 이만저만이 아니었다. 게다가 노령의 현종은 애첩 양귀비와의 환락에 빠져 있었고, 조정은 온통 비열한 소인배들로 가득 차 있었다. 이에 당 조정에 실망한 이백은 맘껏 술을 마시고, 미친 듯 행동하며, 장안의 술집을 제집처럼 드나들었다.

어느 날 현종은 양귀비와 함께 침향정에서 꽃구경을 하고 있었다. 그는 흥을 돋우기 위해 이백을 찾았고, 이미 고주망태가 된 이백이 사람들에게 억지로 끌려왔다. 현종은 친히 이백의 술기운을 깨우고, 양귀비에게 손수 먹을 갈게 했다. 그는 취기를 빌어 〈청평조사淸平調詞〉 3수를 지었다.

구름 같은 치맛자락, 꽃 같은 얼굴雲想衣裳花想容
살랑이는 봄바람, 영롱한 이슬일레라春風拂檻露華濃.
군옥산 마루서 못 볼 양이면若非群玉山頭見
요대의 달 아래에서 만날 선녀여會向瑤臺月下逢.

한 떨기 농염한 꽃, 이슬도 향기 머금어一枝濃艶露凝香
무산의 애절함은 견줄 수 없고雲雨巫山枉斷腸.
묻노니, 한나라 궁궐에 비길 이 있을까借問漢宮誰得似.
조비연이 새 단장하면 혹 모르리可憐飛燕倚新粧.

꽃도 미인도 서로 즐거움에 취한 듯名花傾國兩相歡
바라보는 임금님 웃음도 가시질 않네常得君王帶笑看.
살랑이는 봄바람에 온갖 근심 날리며解釋春風無限恨
침향정 북쪽 난간에 흐뭇이 기대섰네沈香亭北倚欄干.

이백이 단숨에 아름다운 시를 짓자 크게 기뻐한 현종은 이백에게 상을 내리겠다고 말했다. 이백은 당대 최고의 권세를 누리던 환관 고력사가 자신의 신을 벗기게 해 달라고 요청했다. 이 일로 이백은 고력사의 원한을 샀으며, 양귀비 또한 자신을 자살로 생을 마감한 조비연(趙飛燕, 한나라 성황제의 황후로 중국의 전통적인 미인으로 여겨진다)에 빗댄 것 때문에 그에게 앙심을 품었다.

양귀비나 환관 고력사 등 권세가들과 자주 마찰을 일으킨 이백은 결국

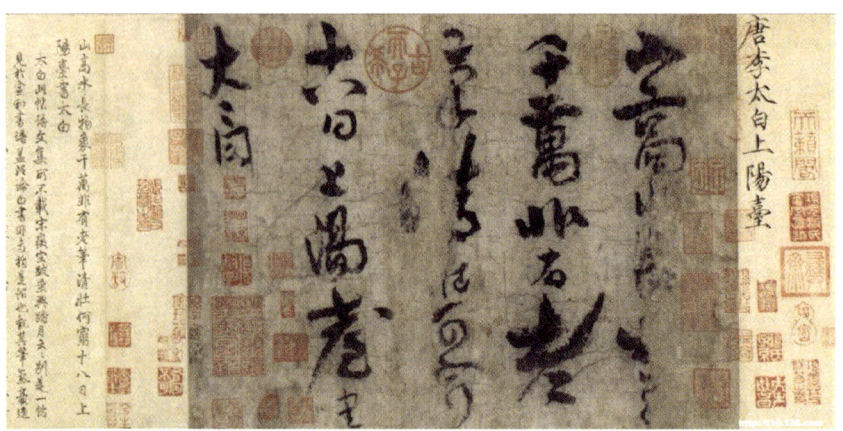
이백의 친필로 기록된 《상양태첩》

현종에게 중용되지 못했다. 이백은 주색에 빠진 현종에게 환멸을 느껴 744년 장안을 떠났다. 이 시기 이백은 두보杜甫를 알게 되어 그와 우정을 나누며 시를 교류했던 것으로 보인다. 장안을 떠난 후 이백은 10여 년간 산동에 거처하면서 유람 생활을 했다.

755년 이백이 명승 노산盧山에 머무를 때 안사의 난이 일어났다. 이에 현종의 아들 영왕永王 이린李璘이 난을 제압하고 잃어버린 영토를 회복하겠다며 강남 지역에서 군사를 일으켰다. 이백은 이린의 수하로 들어갔다. 그러나 태자 이형이 이린을 견제하고자 먼저 왕위에 올라 숙종에 올랐다. 후에 숙종의 명령으로 곽자의郭子儀가 안사의 난을 평정하자, 이린을 도왔던 이백은 옥에 갇히게 되었다. 이백은 곽자의와의 친분으로 사형을 간신히 면하고, 귀주貴州 야랑夜郎으로 유배를 떠났다. 야랑을 향해 장강을 거슬러 올라가던 이백은 도중에 사면 통지를 받고 풀려났다. 그 후 이백은 금릉金陵, 선성宣城 등 장강 중하류 지역을 유람했다. 그는 만년에 친족인 이양빙李陽氷에게 의탁했고, 762년 임종을 맞을 때 시문이 적힌 초고를 이양빙에게 맡기고 숨을 거두었다.

이백의 죽음에 대해서는 전설 같은 이야기가 전한다. 그가 달빛이 은은한 저녁에 취해 우저기牛渚磯에서 홀로 뱃놀이를 하고 있을 때였다. 이백이 하늘을 보니 거울 같은 얼음이요, 몸을 숙이니 강물에는 밝은 달만 있는 것이 아닌가. 이백이 흥에 겨워 강물 속의 달을 건지려다 그만 배에서 떨어져 익사했다는 것이다. 술과 시를 사랑했던 이백다운 죽음이 아닐 수 없다.

시로 역사를 표현한 시성
두보

杜甫(712~770년)

- 당나라 시대의 시인, 정치가. '시성'이라고 불리는 중국 최고의 시인이다.
- 장편 고체시를 확립했으며, 그의 시 대부분이 당시의 사회상을 비판하여 '시로 쓴 역사'라는 의미의 '시사(詩史)'라고 불린다.
- 주요 작품으로는 〈북정〉, 〈추흥〉, 〈삼리삼별〉, 〈병거행〉, 〈여인행〉 등이 있다.

    그 자신은 시성詩聖, 그의 시는 시사詩史라고 불리는 중국 최고의 시인 두보는 나라의 운명을 자신의 운명처럼 여긴 충신이었다. 정의가 없는 사회 제도로 인해 고통받는 백성들을 보고 가슴 아파한 인도주의자였으며, 백성들의 고단한 삶을 시로 묘사한 민중 시인이었다. 두보는 현종, 숙종, 대종 3대에 걸쳐 살았다. 이 시기는 당나라가 최전성기에서 안사의 난을 계기로 걷잡을 수 없이 쇠락하던 전환기로, 급격한 사회 변화와 온갖 모순이 두드러지게 노출되었다. 두보는 이런 변화와 혼란의 한복판에서 가장 고통받고 희생되었던 백성들과 함께하며 그들의 고통을 직접 보고 들었다. 두보의 시에서 시대의 아픔과 그로 인한 민중의 아픔을 고스란히 읽을 수 있다.

두보는 당 현종 즉위년인 712년 오늘날의 하남성 장안 근처에서 태어났다. 그의 조부 두심언杜審言은 당대 유명한 시인이었고, 아버지 두한杜閑은 뜻을 이루지 못한 서생이었다. 두보의 자는 자미子美, 호는 소릉少陵 혹은 소릉야로少陵野老로 후세에 두소릉杜少陵이라고 불리기도 한다. 이는 장안의 남쪽 근교에 있는 두릉 땅에 선조가 살았기 때문이다. 만년에는 공부 원외랑을 지내 '두공부杜工部'라고도 불렀다.

두보

두보는 일곱 살 때 이미 〈봉황시〉라는 시를 짓고 아홉 살 때는 글씨를 쓰는 천재성을 보였다. 그는 조부가 저명한 시인이었다는 사실에 상당한 자부심을 가지고 있었으므로 두보가 창작에 뜻을 두게 된 데는 어린 시절 조부의 영향이 큰 것으로 짐작된다. 그는 스무 살이 넘어서부터 세상을 체험하기 위해 집을 떠나 각지를 유랑하기 시작했다. 시 〈망악望岳〉에서는 당시의 자신감 있고 패기 넘치는 젊은 두보를 만날 수 있다.

태산은 어떠한가岱宗夫如何.
제나라와 노나라에 걸쳐진 그 푸르름에 끝이 없구나齊魯靑未了.
천지의 신비롭고 빼어난 것들이 모두 모였으며造化鐘神秀
산의 남과 북이 아침과 새벽을 가르는구나陰陽割昏曉.
겹겹이 피어나는 구름으로 가슴을 씻고盪胸生層雲
두 눈을 크게 떠 둥지로 돌아가는 산새를 바라본다決眥入歸鳥.

내 반드시 태산의 꼭대기에 올라會當凌絶頂

뭇 산의 낮음을 굽어 보리라一覽衆山小.

  그러나 두보는 시작詩作에는 뛰어난 재능을 보였으나 과거에는 수차례 불합격했다. 그는 스물네 살 때 첫 과거시험을 보고 낙방했다. 이때는 간신 이임보李林甫가 정권을 전횡하고 있을 때라 공정하게 선발이 이루어지지 않았다. 그러나 두보는 이때까지는 크게 낙심하지 않았던 것 같다. 당 황실에 대한 기대와 희망이라는 충심을 품고 있었던 것이다. 그래서 두보는 이후 다시 한 번 더 유랑을 떠나게 된다.

  두보는 약 30세가 되던 741년에 양씨와 결혼한 후 단 한 번도 첩을 두지 않았다. 부인 양씨는 현모양처로 두보가 떠돌이 생활을 하고 지극히 궁핍한 생활을 하던 시절에도 두보의 곁을 지켰으며, 두보는 그런 아내를 염려하고 그리워하는 시를 짓곤 했다.

  두보가 살던 시대의 지식인들에게 가족의 생계를 유지할 유일한 방법은 과거에 급제하여 출사하는 것이었다. 하여 두보도 더 이상 가난을 못이겨 미관말직이라도 얻을 양으로 746년 장안으로 돌아왔다. 하지만 장안은 재상 이임보의 횡포와 양귀비의 일족들이 막강한 권력을 과시하며 부패할 대로 부패해 있었다. 이런 상황에서 두보는 출사하여 정국을 안정시키겠다는 포부를 가졌다. 그는 스스로 노자의 후손이라고 칭하는 당황실에 잘 보이고자 도교를 칭송하는 〈삼대례부三大禮賦〉를 지어 현종에게 올려 벼슬을 얻었다. 그러나 벼슬길에 올라 경세제민(經世濟民, 세상을 다스리고 백성을 구제한다)의 이상을 실현하고자 했던 두보는 결국 임용되지 못했고, 생활은 점점 어려워졌다.

  두보는 장안에서 가난에 시달리며 어려운 생활을 하는 가운데, 집권자

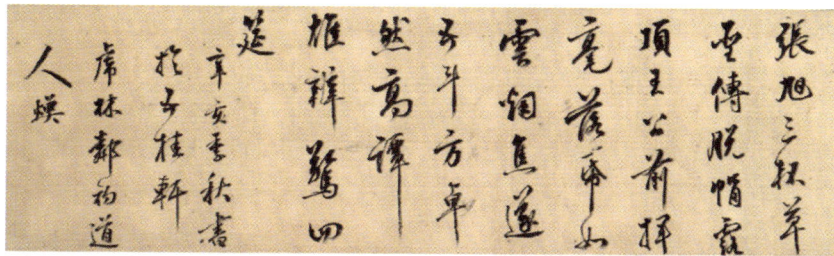

음중팔선도 두보의 〈음중팔선가(飮中八仙歌)〉를 옮긴 그림. 여덟 신선이 술을 마시며 세속의 일을 한탄하며 시를 짓는 모습이 묘사되어 있는 이 시에는 당시 도교 사상이 잘 드러나 있다.

들이 호화롭고 사치스런 생활을 하는 반면 백성들의 굶주림과 추위에 시달리는 처참한 광경을 목격했다. 장안 시절 두보는 분명 불행한 생활을 했지만 현실을 바라보는 눈은 그전과 달라져 있었다. 그리고 이때 정부와 관료를 비판하고 현실의 참담함을 표현한 명작들이 창작되었다. 〈여인행麗人行〉에서는 양귀비의 사치와 향락을 통해 절대 권력자의 방종을 고발했고, 〈병거행兵車行〉에서는 어린 나이에 출정하여 마흔이 넘도록 전쟁터에서 고통을 겪는 백성의 원망을 한 병사의 입을 통해 표현했다. 두보 개인에게도 아픔이 찾아왔다. 자식이 굶주림을 이기지 못하고 비참하게 죽은 것이다. 이에 두보는 "부잣집에서는 술과 고기 냄새가 나지만, 길에는 얼어 죽은 해골이 뒹굴고 있다."라는 명구로 세상에 대한 분노를 토로했다.

755년 양귀비의 양자인 안녹산이 난을 일으켜 장안과 낙양을 비롯한 중원 지역을 모두 수중에 넣었다. 당 현종은 장안을 빠져나갔고, 백성들 함께 피란길에 오른 두보는 갖은 고생을 하다가 마침내 어느 시골집에 자리를 잡았다. 두보는 태자 이형이 영무에서 숙종으로 즉위했다는 소식을 듣고 찾아가다 도중에 반란군에게 체포되어 일 년 동안 포로 생활을 했다. 이때 두보는 〈춘망春望〉을 지었다. 〈춘망〉에서 두보는 조정이 정치를 잘못하여 전쟁을 일으키고, 국토와 백성이 고통받는 시대를 슬퍼했다. 동시에 그 옛날 자신감이 넘치던 젊은이는 온데간데없고 상념에 젖어 가족을 그리워하는 백발의 서글픈 자신의 모습을 노래했다.

> 조정은 망했어도 산하는 그대로요國破山河在.
> 성 안은 봄이 되어 초목이 무성하네城春草木深.
> 시대를 슬퍼하여 꽃도 눈물 흘리고感時花濺淚
> 한 맺힌 이별에 나는 새도 놀라는구나恨別鳥驚心.
> 봉홧불은 석 달이나 계속 오르고烽火連三月
> 집에서 온 편지 너무나 소중하여라家書抵萬金.
> 흰 머리를 긁으니 자꾸 짧아져白頭搔更短
> 이제는 아무리 애써도 비녀도 못 꼽겠네渾欲不勝簪.

757년 간신히 장안을 탈출한 두보는 팔꿈치가 다 드러나 해진 홑두루 마기를 입고 낡은 삼신을 신고 숙종을 찾아갔다. 그는 좌습유라는 관직에 임명되었지만, 일 년 만인 758년에 화주華州의 사공참군이라는 지방관으로 좌천되었다. 그리하여 백성들의 삶의 본질이 절대 권력에 의해 파괴되어 고통받는 현장을 고발한 대표작 '삼리삼별三吏三別', 즉 〈신안리新安吏〉, 〈동관리潼關吏〉, 〈석호리石壕吏〉, 〈신혼별新婚別〉, 〈수로별垂老別〉, 〈무가별無家別〉 등이 탄생했다.

759년 그는 전쟁과 기근을 피해 사천성의 성도로 피신했다. 친구인 엄무嚴武가 후원자가 되어 주었고, 그는 부근에 초당을 마련하여 비교적 안정적이고 평온한 시간을 보냈다. 두보의 시풍은 이때 또 한 번 변화를 겪는다. 나라와 백성을 향한 그의 마음에는 변함이 없었으나 자연과 함께하는 평화로움을 느낄 수 있는 시들이 많아진 것이다. 쉰 살이 가까워진 두보의 심경 변화는 〈춘야희우春夜喜雨〉에서 잘 드러난다.

동정호

좋은 비는 계절을 알고好雨知時節
봄이 되니 곧 내리기 시작한다當春乃發生.
바람 따라 이 밤에 살짝 스며들어隨風潛入夜

소리 없이 만물을 적신다潤物細無聲.

들판 길 구름 낮게 깔려 어둡고野徑雲俱黑

강 위의 배는 불을 외로이 밝혔다江船火燭明.

이른 아침 분홍빛 젖은 곳을 보니曉看紅濕處

금관성에 꽃들이 활짝 피었네花重錦官城.

그러나 두보의 만년은 인생에서 가장 비참하고 고통스러운 시기였다. 엄무가 죽고 난리가 나자 그는 사천 지방을 전전하다가 766년에 성도를 떠나 운안雲安을 거쳐 기주夔州에 도착했다. 768년에는 다시 강릉을 거쳐 악양에 이르렀다. 이 당시 두보는 이미 폐병, 중풍, 학질, 당뇨병의 후유증으로 귀가 들리지 않는 등 심신이 쇠퇴한 상태였으며 가난은 극에 달했다.

769년에는 배에 거적을 얹어 지붕을 만든 배를 집 삼아 동정호를 떠돌아 다녔다. 쉰아홉의 나이에 두보는 아무도 모르게 고생스러운 일생을 마쳤다. 그의 죽음에 대해서는 다양한 이야기가 전한다. 먼저 홍수로 인해 고립되어 열흘을 굶은 두보에게 뇌양 현령이 소고기와 술을 보냈는데, 이를 모조리 서둘러 먹어치우는 바람에 그날 밤 복부가 부어올라 죽었다는 설이 있다. 이외에도 그가 물에 빠져서, 독에 중독되어서 혹은 오랜 뱃생활로 인해 병들어 죽었다는 설이 있다.

하지만 그가 무엇 때문에 어떻게 죽었는지는 그리 중요하지 않다. 그는 고도의 예술적 표현력이 발휘된 율시와 절구를 완성하여 중국 근체시를 집대성했고, 그가 남긴 시는 당 대부터 후대까지 많은 이들에게 감동을 주어 '시성'으로 존경받았다. 특히 결혼 이후 장안 시절 지어진 두보의 시는 사회시적 성격이 강하다. 두보는 나라와 백성에 대한 한결같은 성실함으로 시대 상황을 고민하여 당시 가혹한 사회 현실을 비판했다. 당시의 역사적 상황을 사실적으로 묘사한 그의 장편 고체시(古體詩, 글자나 글귀의 수가 일정하지 않고, 운을 맞추는 것도 법칙이 없는 비교적 자유로운 한시)들은 '시로 표현된 역사'라는 뜻에서 '시사'라고도 불린다.

서민적인 필치로 사회를 풍자하다
백거이

白居易(772~846년)

- 당나라 중기를 대표하는 시인
- 부패한 사회상을 풍자·비판하고, 서민적이고 쉬운 필치로 문학의 폭을 확대했다.
- 주요 작품으로 〈장한가〉, 〈비파행〉, 〈진중음(秦中吟)〉, 〈신악부(新樂府)〉, 〈두릉의 노인〉 등이 있다.

'시선詩仙'이라 일컬어지는 당나라 최고의 시인 이백은 시를 쓸 때 한 잔 술에 막힘없이 한 번에 써 내려갔다고 하며, '시성詩聖'이라 불리는 시인 두보는 열 번의 손질을 했다고 한다. 또 한 사람의 위대한 당나라 시인은 시를 탈고할 때마다 글을 모르는 노파에게 먼저 들려주었다고 한다. 그는 노파가 알아들었는지를 묻고, 만약 모르겠다고 하면 그녀가 뜻을 알 때까지 몇 번이고 고친 후에야 비로소 붓을 놓았다고 한다. 그가 바로 당나라 중기를 대표하는 대시인 백거이다. 그의 시는 쉬운 어휘로 이루어져 있으며, 통속적이면서도 사회상이 반영되어 있다. 그는 문장은 시대의 요구를 받아들여 그것에 맞춰 써야 하며, 문장은 문장 자체에 머무르지 않고 세상의 변화를 선도해야 한다고 생각했다.

백거이의 자는 낙천樂天이며, 호는 향산거사香山居士 또는 취음선생醉吟先生이다. 그는 낙양 부근 신정新鄭의 하층 사대부 집안에서 태어났다. 그의 부친과 숙부들은 모두 관직 생활을 했으나 그가 태어날 즈음에는 가세가 기울어 넉넉지 못한 어린 시절을 보냈다. 그는 어릴 적부터 매우 총명했다고 하는데, 태어난 지 6개월 만에 '갈 지之' 자와 '없을 무無' 자 두 자를 구분할 수 있었고, 다섯 살에는 시 짓는 방법을 배웠다고 전한다. 또한 그는 열여섯 살 무렵 이미 시로 사람들의 인정을 받았다.

백거이는 지방의 하층 사대부 출신이었기 때문에 그가 출세하기 위해서는 과거에 합격해야만 했다. 755년에 일어난 안사의 난을 거치면서 기존의 계층 구조가 흔들려 당나라 중기에는 하층 사대부들도 과거를 통해서 중앙의 고위 관리로 등용될 수 있었다. 이에 선주宣州의 지방시험에서 합격한 백거이도 수도 장안에 가서 과거를 준비했다. 800년 스물아홉 살의 백거이는 마침내 과거에 급제하여 진사가 되었고, 803년 비서성 교서랑에 임명되었다. 그는 동료 원진元稹과 함께 당시 정세를 진단하고, 각종 폐단들을 고해 올렸다. 또한 민생 안정을 위해 감세 정책과 극형 폐지 등을 주장했으나 권세가들의 반감을 사 받아들여지지는 않았다.

교서랑의 임기를 마친 백거이는 806년 장안에서 가까운 현의 현위로 파견되었다. 그는 그곳에서 당시의 유명한 처사 진홍陳鴻, 왕질부王質夫와 친분을 쌓고 그들과 함께 마외파를 유람하고, 양귀비의 묘를 찾았다. 백거이는 왕질부

백거이

의 제의로 당 현종과 양귀비의 사랑을 담은 장편시 〈장한가〉를 썼다.

808년 백거이는 조정의 부름을 받아 황제에게 직접 간언할 수 있는 좌습유에 임명되었다. 비록 높은 관직은 아니었으나 그는 황제에게 위민정책에 대한 자신의 소신을 직접 진언할 수 있는 좋은 기회로 여겼다. 그리하여 그는 시대의 병폐를 지적하고 황제와 관리들의 잘못을 직간접적으로 드러내는 시들을 지었다. 그러나 이런 개혁적인 정치적 성향과 비판적 견해는 권문세가들의 미움을 샀고, 그들과 마찬가지로 불편함을 느꼈던 당 현종은 결국 그를 경조부의 호조참군으로 강등시켰다. 811년 어머니가 세상을 뜨고, 812년 딸까지 병으로 죽자 그는 관직을 사임하고 고향에 머물렀다.

814년 백거이는 다시 임용되어 좌찬선대부가 되었고, 동궁의 태자를 보필했다. 이듬해 백거이는 재상 무원형武元衡 암살 사건의 범인을 잡아 처형할 것을 호소하는 상소를 올렸다. 암살범을 알고 있으면서도 정치적인 입장 때문에 범인을 처벌하지 않는 상황을 비판한 것이다. 그러나 이런 소신 있는 행동은 결국 화를 자초했다. 당나라의 정치 관례상 태자부의 관리는 조정의 정사에 관여해서는 안 되었다. 그런데 백거이는 이런 관례를 무시하고 상소를 올려 정사를 논했고, 이에 대해 당시 주화파와 주전파로 나뉘어 대립하고 있던 두 파는 단결하여 그를 공격했다. 조정의 대신들은 백거이를 질책하는 상소와 함께 그를 참소하는 유언비어를 유포했다. 유언비어는 '백거이의 어머니는 꽃을 보려다가 우물에 빠져 숨을 거뒀다. 이는 백거이가 부모를 잘 모시지 못해서다. 그럼에도 백거이는 시 〈상화賞花〉와 〈신정新井〉을 지었다. 이는 불효의

당나라 시대의 오현비파

346　　　　　　　　　　　　　　　　　　　　중국사를 움직인 100인

극치다'라는 내용이었다. 결국 백거이는 강서성 강주의 사마로 좌천되었다. 혹독한 정치적 모함과 비판을 받은 백거이는 이후 정치적인 문제에 대해 언급을 자제하게 되었다.

 백거이는 강주에서 가까운 노산에 지은 초당에서 정신적, 육체적으로 힘든 시기를 보냈다. 하지만 그는 이런 시련을 바탕으로 일생일대의 걸작 〈비파행琵琶行〉을 지었다. 어느 가을날 백거이는 강가에서 손님을 배웅하고 있었다. 그때 어디선가 구슬픈 비파소리가 들려왔다. 세상을 방랑하는 늙은 기생의 연주였다. 기생의 가련한 이야기를 들은 백거이는 그녀를 동정하는 한편 변방에서 암울한 나날을 보내고 있는 자신의 처지를 돌이켜 보게 되었다. 집으로 돌아온 백거이는 그런 한탄을 단숨에 시로 남겼다.

  심양강 나루에서 손님을 밤에 보내려니潯陽江頭夜送客

  단풍잎 갈대꽃에 가을바람 쓸쓸하다楓葉荻花秋瑟瑟.

  주인은 말 내리고 손님은 배에 타고主人下馬客在船

  술을 들어 마시려니 음악이 없구나擧酒欲飮無管絃.

  취해도 즐거움 없는 이별을 하려 하니醉不成歡慘將別

  망망한 이별의 강에 달빛만 젖어 있네別時茫茫江浸月.

    ……

  평생에 못다 한 마음속 한 호소하듯似訴平生不得志

  눈썹을 내리깔고 손에 맡겨 비파 타니低眉信手續續彈

  마음속 숱한 사연 모두 털어놓는 듯說盡心中無限事

    ……

  오늘 밤 그대의 비파 소리 들으니今夜聞君琵琶聲

신선 음악 들은 듯 귀 잠시 맑았네 如聽仙樂耳暫明.
사양 말고 다시 앉아 한 곡 들려주오 莫辭更坐彈一曲.
내 그대 위해 비파행을 지으리니 爲君飜作琵琶行.
……

820년 백거이는 다시 장안으로 돌아와 주객낭중으로 임명되었고, 821년에는 다시 중서사인으로 승진하는 등 중앙의 요직을 두루 거쳤다. 그러던 중 822년 우승유牛僧孺와 이덕유李德裕의 당쟁이 심해지자 다시 외직인 항주 자사로 보내졌다. 그는 그곳에서 백성들을 위해 우물을 파고, 서호西湖에 제방을 쌓아 저수사업과 관개사업을 시행했다. 만년에는 조정에서

봄밤의 뱃놀이와 〈비파행〉

비서감, 하남윤, 형부상서 등을 역임하다 846년 75세에 사망했다.

백거이가 815년 강주 사마로 좌천되기 이전에 쓴 사회시들은 중국 문학사상 큰 의의를 지니고 있다. 이때의 작품들은 당시의 정치, 사회, 생활상과 그에 대한 비판이 돋보인다. 더불어 작품들의 분위기가 서민적이고 어휘와 문장의 구성이 쉬우면서도, 내용면에서는 풍자와 비판을 담고 있다는 것이 특징이다.

백거이가 남긴 시는 3천여 수가 넘는데, 그는 스스로 자신의 시를 풍유시諷喩詩, 한적시閑適詩, 감상시感傷詩, 잡률시雜律詩로 나누었다. 백거이의 작품들은 어휘와 문장이 통속적, 일상적인 경향을 지니고 있다. 백거이의 시는 계층을 막론하고 대중적으로 큰 인기를 끌었으며 당시에도 널리 읽혔다.

하지만 그의 작품 중 단연 의미가 큰 것은 172수의 풍유시들이다. 그중 〈진중음秦中吟〉 10수와 〈신악부新樂府〉 50수가 으뜸으로 꼽힌다. 그는 풍유시를 통해 과중한 세금, 관리들의 횡포, 부역의 고통 등을 직설적으로 묘사하여 백성들의 어려운 생활을 그려 냈다. 또 그와 반대로 권력 계층의 호사스러운 생활을 비판했다. 이러한 백거이의 행동은 왕조 시대의 성격에 비추어 볼 때 매우 대담하고 도발적인 행동들이었다. 백거이가 위험을 무릅쓰고 백성들을 위해 대신하고 앞장섰기에 그와 그의 시들은 당대는 물론 후대에도 오래도록 사랑받을 수 있었다.

두릉의 노인 두릉에 살면서杜陵叟杜陵居
해마다 척박한 밭 백 묘 정도에 농사짓는다歲種薄田一頃餘.
삼월에 비 안 오고 마른 바람 일더니三月無雨旱風起
보리싹 피어나지 못한 채 누렇게 말라죽었다麥苗不秀多黃死.

구월에 서리 내리고 초가을부터 쌀쌀하더니九月降霜秋早寒

벼이삭 익기도 전에 모두 퍼렇게 말라 버렸다禾穗未熟皆靑乾.

관리는 훤히 알면서도 위에 알리지 않고長吏明知不申破

세금 급히 거두어 실적만 올리려 한다急斂暴徵求考課.

뽕밭을 잡히고 땅 팔아 세금 냈으니典桑賣地納官租

내년의 살림은 어떻게 해결하나明年衣食將何如.

우리네 몸에서 옷을 벗기고剝我身上帛

우리네 입에서 곡식을 꺼내 가네奪我口中粟.

사람들 학대하고 재물 빼앗으며 승냥이와 이리겠지虐人害物卽豺狼.

꼭 갈고리 같은 발톱과 톱날 같은 이로 사람을 먹어야만 하나何必鉤爪鋸牙食人肉.

누구인지 몰라도 황제께 상주하니不知何人奏皇帝

민폐를 아신 황제께서 측은히 생각하사帝心惻隱知人弊

백마지에 은혜로운 말씀 적어서白麻紙上書德音

경기 지역은 금년 세금을 모두 면제하셨다京畿盡放今年稅.

어제야 아전이 문 앞에 나타나昨日里胥方到門

손에 공문 들고 와서 마을에 내걸었다手持尺牒榜鄕村.

열 집 중에 아홉 집은 세금 다 내었으니十家租稅九家畢

우리 임금님의 면세 은혜 헛 받은 게 되었다虛受吾君蠲免恩.

_〈두릉의 노인杜陵叟〉

낭만을 노래한 미남 시인
두목

杜牧(803~853년)

- 당나라 말기의 시인. 작은 두보로 불린다.
- 칠언절구의 시에 뛰어난 재주를 보였으며, 화려한 수식과 유장한 리듬을 구사한 시로 유명하다.
- 주요 작품으로는 〈아방궁부〉, 〈강남춘〉 등이 있다.

두목은 당나라 말기의 낭만 시인으로 '소두小杜', 즉 '작은 두보'라고 불렸다. 자는 목지牧之이며, 호는 번천樊川으로 803년 경조부京兆府 만년현萬年縣에서 태어났다. 조부 두우杜佑와 사촌 형제 두종杜悰이 재상을 지냈을 정도로 그의 집안은 권세가 대단했다. 특히 조부 두우는 당대의 유명한 역사학자로 30년 동안 고대의 문물과 문헌을 연구하여 《통전通典》을 집필한 인물이다.

두목은 스무 살에 수도 장안에 나와 학문을 익혔는데, 당시 태학박사 오무릉吳武陵에게 인정을 받아 그의 제자가 되었다. 그때 두목이 지은 〈아방궁부阿房宮賦〉라는 시는 그의 대표작 중 하나로 꼽힌다. 이 시는 먼

귀족의 연회 10세기경의 그림으로 연회장에서 춤을 추는 무희들과 비파, 피리 등을 연주하는 무희들의 모습이 묘사되어 있다.

저 진시황제가 지은 아방궁의 웅장함과 화려함, 성대한 모습을 묘사한 다음 진시황제의 교만과 사치로 백성들이 혹사되고 물자가 낭비되었음을 비판했다. 더 나아가 포악한 군주는 반드시 무너지고 나라의 운명을 좌우한다는 것을 지적하면서 경각심을 고취했다. 〈아방궁부〉는 두목이 청년 시절에 썼다고는 믿기지 않을 정도로 뛰어난 작품으로 화려한 수사와 유장한 리듬이 특징이다.

두목은 827년 진사과에 급제해 양주揚州의 회남 절도사 우승유牛僧孺의 서기가 되었다. 당시의 양주는 강남 지역의 풍부한 물자를 바탕으로 발전하여 당나라 전체에서 가장 번화한 지방이었던 곳으로, 상류층은 매우 부정하고 방탕한 생활을 일삼고 있었다. 젊고 혈기왕성했던 두목은 양주의 아름다운 풍경과 번화한 모습에 완전히 매료되었다. 그는 청루에 빈번히 출입하면서 기생들과 즐기며 타향살이의 외로움을 달래곤 했다.

당시 양주에서 두목의 생활은 '취과양주귤만거醉過楊州橘滿車'라는 일화로 표현된다. 당시 미남으로 유명했던 두목이 술에 취해 양주 거리를 지날 때면 그를 연모하던 기생들이 잘 보이려고 귤을 던졌는데, 그렇게

던져진 귤이 수레를 가득 채웠다고 한다. 얼마 후 두목은 조정의 부름을 받아 장안으로 돌아갈 준비를 했다. 그때 상관인 우승유가 음주와 여색을 가까이 하지 말라고 경고했다. 우승유의 충고에 그는 양주에서의 지난날을 부끄러워하며 방탕했던 생활을 반성했다.

하지만 두목의 반성은 그리 오래가지 않았다. 그는 지방 관직을 역임하면서 청루에서 많은 시간을 보내며 화려하고 감상적인 시들을 지었다. 장안에서 짧은 관직 생활을 한 후 두목은 낙양으로 가 조정 관료들의 생활을 감시하고 시정하는 분사어리직을 맡았다. 당시 낙양에는 이원李願이라는 퇴직 관료가 여는 연회가 특히 유명했다. 소문을 들은 두목은 자신이 관료의 잘잘못을 바로잡아야 하는 지위에 있었음에도 이원의 연회에 참석했다. 아름다운 기녀들의 춤과 노랫가락, 웃음소리에 흠뻑 빠진 두목은 특히 최고의 기녀 자운紫雲에게 반해 그녀를 자신에게 달라고 이원에게 청을 넣었다. 두목의 갑작스런 청에도 이원이 대수롭지 않다는 듯 조용히 웃자 이어 기녀들이 간드러지게 웃었다. 기분 좋게 술에 취한 두목은 시 한 수를 읊었다.

화려한 집에서 오늘 잔치가 열렸는데
누가 분사어리 청했는가.
돌연 미친 소리로 사방을 놀라게 하니
두 뺨 붉게 단장한 얼굴들이 일시에 돌아보네.

그 후 두목은 선성宣城의 관리가 되었고, 호주湖州로 유람을 떠났다. 호주 태수는 연회를 베풀어 두목을 환영했지만, 두목은 자신의 이목을 끌 만한 아름다운 기녀를 찾을 수 없었다. 이에 그는 농담조로 강가에서 큰 연회를 베풀어 구경을 온 사람들 사이에서 가장 아름다운 여인을 찾자고 했다. 두목의 말처럼 강가에서 성대한 연회를 열자 많은 구경꾼이 몰렸다. 이때 두목의 눈에 한 아낙이 데리고 온 어린 여자아이가 눈에 띄었다. 아이는 열 살 남짓으로 어렸지만 단연 돋보이는 미모를 지니고 있었다. 두목은 그 여자아이와 10년 후에 결혼할 것을 아낙과 약속했다. 하지만 10년이 훌쩍 넘은 14년 후에 두목은 태수가 되어 호주로 돌아왔고, 그때의 소녀는 3년 전에 결혼하여 세 아이의 어머니가 되어 있었다. 혼인 날짜를 어긴 것은 자신이었으니 그는 누구도 탓하지 못하고 〈꽃을 탄식하며嘆花〉라는 시로 아쉬움을 표현했다.

너무 늦게 봄을 찾아 절로 한탄한다自恨尋芳到已遲.
옛날 보았을 때는 아직 피지 않았는데往年曾見未開時
지금은 바람에 꽃잎이 낭자하고如今風擺花狼藉
잎사귀는 울창하고 가지에는 씨가 가득하구나綠葉成蔭子滿枝.

두목은 20대 중반부터 관직 생활을 시작하여 이후 오랫동안 하급 지방

관리를 전전했다. 비록 중간에 조정에서 발탁되어 중앙에서 벼슬살이를 하기도 했지만 대체로 지방관직에 머물렀다. 두목은 《손자》에 주석을 달기도 하고, 재정, 국방, 국내 정세 등에 대해 진보적인 정책 제안서를 제출하는 등 일찍이 두각을 드러냈다. 하지만 당시의 혼탁한 조정은 하급 관리이자 진보적인 성향을 지닌 그의 주장을 받아들이지 않았다. 풍류적이고 향락적인 두목의 일생과 그것을 바탕으로 쓰인 시들은 그가 생활에서 겪은 갈등과 고민을 하릴없이 풀어놓은 것이라고 해석되기도 한다. 그는 죽기 전 거의 대부분의 작품을 불태워 버렸다고 한다. 〈아방궁부〉, 〈박진회泊秦淮〉, 〈강남춘江南春絶句〉, 〈청명淸明〉 등의 시가 유명하다.

당나라 시대의 술항아리와 술잔

당나라 멸망의 불씨를 당기다
황소

黃巢(?~884년)

- 당나라 말기 소금 밀매업자로 농민 반란을 일으켰다.
- 하남, 산동, 광주 등 전국 각지에서 관군을 격파하고, 장안에 입성하여 스스로 황좌에 올랐으나, 관군의 반격으로 자결했다.

875년에 발생하여 10여 년간 지속된 '황소의 난'으로 인해 당나라는 근본적으로 붕괴되기 시작했다. 황소의 난이 진압된 후로도 당 왕조는 23년간 지속되었지만, 간신히 명맥만 이었을 뿐이다.

황소의 난이 발생하기 전부터 당 왕조는 내란으로 인해 몰락의 길을 걷고 있었다. 황소의 난은 그 결정타였을 뿐이다. 755년 절도사 안녹산이 양귀비의 사촌 오빠 양국충을 토벌한다는 명분으로 반란을 일으켰다. 756년 안녹산이 장안을 향해 진격해 오자 현종은 양귀비와 친위대를 이끌고 피란길에 올랐다. 이 모든 일이 발생하게 된 원인이 양귀비와 양국충에게 있다고 생각한 친위대는 양국충을 목 베고, 현종에게 양귀비를 죽일 것을 요구했다. 현종은 눈물을 머금고 양귀비에게 자결을 명했다. 이후 그는 황위를 아들 숙종에게 물려주고 상황제가 되었다.

숙종은 군사를 모아 안녹산에게 반격을 개시했다. 그러나 안녹산은 이와 관계없이 757년 후계자 분쟁으로 인해 아들 안경서에게 죽임당했다. 그 후 안녹산의 부장 사사명史思明이 안경서를 죽이고 반란군의 수장이 되었으나, 그 또한 자신의 아들 사조의史朝義에게 죽임을 당했다. 763년 사조의의 반란군은 당나라 군대에 몰려 위기에 처했고, 사조의는 자살로 생을 마감했다. 이로써 9년간에 걸친 안사의 난은 막을 내렸다.

안사의 난으로 당나라의 중심지였던 낙양과 장안은 황폐해졌고, 중앙정부의 통치력은 약화되었으며, 수많은 농민들이 소작농으로 전락했다. 당나라는 기존의 제도를 정비하는 것으로 민생을 안정시키고 지방의 힘을 억제하고자 했다. 토지세와 부역, 호별로 토산물을 부과하던 조용조 제도를 개혁한 것이다. 이에 따라 조세 제도는 재산 등급에 따라 봄과 가을 두 번에 세금을 징수하는 양세법으로, 정남에게 부과되던 군역 의무를 지원 제도인 모병제로 바꾸었다. 그러나 이 역시 얼마 지나지 않아 지방 세력, 상인, 절도사 간의 유착이 이루어져 폐단이 발생했고, 백성들에 대한 수탈은 계속되었다. 지방의 힘도 억제되지 않았다. 여기에 황제의 정치적 무관심, 환관들의 전횡, 파벌 싸움 등 정치적 혼란과 더불어 가뭄 등 자연재해까지 겹치자 백성들의 삶은 그야말로 파탄 지경에 이르게 되었다. 결국 농민들은 곳곳에서 반란을 일으키기 시작했으며, 859년에는 반당反唐 세력 구보裘甫가, 868년에는 방훈龐勛이 반란을 일으켰다.

874년 당나라 제18대 황제 희종이 즉위한 해에 소금 밀매업자 왕선지王仙之가 농민 수천 명을 모아 하남성 일대에서 반란을 일으켰다. 당나라는 안사의 난 이후 재정을 재건하기 위해 소금 제조와 판매를 지정업자에

숙종의 시찰 안사의 난 이후 숙종이 성양 지방을 둘러보고 있다.

게만 허가하는 소금 전매를 실시했는데, 전매되는 소금의 값은 매우 비쌌기 때문에 곧 소금 밀매업자가 속출하게 되었다. 그들은 관헌의 단속에 대항하는 조직을 결성했으며, 점차 무장 세력으로까지 발전했다. 왕선지의 봉기군도 이런 조직의 하나로, 875년 소금 밀매업자 황소가 왕선지의 봉기군에 호응함으로써 그들의 세력은 만만치 않게 되었다.

황소는 진사시험에서 몇 번 낙방한 후 소금 밀매업자가 되었다. 산동성에서 소금 장사를 하던 그는 874년 소금장수 왕선지가 봉기했다는 소식을 접하고, 875년 농민들을 모아 봉기에 가담했다. 그는 왕선지와 회합하여 산동과 하남 일대에서 게릴라 전법으로 관군들을 물리쳤다. 또한 양면 작전을 구사하여 왕선지는 서쪽으로, 황소는 동쪽으로 진군했는데, 왕선지는 호북 일대에서 그만 관군에게 패해 죽고 말았다. 황소는 왕선지의 패잔병들을 규합하고 부하들의 추대를 받아 스스로 충천대장군이라 칭했다. 황소는 낙양을 공격하려 했지만 수십만 대군인 당나라 군대에 열세를 느끼고, 관군의 힘이 미약한 남쪽으로 공격 방향을 바꾸었다. 879년 황소는 광주를 공격하여 함락했다. 그러나 영남 지역에서 전염병이 발생하여 병사하는 자가 속출하자 그는 군대를 이끌고 북상하기로 결심했다. 그는 계림, 담주, 형문 등 강남 일대의 관군을 격파하여 세력을 늘렸으며, 880년 낙양까지 함락했다. 이때 그의 군대는 60만으로 늘어나 있었다.

황소는 60만 대군을 이끌고 장안으로 향했고, 희종은 친위대의 호위를 받으며 몇몇 신하들과 함께 피란길에 올랐다. 881년 황소는 마침내 장안으로 입성했다. 그가 입성할 때 대장군 장직방張直方을 비롯한 문무백관들이 그를 영접했다. 며칠 후 황소는 황제가 되어 국호를 대제大齊라 일컫고, 연호를 금통金統으로 정했다.

하지만 황소의 승승장구는 계속되지 않았다. 당 왕조의 잔당들을 쫓지 않은 데다 점령 지역에 군대를 남기지 않아 확실한 근거지를 마련하지 못했기 때문이다. 황소의 정권이 기반을 잡지 못한 것을 간파한 당나라 중신들은 희종과 연계하여 장안을 탈환할 계획을 세웠다. 이들은 급히 각지의 군대를 징집했고 833년 장안을 포위하는 데 성공했다.

당시 황소는 부장 주온朱溫을 보내 동주同州를 지키게 했다. 그러나 장안이 포위되고 식량 사정이 어려워지자 주온은 곧 당나라군에 항복하고 말았다. 그는 당나라 조정에서 '전충全忠'이라는 이름을 하사받고 중용되었다. 주전충은 당나라에 귀순한 절도사 이극용李克用과 함께 황소를 공격해 대승을 거두었다. 하남으로 쫓겨난 황소는 884년 다시 주전충과 이극용의 공격을 받아 위기에 처했고, 결국 태산 부근에서 자결로 생을 마감했다.

황소의 난은 당나라를 근본적으로 붕괴시키는 계기가 된 사건으로 평

당나라 시대의 갑옷

가된다. 난이 평정된 뒤에도 여전히 황실은 사치와 향락을 그만두지 않았고, 환관들의 전횡 또한 근절되지 않았다. 멸망으로 치닫는 당나라 왕조에 다시 칼을 빼든 이는 황소의 부장 주전충朱全忠이었다. 그는 황소의 난을 평정한 뒤 변주 절도사에 임명되었으며, 이극용과의 파벌 싸움에서 승리하여 조정의 실권을 장악했다. 904년 그는 제19대 황제인 소종에게 수도를 자기가 주둔하고 있던 낙양으로 옮기게 하고는 곧 소종을 살해했다. 그 후 그는 소종의 아홉째 아들인 열세 살의 소선제를 옹립했다가 907년 소선제로부터 선양을 받아 후량後梁을 세웠다. 이로써 약 300년 역사의 당나라는 멸망했다. 이후 5개의 왕조와 10개의 지방 정권이 화중, 화남과 화북의 일부를 지배하면서 흥망을 거듭하는 5대 10국 시대가 열렸다.

송나라를 건국하다
조광윤

趙匡胤(927~976년)

- 송나라를 건국한 송 태조(재위 960~976년).
- 5대 10국의 혼란기를 정리하고 후주 공제의 선양으로 송나라를 건국했다.
- 절도사 지배 체제를 폐지하고, 민정, 병정, 재정의 3권을 중앙에 집중시키고, 문치주의를 확립함으로써 이후 300년간 이어지는 송 왕조의 기틀을 다졌다.

조광윤은 907년 당나라가 멸망한 후 50년간 군웅들이 난립한 5대 10국 시대에 종지부를 찍고 중원을 재통일해 이후 300년간 이어지는 송宋 왕조의 기틀을 마련했다. 5대 10국의 마지막 왕조 후주後周의 근위군 총사령관이었던 그는 960년 부하들의 추대로 송나라를 건국했다.

당 왕조가 멸망한 후 송 왕조가 들어서기 전까지 50년에 불과한 기간 동안 후량後梁, 후당後唐, 후진後晉, 후한後漢, 후주 다섯 왕조가 차례로 교체되었다. 이들 왕조의 지배력은 황하강 유역의 중원에만 미쳐 그 주변에 전촉前蜀과 후촉後蜀, 오吳, 남당南唐, 민閩, 형남荊南, 남한南漢, 오월吳越, 북한北漢, 초楚의 10국이 전쟁을 계속했다. 한편 북방도 불안하기는 마찬

송 태조 조광윤

가지로 이민족 거란이 세력을 확장하여 중원을 위협하고 있었다. 이 시기를 5대 10국 시대라 일컫는다.

조광윤은 927년 5대 10국의 두 번째 왕조 후당 시대에 낙양의 협마영夾馬營이라는 병영에서 태어났다. 아버지 조홍은趙弘殷은 후당의 금군을 담당했던 무인으로 936년 후당을 멸망시키고 들어선 후진의 검교사도가 되어 금군을 담당했다. 그는 어린 시절 성격이 사내답고 활달하여 글 읽는 것보다는 말타기와 활쏘기에 더 열중했다.

950년 조광윤은 곽위郭威의 군대에 들어갔다. 곽위는 후에 5대 10국 시대의 네 번째 왕조인 후한을 멸망시키고 마지막 왕조인 후주를 창건했다. 곽위가 후주를 세우고 태조로 즉위하자, 그는 후주 건국의 공을 인정받아 활주부지휘로 임명되었다. 953년에 태조 곽위가 숨을 거두고 태자 시영柴榮이 세종으로 즉위하자 조광윤은 그의 오른팔이 되어 금군을 지휘했다. 그는 후한 잔당 세력과의 고평 전투에서 포위된 세종을 구하고, 이후 회남, 요군 등을 정벌할 때 전과를 올려 황제 근위군의 총사령관인 전전도점검에 임명되었다.

959년 세종이 원정 도중 병사하자 그의 일곱 살 난 아들 시종훈柴宗訓이 공제로 즉위하여 황위를 이었다. 세종은 죽기 전 근위군 총사령관인 조광윤에게 어린 공제의 보필을 맡겼다. 960년 북한이 요나라와 합세하여 후주를 공격했다. 이에 조광윤은 군대를 이끌고 도성을 출발하여 진교역

陳橋驛에 진을 쳤다. 이곳에서 조광윤의 운명이 바뀌는 일대 사건이 발생한다. 후대에 '진교병변陳橋兵變'이라고 일컬어지는 사건이다.

전란의 시대에 어린 황제 공제가 등극하자 불안해진 신하들은 동생 조광의趙廣義와 조보趙普를 중심으로 조광윤에게 황제가 되어 달라고 청했다. 조광윤이 황제가 되고 싶어 했었는지는 알 수 없으나 그는 조보가 입혀 주는 황포를 거절하지 않았다. 이를 본 군사들은 일제히 만세를 불렀고, 조광윤은 장병들에게 태후, 공제, 중신들을 해치지 않고 약탈을 금할 것을 맹세시킨 후 도성으로 회군했다. 어린 공제의 양위로 조광윤은 황제에 올라, 국호를 송으로 하고 수도를 변경汴京으로 정했다.

송 태조가 된 조광윤은 새 정권을 안정시키기 위해 몇 가지 중요한 문제를 해결했다. 그는 당나라의 멸망과 지난 50년간의 대혼란이 절도사에게 권력이 집중되어 있었기 때문이라고 판단했다. 이에 그는 지방군을 약화시키고, 중앙 권력을 강화시키고자 공신들의 금위군 통솔권을 회수했다. 961년 조광윤은 금군을 통솔하던 석수신石守信과 왕심기王審琦 등 여러 공신들을 불러 술자리를 열었다. 그는 먼저 공신들의 공로를 치하한 다음, 기회가 된다면 누구나 천자가 되고 싶어 할 것이라는 말로 운을 띄웠다. 그리고 누군가가 자신의 자리를 노릴까 두려워 잠을 이루지 못한다고 말했다. 자신처럼 부귀를 탐하는 부하들에 의해 억지로 황포를 입게 되면 어쩔 수 없이 황제에 오르고 싶어지지 않겠느냐는 것이었다. 이에 자리에 있던 공신들이 머리를 조아리며 살 길을 청했다. 조광윤은 공신들에게 병권을 내놓고 넓은 영토의 주인으로 적당히 안락하게 살 것을 권했고, 이에 석수신 등은 모두 사직하고 귀향했다. 이것이 바로 '배주석병권杯酒釋兵權', 즉 '술자리에서 병권을 내놓게 하다'라는 일화다.

중앙 병력을 강화시킨 조광윤은 절도사의 세력을 축소하는 데 박차를

조광윤과 조보 조광윤은 어느 눈 내리는 밤 조보를 찾아가 국사를 논의했다. 조보는 그 후 재상으로 발탁되어 정치에 유교 교리를 적용해 송나라에 평화와 번영을 가져왔다.

가했다. 그는 각지의 절도사를 사임시켜 중앙의 한직을 맡긴 다음 후임으로 중앙의 문관을 임기를 정해 파견했다. 이때 파견된 문관과 비슷한 권력을 가진 하급 관료를 동시에 파견함으로써 그들을 견제했다. 이로써 막강했던 절도사들의 권한은 축소되고 송나라의 문관 체제는 굳건해졌다. 하지만 이것은 군사력을 약화시켜 외세의 침략에 취약하게 만들었고, 결국 송나라 멸망의 원인으로 작용했다.

조광윤은 농업 생산을 중요시하여 수리·관개사업을 발전시켰고, 조세와 부역을 경감해 백성들의 생활을 안정시켰다. 그는 수시로 미복잠행하여 민심을 살폈고, 궁으로 바로 돌아가지 않고 예고 없이 공신들의 집을 방문하여 군주와 신하의 관계를 벗어나 소탈하게 대화를 나누기도 했다.

조광윤은 과거 제도를 개혁하여 실력을 우선으로 하여 인재를 등용했다. 또한 공평하고 도덕적인 인재를 등용하기 위해 직접 대신들의 장단점과 재능을 기록해 두었다가 공석이 생기면 그 기록을 바탕으로 관리를 등용했다. 독서를 좋아했던 조광윤은 학문을 장려하고 스스로 대신들에게 모범을 보였다. 어느날 그는 '건덕 4년에 주조하다'라는 글이 새겨진 거울을 보고 학사 두의竇儀에게 거울의 출처를 물었다. 이에 두의가 촉나라의 물건임을 정확히 맞추자 그는 "재상은 반드시 학자를 등용해야겠다."라고 말해 당시의 재상 조보를 긴장시키기도 했다.

국내 정치 상황을 안정시킨 조광윤은 곧 천하 통일의 대업에 착수했다. 963년 조광윤은 호남의 내분을 틈타 형남을 멸망시키고 호남을 병합했다. 964년에는 촉 원정군을 파견하여 965년 촉을 멸망시켰으며, 969년에 촉나라 잔당들이 일으킨 난을 평정했다. 또한 969년 남한 지역을 차례로 점령하기 시작해 971년에 완전히 멸망시켰다. 이 나라들이 이미 쇄국의 길을 걷고 있었기 때문에 원정은 비교적 순조롭게 이루어졌다. 또한

송 대의 청자

이듬해 조광윤은 남당 정벌을 시작하여 975년 남당을 멸망시켰다.

주변에 난립해 있던 소국들을 모두 정벌하여 천하 통일의 대업을 성사시킬 수 있을 것 같았던 조광윤은 마지막 남은 북한을 끝내 정벌하지 못하고 976년에 갑자기 숨을 거두었다. 사서는 그의 죽음을 '촉영부성燭影斧聲', 즉 '촛불 그림자 아래에서 도끼 소리가 들렸다'라는 글귀와 함께 기록했다. 이는 조광의가 홀로 조광윤의 임종을 지킨 후, 뒤를 이어 송 태종으로 즉위한 것에 대해 조광윤이 그에게 살해되었을 가능성을 제기한 것이다. 이 기록을 바탕으로 조광윤의 죽음에 대한 여러 가설들이 존재하지만 현재까지 정확히 밝혀진 사실은 없다.

송나라의 명판관
포청천

包靑天(999~1062년)

- 송나라 시대의 판관으로, 청백리의 표상으로 여겨진다.
- 자는 희인, 이름은 증, 호는 청천으로, 흔히 '포공'으로 불린다.
- 강직하고 청렴한 관직 생활로 생전부터 사후까지 칭송받으며 그를 주인공으로 《포공안》, 《포룡도판백가공안》, 《용도공안》, 《삼협오의》, 《칠협오의》 등 수많은 문학 작품들이 쓰여졌다.

포청천의 자는 희인希仁, 이름은 증拯으로 청천靑天은 그의 호다. 중국에서는 청렴한 관리의 표상으로 널리 알려져 있으며, 중국인들은 그를 존경해 '포공包公'이라고 부른다.

그는 999년 송나라 여주부廬州府 합비현合肥縣에서 하급 관리 포원외의 셋째 아들로 태어났다. 1027년 그는 진사과에 급제하여 건창현建昌縣 지현에 임명되었으나, 연로한 부모를 봉양하기 위해 사임했다. 몇 년 후 부모님이 돌아가시자 그는 무덤 옆에 초막을 짓고 부모의 묘소를 지키다 친척과 고향 사람들의 거듭되는 간청을 받아들여 1037년 관직에 복귀했다.

그의 명성은 천장현 현령으로 있을 때부터 높아지기 시작했다. 어느

경극 포청천

날 한 농민이 밭을 갈던 소를 외양간에 들여놓았는데, 아침에 보니 소가 피를 흘리며 쓰러져 있었다. 자세히 살펴보니 소의 혀가 잘리고 없었다. 농민은 관청으로 찾아와 소의 혀를 베어 간 범인을 잡아달라고 읍소했다. 농민의 애원 섞인 사정을 곰곰이 듣던 포증은 농민에게 곧장 집으로 돌아가 바로 그 소를 잡아 고기를 팔라고 했다. 농민은 자신이 부리던 소를 잡는 것이 안타까운데다 당시 법률상 개인의 임의적인 소 도축이 불법이라는 점이 마음에 걸렸다. 그렇지만 어차피 혀가 잘린 소가 오래 살지 못할 것이고, 현직 현령 포증의 명령이 있었기에 망설임 끝에 결국 소를 잡아 고기를 팔았다.

그런데 얼마 후 한 사람이 관청으로 찾아와 그 농민이 사사로이 소를 도축했다고 고발했다. 이에 포증은 그에게 몇 가지를 더 물어본 후 큰 소리로 호통쳤다. 그는 "다른 사람의 소의 혀를 잘라 놓고 오히려 주인이 소를 임의로 도살했다고 그 사람을 고발하다니!"라며 남자를 다그쳤다. 포증의 청천벽력 같은 호통에 그는 농민에게 원한이 있어 그 보복으로 소의 혀를 베어 갔다고 고백했다. 포증은 소 주인이 어쩔 수 없이 상처 입은 소를 잡으면 법을 어기는 것처럼 보일 것이고, 범인이 포상을 바라고 관청으로 찾아올 것이라 예상했다. 그리고 그의 예상대로 소 주인이 소를 잡는 불법을 행하자마자 범인이 관청에 고발하러 왔던 것이다. 이 사건으로 포증의 명성은 널리 퍼지게 되었다.

포증이 단주端州 지주를 지낼 때의 일도 유명하다. 단주는 벼루로 유명한 곳으로, 단주에서 생산되는 벼루 '단연端硯'은 해마다 황제에게 진상되었다. 그런데 지방 관리들이 권세가들에게 뇌물을 바치기 위해 벼루를 진상되는 양보다 훨씬 많이 만들게 하여 백성들을 수탈하곤 했다. 포증은 부임 후에 진상되는 벼루의 양만큼만 만들 것을 명했고, 후에 임기를 마치고 돌아갈 때조차 그는 빈손으로 돌아갔다고 한다.

포증은 여러 지방의 지방관을 역임하면서 가는 곳마다 과중한 세금을 경감하고, 억울한 사건들을 해결해 주고, 범죄자들을 엄하게 다스렸다. 그 후 그는 경성京城으로 올라와 감찰어사대행과 감찰어사 등을 지내며 고관들의 부당한 처사를 탄핵하고, 관료들의 불법행위를 막기 위한 정책을 제안했으며, 황제가 측근이나 관료 들에게 하사한 특권을 거두어들일 것을 건의했다. 특히 1050년 포증은 인종의 귀비 장씨의 인척인 장요좌張堯佐가 능력에 맞지 않게 삼사호부부사를 거쳐 지간원 등의 여러 고위 관직을 동시에 맡는 것이 부당하다는 상소를 올렸다. 처음에 인종은 그의 의견을 받아들이지 않았지만, 거듭되는 상소로 결국 장요좌의 여러 관직 중 2개의 관직에서 그를 사임했다.

당시 송나라 조정은 범중엄范仲淹의 신정新政 실패로 날이 갈수록 부패해 가는 실정이었다. 특히 도

단연

송나라 도성의 청명절 풍경 한림학사 장택단이 그린 그림으로 번화한 개봉을 묘사했다. 개봉 시내를 가로지르는 운하인 변하를 중심으로 낙타, 가마, 말 등 다양한 운송수단과 점포, 상인, 외국인 들이 묘사되어 당시 국제 도시였음을 짐작게 한다.

성 개봉부開封府에서는 고관대작들과 황실의 내외척들이 국법을 마음대로 어겨도 누구도 제제를 가하지 않는 상태가 지속되고 있었다. 1056년 개봉의 문란한 질서를 바로잡고자 인종은 포증을 개봉 부윤으로 임명했다. 부임 당시 그는 사형 집행에만 쓰이던 사형기구인 작두를 받았는데, 작두는 계급에 따라 적용이 달라 황족과 왕족에게는 '용작두', 관리와 귀족에게는 '호虎작두', 평민과 천민들에게는 '개작두'가 사용되었다. 포증은 개봉 부윤으로 부임한 후 황실의 내외척들과 권문세족들의 요청을 전부 수락하고, 그들의 뇌물을 받아 왔던 개봉부의 관례를 바로잡겠다고 결심했다.

당시 송나라 법규에 따르면 관청에 고소를 하는 사람은 먼저 고소장을 관청의 하급 관리에게 올리고, 하급 관리들이 그것을 지부사知府事에게 올리도록 되어 있었다. 하지만 부패한 하급 관리들이 고소장을 작성하는 과정에서 백성들에게 재물을 갈취했다. 그 폐단이 심해지자 포증은 관청의 문을 열어 놓고 민원이 있는 백성은 누구나 관청에 매달린 북을 쳐 상

소할 수 있게 했다. 그리고 그것을 막는 관리들을 엄히 다스려 새로운 법이 원활하게 시행되도록 했다.

또한 관리들이 강변의 공유지를 사유지화해 화원을 꾸미고, 누각을 만들어 물길을 방해하여 백성들에게 피해를 입히자, 그는 관리들의 개인 화원과 누각을 모두 철거해 버렸다. 이렇듯 포증이 고관대작을 가리지 않고 공정한 판결을 내리고 부패와 비리를 척결하자 도성 안에서 그를 모르는 사람이 없게 되었다. 탐관오리들은 포증을 매우 두려워했으며, 민간에서는 '청탁이 통하지 않는 사람은 염라대왕과 포증뿐이다'라는 노래가 불릴 정도였다. 포증은 1060년에 개봉 부윤을 이임했고, 삼사사를 거쳐 1061년에는 추밀원 부사가 되었다.

포증은 마흔 살 무렵부터 조정의 요직을 두루 거쳤다. 그러나 강직하고 부정한 것에 대해서는 한 치의 여지도 주지 않았던 그의 생활은 평범한 백성들의 생활과 별반 다를 것이 없이 소박했다. 그는 부정부패한 사람들에게 이용되는 것을 두려워해 친척이나 친구 들과도 거리를 두고 살았다고 한다. 1062년 병이 든 포증은 "앞으로 나의 후손들 중에서 탐관오리가 나온다면 살아서는 고향으로 돌아오지 못하게 하고, 그들이 죽어서도 포씨 집안의 선산에 묘를 쓰지 못하게 하라."라는 유언을 남기고 죽었다고 한다.

포증은 생전에도 백성들의 칭송을 받았고, 죽은 후에도 칭송의 대상이 되어 남송과 금나라 때부터 그를 주인공으로 한 희극과 시 등의 문학 작품들이 등장하여 민간에 널리 전파되었다. 명나라 때의 《포공안包公案》, 《포룡도판백가공안包龍圖判百家公案》과 청나라 때의 《용도공안龍圖公案》, 《삼협오의三俠五義》, 《칠협오의七俠五義》 등은 모두 포증을 주인공으로 한 소설들이다.

포증의 이야기가 후대에도 널리 퍼지고 사람들의 마음에 깊게 자리 잡은 것은 백성들의 '청빈한 관리淸官'에 대한 갈증과 탐관오리에 대한 증오를 동시에 보여 주는 것이라고 해석할 수 있다. 세월이 흐르면서 포증은 중국에서 '청관'의 대명사가 되었으며, '공정하고 청렴한' 그의 이미지에 대한 중국인들의 칭송은 오늘날까지도 변함이 없다. 한국에서는 1993년 KBS에서 방송한 홍콩 드라마 〈판관 포청천〉을 통해 유명해졌다.

개혁에 일생을 바치다
왕안석

王安石(1021~1086년)

- 송나라의 재상이자 문필가로 당송팔대가의 한 사람.
- 1069년부터 1076년 무렵까지 균수법, 시역법, 면행법, 청묘법, 면역법, 보갑법, 보마법 등의 신법 개혁을 단행했다.
- 한자의 연원과 제자 원리 등을 연구한 《자설(字說)》, 문집인 《왕임천문집(王臨川文集)》, 《임천집습유(臨川集拾遺)》 등을 남겼다.

왕안석은 송나라 시대의 개혁정치가이자 문인으로 당송팔대가 중 한 사람으로 꼽힌다. 그는 황제의 전적인 신뢰를 받았고, 자신의 문장처럼 구습을 타파하고 새로운 세상을 만들겠다는 강한 의지와 신념으로 신법新法이라는 개혁 정책을 추진했다.

그는 무주撫州 임천현臨川縣에서 태어났고, 자는 개보介甫, 호는 반산半山이다. 어려서부터 총명하여 한 번 본 것은 좀처럼 잊지 않았고, 어린 시절부터 공부하기를 즐겨 전통적인 유학 교육을 받았다. 그는 지방관이던 부친 왕익王益을 따라 여러 지방에서 생활했다.

그는 1042년에 4등으로 진사과에 급제하여 회남淮南의 판관으로 벼슬

왕안석

생활을 시작했다. 3년 후 임기를 마친 그는 잠시 개봉에서 관직 생활을 하다가 1047년 명주明州 은현鄞縣의 지현으로 임명되었다. 그는 제방을 쌓고, 연못을 만들어 민생을 보살피고, 백성들에게 곡물을 빌려 주고 이자를 받는 정책을 폈다. 이후 그는 약 20년을 중앙 정부와 지방 정부를 오가며 하급 관리 생활을 했다.

당시 송나라는 건국 이후 전성기를 맞이했으나 내부적으로는 많은 사회적 모순을 안고 있었다. 송 태조 조광윤이 중앙집권 체제를 강화할 목적으로 관료기구를 세분화했기 때문에 관료의 수가 급증했고, 비대해진 행정기구는 그 구조가 매우 복잡해 기능이 효율적이지 않았다. 또한 관호官戶가 증가함에 따라 일반 백성들은 토지를 잃고 소작농으로 전락했다. 이에 줄어든 국가의 재정 수입은 다시 일반 백성들의 세금 착취로 이어져 삶은 더욱 곤궁해졌다. 한편 송 왕조는 5대 10국 시대처럼 혼란한 상황이 도래하는 것을 방지하기 위해 엄청난 수의 금위군을 양성했다. 이 금위군의 유지비가 재정 지출의 대부분을 차지할 정도로 막대했고, 북쪽의 요遼와 서쪽의 서하西夏 같은 나라들과 평화를 유지하기 위해 지출하는 비용도 만만치 않아 국고는 고갈되기 직전이었다.

결국 제4대 황제 인종 때 사회적 문제들이 표면으로 불거졌고, 인종은 1043년 '경력신정慶曆新政'이라는 개혁 정치를 실시했다. 하지만 인종의 '경력신정'은 실패로 끝나고 말았다. 왕안석은 오랜 지방관 생활을 통해 사회적 병폐의 원인을 소수의 사대부와 지주 들의 토지겸병에서 찾았다.

그리고 1058년 인종에게 개혁안인 〈만언서萬言書〉를 올렸다. 하지만 인종은 이전의 실패로 개혁에 대한 의지가 없었으며, 조정에도 그의 주장을 지지하는 대신들이 없었다. 1063년 왕안석은 모친상을 핑계로 관직을 떠나 강령江寧의 집으로 돌아갔다.

1067년 신종이 제6대 황제로 즉위했다. 그가 즉위할 당시에도 송나라의 사정은 조금도 나아지지 않았다. 내부적으로는 이전부터 이어진 정치 문제가 심화되고 민란이 빈번히 발생했으며, 외부적으로는 요와 서하의 계속되는 침입으로 국가의 존망이 위협받고 있었다. 여기에 국가의 재정 상황은 더욱 악화되고, 백성들의 생활은 도탄에 빠져 나라의 구조마저 흔들리는 위기가 도래했다.

신종은 정치 개혁에 강한 의지를 가졌던 인물로, 태자 시절 왕안석의 〈상인종황제언사서上仁宗皇帝言事書〉를 읽고 그를 주시했다. 신종은 즉위하자마자 왕안석을 지강녕에 임명했고, 몇 달 후 그를 중앙으로 불러 한림학사 겸 시강으로 삼았다. 왕안석의 개혁 의도와 변법 제안은 신종의 개혁의지와 일치했다. 1069년에 참지정사가 된 왕안석은 신종에게 제치삼사조례사制置三司條例司라는 입법기관을 설립하고, 이곳에 참신한 인재를 등용하여 신법을 제정할 것을 건의했다. 또한 한기韓琦, 사마광司馬光 등 구법당의 인물들을 축출하고, 구법舊法을 철폐하고, 신법新法을 채택하여 재정 위기를 극복하고 민생을 안정시키고자 했다.

왕안석의 신법은 상인의 횡포를 막

송 신종

고, 농업 기술을 발전시켜 생산량을 늘려 세수를 늘렸으며, 관료 체제와 군사 제도를 개혁하여 중앙집권 체제를 강화하는 것을 목적으로 했다. 왕안석은 신종의 전폭적인 지원 아래 청묘법(靑苗法, 농민에게 저리의 이자로 대출하는 제도), 모역법(募役法, 농민에게 부역 대신 세금을 내게 하여 이 돈으로 정부가 실업자를 고용하는 제도), 균수법(均輸法, 지방의 산물을 조세로 징수하여 다른 지방에 판매하여 재정을 확충하는 제도), 시역법(市易法, 정부가 중소상인을 보호하기 위해 물자를 매입해 주거나 저리로 대부해 주던 제도), 보갑법(保甲法, 향촌 조직으로 민병대를 조직하여 마을의 치안을 유지하는 제도), 보마법(保馬法, 기병대를 육성하기 위한 정책) 등의 신법을 시행했다.

그러나 왕안석의 변법은 국가의 재정을 늘리고 왕조의 통치를 공고히 하는 데는 효과적이었으나, 명문세가와 대지주의 특권에 저촉되는 부분이 많았다. 그들은 신법의 내용과 효과를 비판하기 시작했고, 왕안석 개인에 대한 사상적, 도덕적 비판도 서슴지 않았다. 이에 왕안석은 개혁의 지를 지닌 인재들을 선발하여 보수 세력과 대항하고자 했다. 하지만 송나라의 관료 제도는 아직 완전히 개혁되지 않은 상태였기 때문에 새로 등용된 인재들은 오히려 보수 세력과 결탁하여 왕안석을 공격했다. 하지만 신종의 개혁의지는 흔들리지 않았고, 1070년 왕안석을 재상으로 임명하여 그에게 개혁의 힘을 실어 주었다.

1074년 심한 기근이 들자 조정의 보수 세력들이 다시 변법을 강하게 비판했다. 이번에는 황실의 황후들마저 변법에 반대했다. 신종은 어쩔 수 없이 왕안석을 지강녕으로 강등시켰다. 1075년 왕안석은 신종의 요청으로 재상으로 복귀했지만, 1076년 다시 사임하고 은둔했다. 1085년 신종이 38세의 젊은 나이로 세상을 뜨자 뒤를 이어 철종이 즉위했고, 어린 왕을 대신해 할머니인 선인태후가 섭정을 하게 되었다. 신법에 반대했던

사대부의 생활

그녀는 신법을 하나씩 폐지해 나갔고, 결국 왕안석은 이듬해 자신의 신법이 무너지는 소리를 들으며 눈을 감았다.

　왕안석은 평생 변법을 위해 헌신한 개혁정치가였지만, 당송팔대가의 한 사람으로 꼽힐 정도로 뛰어난 문장가이기도 했다. 그는 관직 생활을 그만두면서 세상사를 잊은 듯 은거했지만 포부까지 감추지는 않았다. 만년에 쓰인 시들은 한가로운 어조를 띠고 있지만 비장한 개혁의지를 드러내고 있다. 그는 시뿐만 아니라 사詞를 짓는 솜씨도 탁월하여 이전의 완곡하고 섬세한 작풍을 없애고, 소식蘇軾으로 대표되는 호방한 작풍의 선구자 역할을 했다. 한편 그는 권위 있는 고문가古文家이기도 했는데, 필력이 자유분방하고 식견이 매우 탁월했다.

왕안석은 의지가 확고부동하여 한 번 옳다고 여긴 것이 있으면 뒤돌아보지 않고 밀어붙이는 성미였다고 한다. 어떤 이는 왕안석의 신법이 실패한 요인을 여기에서 찾는다. 그가 지나치게 자신만만하여 다른 사람의 의견을 경청하지 않았기 때문이라는 것이다. 왕안석의 외골수에 가까운 추진력에 관해서는 한 가지 일화가 전한다.

왕안석에게는 왕원택元澤이라는 아들이 있었다. 그는 방씨 성을 가진 여인을 부인으로 맞이했고, 선남선녀였던 아들 내외는 하늘의 질투를 살 정도로 행복하게 살았다. 그런데 아들 왕원택이 병에 걸려 증세가 심각해지자 며느리 방씨의 외롭고 긴 독수공방이 시작되었다. 이에 젊고 아름다운 며느리가 홀로 지내는 것이 가여웠던 왕안석은 방씨를 재가시킬 것을 결심하고 아들을 설득했다. 왕원택은 아내의 행복을 위해 그녀에 대한 애끓는 마음을 노래한 〈안아미眼兒媚〉라는 시를 지어 주고 재가를 허락했다. 방씨가 재가한 후 왕원택은 3년이 채 지나지 않아 병사했다. 세간의 이목을 무시하고, 병석에 누운 아들을 설득하여 기어이 며느리를 재혼시킨 그의 결단과 추진력이 놀라울 뿐이다.

《자치통감》을 완성하다
사마광

司馬光(1019~1086년)

- 송나라 시대의 정치가, 사학자.
- 왕안석의 신법 개혁을 반대하다가 관직에서 물러났고, 철종이 즉위한 후 재상에 올라 신법을 철폐했다.
- 주나라 위열왕 때부터 후주의 치세인 959년에 이르기까지 1360여 년간의 역사를 일 년씩 묶어 기록한 《자치통감》을 편찬했다.

사마광司馬光은 북송 중기의 정치가이자 사학자로 사마천의 《사기》와 함께 중국의 대표적인 역사서로 꼽히는 《자치통감資治通鑑》을 편찬했다. 정치가로서의 그는 왕안석의 신법을 반대한 구법당의 영수로서 철종이 즉위한 후 신법을 모두 폐지했다.

자는 군실君實, 호는 우수迂叟로 아버지 사마지司馬池가 광주 광산에 부임했을 때 태어나 지역 이름을 따라 '광光'이라고 이름 지었다고 한다. 어린 시절부터 총명함이 남달랐던 그에 대해 유명한 일화가 한 가지 전한다. 어느 날 그는 또래 친구들과 함께 후원에서 놀고 있었다. 후원 안에는 돌을 쌓아 올린 작은 돌탑이 있었고, 돌탑 아래에는 물이 가득 채워진 커다란 물 항아리가 있었다. 사마광이 친구들과 돌탑 위에서 놀고 있을 때 한 아이가 그만 물 항아리에 빠지고 말았다. 친구들은 모두 당황하여 어떤 아이는 울었고, 어떤 아이는 소리쳤으며, 어떤 아이는 어른을 찾으러 뛰어갔다. 그러나 사마광만은 당황하지 않고 침착하게 돌 하나를 들어 있는 힘을 다해 항아리를 깨고 친구의 목숨을 구했다.

1038년 사마광은 우수한 성적으로 진사 갑과에 급제하여 진사가 되었다. 그는 이때 부친의 친구인 장존張存의 딸과 혼인했는데, 부부의 금실이 매우 좋았음에도 아이는 쉽게 생기지 않았다. 이에 친구들이 그에게 소실을 얻을 것을 권했다. 그가 거절하자 친구들은 억지로 소실을 얻어 주었다.

하루는 소실이 사마광의 마음을 얻기 위해 온갖 방법으로 그를 유혹했다. 하지만 그는 읽고 있던 책에서 한시도 눈을 떼지 않았으며, 그녀의 존재조차도 느끼지 못했다. 소실은 그를 유혹하는 것을 포기하고 무심결에 그가 읽고 있던 책의 제목을 물었다. 그제야 사마광이 고개를 들어 그녀의 얼굴을 보며 책 제목을 말해 주었다고 한다. 그와 부인 장씨는 평생을 금실 좋게 해로했다.

1067년에 황제로 즉위한 신종은 왕안석을 중용하여 신법을 단행했다. 당시 한림학사였던 사마광은 왕안석과 시를 주고받을 정도로 가까운 사이로, 처음에는 신종의 개혁 의지를 받아들여 개혁을 주장했

사마광

다. 그러나 곧 상하를 막론하고 모든 구법을 철폐한다는 지나치게 급진적인 개혁이 실효를 거둘 수 있을 것인지에 대해 의문을 품고, 민생에 실질적으로 영향을 미칠 만한 온건한 개혁을 주장하게 되었다. 사마광은 왕안석과 의견이 대립하자 곧 입장을 바꾸고 구법파와 손을 잡았다. 사마광은 왕안석이 재상이 된 후에는 그가 시행하는 모든 개혁 조치들을 반대했으며, 심지어 신종의 면전에서 왕안석과 논쟁을 벌이기까지 했다. 사마광의 구법당과 왕안석의 신법당의 격한 대립 속에서 신종은 사마광의 의견을 받아들이지 않았다. 개혁에 대한 신종의 강한 의지를 읽은 사마광은 조정에서 물러나 낙양에서 은거 생활을 시작했다.

사마광의 은거 생활은 14년간 계속되었다. 그는 이때 일생일대의 업적이 되는 《자치통감》을 집필했다. 그는 정치가가 정책을 만들 때 역사 연구가 반드시 선행되어야 한다고 생각했다. 그러나 당시까지의 역사서들이 너무 번잡하고 양이 방대하여 실제로 통치자들이 읽고 교훈으로 삼기에는 무리가 있다고 여기고, 보다 간결한 역사서가 필요하다고 생각했다. 사마광은 제5대 황제 영종에게 새로운 역사서 편찬 계획을 고하고 역사서를 편찬하는 전문기구를 세웠다. 영종 사후 신종이 즉위했을 때도 그는 역사서의 일부를 올리고, 계속 편찬할 것을 허락받았다. 신종은 자신의 장서를 내주면서까지 사마광의 역사서 편찬에 협력했고, 그의 역사서에 《자치통감》이라는 이름을 지어 주었다. 사마광은 무려 19년이라는 세월이 지난 1084년, 드디어 294권에 달하는 방대한 역사서인 《자치통감》을 완성했다.

《자치통감》은 기원전 403년 주나라 위열왕 23년에서 시작하여 5대의 마지막 왕조인 후주後周의 세종 6년인 959년까지 1,360여 년간의 역사를 기록하고 있다. 기술 방법은 그가 어린 시절 흥미롭게 읽었던 《춘추좌씨

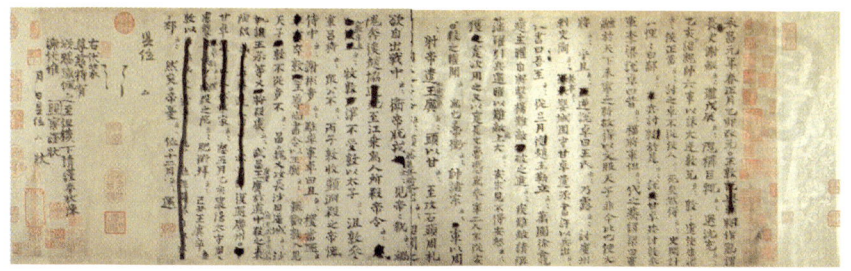

《자치통감》 초안

전春秋左氏傳》에서 힌트를 얻어 편년체를 사용했다. 사마광은 "이 책을 만드는 데 신의 모든 기력을 다했습니다."라고 신종에게 아뢰었다고 한다. 《자치통감》은 《사기》와 함께 중국의 대표적인 역사서로 지금까지 전해지고 있다.

《자치통감》이 완성된 다음 해인 1085년, 사마광은 정계에 복귀했다. 신종이 붕어한 뒤 열 살의 어린 철종이 즉위하자 철종의 할머니 선인태후 고씨가 섭정을 맡게 되었다. 왕안석의 신법을 줄곧 반대해 온 선인태후는 섭정을 시작하자마자 사마광을 재상으로 삼았다. 이미 오랜 시간이 지난데다 늙고 병까지 들었지만 왕안석의 신법을 반대하는 태도만큼은 조금도 변하지 않은 사마광은 결국 신법을 모조리 폐지시켜 나갔다. 1086년 4월 이 소식을 들은 왕안석은 실의에 빠져 병사했다. 그리고 얼마 지나지 않아 사마광도 병이 위중해져 그해 9월에 숨을 거두었다. 그의 저서로는 《속수기문涑水紀聞》, 《사마문정공집司馬文正公集》, 《계고록稽古錄》, 《절운지장도切韻指掌圖》 등이 있다.

사마광에 대한 평가는 시대에 따라 극명하게 나뉜다. 구법파의 흐름을 따르던 주자학이 학계를 지배했을 때는 군자의 풍도가 있고, 건실하게 일하며, 일생을 광명정대하게 살아온 인물로 묘사되었다. 한편 근대 이후에는 대지주와 대상인을 옹호하고, 백성의 복지를 촉진하는 것에 중점을 두었던 신법을 무조건 배제했다는 이유로 긍정적인 평가는 받지 못했다.

위대한 시인의 곡절 많은 삶
소식

蘇軾(1037~1101년)

- 송나라 시대를 대표하는 시인으로, 시문서화(詩文書畵)에 모두 능했으며 당송팔대가 중 한 사람으로 꼽힌다.
- 자는 자첨, 본명은 식, 호는 동파거사로 흔히 소동파라고도 불린다.
- 시문집 《동파칠집》, 수필집 《답사민사론문첩》, 《제황기도문》, 《전적벽부》, 《황주한식시첩》, 그림 〈행목괴석도〉, 〈죽석도〉 등이 있다.

소식은 송나라 시대를 대표하는 시인이자 예술가로 시뿐 아니라 산문과 사詞, 서화에 이르기까지 뛰어난 재능을 발휘했던 천재적인 문인이다. 그는 부친 소순蘇洵, 아우 소철蘇轍과 더불어 당송팔대가 중의 한 사람으로 꼽히며, 이 세 부자를 일컬어 '삼소三蘇'라고 부르기도 한다. 한편 정치가로서는 왕안석의 신법을 반대하는 보수적인 구법당의 입장을 취해 부침이 심한 관직 생활을 했다.

그는 인종 때 미주眉州 미산眉山에서 태어났다. 자는 자첨子瞻, 본명은 식軾, 호는 동파거사東坡居士로 흔히 소동파蘇東坡라고 불린다. 어린 시절부터 매우 총명했으며, 여덟 살 때 도인 장역간張易簡의 문하에서 공부를 시작하여 장자의 제물론을 접했다. 이 때문인지 그는 훗날 노장 사상과 불교에도 많은 관심을 보였다.

그러나 그는 기본적으로 유가 사상을 견지한 송 대의 사대부였다. 소식은 1057년 21세의 나이로 진사과에 합격했다. 여기에서 "형벌과 상에는 충직함과 온후함에 기초를 두어야 한다."라는 논리를 펴 당시 스승이자 시험관이던 구양수歐陽脩의 극찬을 받았다. 그러나 구양수가 글의 주인이 자신의 제자임을 의식하여 2등으로 선발했다고 한다.

송 대에는 과거에 급제하면 공석이 있을 때 바로 관직에 임명되었다. 그러나 소식이 과거에 합격하자마자 어머니 정씨가 세상을 떠나 그는 관직을 포기하고 고향으로 돌아갔다. 삼년상을 끝낸 소식은 1060년 다시 제과시制科試에 응시했고, 장원에 해당하는 3등으로 급제했다. 그는 산서성 봉상부鳳翔府의 첨서판관이 되어 관직 생활을 시작했다. 1066년 소식은 첫 임기를 마치고 개봉으로 돌아왔으나 부친 소순이 세상을 떠나 다시 관직을 내놓고 고향으로 향했다.

소식이 부친상을 치르고 있던 1067년 19세의 젊은 황제 신종이 즉위했다. 신종이 즉위할 무렵 송나라는 국내외적으로 매우 혼란하여 국가 재정이 고갈되고 민생이 파탄 지경에 이르러 나라가 거의 붕괴될 정도였다. 이런 국면을 전환하고자 신종은 1068년 참지정사 왕안석을 중심으로 개혁 정책을 시도했다. 왕안석은 신종의 전폭적인 지

소식

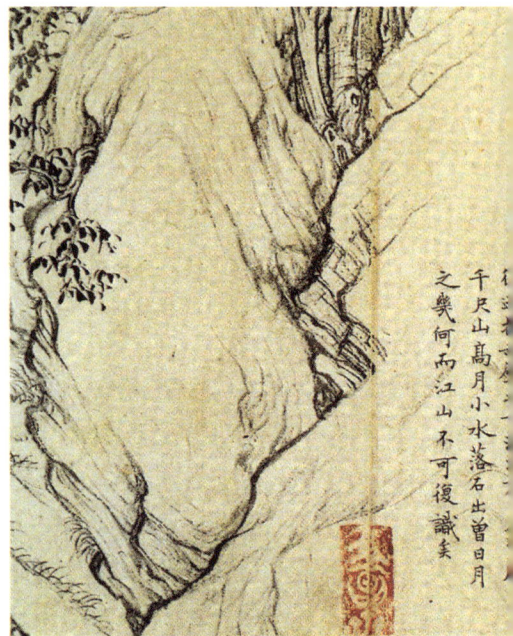

소식의 〈적벽부〉와 그를 소재로 하여 그린 〈후적벽부도〉

원 아래 청묘법, 모역법, 균수법, 시역법, 보갑법, 보마법 등의 신법을 시행했다.

 소식이 정계에 복귀했을 때는 이미 신법이 시행되고 있었을 때로, 조정은 신법을 지지하는 신법당과 신법을 반대하는 구법당으로 나뉘어 있었다. 소식은 정치적으로 구법당에 속해 신법을 비판하는 상소를 올려 신법당과 대립하게 되었다. 1071년 그는 항주 통판으로 좌천되었고, 후에 당쟁이 격해지자 스스로 밀주密州, 서주徐州, 호주湖州 등의 지방을 전전하며 지방관을 지냈다. 그러면서 그는 신법이 실행되고 있음에도 여전히 도탄에 빠진 농민들의 삶을 접하고 이를 고발하는 시를 지었다. 이로 인해 신법당과의 대립은 한층 고조되었다. 1079년 그는 오대시옥烏臺詩獄 사건,

즉 신법을 풍자하는 시를 쓴 일로 신법당으로부터 탄핵을 받았다. 소식은 사형 위기에 처했으나 대신들과 태황태후의 거듭된 사면 요청으로 사형을 간신히 면하고 옥살이를 한 후 황주黃州의 단련 부사로 좌천되었다.

그는 4년간 황주 생활을 하면서 친구의 도움을 받아 옛날 군사 주둔지를 개간하는 등 거친 생활을 했다. 그는 자신이 직접 일군 땅을 '동파'라고 이름 짓고, 자신을 '동파거사'라고 칭했다. 황주에서의 유배 생활은 개인적으로는 궁핍하고 굴욕적인 시간이었으나 문학적으로는 한층 성장한 시기였다. 그의 대표작 〈적벽부〉도 이때 탄생한 작품이다. 1084년 소식은 유배령이 해제되자 장강을 따라 유람을 시작했는데, 남경에 이르렀을 때는 정계에서 물러나 은거 생활을 하던 정적 왕안석을 만나 서로 시를 주고받기도 했다.

　1085년 신종이 죽고 철종이 즉위했다. 그러나 철종의 나이가 열 살밖에 되지 않아 할머니인 선인태후가 섭정하게 되었다. 선인태후는 신법을 반대하던 인물로 조정의 권력은 신법당에서 구법당으로 옮겨 가게 되었다. 이에 따라 소식도 다시 등용되어 한림학사가 되었다. 그러나 그는 지방관 생활을 통해 신법이 전면적으로 나쁘지만은 않다는 것을 깨닫고, 신법의 장점을 부분적으로 채택할 것을 주장했다. 이로 인해 그는 구법당의 배척을 받게 되었고, 1089년 다시 좌천되어 항주, 영주, 양주 등을 전전하게 되었다. 이후 선인태후가 죽고 1094년 철종의 친정이 시작되자 신법당이 다시 득세했다. 신법당에게 보수파로 몰린 소식은 다시 좌천되어 혜주惠州로 쫓겨났으며, 3년 뒤에는 그를 질시하는 정치인들에 의해 바다 건너 해남도까지 가게 되었다. 소식은 1100년 철종의 뒤를 이어 즉위한 휘종이 대사면을 시행함에 따라 복권되었다. 하지만 이미 예순을 넘긴 소식은 상경하던 도중 병에 걸려 상주에서 객사했다. 소식은 자신의 재주와 포부를 정치 무대에서 펼쳐보지도 못하고 파란만장한 일생을 마쳤다.

　소식은 정치적으로는 파란만장한 생을 살았지만 시, 사, 서화에서 탁월한 성취를 이루며 송 대를 풍미했다. 송 대의 시와 사는 소식이 등장하면서부터 그 영역이 확대되어 자유분방하고 호방하며 기백 있는 작풍을 형성했다.

　그는 유가 사상을 벗어나지 않는 범위에서 도가, 불교, 도교 등을 적절히 조율하여 흡수했다. 그의 시는 이런 사상적 다양성이 절충됨으로써 시의 세계가 폭넓고 여유로우며, 시상이 탈속적인 동시에 사대부적인 풍류를 지니고 있다.

소식은 사의 형식도 크게 변화시켰다. 사는 일종의 운문으로 시보다 표현 방식이 자유로운 문학 분야의 하나다. 당 대의 시는 서정적이고 감상적인 음악의 가사였으며, 주제 또한 가볍고 여성적이었다. 그러나 소식은 이런 사에 거시적이고 심각한 주제를 결합시키고, 남성적이고 강인한 느낌이 드는 어휘들을 대폭 구사했다. 소식이 사에 새로운 주제들을 결합시킴으로써 사가 다룰 수 있는 주제와 대상이 확대되었고, 이후 사는 점차 사대부들이 향유하는 문학으로 편입되어 지식과 학술이 바탕이 되는 전문적인 문학 양식으로 발전했다.

소식은 서예가로도 이름이 높았다. 그는 인위적이고 법도를 중시하는 태도를 반대하며 자유분방함을 강조하고, 산문과 마찬가지로 본연의 자연스러움과 평범함이 드러나는 서체를 구사할 것을 주장했다. 또한 그는 죽석竹石을 잘 그리는 화가로도 유명했는데, '그림으로 뜻을 말해야 한다'라며 사대부화를 제창하기도 했다.

그가 남긴 시문집으로는 《동파칠집》, 수필집으로는 《답사민사론문첩答謝民師論文帖》, 《제황기도문祭黃幾道文》, 《전적벽부》, 《황주한식시첩黃州寒食詩帖》, 그림으로는 〈행목괴석도枯木怪石圖〉, 〈죽석도〉 등이 있다.

정충보국의 일심
악비

岳飛(1103~1141년)

- 남송 초기의 무장이자 서예가.
- 정강의 변 이후 '악가군'이라는 대군벌을 이루어 금나라의 침공을 저지하는 등 많은 무훈을 세웠다.
- 금나라와의 화친을 주장하는 이상파와의 대립으로 투옥되기도 했으나 후에 누명을 풀고 구국 영웅으로 추대되었다.

악비는 남송 시대의 무인으로 여진족이 세운 금나라에 대항해 싸운 중국인이 사랑하는 민족 영웅이다. 그는 남송 최후의 재상 문천상文天祥, 촉한의 제갈량과 함께 충절의 상징으로 여겨진다.

그는 1103년 지금의 하남성 탕음현湯陰縣 정강촌程崗村의 가난한 농노의 집안에서 태어났다. 자는 붕거鵬擧, 이름은 비飛다. 그가 태어나던 날 고니같이 생긴 새가 그의 집 지붕 위에서 울다가 날아갔다 하여 이렇게 이름을 붙였다고 한다.

악비는 어린 시절부터 독서를 좋아하여 책의 종류를 가리지 않았다고 한다. 그는 《좌씨춘추左氏春秋》와 《손자병법》을 통해 유학과 병법을 익혔다. 특히 병법에 관심이 많았던 그는 진광陳廣에게서 창술과 검술을 배웠고, 성인이 된 후에는 주동周同에게 궁술을 배웠다.

악비는 1122년 조정에서 군사를 모집할 때 응시하여 진정부로眞定府路 선무사宣撫司의 소대장이 되었다. 그러나 그는 1122년 부친 악화가 세상을 뜨자 군대를 떠났다가 2년 후에 다시 입대했다. 재입대할 때 어머니 요부인이 '충성을 다해 나라의 은혜에 보답하는 것을 잊어서는 안 된다'라는 의미로 '진충보국盡忠報國'이라는 네 글자를 그의 등에 새겨 주었다고 한다.

악비가 살던 당시 송나라는 국운이 매우 기울어 있는데다 제8대 황제 휘종의 무능으로 인해 국내적으로 매우 혼란한 시기였다. 그러나 송이 쇠퇴 일로를 걷고 있는 것과는 반대로, 동북방에서는 여진족이 1115년 금을 건립하여 점차 세력을 확장하는 중이었다. 송은 금과 협력하고 과거에 잃었던 땅을 회복하기 위해 요遼를 공격했고, 마침내 1125년 요를 멸망시켰다. 그러나 곧 금과의 협력 조건을 이행하지 않아 곧 금의 위협을 받게 되었다.

금이 군대를 이끌고 남하하자 휘종은 흠종에게 양위하고 태상황이 되어 남쪽으로 피신했다. 곧 금의 군대가 송의 수도 개봉을 포위했다. 흠종은

악비

이강李綱을 등용하여 방어했지만, 결국 금을 물리치지 못하고 배상금과 영토 할양의 조건으로 화약을 체결했다. 그러나 송은 또다시 화약 조건을 이행하지 않았고, 금은 이를 빌미로 공격을 시작하여 1126년 개봉을 함락했다.

개봉을 함락한 금은 송의 대신 장방창張邦昌에게 점령한 지역을 다스리게 하고 흠종을 포로로 잡아 북으로 철군했다. 이것이 '정강의 변'이다. 하지만 이로써 송나라가 완전히 멸망한 것은 아니었다. 1127년 휘종의 아홉째 아들 조구趙構가 강남으로 피신하여 임안臨安에서 송나라를 재건하고 고종으로 즉위했다. 이를 기점으로 1126년 이전 시기를 북송, 1127년 이후 시기를 남송 시대라고 한다.

악비는 이 시기 금나라와의 전투에서 승리하여 전공을 세웠고, 정강의 변 이후 우한武漢과 양양襄陽을 거점으로 하는 호북성 일대의 대군벌이 되었다. 1127년 고종을 따라 남하한 그는 고종에게 남하를 멈추고 친히 6군을 이끌어 금나라를 몰아내고 중원을 회복하자는 내용의 상소를 올렸다. 이 일로 그는 고종의 분노를 사 군에서 파면되었다. 하지만 고종이 주전파主戰派 관료를 등용하고 군대를 재정비하는 등 금나라에 대항하는 일련의 조치를 취하자 금나라는 남침을 감행했고, 악비는 그해에 다시 복직되었다.

금나라는 여러 차례 남침을 시도했지만 관군과 연계한 각지의 의병들 때문에 번번이 공격에 실패했다. 이에 금나라는 1130년 괴뢰 정부인 제齊를 세워 송의 대신이던 유예劉豫를 황제로 옹립하고 남송을 공격했다. 악비는 1130년 건강부建康府 탈환을 시작으로 1134년에는 6개의 주를 수복하는 전과를 올렸다. 남송의 완강한 저항과 남송의 주화파 관료들의 설득으로 결국 금나라는 제가 다스렸던 영토를 돌려주는 대신 세금을 받는

선에서 타협했다.

남송은 금나라와의 관계는 일시적으로 회복했으나 내부적으로 도적들이 활개를 치고 다니는 등 사회가 매우 혼란스러웠다. 악비는 1130년 도주道州와 하주賀州 등지에서 할거하던 도적 무리들을 토벌하여 불안을 해소시켰다. 악비는 그 전공을 인정받아 고종으로부터 '정충악비精忠岳飛'라는 깃발을 하사받았다. 이후 '정충'은 오늘날 악비를 상징하는 단어가 되었다. 악비는 도적 무리들을 무조건 토벌하지 않고 군인으로 받아들이기도 했다. 그는 군율을 엄격히 하는 한편 군사들을 식구처럼 보살피는 행동으로 군기를 잡았다고 한다. 당시 사람들은 악비의 군대를 '악가군岳家軍'이라고 부르며 칭송했다.

그러나 금나라와의 화친 관계는 그리 오래가지 않았다. 1140년 금나라의 정권을 잡은 올출兀朮이 남침을 강행했다. 악비는 부장 왕귀王貴, 우고牛皐, 양재흥楊再興을 보내 적군의 남진을 막고, 의병대장 양흥梁興을 보내 적군의 후방을 공격했다. 악비 자신은 언성에서 전투를 지휘했다. 악비의 세 부장은 전투를 승리로 이끌었고, 악비의 군대는 주선진朱仙鎭에 주둔한 채 금나라를 공격할 준비를 했다. 하지만 남송 조정은 악비에게 회군 명령을 내렸고, 악비는 어쩔 수 없이 1141년 남송의

남송 시대를 연 고종

수도인 임안부로 귀환했다.

1140년 남침을 강행한 올출은 악비 등의 선전으로 성과를 얻지 못하자 남송에 화의를 제안했다. 악비 같은 주전파 군벌들의 연이은 공으로 입지가 좁아진 주화파는 재상 진회秦檜를 중심으로 올출의 화의 제안을 받아들이기로 했다. 진회는 임안부로 돌아온 악비를 추밀부사에 임명하여 병권을 회수한 후, 감찰어사 만사설萬俟卨에게 그를 모함하는 상소를 올리게 하여 그가 사직하도록 했다. 다음으로 진회는 악비의 부장인 왕귀와 왕준王俊을 사주하여 악비의 다른 부장 장헌張憲이 악비의 아들 악운岳雲과 함께 병변을 일으켰다고 참소하도록 했다. 이리하여 장헌과 악운은 물론 악비까지 투옥되었다. 심문을 받으면서 악비는 자신의 등에 새겨진 '진충보국' 문신을 내보이며 결백을 주장했고, 심문관도 악비의 죄를 입증할 증거를 찾지 못했다. 이때 남송의 명장 한세충韓世忠이 진회에게 악비의 죄를 따져 물었다. 이에 진회는 "확실한 증거는 아직 없지만 그런 일이 있었을지도 모른다莫須有."라고 대답했다고 한다. 결국 악비는 사형에 처해져 1142년 겨울 서른아홉 살의 젊은 나이에 참수되었다.

악비가 이처럼 쉽게 처형된 것은 정치적인 이유가 컸다. 당시 남송은 악비 중심의 주전파와 진회 중심의 주화파가 대립했고, 고종은 현실적으로 북벌이 성공하지 못할 것이라고 생각했다. 또한 고종은 주전파의 주장인 '중원 회복과 휘종과 흠종의 복귀'를 쉽게 받아들일 입장이 아니었다. 북벌이 완성되면 고종은 휘종이나 흠종에게 황위를 내놓아야 할 상황에 처할 수 있기 때문이었다. 때문에 주화파를 지지할 수밖에 없던 고종에게도 악비의 숙청은 필요했던 것이다.

악비는 오늘날 중국인들에게 민족의 영웅으로 추앙받고 있지만, 그에 대한 역사적 평가는 그의 인생만큼 곡절을 겪었다. 악비는 1162년 고종이 승하한 후 효종이 즉위하면서 복권되었고, 백성들은 그를 구국의 영웅으로 받들었다. 남송 조정은 그에게 무목武穆, 충무忠武의 시호를 내리고, 악왕묘라는 사당을 지어 그를 추모하는 등 그를 크게 추앙했다. 하지만 1271년 몽골 족의 원나라가 건국되면서부터 그는 다시 경시되었다. 이런 풍조는 한족이 중원을 회복한 명나라 시대에 사라졌지만, 1616년 만주족의 청나라가 들어선 이후 다시 회복되었다. 한편 1894년 중국이 청일 전쟁에서 일본에게 패배한 후 악비를 숭배하는 분위기는 다시 고조되었고, 1931년 일본군에게 동북 지역을 점령당했을 때는 민족 영웅으로까지 칭송받았다. 현재 중화인민공화국은 한족이 다스렸던 기간뿐만 아니라 비한족의 통치 기간도 중국 역사에 포함한다는 개념에서 2002년 "악비는 외국 침략에 대항한 인물이 아니기 때문에 민족 영웅이라 할 수 없다."라고 발표했다. 이에 대해서는 아직까지도 의견이 분분하다.

유학의 아버지
주자

朱子 (1130~1200년)

- 송나라의 유학자.
- 우주의 구성 원리를 형이상학의 '이'와 형이하학의 '기'로 보았으며, 훈고학의 사상적 한계를 벗어나 우주론적인 체계를 정립했다.
- 그의 유학은 주자학이라고 불리며, 후대 동아시아 문화권의 지배적인 이념으로 정착되었다.

　　주자는 남송의 유학자 주희朱熹의 존칭으로, 그는 송 대의 유학을 집대성하여 완성시켰다. 그의 학설은 "공경을 기본으로 삼아 그 근본을 확립하고, 이치를 끝까지 연구하여 경지에 이른 후, 자신의 입장에 대입하여 생각하고 실천해야 한다."라는 개념이 중심으로, 명·청 시대 유학의 정통으로 자리 잡았으며, 그의 사상과 저술, 교육론은 조정과 백성들의 존경을 받았다. 그는 공자와 맹자 다음으로 숭배되었고, 풍부한 독서와 세밀한 분석을 중시하는 그의 학풍은 후세 학자들뿐만 아니라 한국과 일본 등의 주변 국가에까지 영향을 주었다.

　　주자는 아버지 주송朱松의 부임지였던 복건성福建省 우계尤溪에서 그와 축씨의 셋째 아들로 태어났다. 이름은 희熹이며, 자는 원회元晦 또는 중회仲晦이고, 호는 회암晦庵이다. 다섯 살에 《효경》을 배웠으며, 사색을 즐겨 하늘 저 끝에 과연 무엇이 존재하는지에 대해 의문을 품기도 했다고 한다.

당시 대과 급제자들의 연령은 평균 서른다섯 살이었으나, 그는 열여덟 살에 진사과에 급제하여 주위를 놀라게 했다. 1151년에는 이부吏部의 임관시험에도 합격하여 천주泉州 동안同安 지방의 주부가 되었다. 그러나 그는 부임지로 향하기 전 유학자 이동李侗에게서 학문을 배우고 1153년에야 비로소 부임했다. 성리학의 정통 후계자였던 이동에게서의 수학으로 그는 마침내 주돈이周敦頤, 정호程顥, 정이程頤 등의 사상을 이어받게 되었다.

1162년 효종이 즉위하면서 치국에 대한 방책을 논의할 것을 명했다. 주자는 상서를 올려 문학을 배척하고, 격물치지(格物致知, 사물의 이치를 규명하기 위해 지식을 닦는 일)와 성의정심(誠意正心, 뜻을 성실히 하고, 마음을 바르게 가짐)을 주장하며 이학理學으로서 황제를 보필하고자 했으나 채택되지 못했다. 1163년 그는 다시 격물치지를 진언했으며, 금나라가 침입하여 조정이 주전과 주화의 두 파로 나뉘자 주화의 폐단을 들면서 주전의 입장을 강력히 밝혔다. 그러나 그는 점점 더 가열되는 파당 정치에 염증을 느껴 더 이상 관직에 나아가지 않고 저술과 강학에 전념

주자

했다.

주자는 정이의 "천지 간에 존재하는 이理는 유일하지만, 이것은 동시에 만물에 존재한다."라는 사상을 공부했으며, 장식張栻과 교제하면서 심성론心性論을 확립했고, 여조겸呂祖謙과 교류하면서 주돈이, 정호, 정이, 장재의 주장을 담은 《근사록近思錄》을 편찬했다. 한편 그는 여조겸의 주선으로 육상산陸象山을 만나 학문을 통해 만물의 본질을 깨닫는 것이 최우선이라고 주장하면서 치열한 학문적 토론을 벌이기도 했다.

1178년 주자는 남강군南康軍의 지주에 임명되었고, 그곳에 백록동 서원을 다시 세워 육상산 등의 명사들을 초빙하여 강학을 실시했다. 당시 서원은 사립학교 같은 개념으로 관립학교가 과거시험을 보기 위한 예비학교였던 것에 비해 진정한 학문 연구를 목적으로 설립된 곳이었다.

주자는 민생을 걱정하는 정치가이기도 했는데, 1181년 상평차온공사가 되었을 때는 마을에 곡식창고인 사창을 설치하여 춘궁기에 구제미를 대여해 줌으로써 쌀값을 안정시키고 백성들이 무사히 생업에 종사할 수 있도록 하는 제도를 건의했다. 또한 장주漳州와 담주潭州의 지주를 지낼 때는 조세를 감면하고, 풍속을 개선하고, 학교를 세웠다.

영종이 즉위한 후 주자는 시강으로 발탁되어 《대학》을 강술했다. 그러나 그는 태황태후의 친척으로써 권력가였던 한탁주韓侂冑를 비판하는 상소를 수차례 올렸다가 한탁주의 눈에서 벗어나 불과 45일 만에 파직되었다. 한탁주는 주자를 수반으로 하는 학파를 '위학僞學'이라고 탄압하고, 주자를 따르는 무리 59명을 '위학당적僞學黨籍'에 기입해 박해했다. 그러나 주자는 1196년 관직을 그만두고 제자들을 가르치며 학문을 계속했다. 1200년 주자는 몇 명 남지 않은 제자들이 지켜보는 가운데 71세의 나이로 생을 마감했다. 그가 죽은 뒤 '문文'이라는 시호가 내려졌고, 1227년 태사

백록동 서원

로 증정된 후 휘국공에 봉해졌으며, 1241년 공자의 사당에 모셔졌다.

주자는 공자 이후 경전에 주석만을 다는 훈고학적 유학의 한계를 탈피하고 개인의 수양을 목적으로 하는 학문, 통치의 기반이 되는 학문으로 재탄생시켰다. 한편 그는 북송 시대 주돈이, 정호, 정이, 장재, 소옹 등 유학자 다섯 명의 사상을 종합하여 발전시켰다. 그는 우주 만물은 '이理'와 '기氣'로 구성되어 있으며, 이와 기는 온전한 하나로 따로 있을 수 없다고 보았다. 한편 인간의 본성은 선한 이가 일어나서 나타나지만 불순한 기로 인해 악해지는 것이라고 보았다. 이러한 이와 기로 이루어진 우주와 만물은 태극에 의해 생성되고 움직이며, 만물은 각각의 태극을 가지고 있으며, 또한 이 각각의 태극은 각자 완전하다고 했다.

주자는 과거 급제 후 50여 년간의 생애 중 40여 년을 강학에 힘썼다. 확실하게 문하생으로 밝혀진 수만 해도 530여 명에 달하며, 저술 역시 방대한 양이다. 그는 《논맹집주혹문》, 《시집전詩集傳》, 《주역본의》, 《역학계몽易學啓蒙》, 《효경간오孝經刊誤》, 《소학서》, 《대학장구》, 《중용장구》, 《석존예의釋尊禮儀》, 《맹자요로》, 《예서》, 《한문고이韓文考異》, 《서전書傳》, 《초사집주후어변증楚辭集註後語辨證》 등 약 80여 종에 이르는 저술을 남겼다. 이 중 가장 유명한 것은 《사서집주四書集注》로, 유교의 네 가지 경전인 《논어》, 《맹자》, 《대학》, 《중용》을 이르는 '사서四書'라는 명칭은 여기에서부터 비롯되었다.

위대한 정복자
칭기즈 칸

成吉思汗(1155~1227년)

- 1206년 몽골 제국의 칸으로 즉위해 칭기즈 칸으로 불리며, 아명은 테무친이다.
- 몽골의 유목 부족을 통일하고, 중국과 중앙아시아, 동유럽 일대를 정복하여 인류 역사상 최대의 제국으로 일컬어지는 몽골 제국의 기초를 쌓았다.
- 외래문화의 흡수에 노력해 위구르 문자를 나라 문자로 채용했다.

중국 역사뿐만 아니라 세계 역사상 가장 넓은 영토를 차지했던 몽골. 그 위대한 대업을 이룩한 사람은 바로 몽골 제국의 초대 칸인 칭기즈 칸이다. "우리는 똑같이 희생하고 똑같이 부를 나누어 갖소. 나는 사치를 싫어하고 절제를 존중하오. 나와 나의 부하들은 같은 원칙을 지니고 서로에 대한 애정으로 굳게 결합되어 있소. 내가 사라진 뒤에도 세상에 위대한 이름이 남게 될 것이오. 이후로도 많은 왕들이 존재하겠지만, 그들은 모두 내 이야기를 할 거요."라는 그의 말처럼 그는 천 년이 지난 오늘날에도 가장 위대한 일인자로 칭송받고 있다. 1995년 〈워싱턴 포스트〉는 지난 천 년간 세계사에서 가장 중요한 인물로 그를 꼽기도 했다.

칭기즈 칸

 12세기 중엽 몽골 고원에는 타타르 족, 메르키트 족, 나이만 족, 몽골 족 등 많은 부족이 각기 살아가고 있었다. 그중 가장 앞선 문화를 향유했던 부족은 타타르 족이다. 동쪽으로 금나라와 가까이 있어 그들의 문화를 접할 기회가 많았기 때문이었다. 당시 금나라에 복속되어 있던 타타르 족은 몽골 족의 수장을 붙잡아 금나라에게 바침으로써 충성을 증명하기도 했는데, 보르지긴 족의 수장이던 칭기즈 칸의 조부도 이러한 방식으로 희생되었다. 조부의 뒤를 이어 보르지긴 족을 이끌게 된 예수게이는 칭기즈 칸이 출생했을 때 원수 타타르 족과 싸워 적진의 용사를 포로로 잡았고, 승전을 기념하는 의미에서 아들의 이름을 테무친鐵木眞이라고 지었다. 그가 바로 훗날의 칭기즈 칸이다.

 보르지긴 족 수장의 아들로 태어났지만 그의 어린 시절은 순탄치 못했다. 그가 아홉 살이 되던 해 아버지 예수게이가 타타르 부족에게 독살당했고, 이후 아버지의 뒤를 이었지만 예수게이의 정적인 타이치우트 일가의 사주를 받은 부족 사람들에게 권력을 찬탈당했다. 이웃 부족들의 침입도 끊임없이 이어졌다. 칭기즈 칸의 생애를 기록한 《원조비사元朝秘史》는 이 시기의 테무친 일가를 "그림자 외에는 친구가 없고, 꼬리 외에는 채찍이 없다."라고 표현하고 있어, 그의 성장 시기가 얼마나 혹독했는지를 알려 준다.

 혹독했던 환경은 오히려 테무친을 더욱 강하게 단련시켰다. 당시 유목민에게는 다른 부족에서 강자로 떠오르는 자를 포로로 잡는 관습이 있었다. 이에 따라 자라면서 용맹을 떨친 테무친은 타이치우트 부족에게 사로잡히는 등 여러 번 다른 부족의 습격을 받았다. 이것은 그가 다른 부족에게 위협적인 존재였다는 것을 의미한다. 한 번은 메르키트 족의 습격을 받아 부인 보르테가 납치되었는데, 케레이트 족의 왕인 토그릴 완 칸의 도움으로 부인을 다시 찾아온 일도 있었다.

테무친은 부인 보르테의 구출을 계기로 토그릴 완 칸과 자신의 어릴 적 친구인 자무카와의 연합을 성립시켰다. 테무친은 메르키트 족을 정복하고, 주르킨 족의 귀족들도 복속시켰다. 원래 주르킨 족의 귀족들은 테무친의 동맹 세력이었으나 테무친이 타타르 족을 공격할 때 그의 재산을 약탈한 적이 있었기 때문이었다. 그는 장차 자신을 배신할 가능성이 있는 이들을 모두 처형하고, 평민들은 노예로 삼고 그중 용맹한 자는 자신의 휘하 병졸로 편입시켰다.

이후 몽골 연합의 우두머리로 성장한 테무친은 금나라가 타타르 족을 공격할 때 자진하여 참가했다. 그는 아버지를 살해한 타타르 족을 정복한 후 수레바퀴보다 키가 큰 자들은 모두 죽이고, 과거를 잊고 몽골의 추종자가 될 가능성이 있는 어린아이들만 살려 두었다고 한다.

타타르 족과의 싸움이 끝난 후 테무친과 토그릴 완 칸, 자무카의 연합 관계는 붕괴되기 시작했다. 먼저 친구이자 오랜 동맹자였던 자무카가 11개의 부락과 연합하여 그에게 대항했지만, 테무친은 자무카를 물리치고 그에게 복속되었던 여러 부족을 흡수했다. 이로써 테무친의 세력은 더욱 강해졌다. 그러나 다시 동맹자였던 케레이트 족의 토그릴 완 칸이 자무카의 이간으로 테무친에게 등을 돌렸다. 테무친은 케레이트 족을 맹공격하여 일시에 무너뜨렸으며, 케레이트 족 모두를 병졸과 노예로 삼았다.

몽골 문자 칭기즈 칸은 외래문화의 흡수에 노력해 위구르 문자를 나라 문자로 채용하고, 이 위구르 문자에서 몽골 문자와 만주 문자가 만들어졌다.

여세를 몰아 테무친은 서몽골 최대의 부족인 나이만 족을 공격하기로 결심했다. 1204년 테무친은 옹구트 족과 동맹을 맺고 나이만 족을 침공했다. 나이만 족의 통치자는 몽골 족의 세력에 두려움을 느끼고 자무카와 연합하여 대항했으나 테무친의 공격을 막아 내기에는 역부족이었다. 결국 테무친은 나이만 족을 멸망시키고 모든 몽골 민족을 그의 지배하에 두는 대업을 이루었다. 이때 자무카를 포로로 생포한 테무친은 옛정을 생각해 피를 흘리지 않도록 해 달라는 그의 요청에 따라 그를 가죽 자루에 넣은 후 목 졸라 죽였다고 한다.

1206년 몽골 연합의 맹주 테무친은 마침내 오논 강 부근에서 각 부족 수장들의 추대를 받아 '칭기즈 칸'이 되었다. 칸의 자리에 오른 칭기즈 칸은 몽골 민족을 조직화하기 위해 자신의 친인척과 동료 들을 중심으로 기존의 부족 중심의 지배 체제를 버리고 봉건 제도와 유사한 조직 체제를 만들어 냈다. 십호, 백호, 천호, 만호 등의 단계적인 행정·군사 조직을 만들어 상급 조직이 하급 조직을 차례로 다스리게 했고, 최고 통치자인 칭기즈 칸은 만호만 관리했다. 또한 구두로 되어 있던 유목민의 법령 체제를 정비하여 '야삭'이라는 성문법을 만들어 국가 체제를 갖추었다.

내부 체제를 정비한 칭기즈 칸은 정복 전쟁에 착수했다. 먼저 그는 중국 북서쪽 변방 국가 서하와 전쟁을 벌여 승리했다. 그 후 칭기즈 칸은 서하와 여러 번 전투를 벌였다. 이는 서하의 종주국인 금나라를 의식한 것이기도 했지만, 무엇보다 초원에서 유목민 간의 전투만 치러 공성전 경험이 없던 군대에 경험을 쌓게 하기 위한 것으로 여겨진다. 칭기즈 칸의 공격을 받은 서하는 금나라에 원조를 요청했으나 금나라는 거절했다. 서하는 칭기즈 칸에게 화해를 청하고 조공을 약속했다.

1211년 칭기즈 칸은 드디어 숙적 금나라를 공격했다. 그는 금나라가 군마를 키우는 곳을 습격하여 군사력을 약화시키는 한편, 금나라의 여러 지역을 수시로 공격했다. 그는 곧 금나라의 도성 90여 개를 초토화시켰고, 1214년 금나라에서 내분이 일어나자 금의 수도 중도를 봉쇄했다. 중도가 포위되자 금나라 선종은 화의를 요청했고, 칭기즈 칸은 매년 막대한 공물을 받는 조건으로 군대를 철수시켰다. 하지만 금나라는 약속을 지키지 않았고, 칭기즈 칸은 1215년 다시 금나라를 침입하여 이번에는 중도를 점령했다. 그 후 그는 금나라 정벌을 부장 무칼리에게 맡기고, 자신은 서쪽 지역의 호라즘 정벌에 나섰다. 하지만 칭기즈 칸은 금나라 정벌을 완성하지 못했고, 1233년 아들인 우구데이와 톨루이의 손으로 완성되었다.

1219년 칭기즈 칸은 직접 대군을 이끌고 중앙아시아의 대국인 호라즘 왕국 원정에 나섰다. 칭기즈 칸은 이전에 장수 제베를 보내 호라즘의 속국 서요를 점령해, 당시 몽골 제국과 호라즘은 국경을 맞대고 있는 상태였다. 칭기즈 칸은 금나라를 정벌하던 중이었기 때문에 우선 사신을 보내 호라즘과 통상을 맺고자 했다. 그러나 호라즘 국왕은 칭기즈 칸이 통상을 위해 보

새문도차 나무로 만들어진 성문을 부수고 들어오는 적을 막기 위한 병기로 성문 자리에 배치하던 전쟁 도구.

낸 450명의 상단을 무참히 살해하고 사신마저 처형했다. 사실상의 선전포고였다. 대노한 칭기즈 칸은 20만 대군을 이끌고 호라즘으로 향했다. 호라즘 국왕은 40만 대군으로 대항했지만, 호라즘 내의 불화와 반목을 이용한 칭기즈 칸의 계략에 빠져 전쟁 중에 수도를 옮기고, 대군을 분산 배치하는 실책을 저지르고 말았다. 칭기즈 칸이 이끄는 몽골 군은 맹렬한 기세로 진격하여 몽골의 상단을 죽였던 오트라르 성을 함락했다. 이어서 호라즘의 전 수도 부하라를 점령하고, 호라즘 국왕이 숨어 있던 곳까지 함락했다. 호라즘 국왕은 칭기즈 칸을 피해 도망치다 결국 1220년 카스피 해의 작은 섬에서 병사했다.

칭기즈 칸의 호라즘 정벌은 페르시아와 중앙아시아를 초토화시켰다. 특히 몽골 군대는 호라즘 국왕이 쫓기면서 피란했던

칭기즈 칸의 몽골 군

도시들을 철저히 짓밟았다. 칭기즈 칸은 호라즘 왕국을 점령한 후 남쪽으로는 인더스 강, 서쪽으로는 카스피 해를 넘어 러시아 동남부까지 점령했으나 기후가 맞지 않아 군대를 이끌고 귀국했다.

1226년 칭기즈 칸은 군대를 이끌고 두 번째로 서하를 공격하여 서하의 국토 대부분을 점령했다. 그러나 도중에 그만 병을 얻어 1227년 "서하와 금나라를 멸망시켜라. 나의 죽음을 외부에 알리지 마라."라는 유언을 남기고 세상을 뜨고 말았다.

몽골 초원을 통일하고 동서양에 걸친 거대한 제국을 건설하면서 수많은 전쟁을 일으켜 칭기즈 칸은 무자비하고 잔인한 정복자라는 비판을 받는다. 특히 호라즘 정벌은 몽골 족에게 야만족이라는 악명을 얻게 했다. 하지만 한편으로는 칭기즈 칸은 세계 역사상 가장 큰 제국을 건설한 지도자이자 철저하게 능력을 중시해 이민족도 서슴없이 받아들이고, 타문화에서도 우수한 것은 적극적으로 수용했던 개방적인 리더십의 소유자로 여겨진다.

몽골 제국의 기틀을 마련한 재상
야율초재

耶律楚材(1190~1244년)

- 몽골 제국의 초대 재상.
- 거란족의 후손으로 태어나 칭기즈 칸에게 등용되어 세제를 정비했고, 몽골 군의 정치 고문으로 원정에 종군했다.
- 오고타이의 즉위를 도와 중서령에 임명되었으며, 금나라가 몽골에 의해 멸망한 후 화북 지역에 적합한 정치를 펼쳤다.

역사상 최고의 정복자 칭기즈 칸은 몽골의 각 부족을 통일한 후 무서운 기세로 주변국을 차례차례 정복하여 내륙의 금나라까지 정벌했다. 영토가 확장될수록 칭기즈 칸에게는 제국을 효율적으로 다스릴 기반을 마련할 인재들이 필요해졌다. 아직 국가 개념이 발달하지 않은 미개한 몽골족이 몽골 제국으로 거듭나기 위해서는 통치 체제의 확립이 절실했다. 이러한 때 야율초재는 칭기즈 칸에게 발탁되어 오고타이 황제에 이르기까지 재상으로서 몽골 제국의 기틀을 마련했다.

야율초재는 요遼나라를 세운 거란족 야율아보기耶律阿保機의 후손이다. 그의 아버지 야율리耶律履는 요나라가 금나라에 멸망한 후 금나라 조정에서 상서우승상을 지냈으며 어머니 양씨는 학문을 익힌 한족이었다. 야율초재가 세 살 때 아버지 야율리가 세상을 떠났으나 그는 어머니의 영향으로 학문에 매진했다. 야율초재는 천문, 지리, 수학, 의학, 역법, 유교, 불교, 도교 사상에 두루 통달했으며, 노래와 악기 연주에도 뛰어난 재능이 있었다고 한다.

1215년 금의 수도 중도를 점령한 칭기즈 칸은 금에 아주 뛰어난 인재가 있다는 소문을 듣게 되었다. 바로 야율초재였다. 야율초재의 비범함을 알아본 칭기즈 칸은 금과 요가 원수 사이임을 이용해 야율초재 일가의 복수를 약속했다. 그러나 야율초재는 이미 자신의 조상이 금을 섬겼기 때문에 일가의 복수는 가당치 않다고 말했다. 야율초재가 자신의 제안을 감사히 여길 줄 알았던 칭기즈 칸에게 그의 대답은 예상 밖의 것이었다. 그러나 이로 인해 칭기즈 칸은 야율초재가 자신의 생각을 뛰어넘는 인재라고 생각하고 그를 등용했다. 칭기즈 칸은 야율초재에게 몽골 어로 '긴 수염'이라는 뜻인 '우르츠사하리'라는 별명을 붙여 주고 그를 아꼈다.

그러나 칭기즈 칸의 총애를 받는 야율초재는 곧 몽골의 군사 귀족들의 시기를 사게 되었다. 특히 칭기즈 칸의 총애를 받던 서하의 반발이 가장 컸다. 그는 사람들 앞에서 야율초재를 겨냥해 무력의 시대에 연약한 유생은 필요하지 않다며

유목민 풍속 몽골 복식을 한 부인과 작고 다리가 짧은 몽골의 말이 묘사된 항아리.

오고타이 칸

비꼬았다. 이에 야율초재는 "활을 잘 쏘려면 화살을 잘 만드는 기술자가 필요하듯이 천하를 얻기 위해서는 문신과 무신 모두 필요하고, 또한 천하는 말 위에서 얻을 수 있으나 천하를 다스리는 것은 말 위에서 할 수 없다."라며 칭기즈 칸의 더 큰 신임을 얻었다. 칭기즈 칸은 셋째 아들 오고타이에게 야율초재야말로 하늘이 몽골 족에게 내린 인물이니 나라를 다스릴 때 야율초재의 말을 따를 것을 당부했다.

1219년 호라즘 국왕이 450명의 몽골 대상을 살해하는 일이 일어났다. 칭기즈 칸은 서방 원정에 나섰고 야율초재는 몽골 군의 정치 고문으로 원정에 종군했다. 서역 정벌은 6년간 계속되었고 야율초재는 이 6년간 서역 각지의 풍물과 견문 들을 기록하여 《서유록西遊錄》을 남겼다.

1227년 칭기즈 칸이 서하를 정벌하고 금나라 원정길에 올랐다가 병사했다. 칭기즈 칸은 셋째 아들 오고타이에게 황위를 물려줄 것을 유언했으나 넷째 아들 툴루이가 국정을 대신 살피게 되었다. 이에 야율초재는 몽골 최고부족회의인 쿠릴라이를 열어 툴루이에게 황위를 양보하게 하고, 칭기즈 칸의 차남 차가타이에게는 비록 가족 관계에서는 형이지만 군신 관계에서는 신하이니 예에 따라 절을 할 것을 요구했다. 야율초재의 중재로 후계 계승 문제는 원만하고 평화롭게 해결되었다.

1229년 야율초재는 오고타이에게 무사히 황위를 전달한 공을 인정받아 중서령에 임명되었다. 오고타이는 즉위 후 신료들을 소집해 텅 빈 국고를 채울 방법에 대해 논의했다. 이에 한 신하가 한족을 모두 죽이고 한족의 땅을 목장으로 만들 것을 건의했다. 그러자 야율초재는 백성들을 목축업에만 종사하게 하고 농업을 폐지하는 것은 국가의 장래에 악영향을 주며, 한족들에게 농사를 짓게 하여 세금을 거두어들이면 금을 정복하는 데 필요한 비용을 마련할 수 있다고 반대했다.

이 사건은 그에게 당시까지 미개한 수준을 벗어나지 못했던 몽골 제국의 법, 정치, 경제 등을 개혁하고 정비할 필요성을 느끼게 한 계기가 되었다. 야율초재는 오고타이에게 진언해 연경 등 십로十路에 과세사課稅使를 두어 각지에 부세賦稅를 징수하게 했으며, 중원의 전통적인 제도에 따라 다스리도록 했다. 또한 정치를 하는 장관은 없고 군을 통솔하는 장관만 있던 몽골의 제도를 개혁하고자 군민軍民을 나누고, 장리長吏는 민사民事를 담당시키고, 만호부萬戶府는 군정을 맡게 했다.

야율초재는 법 제도도 개혁했다. 몽골의 세력이 중원으로 점차 확대되자 기존에 존재했던 법률만으로는 날이 갈수록 증가하는 형사 사건과 이전보다 복잡해진 상황들을 조정할 수 없었다. 이에 야율초재는 새로 법률을 제정

원나라의 사슬 갑옷

하여 지방관의 횡포로부터 백성들을 보호했고, 고리대금의 이자율을 제한하여 그로 인해 발생하는 백성들의 피해를 줄였으며, 상인과 결탁한 부패한 관리들을 처벌했다.

통치 체계가 확립되자 오고타이는 칭기즈 칸이 완수하고자 했던 금나라 정벌에 나섰다. 1215년 몽골에게 중도를 함락당한 후 금은 변경으로 근거지를 옮겨 남송과 연합하여 간신히 그 명맥만을 유지하고 있었다. 몽골 군은 변경을 공격했으나 금나라는 3년을 버티며 몽골 군에 저항했다. 1233년 드디어 몽골 군은 변경을 함락시켰고, 곧이어 오고타이는 칭기즈 칸 이래 몽골 군에게 저항했던 도성의 백성들은 모두 죽인다는 관례에 따라 저항했던 변경의 백성들을 모두 죽이고자 했다. 그러자 야율초재는 "많은 군사들이 피를 흘리며 정복 전쟁을 치르는 이유는 땅과 백성을 얻기 위해서인데 백성을 모두 죽여 없애면 이 땅이 무슨 의미가 있겠습니까? 더불어 새로운 나라와 도읍을 만들려면 기술자도 필요한데 이들까지 다 죽인다면 누가 그 막중한 일을 하겠습니까?"라고 상주했다. 이에 오고타이는 금나라의 황족만을 주살시키고 백성들은 그대로 살게 했다. 또한 야율초재의 진언이 있은 후부터 몽골 군이 점령지에서 행했던 파괴 행위와 대학살의 관례가 자취를 감추었다.

1234년 드디어 금나라는 오고타이의 몽골 군에 멸망당했고, 야율초재는 오고타이를 보좌하여 화북 지역에 알맞은 정치를 구사했다. 1237년 야율초재는 유교를 바탕으로 한 통치 원칙을 세우고 경의經義, 사부詞賦, 책론策論으로 선비를 뽑기 시작했다. 이때 노예들의 신분을 풀어 주고 벼슬을 내리기도 했다. 1241년 오고타이가 세상을 뜨고 황후 내마진후乃馬眞后가 섭정을 시작하자 조정은 간신배들로 들끓고 기강이 해이해졌다. 내마진후 또한 원칙적이고 강직한 성품의 야율초재를 꺼려해 그는 더 이상 중용되지 못했다. 야율초재는 조정에서 물러나 1243년 55세의 나이로 숨을 거뒀다.

야율초재는 30년간을 칭기즈 칸과 오고타이를 보좌해 낮은 수준의 몽골 제도를 개혁하고 정비하여 몽골 제국의 정신적, 제도적 기반을 마련했다.

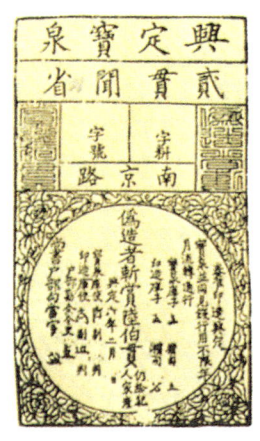

원과 금의 지폐 원나라 시대의 지폐(좌)와 금나라의 지폐(우). 포은제로 인해 원나라의 은이 서역으로 유출되자 쿠빌라이가 은납 대신 지폐납으로 바꾸고 지폐를 발행했다.

몽골 군은 아시아와 유럽 대륙을 정복하면서 정복지의 주민들을 학살하고 시설들을 파괴했다. 그러나 이런 습관은 야율초재가 중용된 이후 서서히 사라졌고, 그로 인해 중원 백성들의 몽골에 대한 두려움과 복수심이 완화되었다. 또한 야율초재는 오고타이에게 칭기즈 칸이 영토를 나누어 주었던 방식인 분봉제를 개혁하여 중앙집권적 체제로 전환시켰고, 조정의 통치가 지방까지 골고루 미치게 했다. 야율초재는 유교를 바탕으로 한 통치 원칙을 세우고, 과거를 실시했으며, 몽골에도 교육기관을 설치해 인재를 양성하는 데도 힘을 기울였다. 이와 함께 농업을 장려하여 농업을 발전시키고, 조세 제도를 개혁하여 경제적 기반을 마련했으며, 법을 제정하여 통일 제국의 기틀을 세웠다.

원 시대 문인화의 부흥을 주도하다
조맹부

趙孟頫(1254~1322년)

- 원나라의 화가이자 서예가.
- 당·북송 시대의 화풍으로 돌아갈 것을 주장하는 복고주의적 문인으로 '서화용필동법'이라는 화법을 창시했고, 〈중강첩장도〉, 〈사마도권〉 〈강촌어락도〉 등을 남겼다.
- 송설체라는 서법을 만들어 냈고, 글씨로 〈여중봉명본척독〉, 〈난정첩십삼발〉 등을 남겼다.

    조맹부는 원나라 시대의 화가이자 서예가로 문인화의 대가다. '시문서화詩文書畵'에 모두 능했으며, 산수, 인물, 동물, 화조, 죽석, 인마 등 모든 소재를 자유자재로 그렸고, 남송 시대의 화풍에서 벗어나 독자적의 화풍인 경지를 열었다. 또한 독창적이고 자유로운 화필畵筆을 전개하여 문인화의 바탕을 마련했다. 서예에 있어서는 당나라 이후의 서예를 집대성했을 뿐만 아니라 조체趙體 또는 송설체松雪體라는 아름답고 세련된 글씨를 만들어 내 한국, 일본에까지 영향을 주었다.

    조맹부는 1254년 절강성에서 송나라 태조의 넷째 아들인 진왕秦王 덕방德芳의 후예로 태어났다. 자는 자앙子昂, 호는 송설松雪이다. 1286년 원나라 조정에 출사했고, 1289년 절강성 출신의 관도승管道昇과 결혼해 아들 조옹趙雍을 두었다.

원나라는 칭기즈 칸의 손자인 쿠빌라이 칸이 1271년에 국호를 원元으로 고치고 도읍을 북경으로 정하면서 시작되었다. 몽골 족은 한족들의 등용을 봉쇄하고 한족을 3, 4등급의 피지배층으로 분류하여 노예 생활을 시키는 차별 정책을 폈다. 하지만 쿠빌라이(원 세조)가 즉위하면서부터 원나라는 한나라의 문화를 적극적으로 받아들이기 시작했으며, 중국 대륙을 보다 효율적으로 통치하기 위해 한족의 지식인들을 기용하기 시작했다. 이러한 정책에 한족 지식인들은 몽골 족에 저항하여 은거하는 부류와 이민족의 통치를 받아들이고 조정에 출사하는 부류로 나뉘었다. 조맹부는 후자에 해당하는 경우로, 송나라의 종실이었으나 원의 조정에 출사했다. 이후 그는 죽을 때까지 북쪽 지방에서 벼슬살이를 하며 다섯 황제를 섬겼다. 특히 인종의 총애를 받아 당시 벼슬이 한림학사, 영록대부에까지 이르렀다. 그는 1322년 68세의 나이로 생을 마감했으며, 죽은 후에는 위국공에 봉해졌다.

조맹부는 산수, 인물, 동물 등 모든 분야의 그림에 있어 뛰어난 성취를 일구었다고 평가되며, 당대에도 최고의 문인화가로 평가되었다. 그의 영향으로 문인화는 한족이 문화를 주도했던 송 대에 비해 원 대에 더 발전되고 완성된 모습을 보인다. 몽골 족은 광대한 중국 대륙을 차지한 후 국호를 '원'이라고 칭하고, 중국 역대 왕조의 족보를 잇는 정통 왕조임을 표명했으나 문화에는 크게 관심을 가지지 않았다. 이는 회화에도 마찬가지였다. 원의 정치가들은 따로 화원 제도를 두지 않고 필요에 따라 화가들을 부렸다. 이런 환경에서 회화, 특히 문인화가 발전할 수 있었던 것은 당시 한족 문인들의 망국의 설움이 회화로 승화되었기 때문으로 여겨진다.

조맹부의 〈작화추색도〉

한족의 많은 문인들은 자신의 정치적 뜻을 펼칠 수 없는 한탄스러운 심정을 그림으로 표현했고, 이러한 문인화들이 결국 회화 양식으로 자리 잡아 원나라 시대뿐만 아니라 중국 회화에서 중요한 위치를 차지하게 되었다. 문인화의 전성기라고 부를 만한 원 대의 화단을 이끈 사람은 전선錢選과 조맹부였다. 전선은 조맹부와는 달리 충절을 지키고 원의 부름에 응하지 않은 한족 문인이었다. 조맹부는 당 대의 회화로 돌아가고자 했던 전선의 복고적인 문인화를 더욱 세련되게 가다듬고, 다른 문인들이 쉽게 모방할 수 있는 형태로 한 단계 더 발전시켜 문인화의 부흥을 주도했다.

　조맹부는 남송 시대의 화풍을 깨뜨리고 당과 북송 시대의 화풍으로 돌아갈 것을 주장했다. 그는 당·송 대에 유행했던 채색산수화 양식을 고집

하여 석청石淸과 석록石綠을 사용해 청록 색조의 강렬한 색채를 구사했다. 이러한 그의 화풍은 1295년에 그린 〈작화추색도鵲華秋色圖〉에 잘 나타나 있다. 이 그림은 산동성 외곽에 있는 작산과 화산의 풍경을 묘사한 것으로, 현장에서 그린 것이 아니고 고향인 절강성에 돌아온 후 친구 주밀周密에게 선물하기 위해 북방의 경관을 그려 보면서 완성한 작품이다. 오른쪽으로 가파르게 우뚝 솟은 두 개의 봉우리는 화산이고, 왼쪽으로 둥글게 부풀어 오른 산이 작산으로, 매우 사실적으로 묘사되어 있다. 후에 청나라의 건륭제는 직접 산동성에 행차하여 이 그림과 비교하면서 산을 보았다고 한다. 그는 글씨를 쓰는 붓과 그림을 그리는 붓은 같은 사용법을 가지고 있다고 생각하고 '서화용필동법書畵用筆同法'이라는 독창적인 화

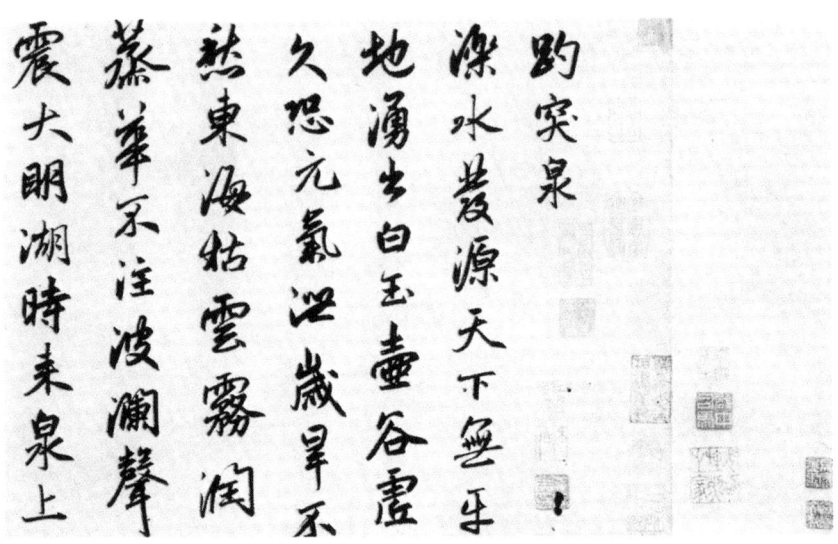

조맹부의 행서

풍을 주장했다. 이는 '글씨와 그림은 본래 하나', '서예의 필법으로 그림을 그린다'라는 의미로 후대 중국 미술사에 큰 영역을 차지하는 문인화의 이론적 토대를 마련한 것으로 평가된다. 그의 그림으로는 〈중강첩장도重江疊嶂圖〉, 〈사마도권飼馬圖卷〉 〈강촌어락도江村漁樂圖〉 등이 있다.

조맹부는 서예에도 뛰어났다. 중국의 서예는 북송 후기부터 쇠퇴기에 접어들었으며 문화적 후원이 부족했던 원나라가 중국 대륙을 차지하면서부터는 겨우 명맥만을 유지하는 수준이었다. 송나라의 서풍書風이 제대로 전해지지 않는 상황에서 그는 초년에는 송 고종의 서법을 배웠고, 후에는 왕희지의 시대로 돌아가야 한다고 주장하면서 왕희지의 서법을 익혔다. 그는 왕희지의 심미적인 서법을 연구하여 자신만의 것으로 소화해 아름답고 세련된 자태의 독창적인 글씨를 만들어 냈다. 조체 또는 송설체라고 불리는 조맹부의 글씨는 완전히 심미주의적인 양식으로, 가지

런하고 근엄하면서도 우아함이 느껴지는 것이 특징이다. 그는 전서, 예서, 행서, 초서 등 모든 서체에 뛰어났으며, 당대 최고라는 평가를 받았을 뿐만 아니라 후대에도 지대한 영향을 미쳤다. 그의 서체는 청의 건륭제가 모방할 정도로 후대까지 사랑받았고 고려, 조선, 일본에도 영향을 주었다.

조맹부는 천부적인 소질을 타고나기도 했지만 역대 어느 서예가보다도 많은 노력을 한 인물이었다. 어린 시절부터 그는 매일 새벽에 일어나 몸가짐을 정갈히 하고 글씨를 연습했는데, 날마다 적게는 몇천 자에서 많게는 몇만 자를 쓰는 생활을 수십 년간 계속했다고 한다. 또한 많은 고서첩들을 수집하여 이를 전부 모사했다고 하며, 스스로도 평생 15만 장 이상의 천과 종이를 썼다고 말했다. 그의 서예 작품으로는 〈여중봉명본척독與中峰明本尺牘〉과 그가 여행 중에 우연히 얻은 왕희지의 〈난정서蘭亭序〉 탁본을 13일 동안 매일 보며 느낀 점을 기록한 〈난정첩십삼발蘭亭帖十三跋〉 등이 있다.

조맹부는 송나라가 멸망한 후 호주湖州에 숨어 살았으나 원 왕조의 끈질긴 부름에 조정에 출사하여 영달의 세월을 살았다. 그러나 노년에 건강상의 이유로 인종의 부름을 거부하고, 시대적 상황으로 인한 자신의 출사를 반성하는 그림을 그리기도 했다. 이런 노력과 반성에도 그는 송나라 태조의 후손이면서도 송에 대한 충절을 지키지 않고 원나라의 고위층 관리가 되어 원나라를 섬겼다는 비난을 비켜 가지 못했다. 그러나 그가 원 대의 척박한 문화적 환경에서 문인화를 발달시켰으며 꺼져 가던 서예에 새 생명을 불어넣었다는 점은 높이 평가되어야 할 것이다.

원나라의 국력이 약해지면서 한족 부흥의 기치를 내걸고 각지에서 백련교도들이 난을 일으켰다. 주원장은 그중 곽자흥의 봉기군에서 두각을 드러내며 1368년 명을 세웠다. 주원장은 군사·행정 제도를 정비하여 민생을 안정시켰고, 영락제는 정화를 중심으로 원정단을 조직해 동남아시아와 인도양 일대를 평정했다. 그러나 만력제 때 동북쪽에서 여진족의 누르하치가 세력을 확장하면서 국력이 쇠약해지고 환관들이 득세해 정치가 문란해진 명나라는 17대 만에 멸망하고, 대륙에는 만주족의 청나라가 들어서게 되었다. 청나라는 강희제, 옹정제, 건륭제 시대를 거치면서 전성기를 누렸으나 19세기 중반부터 서구 열강의 침입으로 위기에 몰리게 되었다.

중국사 연대표

1368 주원장이 남경에 도읍하고, 명나라를 건국했다.

1399 연왕 주체가 정난의 변을 일으켜 정권을 찬탈했다.

1405 영락제가 정화를 통해 남해 원정을 시작했다.

1517 포르투갈 인이 광동에 침입했다.

1616 여진족의 누르하치가 후금을 세웠다.

1661 강희제가 즉위한 후 옹정제, 건륭제까지 태평성대가 이어졌다.

1673 삼번의 난이 시작되었다.

한국사 연대표

1392 조선이 건국되었다.

1446 훈민정음이 반포되었다.

1506 연산군이 폐위되고 중종이 즉위했다.

1592 임진왜란이 일어났다.

1623 광해군이 폐위되고 인조가 즉위했다.

1627 후금의 침입으로 정묘호란이 일어났다.

명나라부터
청나라까지

1689
청과 러시아 사이에 네르친스크 조약이 체결되었다.

1793
영국 사절 매카트니가 북경을 방문했다.

1840
영국과 청나라 사이에 아편 전쟁이 발발했다.

1851
태평천국의 난이 일어났다.

1884
청불 전쟁이 일어났다.

1894
청일 전쟁이 일어났다.

1900
의화단이 북경을 점령했다.

1776
정조가 규장각을 완성했다.

1801
신유박해가 일어났다.

1866
제너럴 셔먼 호 사건이 일어났다.

1875
운요 호 사건이 일어났다.

1884
김옥균, 박영효 등이 갑신정변을 일으켰다.

1894
조선 정부가 갑오개혁을 단행했다.

탁발승에서 황제가 되기까지
주원장

朱元璋(1328~1398년)

- 명나라를 건국한 초대 황제 명 태조(재위 1368~1398년).
- 황각사에서 탁발승 생활을 하다 홍건적에 들어가 승승장구하여 남경에서 명을 세우고, 북벌군을 일으켜 원나라를 몰아냈다.
- 몽골의 풍습과 제도를 철저히 금했으며, 한족 중심의 중앙집권 체제를 이룩했다.

    중국 역사상 황제의 제위에 오른 인물은 대략 200명이 넘는다. 이들의 출신을 모두 따질 수는 없겠으나, 출신 계급이 가장 낮은 인물은 쉽게 꼽을 수 있다. 바로 한 고조 유방과 명 태조 주원장朱元璋으로, 두 사람 중 그나마 신분이 높았던 인물은 농민 출신의 유방이었다. 유방보다 계급이 더 낮았던 주원장은 가난한 소작농 출신으로 탁발승 생활을 하며 구걸을 하기도 했다. 주원장은 미천한 탁발승에서 새로운 왕조 명明을 개창한 인생 역전의 대명사로 여겨진다.

    그는 1328년 원나라 호주 봉양현에서 태어났다. 자는 국서國瑞, 아명은 중팔重八이다. 아버지 주세진朱世珍은 가난한 소작농으로 유랑민에 가까운 생활을 했다. 6남매 중 막내였던 그는 어린 시절부터 소나 양을 치는 일을 했다. 1344년 주원장이 열일곱 살 무렵 회수 유역에 기근이 들고 역병이 돌아 많은 사람들이 죽었다. 이때 그는 아버지와 어머니, 형제들을 모두 잃었다. 일가족을 잃은 주원장은 황각사로 출가하여 살 길을 모색했다. 하지만 절도 가난과 재해를 피해갈 수 없었고, 그는 2개월 만에 탁발승이 되어 식량을 찾아 회서淮西 지방을 떠돌아다녔다.

당시는 원나라 말기로 이민족인 몽골 족의 지배에 저항하는 반란이 빈번하게 일어났다. 그중 저항의 중심 세력은 현세에 불만을 품은 백성들의 지지를 받고 있던 백련교白蓮敎였다. 그들은 '원나라를 몰아내고 중화를 회복하자'라는 구호를 외치며 반원 세력의 핵심이 되었다. 1351년 백련교 교주 한산동韓山童이 영주에서 대대적인 봉기를 일으켰지만 발각되어 참수되었다. 이것으로 원나라 조정은 백련교의 세력이 약해질 것을 기대했지만 오히려 유랑민까지 합세하여 그 세력이 확장되었다. 여기에 궁핍에 찌든 농민들까지 가세하면서 백련교는 순식간에 농민 봉기군이 되었다. 이들은 머리에 붉은 두건을 썼기 때문에 '홍건적紅巾之'이라고 불렸다.

1352년 스물다섯 살의 주원장도 시대의 흐름을 타고 당시 백련교도 일파 가운데 세력이 가장 막강했던 곽자흥郭子興의 휘하로 들어갔다. 처음 곽자흥의 조직에 들어갔을 때 주원장은 간첩으로 오해받아 위기를 겪기도 했으

명 태조 주원장

나 그의 가능성을 알아본 곽자흥이 그를 부하로 받아들였다. 그가 간첩으로 의심받은 이유는 특이한 외모 때문이었는데, 눈은 치켜 올라가고, 심한 주걱턱에, 주먹코였다고 한다. 후에 명나라를 건국한 후 주원장은 자신의 원래 모습을 사실적으로 그린 초상화를 마음에 들어하지 않았다고 한다. 이에 화원이 그의 원래 모습과는 완전히 다르게 온화하고 위엄 있는 모습으로 미화해서 그렸고, 오늘날 이 두 종류의 초상화가 모두 전해진다.

일개 병졸이었던 주원장은 관군과의 싸움에서 승리를 거듭하며 조직의 이인자의 자리까지 올라섰다. 그는 곽자흥의 양녀 마씨와 혼인할 정도로 신임받았으며, 이후 남쪽의 화주 지역을 점령할 때 크게 활약했다. 1355년 곽자흥이 병사하자 주원장은 곽자흥 일파의 실질적인 지휘자가 되었고, 같은 해 백련교 교주 한산동의 아들인 한림아韓林兒를 소명왕으로 추대하고 대송을 세워 좌부원수가 되었다. 1356년 주원장은 대군단의 식량 문제를 해결하기 위해 물자가 풍부한 강남의 남경을 공격하여 함락했고, 남경을 응천부應天府로 개명하고 본거지로 삼았다.

당시 홍건적의 무리는 주원장을 포함하여 호북성 우창武昌의 한왕漢王 진우량 세력과 평강平江 일대의 오왕吳王 장사성張士誠 세력으로 나뉘어 있었다. 주원장은 그들과 비교하여 재정과 병력면에서는 약했지만 그들보다 상대적으로 많은 인재를 보유함으로써 무시할 수 없는 세력으로 성장했다. 주원장은 강남 지역에 진출하면서 원나라 조정에서 천대받던 사대부 계급 출신의 지식인들을 만나게 되었다. 이들 가운데는 송렴宋濂, 장일章溢, 섭침葉琛 같은 지식인들이 있었다. 그는 이들에게 중국어와 중국사, 유교 사상을 배웠고, 유교적 대의명분과 통치의 원칙을 배웠다. 후에 주원장은 이를 바탕으로 효과적인 군대 조직과 지방행정 제도를 구축했다.

중원을 제패하기 위해서는 원나라를 타도해야 했다. 그러나 주원장은 먼저 강남을 제패한 후 원나라를 타도해야 한다는 참모들의 조언을 받아들여 홍건적의 북벌에 동참하지 않고 강남을 제패하는 데 총력을 기울였다. 1363년 진우량과 장사성이 연합하여 주원장을 공격하려 했지만, 주원장이 진우량을 선제 공격하여 파양호에서 그를 격파했다. 1367년에는 장사성에게 대승을 거두었고, 장사성이 자결하면서 세력 판도는 주원장에게로 급격히 기울었다. 여기에다 주원장이 섬기던 소명왕이 주원장의 근거지인 응천부로 오던 길에 강물에 빠져 죽으면서 강남의 패권은 완전히 주원장의 차지가 되었다. 1368년 주원장은 황좌에 올라 국호를 대명大明, 연호를 홍무洪武라고 했다.

명나라 시대의 군사

강남을 평정하고 황제가 된 주원장은 서달徐達을 정로대장군에 임명하여 북벌을 단행했다. 1368년 여름 서달의 군대는 원나라의 수도 대도大都를 함락했고, 원나라의 마지막 황제 순제는 상도上都로 도망쳤다. 이로써 주원장은 중원에서 97년 동안 한족을 지배했던 몽골 족을 몰아내어 중화中華 회복을 달성했다.

명 태조 주원장은 중원에서 몽골 족을 몰아낸 만큼 그들의 풍속과 습관, 언어 등을 사용하지 못하게 금지했고, 한족의 문화를 따를 것을 명했다. 또한 백성들에게 "부모에게 효도하고 순종하라. 윗사람을 존경하라. 이웃과 화목하라. 자손을 교육하라. 분수를 알고 생업에 만족하라. 법을 어기지 마라."라는 육유六諭를 반포했다.

한편 원나라의 수탈과 오랜 전란으로 망가진 민생을 회복하고 농업 생산량을 증대시키기 위해 개간과 둔전을 권장하고, 치수와 관개 공사를 실시해 경지 면적을 확장시켰다. 이를 위해 각 지방별로 토지조사를 실시했는데, 이렇게 조사된 토지대장은 그 내용이 굉장히 상세하여 물고기 비늘이 촘촘히 늘어서 있다는 뜻의 '어린도책魚鱗圖冊'이라고 불렸다. 더불어 철저한 인구조사를 실시하여 이갑제里甲制를 실행했는데, 이는 유복한 1호와 10호를 묶어 갑甲이라고 부르고, 10갑을 모아 1리里로 삼은 제도로, 세금과 노역의 바탕이 되었다. 이렇듯 상세하고 철저한 토지와 인구조사는 안정적인 재정 확보의 기반이 되었다.

주원장은 행정과 군사 제도를 개혁하여 황제를 중심으로 하는 강력한 중앙집권적 권력 체계를 만들었다. 먼저 그는 중서성과 승상을 폐지하고 6부를 직접 관할했으며, 도찰원을 두어 이들 기관들을 감독, 통제했다. 또한 군사행정의 중추기관인 대도독부를 좌, 우, 전, 후, 중으로 나누고 이를 통괄하는 오군도독부를 설치했다. 한편 그는 지방을 모두 13성으로

효릉 전경 남경에 있는 주원장과 황후 마씨의 능으로 지하의 능묘는 아직 발굴되지 않았다. 태조 이후 명나라 황제들은 모두 이 능을 모방하여 황릉을 건설했다.

나누어 각 성에 포정사사, 도지휘사사, 안찰사사를 두어 각각 병권과 행정, 감찰을 담당시켰으며, 이들이 중앙의 황제에게 직접 보고하게 했다. 또한 지방에는 지방관 외에 아들들을 포함한 황족들을 각지의 제후왕으로 분봉分封했는데, 이들에게 행정권과 조세징수권을 주지 않음으로써 권력이 분산되는 것을 막았다.

하지만 명 태조 주원장의 이러한 황제 중심의 중앙집권적 권력 체계는 많은 공신과 학자 들을 숙청한 결과 이루어진 것들로, 황제가 된 그는 자신을 도왔던 개국공신들에게도 한시도 의심의 끈을 놓지 않았다. 주원장의 의심은 조정에 세 번의 피바람을 일으켰다.

1380년 승상 호유용胡惟庸이 역모를 꾀했다는 고발이 들어왔다. 주원장은 당장 호유용을 잡아들였고, 확실한 증거가 발견되지 않았음에도 그의 구족을 멸하고, 그와 관련이 있다고 생각되는 1만 5천여 명의 사람들을

효릉 문관상

반역죄로 처형했다. 이를 '호유용의 옥'이라고 한다. 다음으로 1390년 주원장은 10년 전의 호유용 역모 사건에 승상 이선장李善長의 동생이 가담했다는 사실이 밝혀내, 이선장에게는 자결을 명하고 그의 일족을 모두 주살했으며 관련자 1만 5천 명을 숙청했다. 3년 뒤 주원장은 양국공 남옥藍玉을 역모죄로 주살함으로써 조정에 다시 한 번 피바람을 일으켰다. 이를 '남옥의 옥'이라고 하는데 이 사건으로 죽은 사람은 2만여 명이 넘는다고 한다. 이외에도 강남 시절 주원장의 참모 역할을 했던 이문충李文忠은 독살당했으며, 송렴은 유배 도중 목숨을 잃었다. 또한 북벌에서 공을 세운 서달은 등창을 앓고 있을 때 주원장에게 거위를 하사받고 자결했다. 거위 고기가 등창에 몹시 해롭다고 알려진 음식이었기 때문에 서달은 거위 고기에 담긴 주원장의 의사를 간파하고 스스로 목숨을 끊었던 것이다.

주원장은 학자들에게도 숙청의 칼을 빼들었다. 그는 자신의 과거를 연상하게 하는 '광光, 독禿, 승僧, 적賊, 도盜' 자의 사용을 금지하고, 사용하는 자는 누구나 할 것 없이 처형했다. 또한 이들 단어와 발음이 같은 '생生, 칙則, 도道' 자 같은 평범한 단어까지 금지함에 따라 희생자의 수는 점점 늘어났다. 이것이 '문자文字의 옥' 사건이다.

주원장이 공신과 학자에 대한 숙청을 계속하자 태자 주표朱標가 이를 만류했다. 그러나 그는 안정적으로 권력을 승계하기 위한 것이라는 이유를 들어 숙청을 멈추지 않았다. 주원장은 아들에게 안전하게 황위를 계승하고자 했으나, 그의 바람과는 달리 1392년 태자 주표가 병사했다. 그로부터 6년 후인 1398년 주원장은 황손 주윤문朱允炆에게 황위를 물려주고 70세의 나이로 세상을 떴다. 하지만 주원장이 그렇게 바랐던 안정적 권력 승계는 결국 이루어지지 않았다. 그의 넷째 아들 주체朱棣가 '정난靖難의 변'으로 조카의 권좌를 찬탈하여 영락제永樂帝로 등극했기 때문이다.

중국의 과거와 미래를 내다본 예언자
유기

劉基(1311~1375년)

- 명나라의 개국공신으로 주원장의 책사로 활동했다.
- 뛰어난 모사가로 중국 민간에서는 '과거 500년을 알았고 미래 500년을 알았던 인물'이라는 예언자적인 인물로 전한다.
- 저서로는 《유백온소병가》, 《성의백문집》, 《적천수》, 《백전기략》 등이 있다.

　유기는 명나라 개국공신의 한 사람으로 명나라 건국 후 어사중승과 태사령을 역임했다. 그는 원나라 말기인 1311년 절강성 처주處州에서 태어났고, 자는 백온伯溫, 시호는 문성文成이다. 뛰어난 모사가로 '과거 500년을 알았고 미래 500년을 알았던 인물'로 평해지며, 중국 민간에서는 그에 관한 다양한 전설적인 일화가 전해 내려온다. 천문, 지리, 역법, 군사 등 많은 분야에서 탁월한 능력을 보여 제갈량에 비견되는 인물이기도 하다. 제갈량이 후한 말 천하를 셋으로 나누어 다스리는 삼국 구도를 정립했다면, 유기는 원나라 말기의 혼란을 잠재우고 천하를 하나로 통일했다고 여겨진다.

유기는 어린 시절부터 학문을 좋아했고, 학문을 하는 데 있어 그 범위에 구속되지 않아 천문, 경학, 술법術法, 병법에도 정통했다. 원나라 문종 때 스물세 살의 나이에 진사과에 합격해 강서 지역에 파견되어 고안현승, 강절유학부제거 등의 고위 직책들을 거쳤으나 정치적 반대 세력들에게 여러 번 배척당해 사직했다.

당시는 원나라 말기로 황제는 무능했고 뇌물을 받지 않는 관리가 없을 정도로 조정은 부패했다. 원나라 조정의 통치력이 미치지 못하는 동남 지역에서는 반란이 빈번했다. 1348년 절강성의 방국진方國珍이 해상 반란을 일으켰다. 원 조정은 유기를 보내 방국진의 반란을 진압하고자 했다. 그러나 방국진은 원 조정에 뇌물을 주고 위기를 벗어나려 했고, 부패할 대로 부패한 원 조정은 방국진을 받아들이는 데 더해 그를 관직에 제수하기까지 했다. 반란군 소탕을 원했던 유기는 조정의 결정에 반대했으나 오히려 부패한 조정 대신들의 모함으로 지방의 하급 관리로 좌천되었다.

그 후 강남 지역의 반란이 끊이지 않고 더욱 심해지자 원 조정은 유기를 다시 등용했고, 그는 반란군을 소탕하며 혁혁한 공적을 세웠다. 하지만 그것도 잠시일 뿐 위기를 넘기자 그는 다시 병권을 빼앗기고 강등되었다. 이러한 처사에 분개한 그는 1354년 관직을 버리고 고향으로 돌아갔다. 고향에서 은거 생활을 하면서 그는 《욱리자郁離子》 두 권을 지었

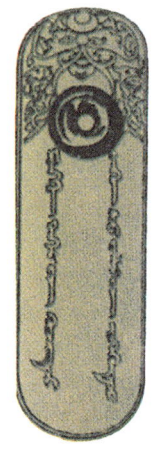

원나라 시대의 마패 사신이나 공신 등이 공무로 출장을 갈 때 역참의 관마나 숙박 등을 이용하기 위해 필요했던 증명서.

다. 이 책은 '우언寓言을 통해 당대 상황을 비판하고 현실의 모순을 진단함으로써 해결책을 제시하는 산문집'으로 그의 정치적 견해와 철학적 관점 등이 담겨 있다.

1356년 훗날 명나라를 건국하게 될 주원장이 남경을 점령했다. 주원장은 유기의 명성을 듣고 그에게 사람을 보내 자신의 세력이 되어 줄 것을 간청했다. 관직 생활에 염증을 느낀 그는 처음에는 거절했지만 이미 원나라의 세력이 기운데다 오랜 은거 생활도 좋지 않을 것이라고 판단했다. 주원장의 거듭된 초청을 받아들인 그는 1360년 〈시무십팔책時務十八策〉을 올렸다. 이에 기쁨으로 흥분을 감추지 못한 주원장은 그에게 예현관을 지어 하사하고, 자신의 책사로 삼았다.

1363년 소주의 장사성張士誠과 남경의 진우량陳友諒이 연합하여 주원장을 공격해 왔다. 이에 유기는 병력이 많고 간교한 진우량을 깊숙이 유인해 매복 공격으로 격파한 후 장사성을 칠 것을 진언했다. 그는 장자성을 먼저 공격하면 진우량은 이를 기회로 주원장을 칠 것이지만, 전력을 다해 진우량을 먼저 공격하면 장사성은 방어만 할 뿐 섣불리 공격하지 못할 것이라고 생각했다. 그렇게 하여 양자강 이남을 평정한 후 북쪽을 도모하면 대업을 이룰 수 있을 것이니 기회를 절대 놓쳐서는 안 된다고 말했다. 주원장은 유기의 의견을 받아들여 진우량의 군대를 격파하고 동남부를 차지했다. 이후로도 유기는 주원장에게 많은 묘책을 제시해 그가 천하를 통일하고 명을 건국하는 데 중요한 역할을 했다.

1368년 주원장은 황제로 즉위해 명나라를 건국했다. 명을 건국한 후 주원장은 그 공에 따라 공신들에게 작위를 수여했다. 유기는 어사중승 겸 홍문관학사에 임명되었다. 유기는 명예와 이익을 탐하지 않고 겸양한 자세를 취했다. 이때 유기가 받은 봉록은 240석이었는데 이는 다른 개국

원나라 말기의 학자 휴식을 취하고 있는 학자의 거실에서 당시 학자의 생활을 엿볼 수 있다.

공신들이 받았던 봉록 4천 석에 비하면 매우 적은 양이었다.

명이 건국되고 얼마 지나지 않아 초대 좌승상 이선장李善長이 파면되었다. 주원장은 유기에게 승상의 자리를 제안했지만 주원장이 휘하의 개국공신들을 불신하여 숙청의 기회를 노리고 있음을 알았던 유기는 건강상의 이유를 들어 극구 사양했다. 주원장이 승상의 자리에 양헌, 양광양, 호유용 세 명을 거론하자 유기는 그들 모두 이상적인 사람이 되지 못한다고 진언했다. 특히 호유용은 성격이 경박하고 받은 것은 반드시 되갚는 성미 때문에 재상이 되면 분란만 일으키게 될 것이라고 대답했다. 후에 이를 알게 된 호유용은 유기에게 원한을 품게 되었다.

　명나라 건국 초기 주원장의 측근인 회서淮西파가 득세하면서 강직하고 엄정했던 유기는 끊임없이 견제당하고, 시기와 질투를 받았다. 이에 유기는 스스로 관직에서 물러나 고향으로 내려갔다. 유기가 고향에 내려와 있는 동안 담양淡洋이라는 오지 지역에서 폭동이 일어났다. 무정부 상태에 익숙해 있던 백성들이 관청의 법령에 구속감을 느껴 일으킨 사건으로, 유기에게 좋지 않은 감정을 품고 있던 호유용은 이것을 기회로 유기를 모함했다.

　당시 승상이었던 호유용은 유기가 담양 지역의 어느 묘지에 왕기王氣가 충만해 그곳을 조상의 묘소로 세우려 했는데, 백성들이 반발하자 관청을 속여 백성들을 진압했다는 내용의 상소를 올렸다. 이에 주원장은 유기를 남경으로 불러 올렸고, 유기는 주야를 가리지 않고 달려 남경으로 향했다. 주원장은 황위에 오른 후 공신 세력을 견제하고, 공신들의 반란을 방지하고자 대거 숙청 작업을 했다. 이러한 상황을 안 유기는 주원장에게 사실을 고하고 용서를 구하고자 했으나 주원장의 의심은 쉽게 풀리지 않았다. 결국 고향으로 돌아오지 못한 유기는 화병이 들고 말았다.

　유기가 주원장의 총애를 잃었다고 확신한 호유용은 호의를 가장하여 의원을 데리고 유기를 방문했다. 호유용이 가져온 약을 마신 유기는 병이 악화되어 귀향길에 올랐다. 그러나 채 고향에 도착하지도 못하고 도중에 사망했다.

　유기와 관련해서는 전설적인 일화가 많이 전한다. "오늘은 등이 위로 불을 비추지만, 내일은 등이 아래로 비출 것이다. 오늘은 살아 있는 소가 땅을 갈지만, 내일은 쇠로 된 소가 땅을 갈 것이다."라는 예언은 마치 그가 타임머신을 타고 오늘날의 상황을 미리 보고 온 것 같다. 또한 그가 지었다고 하는 예언서 《유백온소병가劉伯溫燒餠歌》에는 원의 운명이 다하고 명이 흥성할 것이라는 것뿐만 아니라 약 700년 후의 신해혁명과 항일 전쟁 등이 모두 예언되어 있다고 전한다. 그의 또 다른 저서로는 《성의백문집誠意伯文集》, 명리학 저서 《적천수適天髓》, 병법서 《백전기략》 등이 있다.

조카의 왕위를 찬탈하다
영락제

永樂帝(1360~1424년)

- 명나라 제3대 황제(재위 1402~1424년).
- 명 태조의 넷째 아들로 지방의 번왕인 연왕에 봉해졌으나, 정난의 변으로 조카 건문제의 왕위를 찬탈했다.
- 수도를 북경으로 천도하고, 타타르 족, 여진족 등을 평정하여 영토를 확장했으며, 정화의 원정단을 꾸려 아시아 여러 나라들과 조공무역을 했다.

　　영락제는 명나라의 제3대 황제로 명 태조 주원장과 마황후의 넷째 아들로 태어났다. 정난의 변을 통해 조카 건문제를 몰아내고 즉위한 후, 남경에서 북경으로 천도하고 자금성을 세워 명·청 600년간의 수도를 건설했다. 또한 한족 출신의 황제로서는 처음으로 고비 사막을 넘어 친정하여 북쪽의 몽골 족을 물리쳤으며, 남쪽으로는 오늘날의 베트남인 안남 지방까지 정벌하여 영토를 확장했다. 환관 정화를 해외에 파견하여 동남아시아와 아프리카까지 원정하고, 주변국들과 조공무역 관계를 맺어 명나라의 위세를 크게 떨쳤다. 명나라의 국력은 그가 재위하는 동안에 가장 강성했다.

영락제의 이름은 주체로, 명 태조의 스물여섯 황자 중 넷째이다. 1368년 명나라가 건국되자 연왕燕王에 책봉되었으며, 1380년 21세가 되어서 북평(이때부터 북경이라고 개칭함)으로 옮겨 거주했다. 그는 북방의 국경 지역을 통치하고, 군사들을 총괄하며 몽골 족을 저지하는 등 군사적으로 성공을 거두었고, 전란으로 피폐해진 경제를 안정시켰다.

1392년 황태자 주표가 갑자기 병사했다. 명 태조는 자신을 닮아 용맹스러운 연왕 주체를 황태자로 세우려 했으나, 학자 유삼오劉三五가 반대했다. 넷째 아들인 주체를 황태자로 삼을 경우 차남 진민왕秦愍王 주상朱樉과 삼남 진공왕晉恭王 주강朱棡이 반기를 들 것이기 때문이었다. 결국 홍무제는 열 살밖에 안 된 죽은 황태자의 장손 주윤문을 후계자로 삼고, 1398년 세상을 떠났다. 이때 연왕 주체는 서른여섯 살로 한창 나이였다.

황태자 주윤문은 열여섯 살의 어린 나이에 황제에 올랐다. 그가 건문제다. 그는 비록 어렸지만 황자징黃子澄과 방효유方孝孺 등 유학자 출신 정치가들의 보좌를 받아 황제권을 강화해 나갔다. 건문제는 황제권을 압박하는 숙부인 번왕들에게서 지방 권력을 빼앗기 위해 그들을 투옥하거나 신분을 박탈하여 추방했다. 연이은 번왕들의 숙청으로 위기감을 느낀 주체는 거병 준비를 시작했다. 1399년 주체는 황제의 곁에 있는 간신들을 제거하고 왕조를 바르게 한다는 명분을 내세워 군사를 일으켰다. 이것이 정난의 변이다. 연왕 주체는 자신의 군대를

영락제

조선의 사신 명나라에 조회를 왔다가 고국으로 돌아가는 조선 사신을 전송하는 모습. 우측에는 자금성이 있고, 좌측에는 사신들이 배를 타고 돌아가는 모습이 표현되어 있다.

'정난군'이라고 칭하고, 승려 도연道衍을 책사로 삼아 화북 지방을 돌파한 뒤 대운하를 따라 남하했다. 수도 남경을 지키는 건문제군은 50만 대군이었으나, 이전에 명 태조가 세 차례에 걸쳐 대대적인 공신 숙청 작업을 벌여 군대를 지휘할 만한 유능한 장군이 없었다. 주체의 군대는 삽시간에 거용관을 통과하여 회래, 밀운, 준화, 영평 등을 차례로 함락했다. 이에 건문제는 경병문耿炳文을 토벌군 대장으로 임명하여 맞섰으나, 경병문은 정난군에게 패하고 말았다. 정난의 변은 결국 3년간의 격전 끝에 1402년 환관들이 주체와 내통하여 성문을 열어 주면서 주체의 승리로 막을 내렸다. 건문제는 궁궐 함락 때 일어난 화재로 불타 죽었다고 공표되

고비 사막 흉노와 몽골 족의 활동 무대였던 고비 사막.

었다. 그러나 그의 시신은 끝내 발견되지 않았고, 건문제가 승려로 변장하여 탈출했다는 등의 소문이 장안에 나돌았다. 주체는 황제가 된 후에도 건문제를 끝까지 추적했으나 그를 찾는 데는 실패했다. 항간에는 명 태조가 죽을 당시 어린 손자 건문제에게 상자를 주면서 생명이 위급할 때 열어 보라고 했는데, 그 안에는 승복, 면도칼, 궁궐 탈출 경로를 그린 지도 등이 들어 있었다고 한다.

  1402년 주체는 영락제로 즉위했다. 영락제는 건문제의 측근들을 대대적으로 숙청하기 시작했으나 그중 학식이 뛰어나고 명성이 높았던 대학자 방효유만은 정중하게 회유했다. 그러나 영락제가 자신의 즉위를 합리화하기 위한 즉위 조서의 초고를 방효유에게 쓰라고 명하자 그는 즉시 '연적찬위燕賊簒位'라는 네 글자를 썼다. '연나라의 도적놈이 황위를 찬탈했다'라는 의미의 이 글귀에 영락제는 대노하여 방효유의 구족을 멸하겠다고 협박했다. 그러나 방효유는 자신의 십족을 멸한다 해도 역적의 말은 들을 수 없다고 저항했다. 영락제는 몹시 분노하여 그를 잔인하게 죽이고, 십족을 멸한 뒤에도 분이 풀리지 않아 친구, 제자 등 그와 친분 관계가 있는 사람을 모두 죽였다. 일찍이 십족을 멸한 예는 없었는데, 이와 관련해 죽은 사람이 모두 873명에 달한다고 한다. 후에도 영락제는 정권을 안정시키기 위해 수많은 사람들을 죽였다.

영락제는 건문제의 치세 4년을 역사에서 지우기 위해 초대 황제의 연호인 홍무를 1402년까지 연장했다. 그러나 그도 건문제와 마찬가지로 황제권을 강화하기 위해 번왕들을 요충지가 아닌 중부와 남부 지역으로 이동시키고 군사권을 박탈했다. 한편 영락제는 명 태조가 환관들을 억제했던 것과는 달리 환관 세력을 적극적으로 이용하여 자신의 권력을 강화했다. 그는 환관을 '감군監軍'이라 칭하고, 출병하는 군대를 감시하거나 외국 사절로 파견하고, 국외 무역도 담당하게 했다. 영락제는 중앙 정치뿐만 아니라 지방 행정과 변방의 군대까지 환관을 중용하여 성공적으로 황제권을 강화한 것이다. 그러나 이는 후에 명나라 정치를 혼란에 빠뜨리는 계기가 되었다.

영락제는 황제가 되기 전 연왕 시절부터 명나라를 원 제국 시기의 규모로 성장시키겠다는 원대한 꿈을 가지고 있었다. 이에 그는 영토를 확장하기 위해 적극적인 대외 정책을 폈다. 주변 지역에 대한 대규모 원정과 영토 확장은 그의 가장 큰 업적으로 꼽힌다. 우선 그는 고비 사막을 넘어 친정을 한 유일한 한족 황제로 기록되는데, 그는 1410년부터 1424년까지

자금성

다섯 차례에 걸쳐 대군을 이끌고 북벌을 단행했다. 이를 '오출삼려五出三犁'라고 일컫는다. 1410년 그는 50만 대군을 이끌고 친정하여 북쪽의 타타르 족을 토벌했고, 오이라트 족이 명나라 국경을 침범해 오자 1414년 출병하여 대승을 거두었다. 또한 그는 중앙아시아의 티무르 제국과 국교를 회복하고, 서쪽으로 아프가니스탄과 러시아의 투르키스탄까지 관리를 파견했으며, 티베트와 네팔에도 환관을 보내 조공을 요구했다. 남쪽으로는 안남을 공격하여 중국의 일개 성으로 편입시켰다.

또한 영락제는 동북아시아뿐만 아니라 동남아시아 여러 나라들을 복속시켜 조공을 받고, 명나라의 위세를 알리고, 해외의 사치품을 수입할 목적으로 남해 원정을 시도했다. 그는 환관 정화를 보내 1405년부터 여섯 차례나 남해 원정을 했다. 명나라 함대는 동남아시아의 국가들부터 인도의 콜카타, 페르시아 만의 호르무즈, 아프리카, 아라비아까지 진출했다. 환관 정화의 항해는 영락제 사후 선덕제 때 한 차례 더 이루어졌다.

한편 영락제는 즉위하자마자 자신의 영지였던 북평을 북경으로 고치고 북경 천도를 감행했다. 그는 1407년 북경 천도를 정식으로 승인하고 공사를 시작했으며, 1420년 새 궁전인 자금성을 완공했다. 1421년 북경은 마침내 정식으로 명나라의 수도가 되었다. 이후 자금성은 명·청 대 600년 가까이 24명의 황제가 살았던 중국 최대의 궁전이 되었으며, 북경은 현재까지 중국의 수도로 남아 있다.

북경 천도를 성공적으로 마무리한 영락제는 대운하를 수리하여 강남의 풍부한 물자를 안전하게 북부까지 운반했다. 대운하를 통한 활발한 남북 간의 물자 교류는 명나라의 경제권을 통일시키는 효과를 가져왔고, 15세기 초 중국은 세계에서 가장 부강한 나라가 되었다.

영락제는 문화면에서도 업적을 남겼는데, 그는 2천여 명의 학자를 동원하여 《영락대전》이라는 일종의 백과사전을 편찬했다. 《영락대전》은 2만 권이 넘는 방대한 분량으로, 2부의 필사본으로 만들었으나 정본은 명나라가 멸망할 때, 다른 한 부는 청나라 말기에 일어난 아편 전쟁으로 인해 소실되어 지금은 극히 일부만 전해진다. 이외에도 《사서대전》, 《오경대전》, 《성리대전》 등을 편찬하여 유교 사상을 통일했다.

영락제의 업적으로 꼽히는 몽골 북벌, 안남 정벌, 남해 원정, 북경 천도, 자금성 건설, 대운하 수리, 서적 편찬 등은 모두 막대한 물자와 인력이 요구되는 사업들로 이는 영락제의 강한 지도력과 그 시기 명나라의 부강함을 입증한다. 그러나 이는 반대로 국력을 소모시켜 영락제에 뒤이은 다음 통치자들은 국력을 회복시키기 위해 전력을 다할 수밖에 없었다. 영락제는 1424년 다섯 번째로 떠난 원정에서 병을 얻어 세상을 떠났다.

중국의 대항해 시대
정화

鄭和(1371~1433년)

- 명나라의 환관이자 장군.
- 정난의 변으로 연왕 주체가 영락제로 즉위하는 데 큰 공을 세웠다.
- 후에 영락제의 명으로 남해 원정단을 이끌고 동남아시아에서 아프리카 케냐에 이르는 세계를 순방하고 돌아왔다.

정화는 명나라 초기 일곱 차례에 걸쳐 대선단을 이끌고 30여 개국을 원정한 인물이다. 명나라 제3대 황제 영락제의 명으로 이루어진 그의 대항해는 유럽의 대항해 시대보다 70년이나 앞선 항해로 기록된다. 그는 후세에 삼보태감三保太監으로 불리며,

중국의 4대 발명품 화약, 제지, 인쇄술, 나침반.

사마천 및 채륜 등과 함께 환관의 영웅으로 회자되고 있다.

정화의 원래 성씨는 이슬람의 예언자 무함마드의 중국식 한자인 마馬씨이고, 이름은 삼보三保로, 그는 중국 남부 운남성에서 태어났다. 1381년 명 태조 주원장은 원의 중국 내 마지막 점령지였던 운남성을 공격했다. 당시 마화馬和로 불리던 어린 정화는 그때 명나라 군대에 포로가 되어 거세된 후 다른 소년들과 함께 명나라 군대의 전령으로 편입되었다. 1390년 정화는 연왕 주체에게 헌상되었고, 1399년 주체가 정난의 변을 일으켜 조카인 건문제의 황위를 찬탈할 때 무공을 세웠다. 주체의 신임을 받게 된 정화는 1402년 연왕이 영락제로 즉위하자 내관의 장관인 태감에 임명되었으며, 정씨 성을 하사받아 '정화鄭和'가 되었다. 전하는 바에 따르면 정화는 7척(1척은 약 30.3센티미터)이 넘는 키에 수려한 용모, 무인다운 위엄이 넘치는 풍채를 지녔다고 한다. 또한 그는 병법과 지략뿐만 아니라 학술에도 능통했으나 매우 겸손한 인물이었다고 한다.

제위를 찬탈해 황제가 된 영락제는 곧 건문제의 측근을 숙청하기 시작했다. 또한 자신의 권력을 잃지 않기 위해 경계를 강화했으며, 조정의 관심을 외부로 돌리기 위해 대규모 원정을 실시했다. 그는 재위 기간 동안 몽골 원정과 더불어 남해 원정을 시행했다. 남해 원정은 1405년부터 1431년까지 모두 7차례 이루어졌는데, 명 초기에 이러한 대규모 원정이 이루어질 수 있었던 것은 경제가 크게 성장했기 때문이었다. 명 태조 주원장은 명을 건국하면서 농업 진흥책을 추진하여 생산력을 크게 증가시켰다. 또한 정난의 변 이후 영락제는 신속하게 사회 안정을 꾀하고, 경제를 회복시켜 국가 재정을 확충하는 데 성공했다. 더불어 나침반과 항해도를 사용하는 항해술과 함선을 만드는 조선술이 크게 발전하여 원거리 항해를 가능하게 했다.

정화의 원정단

한편 영락제가 남해 원정을 실행한 목적에 대해서는 여러 가지 설이 존재한다. 먼저 동남아시아의 여러 국가로부터 조공을 받고자 했던 것이 1차적 목적이었고 두 번째는 명나라의 위세를 과시하고, 궁정에서 사용할 사치품을 수입하려는 목적도 있었다. 마지막으로 정난의 변 때 시신이 발견되지 않아 생존 가능성이 있던 건문제를 추적하려는 목적도 있었다고 한다.

1405년 영락제는 남해 원정단의 선봉장으로 정화를 임명했다. 그해 6월 제1차 원정이 시작되었다. 《명사明史》에 따르면 전체 길이가 44장(약 137미터), 폭 18장(약 56미터)에 이르는 대형 선박이 포함된 함선 62척과 작은 배 200여 척에 승무원 2만 7,800명이 탑승했다고 기록되어 있다. 현재

정화가 들여온 기린

의 8천 톤급 배에 해당한다. 정화의 제1차 원정이 있은 지 90여 년 후 바스코 다 가마의 함대가 희망봉을 돌아 인도 항로를 발견했지만, 그의 함대는 120톤급 3척, 승무원 170명의 규모였고, 콜럼버스의 함대는 250톤급 3척, 승무원 88명의 규모였다. 정화의 원정단 규모가 얼마나 엄청난 수준이었는지 짐작이 가능하다.

정화의 제1차 원정대는 소주蘇州에서 출발했다. 그들은 남중국해를 거쳐 참파(오늘날의 베트남 중부), 수마트라, 팔렘방, 말라카, 실론(오늘날의 스리랑카) 등을 지나 1407년 초 인도 콜카타에 도달했다. 원정 도중 중국 혈통의 자바 왕 진조의陳祖義가 거짓으로 항복하여 정화 일행을 방심시킨 후 공격했으나, 오히려 정화의 반격을 받아 사로잡혀 처형되었다. 제1차 원정 때 정화는 나침반과 항해도를 사용해 항해술을 훈련했고, 성공적인 제1차 원정으로 그때까지 명나라와 교류가 없던 동남아시아의 여러 나라와 차례로 조공무역 관계를 맺었다.

제2차 원정은 1407년에 단행되었다. 이때에 정화는 시암(타이)과 자바 섬 등을 거쳐 콜카타를 원정하고 돌아왔다. 원정 도중 스리랑카에 정박 중이던 정화는 그곳 원주민들의 공격을 받았으나, 기지를 발휘해 위험에서 벗어났고, 스리랑카 왕을 사로잡아 명나라로 귀국했다. 귀환하는 길에 그는 스리랑카 남부의 도시 가레에 중국어, 타미르 어, 페르시아 어 등 3개 국어로 쓰인 비석을 세웠다. 이 비석은 1911년에 발견되었다.

1409년 말에 단행된 3차 원정은 벵갈 만에서 인도양을 돌아 페르시아

만의 호르무즈 해협까지 이어졌다. 그는 원정 중에 스리랑카의 특산품인 용정향을 얻기 위해 스리랑카 섬에 들렀는데, 이때 원정단의 재물을 탐낸 수마트라 왕국의 공격을 받았다. 정화는 반격에 나서 스리랑카 군대를 무찌르고 왕과 그의 가족들까지 포로로 잡아 1411년 7월에 귀국했다.

정화의 4차 원정은 3차 원정 해로에서 더욱 연장되었다. 1413년 겨울에 출발한 그는 인도양을 거쳐 서쪽으로 항해를 계속해 페르시아 만의 호르무즈와 아라비아 반도 남쪽의 아덴까지 항해했다. 귀환길에 그는 수마트라 현지 국왕에게서 반역자 토벌 요청을 받고 반역자를 토벌하고 중국에서 성스러운 동물로 알려진 기린을 가지고 돌아와 영락제를 기쁘게 했다.

1415년 7월 4차 원정에서 귀국한 정화는 1417년 겨울에 다시 5차 원정 길에 올랐다. 그의 원정대는 4차 원정 때처럼 아덴까지 항해했으며, 정화는 도중에 분대를 만들어 원정단을 나눴다. 분대는 아프리카 대륙 동쪽 해안의 말린디까지 도달했다고 전해지며, 그들은 사자, 표범, 얼룩말, 코뿔소 등 진귀한 동물들을 데리고 1419년 8월에 귀국했다.

정화의 6차 원정은 1421년 2월에 이루어졌는데, 이때는 이전의 원정과 달리 조공을 바쳤던 각국의 사절을 돌려보내기 위한 것이었다. 그러나 정화는 1424년 영락제가 죽는 바람에 베트남을 돌아 자바로 향하다가 원정을 중단하고 급히 귀국했다.

영락제 사후 즉위한 홍희제의 해금海禁 정책으로 해상 원정이 잠시 중단되었으나 1425년 재위 8개월 만에 홍희제가 붕어하자 그의 장남 선덕제가 즉위하며 원정이 재개되었다. 선덕제는 조부 영락제의 유지를 이어 정화를 함대 선봉에 임명하고 원정을 계속 추진하고자 했다. 이미 60세가 넘었던 정화는 관직을 거절하려 했으나, 원정대를 맡아 지휘할 만한 인재가 없었기 때문에 선덕제의 명령을 받들었다. 정화의 함대는 1431년

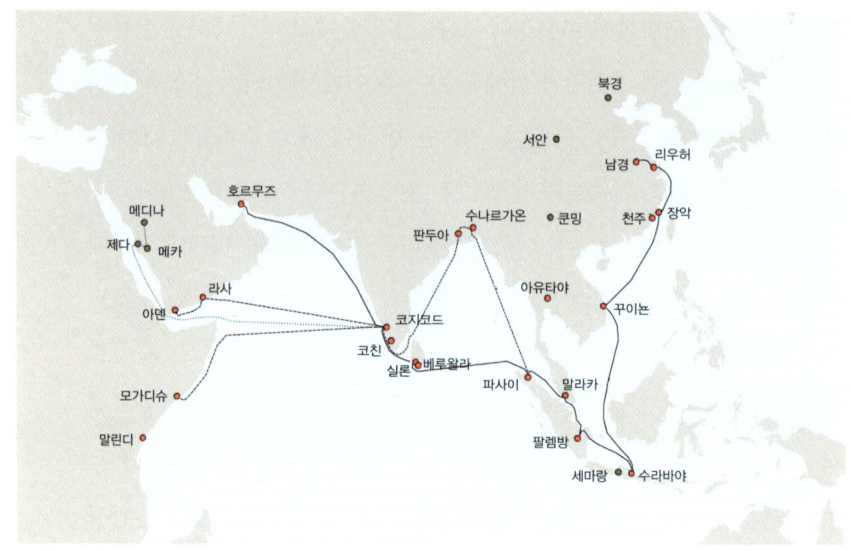

정화의 7차 원정

2월에 출발했으며, 그는 분대를 이슬람교 성지 메카에 파견해 무함마드의 무덤을 참배하게 했다. 1433년 7차 원정에서 돌아온 그는 얼마 후 병을 얻었고, 자리에서 일어나지 못한 채 세상을 뜨고 말았다.

정화의 남해 원정은 총 일곱 차례로, 그는 35세 때부터 약 30년간 대항해를 계속했다. 정화의 대항해로 중국은 동남아시아 국가들에게 영향력을 행사할 수 있게 되었고, 중국의 도자기, 비단 같은 특산물을 수출하고 여러 나라의 후추, 상아, 향료 등을 수입하는 등 국제 교역이 이루어졌다. 또한 중국인의 해외 이민이 늘어나 동남아시아의 중국인 화교華僑가 탄생하는 계기를 마련했다. 그러나 정화 사후 명나라에서는 해금 정책이 부활되어 그때까지 이룩해 놓은 제해권을 모두 잃게 되었다.

Tip

유럽 인들에게 신세계에 대한 꿈을 심어 준 《동방견문록》

　마르코 폴로는 이탈리아의 상업 도시 베네치아에서 상인의 아들로 태어났다. 그는 열일곱 살 때인 1275년 아버지와 삼촌을 따라 원나라의 세조 쿠빌라이의 여름궁전이 있던 상도에 도착했다. 그는 세조의 신임을 얻어 17년간 원나라 관리로 일하며 중국의 여러 지방뿐 아니라 주변국들을 두루 둘러볼 수 있는 기회를 갖게 되었다. 1292년 고향인 베네치아로 돌아온 후 《동방견문록》을 발표했다. 이 책에 묘사된 황금 궁전, 불붙는 돌, 종이돈, 포장된 길 등에 대해 사람들은 전혀 믿지 않았다. 그러자 그는 "내가 본 것의 절반만 말했을 뿐이다."라고 말했다. 마르코 폴로의 말을 믿지 않는 사람들도 많았지만 이들과는 반대로 《동방견문록》에 묘사된 곳을 찾아 나서려는 사람들도 있었다.

　한때 학자들은 《동방견문록》의 내용이 사실과 다르다는 점을 지적하며 마르코 폴로가 실재한 인물이 아니라는 주장을 제기했다. 하지만 그의 유언장과 삼촌인 마페오 폴로의 유언장, 그가 제네바 전투에서 포로로 잡혀 감옥 생활을 할 때 같은 감옥에 있던 작가 루스티켈로에 의해 《동방견문록》이 집필되었다는 기록이 등장하며 이 논란은 불식되었다. 마르코 폴로가 실제로 동방을 여행하지 않고 이 책을 썼다는 주장도 제기되었다. 마르코 폴로가 중앙아시아까지만 다녀오고 그곳에서 전해 들은 원나라의 이야기를 옮겼다는 것이었다. 여기에는 그가 17년간이나 원나라의 관리를 지냈다고 주장하는 데 비해 중국의 사서 어느 곳에서도 그의 이름을 찾을 수 없다는 점, 《동방견문록》에 등장하는 60여 곳의 지명 중 단 3곳만이 중국어로 기록되어 있다는 점, 실크로드의 관문인 둔황에 대한 언급이 없다는 점, 차 문화나 전족 등 당시 중국 풍습에 대한 언급이 없다는 점, 만리장성 같은 거대 건축물들에 대한 언급이 없다는 점 등이 근거로 제기된다. 하지만 대다수의 학자들은 《동방견문록》에 다소 과장된 표현은 있지만 그의 여행은 실제로 이루어졌다고 생각한다.

　마르코 폴로의 《동방견문록》은 세계사에 큰 영향을 끼친 책 중 하나다. 이 책을 통해 유럽 인들은 전혀 알지 못하던 새로운 세계에 대한 꿈과 환상을 품었으며, 콜럼버스는 이 책에서 항해에 대한 영감을 얻어 신대륙 발견에 나섰다.

동양 의학을 집대성하다
이시진

李時珍(1518~1593년)

- 명나라 말기의 박물학자이자 약학자.
- 약품 명칭의 유래부터 형태, 약효, 약리 등을 해설하고 처방법을 설명한 《본초강목》을 저술했다.

    이시진은 중국 역사상 가장 위대한 박물학자이자 약학자로, 그는 역대 의학 서적 800여 종을 27년간 연구하여 《본초강목_{本草綱目}》이라는 약학서를 저술했다. 《본초강목》은 1,100여 개의 도해와 11,000여 개의 처방전, 1,800종 이상의 약품에 대한 상세한 정보로 이루어져 있으며, 1,094개에 달하는 약초의 종류, 형태, 맛 및 질병에 대한 응용법 등을 담고 있다. 이시진의 《본초강목》은 중국 약학의 최고 유산으로서 후대의 약학 발전에 크게 기여했으며, 식물학, 동물학, 광물학 등 관련 학문의 발전에도 영향을 미쳤다.

    이시진은 명나라 말기인 1518년에 호북성 기춘_{蘄春}에서 태어났다. 자는 동벽東壁이다. 그의 집안은 4대째 의술에 종사한 집안으로, 조부는 낭중으로서 민간 비방을 많이 남겼으며, 아버지 이언문李言聞도 의술이 뛰어났다. 그는 열네 살 때 동시童試에 합격하여 향시 응시 자격을 획득했다. 그러나 열일곱 살 때부터 향시에 세 번이나 응시했지만 낙방하여 출사의 꿈은 이루지 못했다. 그 후로 그는 더 이상 과거에 응시하지 않고 부친을 도왔으나 아들이 과거에 급제하여 입신양명하기를 바랐던 이언문은 그의 도움을 달갑게 여기지 않았다. 한 번은 이언문이 효과적인 처방을 찾지 못해 고민하자, 그가 알맞은 처방을 귀띔했다. 그제야 이언문은 그의 처방이 알맞음을 깨닫고 환자에게 처방을 내렸으며, 그가 의술을 익히는 데 동의했다.

1545년 기주 일대에서 대홍수가 발생하여 전염병이 창궐했다. 가난한 백성들은 의원을 찾아갈 형편이 되지 않아 극심한 고통에 시달렸다. 이시진은 백성들을 직접 찾아가 치료했고, 그의 명성은 점차 높아졌다.

이시진은 환자를 치료하면서 약재 연구도 함께했는데, 이때 그는 예전부터 내려오는 약재 서적들에 오류가 많다는 것을 깨달았다. 유용한 약재들이 많이 누락되어 있는 것은 물론, 심지어 약의 성질과 효과가 다른 경우도 있었다. 제대로 된 약재 서적을 만들어야겠다고 결심한 이시진은 약학 서적뿐만 아니라 제자백가, 역사서, 경서 등 다양한 서적들을 섭렵하고, 문하생들과

이시진

함께 약초를 찾아 전국 각지를 떠돌며 표본을 채집했다. 한편 민간에서 전해 오는 다양한 민간 처방과 경험 들도 수집했다.

이시진이 38세 되던 해 초왕이 아들의 병을 고쳐달라고 부탁해 왔다. 초왕의 아들은 자주 정신을 잃는 병을 앓고 있었는데, 이시진은 맥을 짚어 보고 그의 장에 문제가 있음을 알게 되었다. 이시진은 장을 치료하는 처방을 내렸고, 그는 그 후 얼마 지나지 않아 완치되었다. 이로 인해 이시진은 왕부에 남아 봉사정 겸 초왕의 주치의가 되었다. 그는 이곳에서 훗날《본초강목》의 기초가 되는《신농백초경神農百草經》과《정류본초征類本草》를 접하게 되었다.

당시 명나라의 황제 가정제는 불로장생설을 신봉하여 불로불사의 단약을 제조하기 위해 전국의 명의들을 불러모았다. 이시진도 초왕의 추천을 받아 북경으로 가게 되었다. 1559년 그는 태의가 되었지만 일 년 후 있지도 않은 병이 있다는 핑계로 고향으로 돌아왔다. 태의원이 단순히 황족들의 불로장생 약을 만드는 데 이용되고 있었기 때문이었다. 하지만 그는 태의원 생활을 하는 동안 민간에서 접할 수 없던 수많은 의학 서적들을 볼 수 있었다.

고향으로 돌아온 이시진은 환자들을 보살피면서 의학 서적을 편찬하는 일에 전념했다. 그는 당시까지 통용되던 본초학을 연구하는 한편 전국 각지의 산과 들을 다니면서 자생하는 식물들을 관찰하고 채집했다. 또한 의사, 농민, 어부, 사냥꾼 등 다양한 사람들에게 민간 요법을 전수받았으며, 위험을 무릅쓰고 직접 약재를 식용하여 약효를 알아내고 확인했다.

1578년 이시진은 마침내 본초서의 원고를 완성하여《본초강목》이라고 이름 지었다. 다음 해 그는 책의 인쇄를 위해 남경으로 향했다. 하지만 당시 유행하던 서적만 인쇄하던 풍조 때문에 그는《본초강목》을 인쇄할 수가 없었다. 그는 다시 돌아와 수정 작업에 매달렸다. 1593년 이시진은 《본초강목》의 간행을 보지 못하고 세상을 떠났다. 《본초강목》은 그의 사후 1596년 남경에서 출판되었다.

천칭 은이나 약재를 잴 때 사용하던 저울.

《본초강목》은 총 52권으로, 1,892종의 약이 기록되어 있다. 그중 식물약이 1,094종이고, 나머지는 광물 및 기타로 이루어져 있다. 가장 많은 비중을 차지하고 있는 식물약은 산초山草, 이끼, 곡식류 등이며, 광물 및 기타는 돌, 흙, 물, 벌레, 물고기, 동물, 사람 등으로 상세하게 분류되어 있다. 또한 1,109장의 도해와 11,096종의 처방이 들어 있는데, 이 중 8,000여 개는 이시진이 직접 수집하거나 만든 것이다. 이시진은 《본초강목》에서 약의 재료를 석명釋名, 집해集解, 수치修治, 기미氣味, 주치主治, 발명發明, 정오正誤, 부방附方이라는 항목으로 나누어 산지, 모양, 품질, 사용법, 효능, 이름의 유래 등을 기록했다. 《본초강목》은 일본어, 영어, 프랑스 어, 독일어 등으로 번역되면서 세계적으로 영향을 미쳤고, 그중 일부는 다윈의 진화론에 직접적인 영향을 미쳤다. 《본초강목》은 중국 본초학의 위대한 업적을 뛰어넘어 세계적으로도 유일한 약학 서적으로 꼽힌다.

17세기 새로운 중국의 역사를 쓰다
누르하치

努爾哈赤(1559~1626년)

- 청나라를 건국한 초대 황제 청 태조(재위 1616~1626년).
- 여진을 통일하고 후금을 세웠으며 명과의 크고 작은 전쟁에서 여러 번 대승을 거두어 청나라 건국의 초석을 다졌다.
- 그가 병사한 후 아들 홍타이지가 국호를 대청으로 고치고 청나라 제국을 선포했다.

    누르하치는 17세기부터 약 300여 년간 중국 대륙을 지배했던 청나라의 초대 황제 태조로, 여진족을 통일하여 후에 청나라의 토대가 되는 후금을 세워 명나라를 압박했다. 그는 11년간 재위하면서 청나라 제도의 중심이 되는 팔기 제도를 창설했으며, 만주 문자를 만들었다.

    16세기 후반 중국 북동부는 여진족이 차지하고 있었다. 그들은 세력권에 따라 건주여진 5개 부족, 해서여진 4개 부족, 야인여진 4개 부족 등으로 나뉘어 세력 다툼을 했다. 이는 명나라의 여진족에 대한 이중 정책의 결과로, 명나라는 여진족들끼리 단결하지 못하도록 분열 정책을 구사하는 한편 그들에게 관직을 주어 우호 관계를 유지했다. 누르하치는 건주여진의 귀족 출신으로, 할아버지 기오창가覺昌安와 아버지 타쿠시塔克世는 명나라 조정으로부터 건주좌위라는 관직을 받았다. 1582년 건주여진의 한 부족인 토륜성 성주 니칸와이란尼堪外蘭이 명나라 군대와 함께 교창가와 인척 관계였던 아타이를 공격했다. 누르하치의 조부와 부친은 이 전투에서 명나라 군사에게 죽임을 당했다. 이에 누르하치는 명나라에 항의했지만 아직 힘이 미약했던지라 명나라가 사과의 의미로 하사한 관직을 받아들이고 울분을 참아야만 했다.

1583년 누르하치는 아버지가 남긴 13벌의 갑옷을 병사들에게 나누어 준 후 조상의 원수를 갚는다는 명분으로 니칸와이란을 공격했다. 1586년 그는 니칸와이란을 죽이고, 그가 족장으로 있던 건주여진의 일부인 소극소호 부락을 점령했다. 그리고 기세를 몰아 나머지 건주여진의 다른 부락들도 정복했고, 1589년에 건주여진 5개 부족을 통일했다.

누르하치의 건주여진 통일은 다른 여진족들과 명나라를 긴장시켰다. 특히 해서여진은 1593년 다른 여진 부락과 연맹을 맺고 세력을 확장한 다음 누르하치에게 사신을 보내 영토 할양을 요구했다. 그러나 누르하치는 해서여진의 요구를 묵살했다. 같은 해 해서여진은 몽골 족과 연합하여 군사 3만을 이끌고 누르하치를 공격했다. 이에 누르하치는 자기가 이끄는 군대를 '만주 군대'라 칭하고 고륵산古勒山에 진을 치고 기다렸다. 그는 해서여진의 연합군이 당도하기

누르하치

팔기군의 기 정홍기, 정남기, 정황기, 정백기(상단 좌측부터), 양홍기, 양남기, 양황기, 양백기(하단 좌측부터).

를 기다렸다가 유인책을 펴 그들을 크게 격파했다. 누르하치는 당시 명나라가 조선에서 발생한 임진왜란에 원군을 보내는 것으로 간섭이 소홀해진 틈을 타 1599년부터 해서여진의 각 부족을 정복해 나가기 시작하여, 1613년에는 여진 각 부족을 통일했다.

여진족을 통일한 누르하치는 1616년 본거지를 허투알라赫圖阿拉로 옮기고, 칸의 지위에 올라 연호를 천명天命이라 하고, 국호를 대금大金이라 했다. 누르하치가 세운 대금을 이전의 금나라와 구별하기 위해 '후금'이라고 부른다. 누르하치는 여진족의 이름을 불교의 문수보살의 이름을 따 만주滿州로 고치고, 만주 문자를 정비했으며, 여진족의 조직 구조를 팔기八旗로 재편성했다. 여기서 기旗는 행정단위이자 군사 조직으로 정황기正黃旗, 양황기鑲黃旗, 정백기正白旗, 양백기鑲白旗, 정홍기正紅旗, 양홍기鑲紅旗, 정남기正藍旗, 양남기鑲藍旗로 나뉜다. 팔기군은 평시에는 조세와 행정을 담당했고, 전시에는 군대로 편성되었다.

만주에서의 기반을 확고히 한 누르하치는 1618년 팔기의 대장들과 군사들 앞에서 명나라 조정의 일곱 가지 죄를 적은 〈칠대한七大恨〉이라는 격문을 발표하고 하늘에 제를 지냈다. 여기서 그는 조부와 부친의 죽음을 명나라 군대에 의한 것이라고 규명했다. 〈칠대한〉은 명나라에 대한 실질적인 선전포고였다.

누르하치는 군사 2만을 이끌고 무순撫順을 공격했고, 무순의 성주인 명나라 장수 이영방李永芳에게 항복을 권하는 편지를 보냈다. 이영방은 누르하치가 도착하기도 전에 투항했고, 누르하치는 다시 군대를 이끌고 변성邊城 청하를 함락했다. 이에 명나라 황제 만력제는 전국에서 장수와 군사를 모집하고, 요동 지역의 군비를 증가시켜 국경 경계를 강화하는 한편, 양호楊鎬를 요동 경략으로 임명하여 후금을 토벌하게 했다.

1620년 누르하치의 만주 군대와 명나라 군대는 무순에서 가까운 사르후薩爾滸에서 격돌했다. 명나라군은 군사를 네 갈래로 나누어 유정劉綎에게 동로군을, 두송杜松에게 서로군을, 이여백李如栢에게 남로군을, 마림馬林에게 북로군을 영솔하게 했다. 그중 주력 부대는 두송의 서로군이었다. 누르하치는 두송을 먼저 공격하기로 했다. 두송은 험악한 겨울 날씨 때문에 군사들이 힘들어 하자 속전속결로 만주 군대를 무찌르고자 했다. 두송은 사르후 산의 입구를 선점한 후 군대를 둘로 나누어 2만의 군사에게는 사르후를 지키게 하고,

누르하치의 갑옷

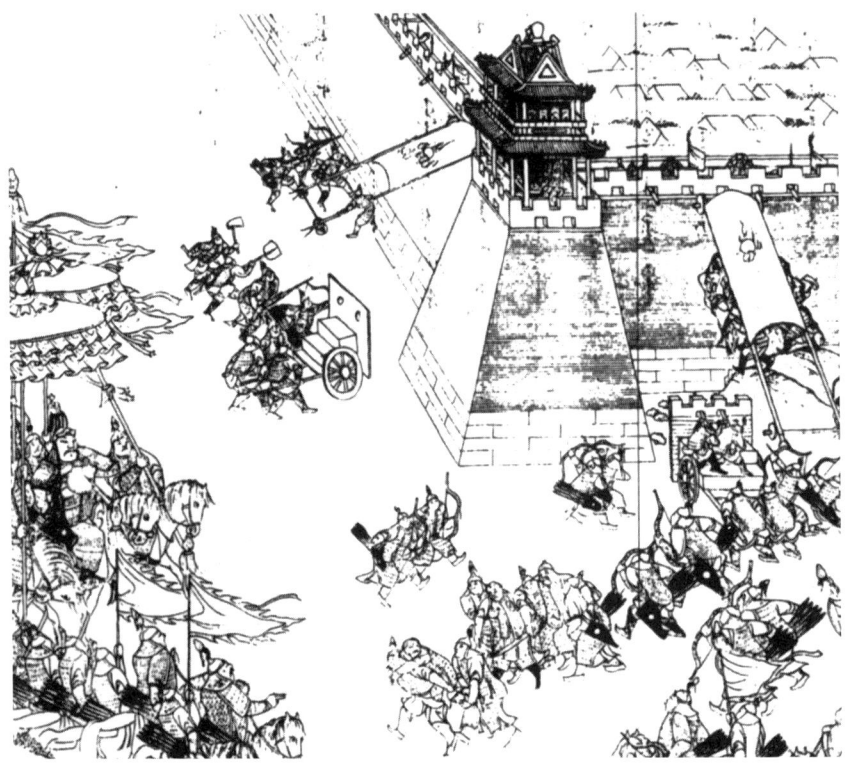

영원성 전투

    자기는 1만의 군사를 거느리고 후금의 계번성界藩城을 공격했다. 누르하치는 차남 대선代善과 8남 홍타이지皇太極에게 계번성을 지키게 하고, 자신은 사르후를 포위했다. 그는 사르후를 지키는 명나라 군대를 물리쳐 두송의 퇴로를 완전히 차단하고 계번성으로 진격했다. 완전히 포위된 명나라 군대는 크게 동요하기 시작했고, 격렬히 저항했지만 모두 전멸하고 말았다. 두송 또한 화살을 맞고 전사했다. 이후 누르하치는 북로군과 동로군을 격파하며 사르후 전투에서 대승을 거두었다.

    사르후 전투의 패배로 명나라의 국력은 크게 약화되었고, 1621년 누르하치는 심양瀋陽과 요양遼陽을 잇따라 함락시키며 요동 전역까지 세력을 확장했다. 1625년 그는 심양으로 천도하고, 심양의 이름을 '성경盛京'으로 바꾸었다.

1626년 누르하치는 명나라 본토를 공격했다. 그는 직접 13만 대군을 이끌고 먼저 산해관 앞의 영원성寧遠城을 공격했다. 이때 명나라의 장수 원숭환袁崇煥은 네덜란드에서 들여온 홍이포를 설치해 후금의 공격에 철저히 대비했다. 누르하치는 금주, 송산, 대소능하, 행산, 연산과 탑산 7개 성을 연속해서 공략했지만, 원숭환의 완강한 저항에 영원성은 함락시킬 수가 없었다. 이에 누르하치는 성 아래에 구멍을 내어 성벽을 허물고 입성할 계획을 세웠으나 이를 알아챈 원숭환은 홍이포를 쏘며 반격했다. 이틀간의 격렬한 교전 끝에 명나라군은 후금군에게 치명적인 타격을 입혔으며, 누르하치도 대포 공격으로 부상을 입었다. 결국 부상을 당한 누르하치는 심양까지 퇴각을 결심했고, 퇴각 도중 부상의 후유증으로 사망했다.

누르하치는 생전에 후계자를 결정하지 않았으나 그의 8남 홍타이지가 그의 뒤를 이어 칸이 되었다. 홍타이지는 1636년 후금의 이름을 '청淸'으로 바꾸고 누르하치를 태조로 추존했다.

40일간의 짧은 치세
이자성

李自成(1606~1645년)

- 명나라 말기의 반란군 지도자로 북경을 함락시키고 대순을 세웠다.
- 명나라의 명장 오삼계와 청나라 연합군에게 패해 40일 만에 퇴각하고, 현지 무장 세력에게 살해되었다.

한 고조 유방은 기원전 206년에 한나라를 세웠고 한나라는 400년간 천하를 지배했다. 또한 명 태조 주원장은 1368년 명나라를 건국했으며 명나라는 276년간 대륙을 통치했다. 중국에서 평민 출신으로 황제가 된 인물은 한 고조 유방과 명 태조 주원장뿐이다. 그런데 이 두 황제처럼 평민 출신으로 황제가 되었으나 그 기간이 불과 40여 일에 지나지 않아 역사에 황제라는 이름을 올리지 못한 이가 있다. 그가 바로 이자성李自成이다. 그는 농민 반란을 일으켜 명나라를 멸망시키고 '대순大順'이라는 나라를 세웠지만, 천하의 주인이 되지 못하고 결국 청나라가 건국되는 계기만을 만들어 주었다.

이자성은 1606년 섬서성의 연안부 미지현의 농민 출신이다. 이름은 원래 홍기鴻基이고, 열여섯 살이 되던 해 자성自成으로 바꾸었다. 집안이 몹시 가난하여 유년 시절에는 양치기를 했으나 그런 한편 청소년 시절부터 권법, 창검술 등 무예를 익혀 역졸이 되었다. 1628년 이자성이 스물두 살이 되었을 때 명나라 조정에서 경비를 절감하기 위해 역참을 정비했다. 한순간에 실업자가 된 그는 실직으로 생활이 궁핍해지자 1629년 감주甘州에서 군인이 되었다. 그러나 식량이 제대로 배급되지 않아 가난은 계속되었고, 결국 그는 농민 반란군에 가담하기로 결심한다.

당시는 명나라의 제17대 황제 숭정제가 다스렸던 때로 국내외적으로 매우 혼란스러운 시대였다. 이런 혼란은 숭정제가 즉위하기 전인 제14대 황제 만력제 때부터 시작된 것이었다. 만력제의 48년간 재위 기간 중 초기 10년간은 승상 장거정張居正의 노력으로 국정이 안정적으로 운영되었지만, 그가 죽고 난 후 만력제가 황실의 부 축적과 주색에 관심을 가지면서 국정이 어그러지기 시작했다. 조정의 고위 관료와 환관 들은 매관매직을 일삼는 등 부정부패를 저질렀고, 일본에 침략당한 조선을 구원한다는 명목으로 한 출병은 결국 재정을 파산 지경에 이르게 했다. 백성들은 극심한 빈곤에 내몰렸다. 만력제가 죽고 천계제가 즉위했지만 조정 상황과 민생은 나아지는 기색을 보이지 않았으며, 심지어 1622년에 시작된 한파와 가뭄이 다음 황제인 숭정제가 즉위하고도 6년이 지난 1633년까지 지속되었다.

국내 상황이 이렇듯 혼란한 데 더해 1618년 무렵부터 시작된 후금의 공격도 나날이 거세졌다. 1630년 숭정제는 산해관에서 후금을 상대로 국경을 지키던 원숭환을 모반 혐의로 죽여 스스로 후금에 대한 방어망을 무너뜨리고 말았다. 마침내 후금은 1636년 국호를 청으로 바꾸고 대륙 침략

이자성 행궁

을 본격화했다. 몇십 년간 이어진 명나라 조정의 국정 운영 실패와 부정부패, 자연재해와 기근으로 인해 일반 백성들의 궁핍함은 처절할 지경에까지 이르렀고, 반란군에 가담하는 농민들도 점점 늘어났다. 특히 1627년부터 1628년 사이에 섬서 지역에 일어난 대기근은 '명나라 타도'를 외치게 만든 농민 반란의 기폭제가 되었다.

반란군 중 가장 두각을 드러낸 세력은 고영상高迎祥의 봉기군이었다. 고영상은 1628년 산시 부곡에서 반란을 일으켰던 왕가윤王嘉胤의 봉기군에 가담하여 실력을 키웠고, 왕가윤이 전사한 후 틈왕闖王이라고 칭하며 반란군을 이끌었다. 1631년 이자성은 고영상의 반란군에 가담했다. 이자성은 그의 조카사위가 되어 틈장闖將이라는 지위에서 반란군을 지휘했다. 1635년 숭정제는 각지의 반란군을 하남 지역으로 몰아 한꺼번에 토벌할 작전을 세웠다. 이에 농민 반란군 지도자들은 하남 지역 형양滎陽에서 대책 회의를 열었다. 이자성은 적의 공격을 기다리지 말고 10만 반란군을 네 갈래로 나누어 토벌군을 공격하자는 전략을 제시하며 두각을 드러냈다.

그러나 1636년 농민 반란군 내부에 균열이 생겨 세력이 약화되었고, 고영상이 섬서성에서 정부군에 패하고 사로잡혀 처형되었다. 그 후 이자성은 고영상의 뒤를 이어 농민 반란군의 최고 지도자가 되었다. 그는 다른 반란군 지도자들이 투항한 후에도 사천, 감숙, 섬서 일대로 진출하여 항쟁을 계속하며 명나라에 맞섰다. 그러나 곧 정부군에게 밀려 패배를 거듭했다. 변변치 않은 무기에다 군사훈련도 제대로 받아 본 적이 없는 농민들로 구성된 반란군이 정규군인 정부군을 이기기는 무리였다. 이자성은 1638년 사천과 동관潼關에서 정부군에게 대패했다. 그는 섬서의 상락산으로 피신하여 2년 동안 숨어 지냈다.

1640년 이자성에게 기사회생의 기회가 찾아왔다. 1638년 각지의 농민 반란군이 제법 진압되었다고 생각한 숭정제는 청의 공격에 대응하기 위해 섬서의 정부군을 산해관 쪽으로 이동시켰다. 또한 1639년과 1640년에 대가뭄이 다시 대륙을 덮쳤고, 민심이 들끓기 시작했다. 이자성은 이 기회를 놓치지 않고 하남 쪽으로 도망쳐 굶주린 농민들과 반란 세력을 모아 100만의 반란군을 조직했다. 그는 지난날의 실패를 되새기며 엄격한 군율을 도입하고, 이암李巖, 우금성牛金星, 송헌책宋獻策같이 투항한 지식인들을 참모로 받아들였다. 그리고 살인을 금하고, 균전제와 면세를 내세워 농민들의 지지를 얻었다. 이는 이자성의 군대가 단순한 농민 반란군을 벗어나 명나라에 저항하는 하나의 정치 세력으로 성장했음을 의미한다.

1641년 낙양에서의 승리는 이자성 군대의 변화된 성격을 분명히 보여준다. 낙양은 당시 제14대 황제 만력제의 아들 복왕福王 주상순朱常洵이 다스리던 지역으로, 이자성의 반란군은 낙양을 점령하고 복왕을 죽였다. 엄연한 정치 권력으로 거듭난 이자성의 군대는 1641년 이후 백전백승했다. 1642년 그는 여름철 장맛비를 둑에 가두었다가 한순간에 둑을 무너뜨려 개봉을 물에 잠기게 하여 함락했으며, 1643년 말에는 서안까지 점령했다.

1644년은 두 나라와 두 사람의 운명이 엇갈린 해였다. 그해 이자성은 서안을 점령하고 대순을 건국했다. 대순의 황제가 된 이자성은 북경의 숭정제를 공격했다. 숭정제에게 밀린 월급을 받지 못한 명나라 군사들은 제대로 싸워 보지도 않고 바로 항복했고, 숭정제를 모시던 관료와 환관들은 순순히 궁전 문을 열었다. 숭정제는 자금성 북쪽의 경산으로 가서 목을 매 생을 마감했다. 이로써 276년 역사의 명나라는 멸망했다.

그러나 이자성의 북경 점령과 숭정제의 죽음이 천하 제패를 의미하는 것은 아니었다. 이자성은 안으로는 백성들의 민심을 얻지 못했고, 밖으로는 명나라를 추종하는 세력들을 완전히 소탕하지 못했다. 이자성의 군대는 북경에 입성한 후 그전과는 전혀 다른 모습을 보였다. 엄정했던 군대의 기강은 흐트러졌고, 군사들은 성안의 백성들을 노략하기 시작했으며, 향락과 주색에 빠졌다. 특히 이자성의 측근인 우금성牛金星, 유종민劉宗敏 등이 승리에 도취되어 방탕해진데다 투항한 명나라 관리까지 가혹하게 벌하여 민심을 황폐하게 만들었다. 명 조정의 폭정과 기근에 시달렸던 백성들은 이자성의 군대에게서 희망을 기대했지만, 그 기대는 곧 배신과 절망으로 바뀌었다. 또한 북경과 화북 지역을 제외한 남쪽 지역에서는 여전히 명나라를 추종하는 잔여 세력들이 주씨 성을 가진 이를 황제로 내세워 항거하고 있었다. 특히 숭정제가 청의 침략에 대비해 산해관에 주둔시켰던 명나라 장수 오삼계吳三桂와 그의 군대는 아직 건재했다.

오삼계는 청의 침략으로부터 명나라를 수비하던 최고 군사 실력가였다. 그는 북경이 이자성에게 위협받을 때 군사를 이끌고 북경으로 진군하려 했으나 청의 세력을 의식해 실행하지 못하고 상황을 지켜보고 있었다. 1644년 북경이 이자성에게 함락되자 오삼계는 그에게 투항하려고 했다. 그러나 이자성의 의형제였던 유종민이 자신의 집과 애첩 진원원陳圓圓을 빼앗았다는 소식을 접하고 청나라 군사들과 함께 북경을 공격하기로 결심했다. 이자성은 오삼계가 투항을 거부하고 청나라와 연합하여 자신에게 반기를 들자, 20만 대군을 이끌고 산해관으로 향했다. 하지만 이미 북경 함락의 승리에 취해 기강이 무너진 이자성의 군대가 청의 정예 기마병과 오삼계의 맹공을 막기에는 역부족이었다. 이자성은 산해관에서 대패하고 북경으로 철수했다. 오삼계와 청나라 연합군은 숭정제의 원수를 갚는다는 명분을 내세워 북경으로 진격했고, 패배의 기운을 감지한 이자성은 성안

산해관 천하제일관이라고 불리는 이 관문은 만리장성 동쪽 끝에 위치해 있으며, 중원으로 들어가는 최초의 관문이다. 이곳을 통과하여 중원으로 들어가는 것을 '입관한다'라고 할 만큼 가장 중요한 관문 중 하나였다.

자금성 태화문 앞의 동사자

에 불을 지르고 서안으로 도망쳤다. 이자성이 떠난 다음 날 오삼계와 청나라 연합군이 북경에 입성했고 결국 청은 북경의 주인으로서 첫발을 내디뎠다. 이자성이 북경의 주인으로 있던 기간은 불과 40여 일이다. 그는 1644년 3월 19일 북경을 함락했고, 4월 30일에 오삼계와 청 연합군에 쫓겨 도망쳤다. 다음 날 청이 북경을 차지했다.

6개월 후 이자성은 청나라의 끈질긴 추격으로 서안을 포기하고 반격 한 번 제대로 못한 채 후퇴를 거듭했다. 1645년 호북의 통산까지 내몰린 이자성은 그곳 인근의 구궁산에서 명나라의 잔여 세력에게 습격을 받아 죽었다. 그의 나이 39세였다. 이자성이 군사를 일으켜 북경을 함락하고 천하의 주인이 된 지 일 년이 채 지나지 않은 때였다.

이자성을 토벌한 후 청은 자신들의 북경 입성을 명나라의 역적을 물리치기 위한 것으로 정당화했고, 수도를 북경으로 삼은 후 중국 대륙을 본격적으로 지배해 나가기 시작했다.

가난한 중농으로 태어나 하나의 나라를 멸망시키고 스스로 황제의 자리까지 올랐던 이자성. 하지만 그는 결국 천하의 주인이 되지 못하고 다른 세력에게 영광의 자리를 넘겨준 비극의 주인공으로 남았다.

반청 운동을 후원한 협기
유여시

柳如是(1618~1664년)

- 명나라 말기, 청나라 초기의 기녀 출신 문장가.
- 명나라 말기 청나라에 대항해 반청 운동을 후원하여 후대 사람들에게 '협기'라고 불리며, 진회 지역에 살았던 8명의 미인이라는 의미의 '진회팔염'으로 꼽힌다.
- 《호상초》, 《무인초》, 《무인탁》 등의 작품을 남겼다

    유여시는 명나라 말기에서 청나라 초기 강남을 중심으로 활약했던 기녀 출신의 문장가다. 본명은 양애楊愛로 후에 유은柳隱으로 개명했고, 절강성 출신이다. 송나라 신기질辛弃疾의 사 〈하신랑賀新郎〉에서 "내가 청산을 보니 아름답기만 하구나. 청산이 날 봐도 이와 같을 것이다我見山多嫵媚, 料靑山見我如是."라는 구절을 읽고 호를 '여시如是'라고 했다.

    유여시는 어려서 성택귀가원의 명기 서불徐佛의 양녀가 되었다. 명나라 말기 고관의 문인들은 주색에 빠져 매우 문란하고 방탕한 생활을 일삼았는데, 당시 어린 소녀에게 노래, 춤, 시를 가르쳐 그들의 첩으로 들여보내는 중개인 역할을 하는 기녀들이 있었다. 서불은 1631년 유여시가 열

네 살이 되던 해 그녀를 오강吳江의 주도등周道登 집으로 들여보냈다. 그녀는 당초 주씨 부인의 하녀로 들어갔으나, 주도등이 그녀를 첩으로 삼으려 하자 이에 첩들의 시기를 받아 결국 기루로 팔려 가게 되었다.

1632년 강남 지역을 떠돌던 그녀는 비록 기녀였으나 명나라 말기의 부패한 정치를 규탄하던 복사復社, 기사幾社, 동림당東林党 같은 문예 회합에 유가의 남장을 하고 참석해 문인들과 교류했다. 그녀는 이 회합에서 기사의 우두머리인 진자룡陳子龍을 만나 연인 관계로 발전했다. 두 사람은 1634년부터 약 2년 동안 강남의 누각에서 동거하며 시를 짓고 서화를 그렸다. 그녀는 이 시기 진자룡과 명나라 말기의 부패한 사회에 대해서 토론하며 사회비판 의식을 키워 나갔다. 그러나 어느 날 진자룡의 정부인 장씨가 사람을 대동하고 누각에서 소동을 벌이는 사건이 일어났다. 유여시는 치욕을 느끼고 그를 떠났다. 진자룡과의 이별은 유여시에게 세상의 인심과 자신의 신분을 확인시켜 주는 계기가 되었다. 그녀는 기적妓籍에서 자신의 이름을 빼고, 서화 작품을 그려 생계를 유지했다.

1638년 스무 살의 유여시는 예부상서 전겸익錢謙益을 만나게 되었다. 전겸익은 상숙현 사람으로 강남 문인들의 존경을 받던 대정치가였다. 1640년 유여시는 관직을 박탈당하고 고향으로 돌아와 있던 전겸익을 찾아갔다. 전겸익은 자신이 거주하던 반야당에 그녀를 머물게 하고, 자신을 위로해

명나라 시대의 칠기 함

주는 유여시를 위해 부근의 홍두산 자락에 특별한 건물을 지어 주었다. 전겸익은 직접 현장에 가서 열흘 동안 공사를 감독하여 정교하고 아름다운 작은 누각을 지었다. 전겸익은 《금강경》의 '여시아문如是我聞'이라는 구에 근거해 누각의 이름을 '아문실我聞室'이라고 지었다. 이는 유여시의 이름을 암시하는 것이었다. 그와 유여시는 아름다운 곳을 거닐고, 시를 짓고 술

홍두관

을 마시며 벗했다. 당시 유여시에게는 결혼을 청하는 명사들이 많았는데, 그녀는 단지 우정만 나눌 뿐 그들의 청을 모두 뿌리쳤다. 전겸익을 다시 만난 그녀는 그가 비록 자신보다 서른여섯 살이나 많은 노인이었지만, 그를 남편감으로 생각하게 되었다.

1641년 유여시는 정식으로 전겸익과 결혼했다. 전겸익에게는 정실부인이 있었으나 그녀는 이미 불교에 귀의한 상태라 두 사람은 결혼할 수 있었다. 그러나 사람들은 그들이 결혼식을 올릴 때 배에 기왓장과 돌을 던지며 비난했다. 전겸익은 세상의 비난을 아랑곳하지 않고 그녀를 위해 우산虞山에 아름답고 화려한 강운루와 홍두관을 지어 주었다. 그녀는 강운루에서 중요한 도서를 정리하고 교정하는 일부터 살림살이까지 집안의 모든 일을 관리했다.

1644년 명나라 말기 농민 반란을 일으켰던 이자성이 북경을 점령하자, 명나라의 마지막 황제 숭정제는 자금성 북쪽에 있는 경산景山의 동쪽 비탈 홰나무 밑에서 목을 매 자살했다.

그러자 강남의 옛 신하들은 새로운 임금을 옹립할 계획을 세웠다. 마사영馬士英은 복왕福王 주유송朱由崧을 추천했고, 전겸익은 노왕潞王 주상방朱常淓을 옹호했다. 결국 복왕이 세력을 얻어 홍광제에 올랐고, 전겸익은 다급히 정권을 잡은 마사영에게 아첨하여 예부상서의 직책을 얻었다. 비록 실권은 없는 직책이었으나 그는 안정과 영광을 느꼈다.

1645년 청나라가 공격해 왔다. 홍광제는 저항했으나 청나라 군대의 공세에 몰리자 전겸익은 남명 정권의 관리들을 이끌고 투항했고, 결국 남명 정권도 끝을 맺었다. 청나라 군대가 성곽 아래까지 왔을 때 유여시는 전겸익에게 함께 물에 빠져 순국할 것을 권했다. 그러나 전겸익은 깊은 생각에 빠진 채 아무 말 않다가 결국 "오늘은 물이 너무 차서 빠질 수 없소."라는 말을 했을 뿐이었다. 그럼에도 유여시는 몸을 던져 깊은 연못 속에 빠지려 했고, 그런 그녀를 전겸익이 붙잡았다.

그 후 청 왕조에 투항하여 북경으로 간 전겸익은 예부시랑 겸 한림학사에 임명되었으나 몇 개월 뒤 병을 핑계로 사직하고 유여시가 있는 고향 강소성 상숙현으로 돌아왔다. 전겸익과 유여시는 또다시 전원 생활을 시작했으며 유여시는 딸을 낳았다.

1647년 두 사람에게 뜻밖의 재난이 닥쳐왔다. 전겸익의 제자 황육기黃毓琪가 청 왕조를 풍자하는 시를 써서 투옥된 것이다. 전겸익도 이 일로 투옥되었다. 남편의 생명이 위태로워지자 출산 직후인 유여시는 가까스로 몸을 추슬러 총독부에 남편을 대신해 형벌을 받겠다는 상소를 올렸다. 총독부는 유여시의 진실함과 고충에 감응하여 전겸익이 반청 사건에 연루되지 않았음을 인정하고 그를 풀어 주었다. 40일의 감옥 생활을 마치고 풀려난 전겸익은 감격하여 "강가에 가서 효자가 없음을 슬퍼했건만, 재난을 만났을 때는 현명한 아내가 있구나."라고 말했다.

이후 유여시는 전겸익에게 일찍이 청에 저항했던 정성공鄭成功, 장황언張煌言, 구식사瞿式耜, 위경魏耕과 같은 의병들을 도우라고 조언했고, 자신은 재산을 팔아 반청 세력을 도왔다. 유여시의 충절에 감복한 전겸익이 반청 운동에 가담하자 그녀는 더 적극적으로 힘을 보탰다. 1644년 전겸익이 83세의 나이로 세상을 떠났다. 공교롭게도 그 해에 유여시의 옛 연인 진자룡 또한 반청 운동 중에 체포되어 감옥에서 숨을 거두었다.

1664년 5월 24일 전겸익이 병으로 죽고, 유여시는 전겸익의 친척인 전조정錢朝鼎과 재산으로 인한 분쟁에 휘말

명나라 시대의 귀족 저택 내정을 중심으로 주위에 건물을 배치하고, 다시 벽으로 둘러싼 명나라 시대 귀족 저택의 모형과 출입문.

릴 것을 염려해 전겸익이 죽은 지 34일 후에 목을 맸다. 그녀의 나이 겨우 46세였다. 그러나 그녀는 전씨 일가의 묘지에 묻히지도 못하고 우산에 묻혔다. 전겸익과 유여시의 모든 저작은 건륭제로 인해 소각되고 금서로 취급되었지만, 《호상초湖上草》, 《무인초戊寅草》, 《무인탁戊寅槖》 등의 시집과 서간문이 후세에 전해지고 있다.

유여시는 기생이었으나 명청 교체기의 혼란한 시대에 뛰어난 명사들과 교류한 여류 시인으로, 그 성품이 강건하고 충직하여 명나라에 대한 의리와 충절을 지켰다 하여 후대 사람들에게 '협기俠妓'라고 불렸다. 그녀는 칠언 근체시와 분제보운(分題步韻, 제목을 나누고 구마다 운을 두는 형식의 시) 형식에 능했으며, 진회 지역에 살았던 8명의 미인을 일컫는 '진회팔염秦淮八艶' 중 문학과 예술적 재능면에서 으뜸으로 손꼽힌다.

사랑을 위해 죽은 소년 천자
순치제

順治帝(1638~1661년)

- 청나라의 제3대 황제(재위 1643~1661년).
- 남명의 유왕인 영명왕을 운남에서 미얀마까지 몰아내고 명나라의 잔존 세력들을 평정했다.
- 명나라 말기의 정치 폐단을 바로잡고 민생 안정에 힘써 지배 체제를 공고히 했다.

순치제는 청나라의 세 번째 황제로 부친 홍타이지가 급사한 후 1643년 여섯 살의 나이로 황제에 올랐다. 이에 숙부 도르곤多爾袞과 지르하란濟爾哈朗이 섭정했고, 1651년이 되어서야 친정을 할 수 있었다. 1644년 그는 북경에 입성하여 이자성을 물리치고 북경으로 천도하면서 청나라에 의한 중원 지배의 막을 열었다. 또한 명나라의 정치 체제를 계승하여 중

순치제

국화 정책을 추진한 청나라 최초의 황제로 불린다.

순치제는 1638년 성경盛京 고궁 영복궁永福宮에서 청나라의 제2대 황제 홍타이지의 아홉째 아들로 태어났다. 이름은 복림福臨이고, 연호는 순치順治다. 1643년 홍타이지가 뇌출혈로 갑작스럽게 사망했다. 오후까지 정무를 볼 정도로 건강했던 홍타이지였던 터라 누구도 그의 죽음을 예상하지 못했고, 생전에 후계자가 지명되지 않아 청나라 조정은 후계 쟁탈전에 휩싸이게 되었다.

이때까지만 해도 만주족에는 중국처럼 황제가 자신의 아들을 황태자로 삼는 제도가 없었고 귀족회의를 거쳐 칸의 계승이 결정되었다. 이는 청 태조 누르하치의 유지이기도 했다. 곧 만주 귀족회의가 열렸고, 당시 실력자였던 4명의 친왕親王과 3명의 군왕郡王, 모두 7명이 모였다. 누르하치의 차남이자 홍타이지의 이복형 예친왕禮親王 대선代善, 누르하치의 아우 수르하치의 여섯째 아들이자 홍타이지의 사촌 동생인 정친왕鄭親王 지르하란濟爾哈朗, 누르하치의 열넷째 아들이자 홍타이지의 이복동생 예친왕睿親王 도르곤多爾袞, 홍타이지의 장남 숙친왕肅親王 호격豪格, 누르하치의 열두째 아들 영군왕英郡王 아제격阿濟格, 누르하치의 열다섯째 아들 예군왕豫郡王 다탁多鐸, 대선의 손자 영군왕潁郡王 아다리阿達禮 등이었다. 이들은 모두 제위에 대해 강한 의지를 내세우며 뜻을 굽히지 않았고, 회의는 파행을 거듭했다.

이 중 주목을 받던 인물은 호격과 도르곤이었다. 호격은 홍타이지의 장남이라는 점과 출중한 능력, 수많은 전투 경험으로 두각을 드러냈으며, 팔기군 중 정황기, 양황기, 정람기 대신들의 지지를 받았다. 서른두 살의 젊은 도르곤은 누르하치의 총애를 받았던 인물로 팔기군 중 정백기와 양백기의 지원, 영군왕 아다리와 예군왕 다탁의 지지, 수많은 전공 등에서

청나라 시대 북경의 모습

유리했다.

부자 계승을 해야 한다는 호격과 형제 계승을 주장하는 도르곤이 팽팽히 맞서면서 충돌의 기미가 보이자 호격을 지지하던 정친왕 지르하란은 절충안을 제시했다. 그는 부자 계승을 하되 홍타이지의 아홉째 아들 복림을 세우자고 했다. 이에 이해타산을 가늠해 본 도르곤이 동의했고, 복림이 황위에 오르는 대신 어린 황자를 대신하여 자신과 호격을 지지하는 정친왕 지르하란이 각각 좌우 섭정왕이 되어 정무를 보는 조건을 내걸었다. 그리하여 1643년 여섯 살 난 복림이 청나라 제3대 황제에 올랐다.

순치제는 1644년 북경에 입성하여 청나라에 의한 중원 지배의 막을 연 황제로 기록되나, 이는 사실 도르곤에 의해 이루어진 것으로 봐야 한다. 1644년 4월 명나라에 대항하여 농민 반란을 일으킨 이자성이 북경을 점령했다. 명나라의 마지막 황제 숭정제는 이자성의 북경 함락 소식에 황후와 공주의 목숨을 손수 거둔 후 신무문으로 나와 자금성 뒤쪽에 있는 경산 홰나무 밑에서 목을 매 자살했다. 이로써 명나라는 사실상 멸망했다.

명나라 토벌을 계획하던 도르곤은 이자성의 북경 함락 소식을 접하고 대학사 범문정范文程을 불러 대책을 논의했다. 이에 범문정은 명나라에 충성하는 관리와 유생, 농민 반란군에 대한 백성들의 반감을 최대한 이용하여 관내로 들어갈 것을 제안했다. 도르곤 역시 이 상황이 중원으로 입성할 절호의 기회라고 여겼다. 그는 어린 황제 순치제에게 자신을 대장군으로 임명하게 하고, 10만이 넘는 팔기군을 이끌고 산해관으로 진격했다. 이로써 산해관에는 오삼계가 이끄는 명나라 군대와 이자성의 농민 반란군, 도르곤의 팔기군이 집결하게 되었다. 이때 북경의 상황을 살피던 오삼계가 팔기군에 투항함으로써 도르곤은 칼 한 번 뽑지 않고 산해관에 입성할 수 있게 되었다. 도르곤은 투항한 오삼계와 함께 산해관을 넘어 이자성을 물리치고, 수도 북경에 입성해 자신들이 명나라의 정통성을 이어받은 황조임을 선포했다. 또한 국호를 후금에서 청으로 바꾸고, 북경으로 천도를 강행했으며, 자금성에서 다시 한 번 순치제의 성대한 황제 즉위식을 거행했다. 북경으로 천도한 후 청나라는 1644년과 1645년 두 번에 걸쳐 체두변발(앞머리는 밀고, 남은 뒷머리를 땋아 내리는 유목민족의 풍습)을 실시했다. 이때

변발 북방 민족의 풍습으로, 변발은 상투를 틀어 올리는 한족의 반발을 사 잦은 충돌을 일으켰다. 이민족이 한족을 지배하기 위해 강요한 대표적인 풍습 중 하나다.

의 순치제는 겨우 일고여덟 살의 어린 나이었기 때문에, 이 모든 것이 섭정왕 도르곤에 의해서 이루어졌음을 짐작할 수 있다.

도르곤은 어린 황제를 대신해 실권을 장악하고 1644년에는 숙부섭정왕, 1648년에는 황부섭정왕이 되었다. 그는 이름만 섭정왕이었을 뿐 황제나 다름없었으며, 순치제는 도르곤의 꼭두각시에 불과했다. 1650년 사냥을 나갔던 도르곤이 만리장성 근처의 카라호툰에서 급사하면서 7년간의 도르곤 섭정 시대가 막을 내렸다. 1651년 정월 순치제는 마침내 친정을 실시했다.

북경의 북당 천주교회 예수회 선교사들에 의해 건립된 네 곳의 성당 중 하나로 조선의 이승훈이 영세를 받고 조선에서 천주교를 전파한 중심이 된 곳이다.

친정을 시작한 순치제는 황제 집권 체제를 강화하고 제후들의 세력을 억제시키기 위해 1654년 '십삼아문十三衙門'이라는 환관 중심의 정치 기관을 만들었다. 명나라가 환관들의 폐해로 멸망한 것을 이유로 대신들이 반대하자, 순치제는 1655년 환관의 폐해를 미연에 방지한다는 뜻을 명시한 철패를 주조하여 자금성 안에 세웠다. 그는 죽을 때까지 십삼아문 제도를 정비했다.

한편 순치제는 친정을 시작할 때부터 독일의 예수회 선교사 아담 샬의 영향을 크게 받았는데, 그는 아담 샬로부터 천문, 역법, 종교 등을 배웠다. 그는 아담 샬을 매우 총애하며 1654년 '통현교사通玄敎師'라는 호를 내리기도 했으며, 후에 정1품 광록대부의 작위를 내렸다. 그에게서 받은 십자가를 목에 걸고 다녔으며, 포교 활동을 후원했고, 북경에 고딕 양식의 성당을 짓도록 허락하기도 했다. 훗날 후계자 문제로 어머니 효장태후와 의견이 대립할 때 그에게 조언을 구하기도 했다.

순치제는 어려서부터 유교적 교양을 쌓았기 때문에 몽골 출신인 어머니 효장태후와 관계가 원만하지 못했다. 그는 친정을 하면서 효장태후의 조카였던 첫 번째 황후를 폐하고, 1645년 효혜장황후를 새로운 황후로 세웠으나 역시 몽골 출신이던 그녀는 순치제의 사랑을 받지 못했다. 순치제의 총애를 받았던 사람은 동악씨라는 후궁으로, 그녀는 1656년 현비에 책봉되었고, 얼마 지나지 않아 다시 황귀비로 승격되었다. 그러나 1657년 동악씨는 자신이 낳은 아들이 죽자 병을 얻어 1660년 스물한 살의 젊은 나이로 세상을 뜨고 말았다. 순치제는 크게 상심하여 정치에 뜻을 잃었다. 동악씨가 죽자 원래부터 독실한 불교 신자였던 순치제는 불제자가 되고자 했으나, 어머니 효장태후의 극심한 반대에 부딪혀 출가의 꿈을 이루지 못했다. 1661년 사랑하던 여인 동악씨의 죽음으로 인한 슬픔과 열망하던 출가를 이루지 못한 순치제는 천연두를 앓다가 세상을 떠났다. 동악씨가 죽은 지 약 4개월이 지난 후로, 그의 나이 스물네 살이었다.

만주족의 중국 지배를 완성하다
강희제

康熙帝(1654~1722년)

- 청나라의 제4대 황제(재위 1661~1722년).
- 청나라의 정치 체제는 그에 의해 완성되었으며, 다음의 옹정제, 건륭제 시절 전성기를 맞이하게 되었다.
- 삼번의 난을 평정함으로써 군사적 지배를 확고히 했고, 국가 재정 확충, 조운 사업 정비 등 내적 안정과 러시아와의 강화 조약, 몽골, 티베트 평정 등 영토 확장을 이룩했다.

강희제는 청나라의 제4대 황제로 성은 애신각라愛新覺羅, 휘는 현엽玄燁이다. 그는 중국의 역대 황제 가운데 가장 긴 62년의 재위 기록을 보유한 황제로 명군 중의 명군으로 알려져 있다.

강희제는 청나라 제3대 황제인 순치제와 순치제의 후궁 동가씨 사이에서 태어났다. 1661년 순치제가 승하한 후 유언에 따라 여덟 살의 나이로 황제가 되었다. 때문에 즉위 후 조정의 원로대신인 색니索尼, 오배鰲拜, 소극살합蘇克薩哈, 알필륭遏必隆이 정사를 대신 돌보았다. 하지만 이들 4명의 체제는 오래가지 않아 오배파와 소극살합파로 나뉘었고, 결국 오배가 실권을 장악했다. 1667년 열네 살이 된 강희제가 친정을 시작했지만, 오배는 황제 강희제를 무시하고 병권을 장악하여 전횡을 일삼았다.

오배에게 맞서기에 세력이 약했던 강희제는 건장한 귀족 자제들을 선별하여 친위대를 조직하고 때를 기다렸다. 그는 오배가 입궁할 때 그들과 씨름만 했고, 그런 모습만 봐 왔던 오배는 강희제와 소년친위대에게 경계심을 가지지 않았다. 1669년 강희제는 오배를 홀로 입궁시켜 그를 사로잡았다. 강희제는 그의 전횡을 샅샅이 밝히고 그에게 사약을 내렸다. 열여섯 살의 강희제는 오배의 세력을 성공적으로 제거하고 본격적으로 친정을 시작했다.

하지만 당시 강희제의 영향력은 중국 전역이 아닌 화북 지역과 양자강 하류 일대에만 미치고, 남방까지는 미치지 못한 상황이었다. 남방은 운남과 귀주 지역을 담당하는 평서왕平西王 오삼계, 광동 지역의 평남왕平南王 상가희尙可喜, 복건 지역의 정남왕靖南王 경중명耿仲明이 지배했다. 이들을 '삼번三藩'이라고 하며, 모두 청나라에 항복한 명나라 장수들이었다. 그들은 자신들의 지역에서 강남의 풍부한 물자를 바탕으로 엄청난 재정을 확보하여 세력을 팽창시켰으며, 군사권과 행정권을 행사하는 독립 세력으로 성장했다.

완벽한 중국 통일을 원했던 강희제에게 삼번은 더 이상 묵과할 수 없는 세력이었다. 1673년 평남왕 상가희가 자신의 아들에게 왕위를 물려주고 은퇴할 뜻을 전하자, 강희제는 상가희의 은퇴만 허락하고 왕위 계승은 허락하지 않았다. 이 일은 강희제가 번왕 제도를 철폐하겠다

강희제

강희제와 팔기군

는 의지를 드러낸 것으로, 오삼계는 다른 번왕과 연합하여 난을 일으켰다. 이 삼번의 난은 8년간 지속되었다. 오삼계 연합군의 규모는 대단했지만, 강희제는 그들의 기세에 전혀 눌리지 않고 오삼계를 집중적으로 토벌했다. 시간이 지나면서 수세에 몰린 오삼계는 1678년에 병사했고, 그의 뒤를 이어 손자 오세번吳世璠이 반란군을 이끌었지만 결국 1681년 청나라에 대패하고 자결했다. 삼번의 난을 평정한 후 1683년에는 타이완의 정극상鄭克塽의 항복까지 받아냄으로써 강희제는 마침내 완벽한 황권과 군통수권을 손에 넣었다.

강희제는 중국 역사상 전례가 없는 영토를 보유하는 위업을 이룩한 황제이기도 하다. 러시아는 강희제가 즉위하기 이전부터 중국의 흑룡강 지역을 장악하려 했다. 당시에 국내 사정이 불안했던 청나라는 러시아가 침입하면 그들을 몰아내는 정도로밖에 대응하지 못하는 상황이었다. 삼번의 난을 평정하여 내정을 안정시킨 강희제는 북방의 불안 요소인 러시아 문제를 해결하고자 결심했다. 그는 1685년 군사 1만 5천여 명을 보내 아르바진(아제르바이젠)을 공격했다. 그러나 러시아 군은 물러나지 않고 청나라군이 철수하자마자 다시 아르바진을 점거했다. 이 소식을 들은 강희제는 1686년에 다시 아르바진 공격을 명했다. 아르바진을 포위한 청의 군대가 압도적인 우세를 유지하며 맹공을 퍼부었지만, 러시아 군의 저항도 만만치 않았다. 두 나라의 대치 상황이 장기화되자 강희제는 러시아 황제에게 협상을 요구했고, 1689년 청나라와 러시아 사이에 네르친스크 조약이 체결됐다. 이 조약으로 청나라는 흑룡강 및 동북쪽의 영토를 포함한 국경선을 확정했다. 이 조약은 중국 역사상 최초로 맺어진 국제평등 조약으로 "하늘 아래 모든 땅은 황제의 것이다." 혹은 "세상의 모든 이는 황제의 신하다."라는 전통적인 중화사상에 반하는 성격을 띠고 있다. 이러한 것이 가능했던 것은 동이족으로서 정체성을 유지하고 있던 강희제의 유연한 사고 덕분이었다.

그러나 이것으로 북방의 불안이 완전히 해소된 것은 아니었다. 몽골족의 한 부족인 준가르 부족의 가르단 칸이 청나라를 위협해 왔기 때문이다. 1688년 가르단이 몽골 초원의 할바 부족을 정복하자 1690년 강희제는 친히 팔기군을 이끌고 몽골 원정에 나섰다. 하지만 사막에서의 전투에 익숙지 않은 청나라군은 고전을 면치 못했다. 양국 군대는 내몽골에서 격전을 벌인 후 서로 피해를 본 상태에서 철군했다. 1696년 강희제는 팔기군 8만을 이끌고 다시 가르단을 공격해 크게 승리했다. 1697년 세 번째 원정에 오른 강희제는 대신들의 만류에도 몸소 적진으로 나아가는 등 원정에 강한 의지를 보였다. 마침내 1697년 가르단이 스스로 목숨을 끊음으로써 몽골 원정은 성공적으로

유럽 기병 청나라 시대에 제작된 도자기 상.

마무리되었고, 러시아에 이어 또 다른 북방의 위협이 제거되었다.

강희제가 명군으로 칭송받는 데는 그가 단순히 가장 넓은 영토를 확보했기 때문만은 아니다. 그는 소수의 만주족이 다수의 한족의 반감을 사지 않게 그들을 통제하고, 거대한 제국을 성공적으로 통치하는 데 온 노력을 기울였기 때문이다.

우선 그는 한족의 문화를 받아들이고 학문을 중시했다. 그는 특히 주자학에 열중해 스스로 유학자의 삶을 살고자 했다. 조정 대신들과 경연이나 조회에서 유교 경전을 논하는 것을 즐겼으며, 학식이 매우 깊어 대신들이 그와 유교 경전을 논하지 못할 정도였다. 강희제의 포용력은 유학을 받아들이는 것으로 그치지 않았다. 그는 삼번의 난과 러시아와의 전투를 통해 서양의 앞선 기술을 도입해야 할 필요성을 깨닫고 서양의 학문을 과감히 수용했다. 그는 예수회 선교사에게 서양의 지리, 천문, 수학, 음악 등을 배웠는데, 특히 천문학과 수학을 열심히 공부했다고 한다. 이러한 강희제의 학문에 대한 열정은 그의 치세에 반영되었다. 강희제는 '박학홍유과博學鴻儒科'라는 과거를 통해 인재를 선발하고 전국에서 유명한 학자들을 소집해 편찬 작업을 하게 했다. 이리하여 《명사明史》, 《강희자전》, 《고금도서집성古今圖書集成》, 《연감유함淵鑑類函》, 《패문운부佩文韻府》, 《역상고성》, 《수리정온》, 《전당시》 등이 편찬되었다.

한편 강희제는 친정을 시작했을 때 '삼번, 치수治水, 조운漕運'을 중요한 정치 과제로 삼았다고 한다. 그는 1677년에 황하 치수 공사에 착수하여 1684년에 마무리했다. 이로써 황하가 범람하는 것을 사전에 막아 농민들이 피해를 입는 일이 줄었다. 또한 대운하를 보수하고 증축하여 대량 수송을 가능하게 했으며, 많은 물자가 안전하게 북경에 도착할 수 있게 하여 "황하를 다스리는 자가 중국을 다스린다."라는 말을 실현했다.

다음으로 강희제는 증세를 최대한 피하고 감세 정책을 실시하여 민생 안정을 꾀했다. 그는 다수의 전쟁과 대대적인 토목 공사 등에 드는 수많은 비용을 백성들에게 부과하지 않았다. 그는 이 모든 과정에서 증세 조치를 전혀 실시하지 않았으며, 오히려 재난 지역에 감세 조치를 내리기까지 했다. 또한 그는 황하의 치수 공사가 완성된 1684년을 시작으로 총 6번 남방 순행을 했는데, 그 비용을 모두 내탕금으로 충당해 백성에게 부담이 가지 않게 했다. 그는 항상 면세와 감세를 강조했고 1711년에는 '성세자생인정영불가부盛世滋生人丁永不加賦' 제도를 공포했다. 이는 전년도 장정의 수 2,450만 명을 기준으로 이보다 늘어난 장정의 수에 대한 인두세는 영원히 받지 않겠다는 정책이었다. 이러한 과감한 면세 정책으로 백성들의 삶은 윤택해지고 인구도 크게 늘어났다.

천리경, 안경, 시계 17세기 무렵 중국에 유입된 서양 문물들.

황하 제방 공사

　마지막으로 강희제는 부패한 관리들을 엄격히 처벌하고 관리들에게 청렴할 것을 요구했다. 또한 몸소 검약한 생활을 실천함으로써 신하들에게 모범이 되었다. 명나라 말기 궁궐 유지비는 하루 은 1만 냥에 가까웠으나 강희제의 치세 때는 500냥에서 600냥에 그쳤다고 한다.
　강희제는 신속하고 정확한 결단력으로 당대뿐만 아니라 후대에도 존경을 받았다. 하지만 그런 능력은 황태자 문제에서만은 발휘되지 못했다. 그는 일찌감치 윤잉胤礽을 황태자로 책봉하여 후계자 교육을 실시하여 황태자가 자신의 정치 신념을 따라 주길 바랐다. 하지만 성인이 된 윤잉은 방탕한 생활을 일삼고, 행실이 바르지 않았다. 그에게 실망한 강희제는 다른 황자 윤지胤祉, 윤진胤禛, 윤사胤祀 등에게 각기 한 부서를 책임지고 관리하게 했다.

황태자에 대한 강희제의 신임이 흔들리고 다른 황자들이 중용되자 조정에는 파벌이 형성되었고, 황자들도 그 파벌에 가담했다. 그러던 중 윤잉의 측근에 의해 강희제 암살 시도 사건이 발생했다. 이에 강희제는 1708년 윤잉을 폐위시키고 측근들을 모조리 처형했다. 빈 황태자 자리를 향한 파벌 싸움은 더욱 격화되었다. 강희제는 이를 진화하기 위해 다시 윤잉을 황태자로 삼았다. 하지만 윤잉의 방탕한 생활은 계속되었고, 강희제는 3년 후 그를 다시 폐위했다. 그 후 강희제는 세상을 떠나기 전까지 황태자를 세우지 않았다. 1722년 강희제는 건강이 악화되어 병사했고, 넷째 아들 윤진을 다음 황위 계승자로 지목하는 밀지를 남겼다. 그가 옹정제다.

강희제는 "나라를 위해 온 힘을 다한다."라는 신조를 가지고 정치에 임했다. 이는 원래 신하가 임금을 섬기는 자세를 가리키는 것이었으나, 그는 하늘의 신하되기를 마다하지 않고 "짐은 하늘의 신하다."라고 했다. 이것이 강희제가 명군 중의 명군으로 칭송받는 이유일 것이다.

중국 영토를 최대로 확장하다
건륭제

乾隆帝(1711~1799년)

- 청나라의 제6대 황제(재위 1735~1795년).
- 강희제에 이어 정치, 경제, 문화적으로 '강희·건륭 시대'라는 청나라 최전성기를 이룩했고, 이때 중국이 유럽 세계에 소개되었다.
- 중가르, 위구르, 타이완, 미얀마, 베트남, 네팔 등 10회에 걸친 원정을 성공시켜 스스로 '십전노인(十全老人)'이라 불렀다.

    건륭제는 청나라의 제6대 황제로 조부 강희제에 이어 청나라 최대의 전성기를 이룩한 황제다. 특히 문화에 관심이 많아 풍류 황제라고 일컬어지기도 한다. 근래에는 청나라가 건륭제 사후에 쇠퇴하기 시작하여 안팎으로 혼란했기 때문에 비판적인 시각에서 평가되기도 한다. 그는 60년간 재위함으로써 중국 역사상 강희제 다음으로 재위 기간이 긴 황제로 기록되지만, 4년 동안 태상황제로서 계속 정권을 장악했기 때문에 실질적으로 재위 기간이 가장 긴 황제라 할 수 있다.

    건륭제는 옹정제의 넷째 아들로 이름은 홍력弘曆이다. 어머니는 옹정제의 후궁 효성헌황후라고 기록되어 있지만, 청나라 황제 중 유일하게 생모가 불분명하여 출생에 관한 민간 전승이 전한다. 옹정제가 황제가 되기 전 옹친왕 시절, 그는 해녕海寧의 한족 출신 대학사인 진각노陳閣老와 아주 가깝게 지냈다. 1711년 9월 25일 옹친왕의 비와 진각노의 부인은 같은 날 각각 딸과 아들을 낳았다. 옹친왕의 비는 딸을 출산하자 옹친왕의 총애를 잃을까 두려워한 나머지 진각노의 아들을 빼앗아 자신이 낳은 것처럼 꾸몄다. 이 남자아이가 훗날의 건륭제로, 그가 강남으로 6번이나 순시를 떠난 것은 해녕의 친부모를 몰래 만나기 위해서였다고 한다.

홍력의 어머니 뉴호록씨는 만주족이었지만 출신이 미천했기 때문에 그는 어린 시절에 큰 관심을 받지 못했다. 그러나 총명했던 그는 천자문과 사서오경을 막힘없이 암송했고, 시 창작에 탁월한 능력을 보였다고 한다. 1720년 강희제의 명으로 홍력은 궁정에서 생활하게 되었고, 황자들을 위한 교육기관인 상서방에서 공부했다. 홍력의 능력을 눈여겨보던 강희제는 홍력이 문재文才에 탁월한 능력을 보이고, 사냥할 때도 용감하게 행동하고, 부모에게도 효를 다하자 그에게 제왕학을 가르치기 시작했다.

1722년 겨울, 홍력의 조부이자 청나라의 제4대 황제인 강희제가 노환으로 붕어했고, 홍력의 아버지 옹친왕 윤진이 황위에 올라 옹정제가 되었다. 옹정제가 즉위한 후에도 홍력은 옹정제의 명령에 따라 상서방에서 계속 공부했으며, 옹정제를 대신해 조부 강희제의 제사를 지냈다. 또한 홍력은 옹정

건륭제

선농단 제의 선농단 제사는 봄이 오기 전에 행해졌다. 천자가 하늘과 땅 사이의 중재자로서 농사에 참여한다는 상징적인 의미로 쟁기를 쥔 채 제물을 하늘에 올리는 의식을 거행하면 신하들이 밭고랑을 일군다

제에게 제왕학을 배우며, 비교적 쉬운 국정을 처리하면서 정치력을 쌓아 갔다. 이는 옹정제가 홍력의 능력을 알고 후계자로 정해 놓았기 때문이 기도 하지만 강희제의 유언도 크게 작용했다. 강희제는 임종 직전 옹정제를 불러 장차 홍력에게 반드시 황위를 물려줄 것을 명했다고 한다.

1733년 홍력은 화석친왕和碩親王에 제수되었으며 보친왕寶親王이라고 불렸다. 홍력은 군기처에서 아직 완전히 멸망시키지 못한 몽골의 준가르 부족에 관한 일을 도맡았으며, 태묘, 사직 대제나 공자와 관우의 제사 등

황제가 주관해야 할 국가의 중요 대사를 옹정제를 대신해 주관했다. 이에 비록 후계자는 정해지지 않았지만 아무도 홍력이 옹정제의 뒤를 이어 황제가 될 것을 의심하지 않았다.

1735년 10월 8일, 홍력의 아버지이자 청나라의 제5대 황제인 옹정제가 58세를 일기로 북경의 원명원에서 붕어했다. 옹정제는 강희제 시대에 벌어진 황태자 책립을 둘러싼 후계자 다툼의 폐해를 본보기 삼아 비밀리에 황태자를 책립하는 방법을 취했다. 즉 황제 생전에 후계자를 공표하지

건청궁 황제가 백관을 접견하던 곳. 순치제가 쓴 '정대광명(正大光明)'이라는 액자가 걸려 있다.

않고, 문서 2부에 후계자의 이름을 적어 밀봉한 후 한 부는 황제 신변에 두고 다른 한 부는 건청궁[乾淸宮, 자금성 내정의 정전(正殿)]의 옥좌 뒷면 위에 걸려 있는 '정대광명正大光明' 편액 뒤에 두었다가 황제가 죽으면 고명대신들에게 후계자를 선포하게 했다. 이에 대학사 장정옥張廷玉, 악이태鄂爾泰, 홍력의 숙부 장친왕莊親王 윤록允祿, 과친왕果親王 윤례允禮 등이 고명대신이 되어 옹정제의 유조를 읽었다. 유조에는 제4황자 홍력을 황태자로 책봉하여 황제로 즉위시키라는 내용이었다. 옹정제의 유조에 따라 1735년 홍력은 25세에 황태자 책봉 의례를 받은 후 곧 황위에 올라 건륭제가 되었다.

황위에 오른 건륭제는 먼저 아버지 옹정제의 경쟁자였던 강희제의 14

남 순군왕 윤제를 포함해 옹정제가 연금하거나 귀양 보낸 자신의 숙부들을 사면했다. 다음으로 그는 종친들을 정치 일면에서 배제시키는 옹정제의 정책에 박차를 가해 황족들을 대부분 군과 육부, 군기처에서 배제시키고 아우들의 정치적 발언을 규제하는 등 내치에 전념했다. 그는 조부 강희제와 부친 옹정제 시대의 장점들은 받아들이고, 단점들은 고쳐 나갔다. 1740년 그는 보갑제保甲制와 이갑제里甲制라는 제도를 정비하여, 각지의 보·갑장에게 가구당 인구수에 군역을 지는 장정과 함께 집안의 여자들까지 포함시키게 했다. 조사된 백성들의 수는 나이, 성별, 이름을 패에 적어 각자의 집 문 앞에 걸어 놓게 했으며, 같은 방식으로 매년 인구조사를 실시해 북경의 군기처와 호부에 보고하도록 했다. 이러한 정책으로 건륭제는 총인구수를 보다 정확하게 파악하고, 안정적으로 재정을 확보할 수 있게 되었다.

안정적인 내치를 이룬 건륭제는 자신의 위엄을 떨치고, 더불어 조부 강희제에 대한 동경심으로, '십전무공十全武功'이라는 말로 상징되는 대외 정복 사업을 시작했다. 45년간 지속된 건륭제의 외정은 1747년 사천성 서북 변경 밖의 대금천大金川 출병으로 시작되었다. 그는 1755년의 제1차 준가르 출병, 1757년부터 시작한 제2차 준가르 출병으로 강희제 이후 세력이 약해졌던 준가르를 완전히 복속시켜 외몽골을 얻었다. 또한 1758년부터 시작하여 그다음 해에는 위구르를 평정하고 신강新疆이라 명명했다. 이로써 건륭제는 중국 역사상 원나라 이후 가장 큰 영토를 가진 제국의 통치자가 되었는데, 이때 건륭제가 확보한 영토는 오늘날 중국 국경과 일치한다. 또한 건륭제는 1769년에는 버마(오늘날의 미얀마), 1776년에는 대금천과 소금천, 1788년에는 타이완, 1789년에는 베트남, 1791년과 1792년에는 네팔을 원정하여 조공을 받아냈다.

건륭제의 갑옷과 투구

최대의 영토를 확보한 건륭제는 조부 강희제를 본떠 순행에 나섰다. 그는 강남의 남경, 양주, 항주 그리고 소주 등을 순행하는 남순南巡을 모두 여섯 차례나 단행했고, 서쪽의 사천성, 청해성 인근을 순행하는 서순을 네 차례, 산동성과 호북성 인근을 순행하는 동순을 다섯 차례 떠나며 수도 북경과 지방 간의 정치, 학문, 예술의 교류를 꾀했다. 그러나 순행의 폐해는 만만치 않았다. 그는 순행 때마다 지역 유지, 관리 들과 사치스럽고 호화로운 만찬을 열어 국고를 낭비했다. 심지어 내탕금이나 지역 관리들이 바친 돈이 모두 떨어지자 백성들의 돈으로 그를 충당했으며, 순행 때 머무르는 행궁을 짓는 데도 백성들을 강제로 동원하여 큰 원성을 샀다.

건륭제는 순행할 때 황자와 공주, 대신, 환관, 시녀, 요리사, 호위병, 건축가, 화가, 시인 등 3천 명이 넘는 인원을 대동했다. 순행을 수행하는 시인과 화가들은 시를 짓거나 그림을 그렸으며, 강남의 시인들과 문예 대결을 펼치기도 했다. 본인 스스로도 시 짓는 것을 좋아했던 건륭제는 순행에서뿐만 아니라 평소에도 예술가들을 우대하여 그들을 초대해 토론하고 예술을 즐겼는데, 이는 학문과 예술의 부흥으로 이어졌다. 1770년에 그는 고서적 수집을 칙령으로 반포하고, 수집한 고서적들을 경經, 사史,

자子, 집集 네 가지로 분류했다. 1773년 이렇게 모인 3,503부 79,337권 33,054책의 서적을 3,800여 명의 학자들이 필사하여 1782년《사고전서四庫全書》가 완성되었다. 이 밖에도 건륭제 시절《대청일통지》,《황조문헌통고》,《대청회전》등 방대한 서적이 편찬되었다.

한편 건륭제의 대대적인 서적 편찬 사업은 문자의 옥이 발생하는 계기로도 작용했다. 강희제, 옹정제, 건륭제 시절 일어난 필화 사건을 일컫는 문자의 옥은 건륭제 시절 가장 많이 일어났다. 그는 1773년부터 2년간 모든 책들을 24번이나 조사하여 청나라의 정책과 정통성에 의문을 제기하는 서적은 모두 불태워 버리거나 판목을 부수고 금서로 지정했다. 이때 소각된 책들은 모두 538종 13,860부에 달했다고 한다. 또한 이와 관련된 자들은 변방으로 유배되거나 노예가 되었으며, 심한 경우에는 능지처참되고 삼족이나 구족을 멸했다.

한편 건륭제는 건축에도 관심이 많아 궁전, 행궁, 도로, 운하, 성벽, 사원 등을 새로 짓거나 증축했다. 그는 라마교 사원인 옹화궁을 대폭 증축하고, 북경 서북쪽에 후원인 청의원을 만들었으며, 예수회 선교사 주세페 카스틸리오네와 천문학자 미셸 베누아에게 명해 원명원을 서양식으로 개보

건륭제의 준가르 원정

원명원 서양루 유적

수하게 했다. 건륭제는 궁정의 선교사들을 우대하여 선교 활동을 허락했지만, 가톨릭 교회의 가르침에는 관심을 두지 않았고, 단지 그들의 예술적, 과학적 지식만 선택적으로 이용했다. 이때 예수회 선교사들을 통해 유럽에 중국이 소개되었다. 건륭제는 서양의 무역 요구를 수용하여 면, 칠기, 도자기, 비단 등을 수출했다. 이것으로 그는 국고를 은 45만 킬로그램까지 늘렸고, 백성들의 삶도 크게 윤택해졌다.

1795년 말 건륭제는 존경하는 조부 강희제보다 더 오랫동안 제위에 머물 수 없다며 황위를 황태자 영염永琰에게 물려주고 스스로 물러났다. 그러나 가경제에게 황위를 물려주었다고 해도 완전히 정계에서 물러난 것은 아니었다. 그는 태상황제가 되어 조정의 실권을 쥐고 주요 국정을 살폈다. 1799년 89세였던 건륭제는 노환으로 세상을 떠났다. 그의 황제로서 60년, 태상황제로서 4년이라는 시간 동안 청나라의 부국강병에 힘썼다.

건륭제의 치세는 강희제, 옹정제를 이은 청나라 전성시대의 마지막에 해당한다. 그러나 최고의 정점에 이르면 쇠퇴가 오기 마련이듯 청나라는 건륭제 만년부터 저물기 시작했다. 건륭제는 나이가 들면서 관리에 대한 감시를 소홀히 하게 되었고, 이에 조정의 부정부패가 극심해졌다. 여기에 건륭제가 사치스러운 생활로 국고를 낭비한 것으로 인해 반청 세력이 급증하면서 급기야 1774년경부터 각지에서 농민 반란이 일어나기 시작했다. 건륭제는 난을 비교적 쉽게 진압했으나 이후 지방에서 산발적인 분쟁은 계속되었고, 급기야 1796년에는 백련교도의 난이 일어났다. 뒤이은 가경제는 부정부패 척결을 위해 노력했으나 여전히 관리들의 부정부패는 횡행했고, 그에 따라 청나라에 반대하는 민란 또한 계속되었다. 게다가 건륭제 때 형성된 영국과의 미묘한 관계로 인해 외란까지 발생하면서 청나라는 쇠망의 길로 들어섰다.

역사상 최대의 재물을 긁어모으다
화신

和珅(?~1799년)

- 청나라 중기의 정치가.
- 건륭제의 총애를 받아 뇌물을 모으는 등 횡포가 극에 달했으나 건륭제가 퇴위한 후 가경제에게 대죄 20조를 받고 스스로 목숨을 끊었다.

하늘을 찌를 듯한 권세를 이용해 사리사욕을 채워 중국 역사상 최대의 재물을 긁어모은 인물 화신和珅. 그의 이름은 선보善保, 자는 치재致齋이며, 만주족 출신의 정홍기正紅旗 사람으로 생년은 분명하지 않다. 그는 만주어, 중국어, 몽골 어, 티베트 어 등에 능통했다고 한다. 어린 시절에는 가난으로 인해 직례총독인 풍영렴馮英廉에게 몸을 의탁했고, 그의 손녀와 결혼했다. 1769년 세습되는 봉작을 계승한 후 1772년 황제 친위대의 삼등시위가 되었다. 그는 곧 건륭제의 눈에 들어 1775년 궁궐의 수위인 건청문시위가 되었으며, 얼마 지나지 않아 바로 어전시위로 발탁되었고, 다시 승진하여 자금성 안을 말을 탄 채로 입궐할 수 있는 영예를 누리기도 했다.

그는 이후에도 승진을 거듭했는데, 1776년에는 국고를 책임지는 호부의 책임자인 호부시랑, 1777년에는 좌시랑과 이부우시랑을 겸직했다. 같은 해에 팔기보군영을 총관했고, 기인을 재판할 수 있는 보군통령도 겸했다. 1778년 화신은 북경의 세관인 숭문문崇文門의 세무감독이 되어 8년간 세무를 감독했다.

1781년 감숙성에서 회족들이 모반을 일으키자 화신은 칙명특사인 흠차대신이 되어 무영전대학사 아계阿桂와 함께 진압에 나섰다. 아계가 치수 공사가 마무리되지 않아 출발하지 못한 틈을 타 화신은 먼저 도착해 공을 세우고자 했으나 전쟁에서 패했고, 뒤늦게 도착한 아계가 회족의 난을 평정했다. 그 바람에 건륭제의 신임을 잃게 된 화신은 얼마 후 감숙성 순무였던 왕단망王亶望의 비리를 밝히면서 이를 만회했다. 왕단망은 빈약한 감숙성의 재정을 건륭제의 구호자금으로 해결하곤 했는데, 그 자금을 백성들의 구호에 쓰지 않고 고스란히 착복하고 거짓 구호내역을 올려 왔던 것이다.

왕단망이 절강성 순무로 옮겨 간 후 후임자에 이르러 뇌물수수 사건이 드러나자, 호부시랑이었던 화신은 왕단망의 뇌물수수 사건을 조사하게 되었다. 그 결과 1774년부터 1781년까지 7년 동안 왕단망 개인이 200만 냥이 넘는 돈을 착복한 데 더해 감숙성의 전체 관리가 1,500만 냥이나 되는 비용을 착복한 것으로 드러났다. 이 사실을 안 건륭제는 대노하여 왕단망을 비롯해 2만 냥 이상을 빼돌린 감숙성의 관리들을 모조리 사형에 처했다. 왕단망이 착복한 돈을 국고로 환수하는 데 큰 공을 세운 화신은 건륭제의 절대적인 신임을 얻었고, 2품관인 호부상서로 승진했다.

호부의 수장인 호부상서가 된 화신은 자신의 능력과 건륭제의 총애를 믿고 오만해져 각지의 총독과 순무 들에게 일정한 돈을 상납하면 대역죄를 제외한 모든 죄를 사면해 주는 방식으로 재산을 축적하기 시작했다. 그러나 한편으로 그는 호부상서의 직분을 게을리하지 않아 국고가 비었을 때는 자신의 창고를 열어 국고를 채우기도 했다. 또한 만주어, 중국어, 몽골 어, 티베트 어 등 4개 국어로 능수능란하게 국서를 쓰고, 알맞은 정책도 제안하면서 임무를 충실히 이행했다.

건륭제의 신임과 뛰어난 정치력을 바탕으로 승진을 거듭한 화신은 1786년 이부상서, 병부상서, 형부상서 등 6부의 상서를 모두 지내고 국자감 교장 등을 거치며 황실에 관련된 사무를 총괄하는 내무부총관과 사실상의 재상인 문화전대학사 겸 군기대신에까지 이르며 천하에 두려울 것 없는 권세를 누렸다.

화신이 이처럼 절대적인 권세를 누릴 수 있었던 것은 오로지 건륭제의 무궁한 총애 덕분이었다. 급기야 건륭제는 1780년 화신의 장남에게 '풍신은덕豊紳殷德'이라는 이름을 하사하고, 여섯 살 난 열 번째 딸 고륜화효固倫和孝 공주가 크면 그에게 시집 보내기로 약속했다. 1789년 화신의 아들 풍신은덕과 건륭제의 막내딸 고륜화효 공주의 혼례가 거행되었고, 화신은 마침내 건륭제와 인척 관계까지 맺으며 무소불위의 권력을 휘둘렀다.

권세가 절정에 이른 화신은 재산을 모으는 데 더욱 혈안이 되어 뇌물을 받는 것은 물론 횡령도 일삼았으며, 지방의 상납품은 황제에게 올리기 전에 자신을 거치게 하여 진귀한 것들은 중간에서 빼돌렸다. 또한 화신은 조정의 모든 대신들을 자신의 파당으로 끌어들여 자신을 함부로 탄핵하지 못하게 했다.

1795년 건륭제가 아들 영염에게 양위할 것을 결정하고, 1796년 가경제가 즉위했다. 부정부패의 원상인 화신을 혐오하던 가경제는 여러 번 화

청나라 시대의 자기 강희제와 건륭제 시절에는 전성기를 반영하듯 훌륭한 자기들이 쏟아져 나왔다. 특히 오채와 청화가 많다.

신을 파직하려 했으나 태상황제인 건륭제의 비호로 실패했다. 그러나 1799년 건륭제가 89세의 일기로 사망하자, 가경제는 즉시 화신을 체포하고 그 죄상을 조사했다. 화신의 죄는 가경제가 황자일 때 그에게 달려와 그가 후계자임을 누설한 죄, 무엄하게 가마를 타고 궁에 들어온 죄, 건륭제가 병환에 있을 때 아무렇지도 않게 행동한 죄, 부정부패를 야기한 죄 등 20개에 달했다.

가경제는 화신에게 저자에서 산 채로 사지를 자르는 극형을 내렸지만, 건륭제의 상중인데다 고륜화효 공주의 간곡한 청으로 화신에게 자결을 명했다. 1799년 화신은 하얀 비단으로 목을 매 자진했다. 화신의 재산은 모두 몰수되었다. 당시 가경제가 몰수한 화신의 재산은 은 5천 만 냥에 75개의 전당포, 7만 개의 모피 등을 포함해 총 9억 냥이 넘었다고 한다. 이는 청나라 총 예산의 12년 치를 훨씬 뛰어넘는 금액으로, 일개 관료의 재산으로는 전무후무한 큰 거액이었다. 그러나 가경제가 몰수한 화신의 재산을 백성들의 구호에는 쓰지 않고 내탕금으로 착복하자 민간에서는 "화신이 죽으니 가경의 배만 채웠다."라는 말이 나돌았다.

권신 화신의 등장은 청나라가 최대의 전성기를 누릴 때 그 반대편 음지에서 조용히 싹을 내린 청 왕조 퇴폐의 씨앗이었으며, 당시 태평성대를 구가하던 청나라 정치 부패의 한 단면이었다.

중체서용의 경세가
증국번

曾國藩(1811~1872년)

- 청나라 말기의 정치가이자 주자학자로, 유교 이념을 앞세운 보수주의자이다.
- 1851년 태평천국의 난 당시 농민으로 이루어진 '향용'을 조직해 반란 진압에 기여했다.
- 19세기 중국의 대표적인 근대화 운동인 양무 운동을 추진했다.

중국 근현대사를 주름잡은 마오쩌둥과 장제스는 사상적으로는 차이를 가지고 있었지만 두 사람은 공통적으로 흠모하던 인물이 있었다. 바로 증국번이다. 마오쩌둥은 "중국 역사상 큰 공을 세웠거나 훌륭한 사상과 성품으로 후대에 큰 영향을 미친 사람은 많지만, 이 두 가지를 모두 겸비한 인물은 오직 범중엄(范仲淹, 북송 시대의 재상)과 증국번뿐이다. 나는 근대 인사

증국번

중 오로지 중국번만을 존경한다."라고 말했다. 또한 장제스는 "천지의 정기를 배양하고, 고금의 완벽한 인물을 본받아야 한다."라고 했는데, 여기에서 '완벽한 인물'은 중국번을 가리키는 것으로, 그는 중국번을 자신의 사상적 스승으로 여겼다. 중국번은 1851년에 시작되어 14년간 지속된 태평천국의 반란군을 진압하여 청나라를 존폐 위기에서 구해 냈고, 서양의 근대적인 무기들을 적극적으로 수입하고 공장을 설립하는 등 중국의 근대화를 추진했다.

그의 자는 백함伯涵, 호는 척정滌正으로, 1811년 호남성 상향현湘鄕縣의 평범한 농가에서 태어났다. 조부 증옥병曾玉屛은 장남인 증린서曾麟書가 급제하여 집안을 일으킬 것을 기대했으나, 증린서는 매번 낙방했다. 중국번도 열네 살이 되던 해 부친 증린서와 함께 과거를 보았지만 함께 낙방했다. 그러나 열여섯 살에 지역별 예비시험인 동생시童生試에 합격했고, 두 번의 낙방 끝에 마침내 1838년 회시에서 급제하여 진사가 되었다. 그는 곧 황제가 주관하는 전시殿試에 응해 한림원서길사에 임명되었고, 1840년에는 한림원검토가 되었다. 그는 1842년부터 1851년에 이르기까지 승진을 거듭하여 요직인 한림원시강, 예부우시, 병부좌시랑, 공부우시랑 등을 지냈다.

1851년 중국번의 삶에 결정적인 전환점으로 작용하는 사건이 일어났다. '태평천국의 난'이다. 당시 청나라는 국내외로 많은 어려움을 겪고 있었다. 청 조정은 1840년에 발생한 제1차 아편전쟁의 패배로 인한 거액의 배상금을 지불하기 위해 가혹한 세금을 거둬들이고 있었다. 이에 농민들의 불만은 쌓여 갔고, 홍수전洪秀全이 이런 농민들의 누적된 불만을 이용하여 난을 일으켜 태평천국을 세웠다. 함풍제는 임칙서林則徐와 새상아賽尙阿를 차례대로 흠차대신으로 삼아 태평천국군을 진압하려 했으나 둘 다 대패하고 말았다. 태평천국군의 사기가 충천한 것도 이유였겠지만, 무엇보다 당시 청나라 군대가 극심하게 부패해 있었기 때문이었다. 증국번은 함풍제에게 상소를 올려 당시의 부패상과 타개책을 진언했지만, 함풍제는 그의 의견을 받아들이지 않았다.

1852년 증국번은 강서성 향시의 시험관으로 임명되어 임지로 내려가던 중 모친의 부음 소식을 듣고 고향으로 돌아왔

임칙서

다. 얼마 지나지 않아 태평천국군이 그의 고향인 호남성까지 접근하자 청 조정은 그에게 태평천국군 진압 명령을 내렸다. 이에 증국번은 촌락 단위의 소규모 군대를 구성하던 기존 방식에서 벗어나 성 단위의 직업적인 의용군을 조직하여 '상군湘軍'이라고 칭했다. 증국번은 '충군애국忠君愛國' 정신이 강한 사대부를 중심으로 상군을 구성하여 군비를 안정적으로 확보했다. 또한 부패한 청나라군에서 독립하여 독자적인 지휘 체계를 확립하고, 함선과 수군을 집중적으로 육성했다.

1853년 태평천국군은 남경을 점령하여 천경天京으로 개칭하고, 수도로 삼았다. 이에 놀란 청 조정은 증국번에게 당장 출정할 것을 명했으나, 그는 준비되지 않은 군대를 출정시키는 것은 백전백패의 결과를 초래한다며 출전하지 않았다. 그는 그다음 해인 1854년 대포를 장착한 함선을 확보한 후 3만여 명의 상군을 이끌고 출정했다. 증국번의 상군은 호남성에서 호북성으로 공격해 들어가 우한을 점령했다. 1855년 그는 구강九江을 공격하려 했지만 태평천국군의 반격이 거세 강서성 남창南昌에서 패잔병

들을 모아 방어에 진력했다.

그러나 이러한 공적에도 청 조정은 증국번에게 상군 지휘에 관한 전권을 부여하지 않았다. 이는 막강한 군사력을 보유한 상군을 한인 출신인 증국번에게 전적으로 위임하는 것이 불안했기 때문이었다. 증국번은 여러 번의 상소와 군 이탈, 부친상을 이유로 한 귀향 등으로 불만을 표시했지만, 함풍제는 그의 의견을 쉽게 받아들이지 않았다. 1858년 절강에서 태평천국군이 세력을 크게 떨치면서 증국번의 복귀를 원하는 사람들이 급증하자 함풍제는 결국 그의 상군 복귀를 허락했다. 여기에는 증국번의 정치적 태도 변화도 큰 몫을 차지했다. 그는 "온유한 것이 강한 것이고, 몸을 굽힘으로써 앞으로 뻗어 나가는 것이다."라며 청 조정에 대한 반감이 누그러진 태도를 보였다. 1858년 증국번은 상군의 병권을 장악했다.

1860년 증국번은 강서성 탈환의 공을 인정받아 양강兩江 총독에 제수되었고, 강소, 절강, 안휘, 강서 등 4개 성을 다스렸다. 같은 해에 태평천국군이 소주와 상주를 함락하고 항주를 포위하자, 증국번은 호림익胡林翼의 계책을 받아들여 강소, 강서, 절강 3성에 휘하의 관료를 보내 다스리게 하고, 남, 북, 서 세 방향에서 천경을 포위했다. 증국번의 상군은 호북을 손에 넣고, 안정적인 근거지를 확보하고, 1861년 안경安慶을 탈환했다. 증국번은 세력을 나누어 태평천국의 수도 천경과 저장성을 공격했다. 그의 참모 이홍장李鴻章은 회군淮軍에게 절강성을 공격하도록 했다. 1864년 마침내 태평천국의 수도 천경이 상군에게 함락되었다. 증국번은 태자태보에 임명되었고, 의용후에 봉해졌다. 청나라 역사상 최초의 한인 후작이었다. 이후 그는 5만여 명에 이르는 상군을 해체했다.

1865년 태평천국의 잔당과 합세한 염군捻軍이 발호했고, 증국번은 다시 상군을 데리고 염군 토벌에 나섰다. 증국번의 상군이 출정했음에도 이듬해까지 염군의 세력은 점점 확대되었다. 증국번은 이홍장을 흠차대신으로 삼아 염군 토벌에 전념시켰고, 1867년 이홍장은 염군을 완전히 소탕했다. 1868년 증국번은 직례총독에 임명되었다. 청나라 건국 이래 이토록 막강한 권력을 가진 한인은 없었다. 1869년 그는 대신들을 대표하여 서태후와 동치제에게 신년인사를 올리기도 했다.

그러나 증국번은 자신을 경계하는 만주족 출신 관료들의 끊임없는 시기 속에서 한인의 한계를 절감했고, 2년간의 직례총독 생활을 정리하고 다시 양강 총독으로 자리를 옮겼다. 1872년 증국번은 건강이 악화되어 다리와 혀가 마비되었고, 그해 2월 총독 군영의 경내에서 62세의 나이로 숨을 거두었다.

증국번은 태평천국을 진압한 지도자라는 평가와 함께 양무운동의 초기 추진자라는 평가도 받는다. 애로 호 사건 당시 임칙서 등이 서양의 선진 기술을 받아들일 것을 주장했지만, 이는 주장에만 그쳤을 뿐 정책으로 추진되지는 못했다. 하지만 증국번은 이런 주장들을 공식적인 국가 정책으로 추진했다. 그는 태평천국과의 전투에서 대포의 위력을 확인한 후 서

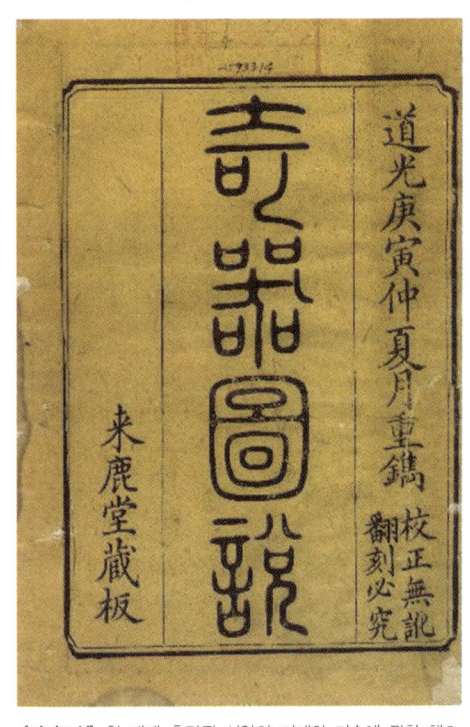

《기기도설》 청 대에 출간된 서양의 기계와 기술에 관한 책으로 정약용이 이 책을 참고해 거중기를 만들었다고 한다.

양의 근대화된 병기들을 적극적으로 수입했다. 1862년 말에 사상 최초로 서양식 무기 공장인 안경군계소를 세웠으며, 상해에 공장을 세우고 미국에서 기계를 수입하여 기선을 제조했다. 그뿐만 아니라 증국번을 비롯한 양무 운동의 추진 세력은 근대적인 교육기관을 설립하고 구미 각국으로 유학생을 파견하기도 했다. 특히 외국어와 자연과학을 가르칠 목적으로 세워진 동문관과 광방언관은 증국번의 주장을 수용한 결과물이었다.

증국번은 중국 최대의 애국적 사상가로 높이 평가받기도 한다. 이는 그가 태평천국의 난을 진압한 후 그의 추종 세력이었던 증국전曾國荃과 팽옥린彭玉麟, 좌종당左宗棠, 포초鮑超, 왕개운王闓運 등이 그를 황제로 옹립하려 했지만 이에 응하지 않고 청나라의 신하로 남았기 때문이다. 반면에 그는 이민족인 만주족이 세운 청나라에 충성하여 농민 운동인 태평천국의 난을 진압했다는 이유로 '한간漢奸'이라는 혹평을 받기도 한다.

태평천국을 건설한 혁명가
홍수전

洪秀全(1814~1864년)

- 태평천국의 창시자이자 종교 지도자. 군사를 일으켜 청 왕조에 대항했다.
- 여호와를 숭배하는 결사단인 배상제회를 조직하여 중국 전국에서 포교 활동을 벌였다.
- 1853년 남경을 점령하고 태평천국을 세웠으나, 내부 분열로 인해 1864년 정부군에 함락되어 실패로 끝났다.

청나라 말기 상제의 가호를 받아 세상을 지상천국으로 만들겠다는 기치로 궐기한 태평천국의 난. 청나라 조정의 부패와 계속된 기근, 도적떼의 약탈로 인해 살기 어려워진 농민들이 배상제회를 중심으로 모이기 시작하면서 형성된 이 농민 반란군은 급속히 세력을 확장하며 태평천국이라는 나라를 세우기에 이르렀다. 이 태평천국의 난을 주도한 인물이 바로 홍수전이다.

홍수전은 광동성의 가난한 농민 집안에서 3남 2녀 중 넷째로 태어났다. 집안은 가난했으나 어려서부터 학문에 큰 재주를 보여 가족들이 홍수전의 뒷바라지에 힘썼다고 한다. 집안의 큰 기대 속에 입신양명을 꿈꾸던 그는 나라에서 치르는 과거인 현시縣試와 원시院試에 차례로 응시했으나 낙방을 거듭했다. 특히 1837년 세 번째로 치른 부시에서 떨어지면서 크게 좌절했다. 정신적으로 충격을 받은 그는 열병을 앓았는데, 이때 꾸었던 꿈이 이후의 행보에 큰 영향을 미쳤다. 홍수전은 꿈에서 검은 옷을 입은 금발 노인을 만났는데, 그 노인은 자신이 도와줄 테니 지상의 악마를 퇴치하라며 칼과 인장을 건네주었다고 한다. 또한 장형長兄이라는 중년의 사내를 만나 지방을 주유하며 악마를 퇴치했다고 한다. 일가친척의 노력에도 홍수전의 병은 차도를 보이지 않았고, 가끔 정신을 차릴 때마다 홍수전은 자신이 꿈속에서 겪은 일과 무의식 중에 겪은 환상에 대해 거듭 말했다고 한다.

40여 일 만에 열병에서 깨어난 그는 1843년에도 과거에 도전했지만 실패했고, 결국 이듬해 낙향하여 훈장을 지냈다. 이 시기에 그는 세 번째 과거를 볼 당시 얻은 기독교 원리서인 《권세양언勸世良言》을 다시 떠올렸다. 당시 그는 책을 받은 후 훑어보고 그냥 넣어 두었는데, 또다시 실패를 겪자 그 책이 생각난 것이다. 그는 책의 내용과 자신이 열병에 걸린 동안 겪은 일들이 일치한다는 것을 깨닫고 깜짝 놀랐다. 자신이 꿈속에서 만난 금발 노인이 상제上帝, 즉 하느님이었고 중년 사내는 예수 그리스도였으며, 악마는 유교, 불교, 도교 등 우상을 숭배하는 것이라 여긴 것이다. 그는 금발 노인과 장형이 자신에게 인간을 구원할 사명을 내렸다고 생각하기에 이르렀다. 홍수전은 《권세양언》을 유교적 원리에 입각해 해석하는 한편 스스로에게 세례를 내리며 이 내용을 전파하기로 마음먹었다.

이후 홍수전은 과거를 포기하고, 자신이 가르치던 제자 중 하나였던 풍운산馮雲山을 개종시킨 후 주변 지역으로 함께 포교 활동을 떠났다. 그리고 새로운 교리를 펼치기 위해 '상제를 섬긴다'라는 뜻을 가진 '배상제회

태평천국의 난

拜上帝會'를 만들었다. 지난 날 시험을 치르기 위해 도시에 갔다가 만난 선교사 로버트에게 기독교의 교리를 배운 바 있었던 홍수전은 배상제회의 교리에 기독교 성서의 내용을 일부 받아들이고, 중화관을 대신하여 하느님 아래 모두가 평등하다는 주장을 폈다. 그리고 유교, 불교 등 모든 종교와 우상 숭배를 금한 배상제회는 중국 최초의 일신교라고 할 수 있다.

1847년 홍수전은 자형산으로 들어가 각종 저술 활동을 통해 배상제회의 교리를 정립하고 조직을 정비하는 데 전념했다. 과거에 그가 겪은 종교적 체험과 설교는 포교에 적절히 이용되었고, 홍수전은 주변 지역의 우상을 파괴하며 자신의 교리를 실행에 옮겼다. 배상제회의 교세는 급속도로 늘어났고, 1850년 총동원령으로 신도의 가족들까지 전부 자형산에 모였을 때 그 인원만 2만 명에 이르렀다고 한다.

그리고 1851년 1월 11일 홍수전은 농민들의 어려운 삶과 이민족의 침입 등도 '이夷'에 의한 것이므로 이들을 모두 타도하고 중국에 지상천국을 수립하겠다며 태평천국太平天國이라는 나라를 세우고, 스스로를 천왕天王이라고 칭했다. 모두가 평등하고 잘살 수 있다는 그의 교리는 농민들에게 폭발적인 호응을 얻었다. 특히 지방 관리들의 압박에 시달리던 화남과 화중 지방의 농민들이 대거 참여하여 태평천국 운동이 시작된 지 2년 만에 그의 세력은 20만 명에 육박했다.

홍수전과 태평천국군은 1851년 9월 25일 영안永安을 점령하면서 태평천국의 조직 및 관제를 확립하고 새 나라로서의 기틀을 다져 나갔다. 이듬해 배상제회의 교세 확장에 위험을 느낀 청나라 정부가 영안을 포위 공격했으나 이를 돌파했고, 6월 3일에는 전주全州를 함락시켰다. 태평천국군은 진군을 계속하여 1853년 3월 20일에는 남경까지 점령했는데, 홍수전은 남경을 천경이라고 고치고 태평천국의 수도로 삼았다. 북경을 점령하는 데는 실패했지만, 이미 태평천국군은 2년 만에 강남 6성을 모두 차지했고, 신도만 100만 명에 육박할 정도로 그 세가 어마어마하게 커진 상태였다.

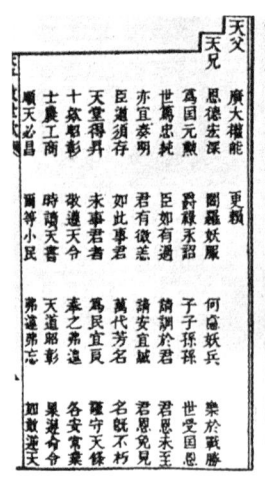

태평구세가

초기에 태평천국군은 엄격한 규율 속에 금욕적으로 생활했으며, 이성과의 접촉이 허용되지 않았다. 그러나 배상제회의 고위 지도자들이 변질되면서 점차 많은 여자를 거느리는 등 교리에 반하는 행동을 하기 시작했다. 이것은 홍수전 역시 마찬가지여서 수많은 후궁과 시녀에게 둘러싸여 기도와 명상 등을 하며 광신적인 생활을 했다고 한다. 점차 정치를 도외시하기 시작한 그는 신의 계시를 따른다며 신하들의 충고조차 받아들이지 않았다. 게다가 태평천국군을 체계적으로 조직하고 실질적으로 지휘한 양수청楊秀淸이 홍수전을 비난했고, 다른 태평천국의 실세들 역시 권력욕을 드러내면서 내부 분열이 일어났다. 이에 홍수전은 부하들을 차례로 숙청하고 자신에게 위협이 되지 않을 인물들에게 정치를 맡겼다. 결국 태평천국을 건국하면서 농민들에게 내걸었던 평등사상 실현은 이루어지지 않았고, 점차 기존 왕조의 길을 답습하는 모습을 보이면서 태평천국은 민심을 잃기 시작했다.

1862년 태평천국은 양자강 지역을 상실한 데 이어 증국번이 파견한 군대에게 포위되어 수도 천경이 함락될 위기에 처했다. 이러한 상황에서도 홍수전은 천경을 탈출하여 훗날을 도모하자는 신하들의 충언을 거부하고 신이 도와줄 것이라며 현실을 외면했다. 천경은 1864년 7월 19일 함락되었고, 홍수전은 천경이 함락되기 한 달 전에 자살했다. 증국번은 홍수전을 대역죄인이라 하여 무덤을 파헤쳐 시체를 불태웠으며, 조상의 묘까지 파괴했다. 당시 태평천국 운동은 중국 역사상 일어난 반란의 하나로 치부되었으나, 신해혁명 이후 홍수전은 농민혁명을 이끌고 평등을 실천한 지도자로 칭송되고 있다.

살아 있는 재물의 신
호설암

胡雪岩(1823~1885년)

- 청나라 말기의 상인으로 상인 최초로 1품 관직인 포정사함에 제수되었다.
- 태평천국군이 항주를 점령했을 당시 군기대신 좌종당에게 군수물자를 조달하여 공을 세웠다.
- 밑바닥에서부터 시작해 환전상, 찻집, 견직물 가게, 약방, 소규모 은행인 은호 등 경제 분야에 탁월한 수완을 보여 성공한 입지전적인 인물로 중국인들의 존경을 받는다.

    호설암은 가난한 농가에서 태어나 타고난 장사 수완을 발휘하여 청나라 최고의 거상이 된 인물이다. 그는 태평천국의 난이 발생했을 때 청나라 조정을 지원한 공을 인정받아 청나라의 상인 중 유일하게 1품 관직인 포정사함에 제수되었다. 그는 중국인들에게 '상성商聖'으로 숭배된다.

    1823년 안휘성의 가난한 농가에서 태어난 호설암은 이름이 광용光鏞, 애명이 순관順官으로 설암은 자다. 그는 집이 가난했기 때문에 따로 학문을 익힐 처지가 안 되어 독학으로 겨우 글씨를 익혔다고 한다. 아버지가 세상을 뜨고 집안 사정이 더욱 어려워지자 그는 집을 떠나 항주에 있는 전장(錢莊, 환전을 업으로 하는 상업 금융 기관)의 견습생으로 일했다. 일은 고되었지만 그는 강한 책임감을 가지고 성실히 일해 전장 주인의 신임을 얻었고, 3년이 지나서는 전장의 정식 직원이 되었다.

1860년 전장 주인이 병사하고 나서 호설암은 전장과 함께 재산을 물려받았다. 이때 그는 왕유령王有齡을 만나게 된다. 집이 가난하여 관직 진출에 어려움을 겪고 있던 왕유령의 능력을 알아본 호설암은 그에게 수금한 은자 500냥을 조건 없이 빌려 주었다. 상경한 왕유령은 민부우시랑이었던 하계청何桂淸의 도움으로 절강성 순무 문하에서 양대총판의 자리를 얻었다. 호설암의 도움으로 출사하여 절강성 순무로 승진한 왕유령은 그의 은혜를 잊지 않았다. 왕유령은 호설암에게 절강성의 군사와 관계된 일을 일임했다. 이에 호설암은 군량미와 군수물자를 공급하고, 조운(漕運, 현물로 거두어들인 각 지방의 조세를 수도까지 선박으로 운반하던 제도) 등의 사무를 처리했다. 관리의 비호 아래 사업을 하는 호설암의 전장은 더할 수 없이 번성해 갔다.

1861년 호설암은 좌종당과 인연을 맺으면서 한 번 더 크게 성공했다. 그해 홍수전과 농민 반란군이 세운 기독교 신정神政 국가 태평천국의 군대가 양절兩浙 일대에서 난을 일으키자, 호설암은 상해에서 군수물자와 군량미를 항주로 수송해 청나라 군대를 지원했다. 1862년에도 호설암은 상해에서 구입한 물자를 가지고 항주로 향했다. 그러나 이미 항주는 태평천국 군대에게 함락되었고, 항주를 방어하던 왕유령이 자결한 후라 호설암은 물자를 실은 배를 정박시킬 수 없게 되었다. 호설암은 군수물

호설암

자를 배 안에 숨겨 두었다. 이때 좌종당의 부대가 군량미 부족으로 큰 어려움에 처해 있다는 소식을 접한 호설암은 그 길로 좌종당을 찾아가 군량미와 군수물자를 모두 바쳤다.

이 일로 호설암은 1862년 식량 공급을 담당하는 좌군관량대 겸 운송을 책임지는 전운국무에 임명되었다. 그는 프랑스 군관과 함께 서양식 무기로 장비를 갖춘 군대를 훈련시키고 유해 안치, 우차 복구 등 전란 피해를 수습했다. 1865년 호설암은 좌종당에게 복주선정국을 창설해 청나라 해군력을 증강시킬 것을 제안했다. 그의 제안을 받아들인 좌종당은 그에게 선박 제조의 중임을 맡겼다. 호설암은 선박 제조에 필요한 외국인 조선 기술자들을 초빙하고, 노동자들을 고용했으며, 프랑스 상인들에게서 물품을 구입했다. 이후에도 호설암은 좌종당에게 많은 도움을 주었다. 1877년 좌종당이 서정西征할 때 군량미와 1,200여 만 냥의 자금을 차관으로 들여와 서양의 무기를 구매해 지원했다.

호설암은 정부의 무기 구입 대행과 외국 차관을 끌어들이는 것으로 막대한 상업적 이익을 거두었다. 또한 그는 좌종당의 추천을 받아 포정사 함의 1품 관직을 받았으며, 당시 군공을 세워야만 받았던 황마괘(黃馬褂, 황색 마고자)를 서태후에게 하사받았다. 이때 그는 1품 관료임을 상징하는 붉은 산호가 박힌 모자를 수여받아 당시 사람들에게 '홍정상인'이라고 불렸다.

호설암은 좌종당을 원조하면서도 본업인 전장에 전념하여 항주의 전장을 크게 성장시켰다. 그는 각 도시마다 전장과 은호(銀号, 소규모 은행)를 설치했다. 항주에는 부강전장과 부강은호, 상해에는 부강설기전장과 부강은호, 영주에는 통가전장과 통려은호, 복주와 한구에는 유성은호, 북경에는 부강복기은호 등 전국 규모의 3분의 1에 해당하는 수였다. 청나라

외국과의 통상 광주(오늘날의 광저우) 항구에는 18세기 외국 상인들이 드나들면서 무역이 이루어졌다.

조정대신과 부호 들은 호설암의 점포에 돈을 예치했으며, 호설암은 그 자금을 활용하여 다른 사업으로 확장했다. 그는 26개의 전당포, 찻집, 견직물 가게, 약방 등을 경영하여 큰 부를 쌓았다.

특히 호설암은 호경여당약포라는 약방을 만들어 경영했는데, 그는 당시에는 획기적으로 〈신보申報〉에 대대적으로 홍보하고, 약 배달이라는 새로운 판매 전략을 내세워 상인다운 면모를 과시했다. 호설암의 약방이 문전성시를 이루자 경쟁 약방들은 담합을 시도했고, 이에 그는 약값을 인하하고 반드시 정가를 받게 했다. 또한 가난한 이들에게는 무료로 약을 나누어 주었고, 군영에는 기부 형태로 원가에 약을 제공했다.

호설암은 3천만 냥이 넘는 재산을 가진 부자가 되었으며, 사람들은 그를 가리켜 '살아 있는 재물의 신'이라 불렀다. 재산 규모가 점점 늘어남에 따라 그는 황제에 버금가는 사치스러운 생활을 했다. 항주에 있는 그의 저택은 몇 개의 골목에 이어져 있을 정도로 거대한 규모이며, 구리와 도자기 가루를 넣은 벽돌로 지어졌다고 한다. 또한 그는 수많은 처첩을 두어 '십이금채十二金釵'라 부르며 저택 안의 각 건물마다 한 명씩 기거하게 했다고 한다.

1882년 호설암은 외국 상인에게 넘어간 생사(生絲, 고치에서 뽑아낸 실로 정련이나 연사로 가공하지 않은 상태의 실) 사업을 회수하기 위해 거의 전 재산에 해당하는 2천만 냥을 투자하여 생사를 모두 사들였다. 생사를 구입할 수 없게 된 외국 상인들은 1883년 앙심을 품고 호설암의 생사를 보이콧했다. 생사 재고를 떠안게 된 호설암은 800만 냥의 막대한 손해를 보게 되었고, 손실을 만회하고자 했던 투기가 실패하면서 다시 400만 냥을 손해 보았다. 생사 사업의 실패로 막대한 손실을 입자 채권자들이 몰려들었고, 호설암은 전장 점포를 폐쇄하기에 이르렀다. 그리고 1833년 전장과 은호가 영업정지되면서 결국 파산했다.

호설암이 파산하자 그의 전장과 은호에 돈을 예치했던 공친왕恭親王 혁흔奕訢과 협판대학사 문욱文煜 등의 고관대작들은 청나라 조정이 직접 호설암의 파산 처리를 할 것을 요구했다. 이에 광서제는 호설암의 관직을 삭탈하고 재산을 몰수하고 심문을 명했다. 1885년 호설암은 울분 속에서 병사했다.

호설암이 상인으로 성공하여 막대한 부를 창출할 수 있었던 데는 항상 신용에 가장 큰 가치를 두고, 시대와 권력의 흐름을 잘 활용했기 때문이었다. 그는 평생 다섯 가지의 원칙을 두고 장사를 했다. 첫째, 법의 테두리 안에서 정당한 방법으로 돈을 벌고자 했다. 둘째, 타인의 도움으로 돈을 벌어도 타인에게 해를 끼치면서까지 이익을 탐하지 않았다. 셋째, 돈을 버는 데 있어 친구의 도움을 받을 수 있지만 친구에게 미안할 만한 행동은 하지 않았다. 넷째, 절대 신의와 양심을 저버리지 않으며 기회만을 탐하지 않았다. 다섯째, 돈을 버는 것을 최우선으로 하지만, 선을 베푸는 데 재물을 아끼지 않았다. 이런 확고한 경영철학과 더불어 단순히 개인의 이익만을 좇는 장사가 아닌 민족정신을 가지고 외국 상인과 당당히 맞서는 장사를 했기 때문에 사치스러운 생활을 했음에도 중국인들은 그에게 서슴없이 존경심을 나타낸다.

중국 근대사의 산 역사
이홍장

李鴻章(1823~1901년)

- 청조 말기의 정치가로 북양대신으로서 시모노세키 조약, 베이징 조약, 조선의 내정 간섭 등 중국 근대사에 큰 영향을 미쳤다.
- 회군을 조직하여 태평천국의 난을 진압했으며, 서태후의 후원으로 양무 운동을 추진했다.
- 이이제이(以夷制夷)의 정신을 기반으로 서양 열강들을 견제하는 한편 금릉기기국 설치, 북양함대 창설 등 군사·근대공업의 서구화를 이루었다.

청나라 말기의 정치가 이홍장은 중국 근대사에 큰 영향을 끼친 인물이다. 그는 회군을 이끌고 태평천국 운동을 진압했으며, 1870년대에 북양대신으로 당대 주요 외교 사안의 대부분을 주도했으며, 양무 운동을 통해 중국의 근대화를 이끌었다. 그러나 한편으로 그는 서구 열강들에게 많은 권리를 양도하며 불평등 조약을 맺은 당사자이기도 하다. 그는 중국의 발전을 이끈 애국자였을까 아니면 외세에 무릎 꿇은 매국노일까? 그에 대한 평가는 학자에 따라, 시대에 따라 조금씩 다르다.

이홍장은 1823년 청나라 말기 안휘성(安徽省, 안후이 성)에서 태어난 한족으로, 자는 소전少荃, 호는 의수儀叟다. 아버지가 증국번과 인연이 있었던 것을 계기로 1844년부터 증국번 아래에서 학문을 배웠고, 북경에서 관리 생활을 시작했다.

1850년 중국 전역에서 태평천국 운동이 일어나기 시작했다. 이홍장은 고향 안휘성을 위협하던 태평천국군에 대항하기 위해 직접 민병대를 조직했고, 1860년에는 스승 증국번의 휘하에 들어갔다. 그리고 1862년에는 강소성 총독 대리가 되어 자신의 군대인 회군을 거느리고 상해를 방어했다. 그는 태평천국 운동을 진압하면서 빠르게 두각을 나타내 정계의 주목을 받았으며, 이때 참가한 서구 군대의 기술을 연구하여 중국의 근대화에 접목시킬 생각을 품게 되었다.

1870년 이후 이홍장은 북경 직례총독 겸 북양대신이 되어 중국 정계를 이끌었다. 그는 중국의 사상을 유지한 채 제한적으로 문호를 개방하여 서양 기술을 도입해 근대화를 이룩하자는 중체서용中體西用을 주장했다. 이것이 바로 양무 운동으로, 그의 이러한 주장은 청나라의 지배층인 만주족에게도 지지를 받았다. 양무 운동을 함께 추진한 인물로는 태평천국 운동을 같이 진압한 스승 증국번과 좌종당左宗棠 등이 있다.

양무 운동의 핵심은 서양 기술 중에서도 특히 군사 기술을 받아들여 군사적인 발전을 이루는 것에 집중되어 있다. 이에 이홍장은 남경(南京, 난징) 금릉기기국과 상해 강남제조총국을, 좌종당은 복주선정국을 설립했다. 또한 천진

이홍장

안휘 부대 중국 최초의 근대식 군대.

(天津, 톈진)에도 천진기지국을 만드는 등 중국 전역에 모두 24개의 공장을 설립했다. 이렇게 서구식 기술을 도입한 군수공장에서는 함선을 비롯해 주로 대포, 총포, 화약 등을 생산했다. 특히 이홍장이 설립한 상해 강남제조총국은 중국 최대 규모의 군수공장으로 약 2천여 명의 사람들이 근무했으며, 다양한 외국 기술자들을 받아들인 데 더해 서양의 과학기술 서적을 번역하는 번역관까지 설립되어 있었다.

또한 이홍장은 1884년에 서구에서 함선을 사들여 북양함대, 남양함대, 복건함대를 창설했다. 이를 위해 젊은이들을 선발하여 독일, 미국, 영국 등으로 유학을 보냈으며, 서양에서 전문 인력을 초빙하여 기술을 전수받음으로써 군사상 발전을 이룩했다. 군수공장 설립은 광산 개발로 이어졌

금릉기기국 1865년 이홍장이 설립한 금릉기기국과 청나라의 근대식 화포.

다. 공장을 가동하고 무기를 만들 연료를 채굴하기 위해 이홍장은 중국 곳곳의 광산을 관리·개발하고, 외국에서 관련 전문가들을 초빙했으며, 철 생산에 박차를 가했으나 불행히도 이를 통해 생산된 원료의 품질은 좋지 않았다. 또한 외국으로부터 받아들인 기술 수준도 이홍장이 바라는 것만큼 높지 않았다. 이곳에서 생산된 무기들은 후에 청일 전쟁 등에서 이홍장의 북양함대가 제 역할을 하지 못하는 데 일조했다.

양무 운동 추진의 핵심 기반은 이홍장이 태평천국의 난을 진압할 당시 거느렸던 회군이었다. 그는 양무 운동을 통한 기술 혁신과 서태후의 후원, 영국, 러시아, 독일 등의 지지에 힘입어 회군을 서양의 기술과 무기로 무장시켰다. 회군은 북양대신이던 이홍장의 직위를 따 북양군이라고 불렸으며, 북양함대는 북경과 천진을 방어하는 주축이었다. 1882년에는 위안스카이(袁世凱, 원세개)를 조선에 파견하여 내정에 간섭하고 일본을 견제하게 하는 등 국내외 정계에 막강한 영향력을 행사했다.

그러나 1894년부터 청나라와 일본 사이에 청일 전쟁이 발발하면서 그의 운명은 반전되었다. 일본은 이미 중국을 무시한 채 조선과 강화도 조약을 체결했고, 미국은 조선과 조미 수호통상 조약을 체결했다. 이로써 조선의 상국으로써 중국의 지위가 흔들리게 되었다. 청나라는 1876년 일본에게 류큐 열도에 대한 종주권을 빼앗겼고, 1883년에는 청불 전쟁에서 패하면서 베트남까지 프랑스에 넘겨주었다. 급기야 1894년 일본은 한반도를 공동보호령으로 한다는 중국과의 이전 합의를 무시한 채 중국에 선전포고를 했다. 이것이 바로 청일 전쟁의 시작이었다.

청일 전쟁은 한반도와 황해, 타이완 등지에서 벌어졌는데, 전쟁을 수행한 주력군은 바로 이홍장의 북양함대였다. 7월 25일 아산만 근처에서 벌어진 풍도 해전에서 청나라 함대는 1,200명의 익사자를 내며 대패했고, 성환과 평양에서 벌어진 전투에서도 일본군에게 크게 패했다. 이어진 황해 해전(압록강 전투)에서 패하면서 일본은 요동(遼東灣, 랴오둥) 반도, 위해(威海, 웨이하이)까지 장악했다. 특히 압록강 하구에서 벌어진 황해 해전은 청일 전쟁에서 벌어진 가장 큰 전투로, 이 전투에서 북양함대는 수적 우위를 점하고 있었음에도 총 10척의 군함 중 8척이 침몰, 파손됐으며, 1,300여 명에 이르는 사상자를 냈다. 반면 일본군은 단지 300여 명의 사상자와 함선 4척이 파손되었을 뿐이었다. 결국 해전에서 잇따라 패배하며 이홍장의 북양함대는 전멸했고, 일본은 산동, 요동, 발해만, 팽호(澎湖, 펑후) 섬 등에서 청나라를 위협했다. 전황이 불리하게 돌아가자 청나라는 결국 미국의 중재를 받아들이고 전쟁을 끝냈다.

북양함대 청나라의 근대화된 4개의 해군 중 하나. 청일 전쟁 이전에는 동아시아에서 '아시아 제일'로 일컬어졌고, 1890년대 후반에는 세계 8위의 함대였다.

청일 전쟁의 사후 처리를 위해 만난 이홍장과 이토 히로부미는 1895년 4월 17일 시모노세키 조약을 체결했다. 이 조약으로 청나라는 조선이 완전한 자주독립국임을 인정하고 일본에 요동 반도와 타이완, 펑호 섬 등을 할양했다. 또한 일본에 2억 냥의 배상금을 지불하고, 중경(重慶, 충칭), 항주(杭州, 항저우) 등에서 일본인의 거주와 무역의 자유 등을 보장했다. 이 조약으로 인해 일본의 국제적인 입지는 강화되었고, 조선은 독립국으로 확정됨으로써 열강들의 식민 쟁탈 대상이 되었다. 반면 이홍장은 권력 기반이던 북양군을 잃고 입지가 크게 약화되었다. 동시에 양무 운동의 지지 동력까지 사라지면서 이후 청나라에서는 강유위를 위시로 변법자강 운동이 일어나게 되었다.

이후 그는 과거 양무 운동을 추진했던 경험과 정치 경험을 바탕으로 주로 외교 부분에서 활약했다. 그는 청나라로 밀려오는 열강들과 우호적인 관계를 맺고자 다양한 조약들을 체결했다. 1896년 러시아 모스크바에 체류하던 이홍장은 러시아와 비밀동맹 조약인 청러 밀약을 맺었다. 이것은 중국 내를 통과하는 시베리아 철도 부설권과 철도 주변 지역에 대한 독점적 권리를 명시한 것이다. 이후 그는 미국, 유럽 등지를 국빈 자격으로 여행했다. 1901년 9월 7일 북경에서 체결한 신축 조약은 의화단 사건을 처리하기 위해 영국, 미국, 러시아, 독일, 일본 등 11개국과 맺은 불평등 조약이다. 청나라는 이 조약으로 인해 외세를 배척하는 운동을 금지하고, 4억 5천만 냥의 배상금을 지불해야 했으며, 북경에 공사관을 설치하고 외국 군대를 상주시켰다.

그는 신축 조약을 체결하고 석 달 후인 1901년 11월 7일 사망했다. 이홍장의 죽음 이후 그의 휘하에 있던 북양군과 회군 등은 중국을 좌지우지하는 군벌로 성장했으며, 특히 위안스카이는 짧은 기간이나마 황제의 자리까지 오른다.

자식마저 제거한 권력욕의 화신
서태후

西太后(1835~1908년)

▎함풍제의 후궁으로, 아들 동치제가 즉위한 후 섭정을 맡으면서 이후 약 50여 년간 청나라를 통치했다.
▎광서제가 강유위와 함께 변법자강 운동을 단행하자 무술변법을 일으켜 그를 폐위하고, 일련의 개혁 운동을 억압했다.

당나라 시대 측천무후에 이어 중국을 손아귀에 넣은 또 한 명의 여걸이 있으니 그녀가 바로 서태후다. 청나라 함풍제의 비였던 그녀는 아들이 황위에 오르면서 섭정을 시작해 곧 청나라의 전권을 장악했다.

효흠현황후, 자희황태후라고도 불리는 서태후는 1835년 팔기군의 만주족 출신인 예허나라葉赫那拉의 딸로 태어났다. 예

서태후

함풍제

허난라는 여러 지방을 전전하며 근무했기 때문에 그녀는 어린 시절 궁핍한 생활을 했다. 열여섯 살이 된 그녀는 궁녀가 되어서 가난에서 벗어나고자 했고, 곧 궁녀로 뽑혀 자금성에 들어갔다. 그녀는 운이 좋게 청나라 황제 함풍제의 눈에 들어 황제의 유일한 후계자인 재순載淳을 낳은 후 귀비에 올랐다. 1861년 함풍제가 사망하고 아들 재순이 여섯 살의 나이로 동치제로 등극했다. 서태후는 어린 동치제를 섭정하면서부터 정치에 직접적으로 간여하기 시작했다. 그녀는 먼저 함풍제 시절부터 자신을 달갑게 여기지 않던 조정 대신들을 축출했다. 함풍제의 운구가 들어오는 날, 운구를 모시고 오던 재원, 단화, 숙순 등을 파직하고 체포하여 참형에 처하거나 유배를 보낸 것이다. 이 신유정변辛酉政變으로 서태후는 권력의 중심에 섰다.

당시 스물일곱 살이던 그녀는 함풍제의 이복동생인 공친왕과 손을 잡고 동태후를 끌어들였다. 당시 황제의 궁을 중심으로 정실인 자안황태후는 동쪽 종수궁, 자희태후라 불리던 서태후는 서쪽 저수궁에 기거했기 때문에 각각 동태후, 서태후라고 불렀다. 서태후보다 두 살 어렸던 동태후는 인자하고 조용한 성품의 소유자로 서태후가 시키는 대로 움직였다.

초기에 서태후는 태평천국의 난을 진압하고 제2차 아편 전쟁을 끝내면서 공친왕과 함께 실질적으로 청나라 국정을 장악했다. 총리각국사무아문을 만들어 외교를 관할하게 했으며, 증국번, 이홍장 등으로 하여금 양무 운동을 추진하게 했다. 제도를 개혁하고 인재를 등용했으며, 서구 문물을 도입하고 군사를 증강시켜 청나라 부흥의 기틀을 마련했다. 때문에 이 시기를 '동치중흥同治中興'이라고 부르기도 한다.

그러나 동치제가 친정을 하게 될 나이가 가까워 오자 그녀는 점차 불안을 느끼기 시작했다. 무엇보다 동치제는 서태후보다 동태후와 더 가까운 관계를 유지했으며, 자신의 황후도 명문가인 동태후 가문 출신에서 골랐다. 이에 서태후는 황제와 황후 사이를 이간하고, 황제의 관심을 정치가 아닌 다른 것으로 돌리도록 했다. 동치제는 환관과 함께 홍등가를 들락거리다가 결국 병에 걸려 열아홉 살의 나이로 세상을 떠났다. 서태후는 황후를 구박하여 그녀가 자살하게끔 만들었고, 자신의 여동생과 함풍제의 동생 순친왕 사이에서 태어난 종제 광서제를 네 살이라는 어린 나이에 즉위시켰다.

서태후는 다시 동태후와 수렴청정을 했다. 그러나 동태후가 그녀의 정책에 반대하는 일이 잦아지면서 두 사람 사이의 갈등이 고조되었다. 얼마 후 동태후가 갑자기 죽음을 맞이했는데, 이를 두고 서태후가 동태후를 독살한 것이라 보기도 한다. 서태후는 이어서 공친왕 혁흔마저 몰아내고 그 자리에 광서제의 아버지 순친왕을 앉혔다. 널리 인망을 얻고 있는데다 사병을 가지고 있던 공친왕보다는 아들이 볼모와 같은 상태로 황위에 있는 순친왕이 다루기 쉽다는 계산에서였다.

서태후는 모든 정치적 문제가 자신을 거치도록 했다. 광서제는 아침저녁으로 서태후에게 문후를 올려 그날의 일을 의논하고 서태후의 하교를 받아야 했다. 점차 서태후는 정권과 자신의 안위를 유지하는 데만 관심을 쏟으며 백성들을 분노하게 했다. 1884년 중국과 프랑스 간에 전쟁이 벌어지자 서태후는 군대에 대기 명령만 내린 채 방기했으며, 또한 전쟁에

이화원 전도

서 승리했음에도 사리사욕을 채우기 위해 중국에 불리한 불평등 조약을 맺었다. 서태후는 광서제가 열다섯 살이 되자 자신의 친인척의 딸을 골라 광서제와 혼인시켰다. 1889년 광서제가 열아홉 살이 되자 수렴청정의 명분을 잃은 서태후는 거처를 이화원으로 옮기고, 황제의 친정을 선포하는 등 공식적으로 정치에서 물러났다. 그러나 조정은 여전히 서태후가 장악하고 있었다.

광서제는 서태후의 그늘에서 벗어나기 위해 노력했다. 그는 1894년에 발발한 청일 전쟁을 승리로 이끌어 자신의 세력을 키우려고 했다. 그러나 이를 경계한 서태후는 군비를 빼돌려 이화원에 거대한 호수를 파고 건물을 확장하는 등 전쟁 준비를 방해해 청나라의 패배를 이끌어 냈다. 그 결과 중국은 일본에 막대한 배상금을 지불하고 타이완과 요동 반도를 할

의화단

양했다.

  청나라의 군사력이 우위에 있음에도 일본에게 패하자 충격에 휩싸인 광서제는 정치 개혁을 통해 청나라의 국력을 키우는 동시에 서태후에게서 벗어나겠다고 결심했다. 1898년 그는 강유위, 양계초 등을 등용하여 과거 제도를 개편하고, 조세 제도 등의 경제 제도를 개혁하며, 신문 보도의 자유를 보장하는 등 변법자강 운동을 시행했다. 이를 무술변법戊戌變法이라고 한다. 그리고 위안스카이를 이용해 서태후 세력을 제거할 계획까지 세웠다. 그러나 위안스카이는 광서제를 배신하고 그의 계획을 서태후에게 밀고했고, 개혁을 두려워한 수구 세력은 서태후에게 정권을 다시 탈환할 것을 부추겼다. 결국 서태후가 광서제를 궁중에 유폐시키고 정권을 잡음으로써 변법자강 운동은 103일 만에 실패로 돌아갔다.

한편 당시 청나라에는 의화단이라는 비밀결사단이 점차 세력을 키우고 있었다. 서태후와 보수 수구 세력은 이들을 공식적으로 인정하고 이들을 외세를 배척하는 데 이용하고자 했다. 그러나 의화단이 북경에 주재하던 독일 외교관을 살해하는 일이 발생하자 영국, 미국, 프랑스 등 8개국 연합군이 자국의 공관을 보호한다는 이유로 북경으로 진격했다. 서태후는 어쩔 수 없이 광서제와 함께 서안으로 몽진했다. 그리고 열강 군대의 주둔을 인정하고 어마어마한 배상금을 지불한다는 내용의 신축 조약을 체결하며 북경으로 돌아왔다.

이와 같은 일을 겪은 후 서태후는 보수파를 억누르고 1901년 1월 29일 예약변법預約變法을 반포했다. 쇄국 정책에서 방향을 선회하여 근대화를 위한 대대적인 개혁을 시작한 것이다. 이것은 과거 실패한 무술변법에서 추진된 정책의 많은 부분을 계승한 것으로, 무술변법보다 더욱 강하게 근대화를 추진하는 것이었다. 그리고 개혁을 위해 이홍장 등을 등용하여 새롭게 정부를 꾸렸으니, 이것을 '신정新政'이라고 한다. 개혁의 범위는 정치, 군사, 경제 제도 등을 비롯하여 사회, 문화 부분에 이르기까지 폭넓었다. 대표적으로 전족을 금지시키고 단발을 허용했으며, 인신매매와 아편 등을 금지했다.

그러나 1904년 발발한 러일 전쟁에서 일본이 승리하자, 메이지 유신을 통해 정치 개혁을 이끌어 낸 일본과 같이 청나라도 정치 체제에 변화를 도모해야 한다는 여론이 거세졌다. 즉 헌정을 개혁하여 신정을 대신하는 입헌 체제로 바꾸어야 한다는 의견이 대두된 것이다. 이러한 압박 때문에 서태후는 광서제로 하여금 대대적인 관제 개혁을 도모하게 했지만, 짧은 기간 동안 추진된 개혁은 실효를 거두지 못하고 오히려 지휘 계통에 혼란만 초래해 정부의 지방 장악력을 떨어뜨렸다. 청나라 왕조의 권위는 날이 갈수록 추락했다.

이처럼 중국 전역이 혼란에 휩싸인 속에서 1908년 11월 4일 광서제가 병으로 세상을 떠났고, 이어서 얼마 지나지 않은 1908년 11월 15일에 서태후가 사망했다. 무려 48년간 청나라를 지배한 실질적인 권력자가 세상을 뜬 것이다. 그녀는 생전 어떤 압박에도 굴하지 않고 자신의 권력을 지키고 사리사욕을 채우는 데 힘썼다. 일례로 그녀는 식사 때마다 128가지의 음식을 먹었는데, 이것은 은 100만 냥에 해당하는 비용으로 농민 만 명이 하루를 먹을 수 있는 금액이었다. 또한 3천 상자에 이르는 옷을 가지고 하루에도 몇 번씩 갈아입곤 했으며, 비취로 식기와 악기를 만들어 사용했다고 한다. 이렇듯 황제를 뛰어넘어 중국을 장악했던 그녀의 유언은 아이러니하게도 여자가 정치에 관여하지 못하게 하라는 것이었다. 그녀는 죽기 전 세 살 난 부의(溥儀, 푸이)를 황제에 즉위시켰다. 그가 청나라의 마지막 황제 선통제다.

순친왕(좌)과 부의(우)

법을 바꾸어 부국강병을 모색하다
강유위

康有爲(1858~1927년)

- 청나라 말기의 정치학자로 광서제의 원조를 바탕으로 입헌군주제를 기조로 하는 변법 개혁을 추진했다.
- 일본의 메이지 유신을 통해 청나라의 개혁 방향을 설정하고 무술변법을 지도했으나 위안스카이의 배신으로 실패했다.
- 주요 저서로는 《신학위경고》, 《공자개제고》 등이 있다.

1898년 6월 11일 청나라의 제11대 황제 광서제는 '명정국시明定國是' 조서를 발표했다. 서구 열강들의 침탈 속에 위기감을 느낀 광서제가 '서양의 제도를 적극적으로 수용하여 부국강병을 꾀한다'는 변법을 실행한다는 조서였다. 이 '무술변법'의 중심은 바로 강유위(康有爲, 캉유웨이)였다. 그러나 보수파의 반발과 개혁파 내부의 분란으로 인해 이 개혁은 103일 만에 좌절되고 만다.

강유위는 1858년 남해현南海縣 일대의 명문가에서 태어났다. 자는 광하廣夏, 호는 장소長素다. 그는 장서가였던 큰할아버지와 작은할아버지의 영향으로 어린 시절부터 수많은 책을 접했다. 당나라 시대의 시 수백 수를 암송하고 여섯 살 때부터 유가 경전을 배울 정도로 총명했다고 한다. 뿐만 아니라 종조부 강의수康懿修의 영향으로 유가 경전 외에도 《자치통감》, 《삼국지》, 《명사明史》 등 다양한 서적들을 섭렵했다. 1876년 열아홉 살에 그는 조부의 강요로 과거에 응시했으나 팔고문(八股文, 8개의 짝으로 이루어진 한시) 문체에 취약했기 때문에 낙방하고 말았다. 그는 이해 세 살 연상의 장운주張雲珠와 결혼했다. 이후 그는 정부인 외에도 양수각梁隨覺, 하전리何旃理, 이치오카 쓰루코市岡鶴子, 요정징廖定徵, 장광張光 등 5명의 첩을 들여 평생 6명의 부인을 두었다.

1879년 강유위는 홍콩을 방문했다가 처음으로 서양의 사상을 접하고 그 후 2년간 위원魏源의 《해국도지海國圖志》를 보며 서양에 대해 공부했다. 하지만 그가 과거를 완전히 포기한 것은 아니었다. 1882년에 그는 향시에 응시하기 위해 북경으로 향했고, 돌아오는 길에 상해에 들렀다. 그곳에서 그는 서양 서적을 대량 구입하여 서학 연구에 몰두했으며, 1883년에는 미국인 선교사들이 간행했던 잡지인 〈만국공보萬國公報〉를 구독하며 세계 정세를 연구했다.

1884년에 고향으로 돌아온 그는 같은 해 8월 베트남의 종주권을 둘러싸고 벌어진 청불 전쟁의 패배 원인을 분석한 《인류공리人類公理》, 《강자내외편康子內外篇》 등을 저술했다. 또한 그는 장흥학사를 열어 제자들을 가르쳤는데, 이때 양계초(梁啓超, 량치차오), 진천추陳千秋 같은 인물들이 배출되었다. 이 시절 《신학위경고新學僞經考》를 집필해 서한 말에 발견된 《고문

강유위

상서》가 공자의 경전이 아니고 왕망의 찬탈을 합리화한 유흠劉歆이 위조한 것이라고 주장했다. 이런 주장은 역사적 사실에 부합하지는 않지만, 신성불가침으로 여겨져 왔던 유가의 경전을 위경이라고 선포한 그의 대담성만은 인정할 만하다. 당시《신학위경고》는 청나라 사회에 큰 파문을 일으켰고, 그는 일약 유명인사가 되었다. 그의 유명세를 타고 몰려든 사람들로 인해 장흥학사가 문전성시를 이루자, 그는 자리를 옮기고 만목초당이라고 이름 붙였다. 1892년 그는 제자 양계초와 진천추의 도움을 받아《공자개제고孔子改制考》의 집필을 시작했다.

강유위가 고향에서 제자를 가르치고 저술에 힘쓸 무렵 조선에 대한 영향권을 놓고 청나라와 일본 사이에 전쟁이 벌어졌다. 메이지 유신으로 성공적인 근대화를 이룬 일본이 승리함에 따라 청나라는 2억 냥의 배상금과 요동 반도, 타이완, 팽호 열도 할양, 통상상의 특권 부여 등 굴욕적인 내용의 시모노세키 조약을 체결했다. 이 일이 알려지면서 청나라의 지식인들은 분노했고, 마침 1895년 5월 2일 과거가 열리자 강유위와 양계초는 조약 거부와 서안 천도를 통한 항일 투쟁, 군대 양성, 변법을 통한 부국강병책, 전면적인 국정 개혁을 골자로 하는 상소문을 작성해 과거 응시자들에게 서명을 촉구했다. 이를 '공거상서公車上書'라고 부른다. 공거상서 사건은 출사하지 않은 선비는 정치에 참여할 수 없다는 청나라의 관례를 깬 것으로 일대 파란을 일으켰다. 하지만 공거상서는 상서를 담당하는 도찰원의 거절로 광서제에게는 전달되지 못했다.

강유위는 1895년 진사에 합격하여 공부주사에 임명되었다. 그러나 그는 출사하지 않고 '부국富國, 양민養民, 교사敎士, 연병練兵' 등의 자강책自強策을 건의하는 상소를 올렸다. 상소가 받아들여지지 않자 그는 신문《만국공보》를 창간하고, 강학회強學會를 조직하여 백성과 지식인 들을 계

북경의 가톨릭 학교

몽하고자 했다. 《만국공보》는 2년 뒤에 《중외기문中外紀聞》으로 이름이 바뀌면서 서구의 정치와 풍속 등을 중점적으로 다루게 되었다. 또한 그는 상해에도 강학회를 설립해 서양 서적을 번역하고, 《강학보强學報》를 창간했으며, 더불어 각지에 학회를 설립하고, 정치학교를 개설하는 등 변법 정신을 전파하고자 했다.

1897년 강유위는 광서제에게 변법의 필요성에 대한 상서와 함께 일본의 메이지 유신을 연구한 《일본변정고日本變政考》와 러시아 표트르 대제의 개혁을 다룬 《아피득변정기俄彼得變政記》를 바쳤다. 또한 북경에서 '보국(保國, 영토 보존), 보종(保種, 민족 보존), 보교(保敎, 유교 보존)'의 지침을 내세운 보국회保國會를 결성했다. 이로 인해 그는 비로소 광서제의 관심을 받게 되었다. 그의 변법책이 당시 서태후의 손아귀에서 벗어나 개혁 정치를 추구하고자 하던 광서제의 의지와 일치한 덕분이었다. 1898년 강유위는 광서제의 명령으로 총리아문에 입시하여 변법의 필요성을 역설했고, 얼마 지나지 않아 그는 변법의 기본 강령을 제시한 《응조통주전국절應詔統籌全局折》과 변법을 국시로 삼을 것을 촉구하는 상서를 연이어 올렸다. 더불어 그는 어사 양심수楊深秀와 한림원학사 서치정徐致靖에게도 변법 시행을 촉구하는 상서를 올리게 하여 변법의 실행을 서둘렀다. 마침내 1898년 6월 11일 광서제는 명정국시의 조서를 발표하여 변법을 선포했다. 무술변법의 시작이었다.

장경행주에 임명된 강유위는 광서제에게 이상적인 개혁 방안들을 상서로 올렸다. 그는 제도국의 설치, 팔고문 폐지, 개혁파 관리의 등용, 사민士民의 상서上書 허용, 상업 진흥, 경사대학당京師大學堂의 신식학교 설치와 황제의 단발, 자유로운 의복 제도, 연호를 개원改元으로 수정할 것, 상해 천도 등을 주장했다. 1892년에 편찬을 시작해 막 끝낸 《공자개제고》

무술변법 서태후는 쿠데타를 일으켜 무술변법을 진압하고 광서제를 유폐시켰다.

도 광서제에게 바쳤다. 《공자개제고》는 광서제의 과거제 폐지에 대한 결심을 굳게 하고, 신사층(유교적 교양을 소유한 지식인)의 열렬한 지지를 얻었지만, 반대로 보수파의 극심한 반발을 불러일으켰다. 실제로 개혁 운동의 핵심인 제도국 설치는 진전을 보이지 않았다.

무술변법이 시작될 때부터 이를 탐탁지 않아 했던 서태후는 광서제가 자신을 무시하고 변법에 적극적인 의지를 보이자 그를 폐위하기로 결심했다. 그녀는 자신의 조카 영록榮祿을 직례총독에 임명하여 뒷날을 대비했다. 당시 궁중에서 서태후가 광서제를 폐위시키고 개혁파를 처단하려 한다는 소문이 퍼지자 위기를 느낀 강유위는 신건육군이라는 막강한 군대를 지휘하던 위안스카이의 힘을 빌려 서태후와 보수파를 제거하고자 했다. 강유위는 그를 광서제에게 추천했고, 9월 16일과 17일 이틀 동안 광서제는 위안스카이를 독대하여 그에게서 충성을 다짐받았다.

광서제와의 독대를 마친 위안스카이는 며칠 동안 자신에게 어떤 편이 유리한지 면밀히 따져 본 후 결국 서태후의 보수파에 서기로 결심했다. 위안스카이는 크게 망설이지 않고 9월 20일 모든 사실을 서태후의 측근 영록에게 밀고했다. 9월 21일 사태를 보고받은 서태후는 정변을 일으켜 광서제를 중남해中南海의 영대瀛臺에 구금한 뒤 훈정을 선포했다. 이를 '무술정변'이라 일컬으며, 이로써 무술변법은 103일 만에 막을 내렸다. 담사동譚嗣同, 양예楊銳, 유광제劉光弟, 임욱林旭, 강광인康廣仁, 양심수 등 '무술 6군자戊戌六君子'는 체포되어 참수당했다. 강유위는 제자 양계초와 함께 영국과 일본 공사관의 도움으로 해외로 도피했다. 무술변법은 약 100일 만에 끝났다고 하여 '백일유신'이라고도 불린다.

영국 공사관의 도움으로 영국 함대를 타고 홍콩으로 피신한 강유위는 1898년 10월 27일 영국의 여객선을 타고 일본으로 망명했다. 일본에 입국한 지 얼마 지나지 않아 그는 쑨원孫文과 절친한 미야자키 도라조宮崎寅와 히라야마 슈平山周로부터 혁명파와의 연계를 제안받았지만 이를 거부했다. 1899년 그는 보황회保皇會를 세운 뒤 화교를 중심으로 보황입헌 운동을 전개해 나갔다. 그는 보황입헌 운동의 일환으로 1901년 신문을 발행하고 학교를 세웠으며, 1902년에는 인도에 머물며 그의 대표작인 《대동서大同書》를 편찬했다. 그는 만민이 평등하게 잘살고, 계급이 존재하지 않는 '대동 사회'를 이룩할 것을 주장했고, 중국은 개화가 완성되지 않은 상태이기 때문에 일단 입헌군주제를 실시해야 한다고 했다. 하지만 《대동서》에 나타난 그의 주장들은 급진적이고 지극히 관념적인 이상향에 지나지 않아 현실적으로 수용하기는 어려웠다.

1911년 신해혁명으로 청 왕조가 끝나자 강유위는 공화제를 반대하고 입헌군주제를 주장하는 복벽 운동復辟運動을 전개했다. 하지만 그의 의견은 받아들여지지 않았고, 중국은 공화제인 중화민국이 되었다. 1913년 노모의 사망으로 귀국한 그는 시대의 흐름을 읽지 못하고 전통 유교를 국교화해야 한다고 주장하며 공교회孔敎會를 설립했다. 그는 끝까지 유교와 입헌군주제를 고수하여 1917년 청나라 마지막 황제 선통제를 황제로 복위시키려 했으며, 1924년과 1926년에 청 왕조 부활을 도모했지만 모두 실패했다. 1927년 2월에 강유위는 청도에서 조용히 생을 마감했다. 그가 죽었을 때 유족들은 그의 재산이 없어 제자인 양계초가 보내 준 돈으로 겨우 장례를 치렀다고 한다.

생전에 강유위는 자신의 삶을 함축한 인장을 팠다. 인장에는 "유신 100일, 출망(해외 망명) 16년, 3주 대지(세계일주 3회), 유편사주(遊遍四洲, 4개 대륙 유람), 경 31국(31개국 방문), 행 60만리(합 60만 리)"라는 문자가 새겨져 있었다.

마지막 황제, 부의

하얀 이를 드러낸 전정가위가 노인의 주름지고 메마른 손아귀에 쥐어져 있다. 그의 가위질에 붉고 탐스런 모란이 힘없이 바닥에 툭 떨어진다. 지난 여름의 행복을 흩뿌리듯 꽃잎을 떨군 모란을 주워든 노인은 구부정한 모습으로 힘겹게 식물원 문을 나선다. 대청 제국의 마지막 황제, 부의의 모습이다.

276년을 이어온 청나라는 1911년 신해혁명이 일어나면서 막을 내렸다. 혁명군에 의해 자금성에서 쫓겨난 어린 황제 부의는 그를 복위시키려는 세력들과 이를 막으려는 세력들 틈에 끼어 질곡의 세월을 보냈다.

한편 쓰시마 해전으로 러시아를 제압하고 아시아의 강자로 떠오른 일본은 늙고 힘없는 용, 청나라를 집어삼키려는 야욕을 드러내기 시작했다. 일본은 중국 동북 지방을 노리고 1931년 9월 18일 만철폭파 사건柳條溝事件을 일으켰다. 당시 일본은 포츠머스 조약으로 동칭 철도와 장춘-여순 지역의 이익을 양도받아 1906년 남만주철도주식회사를 세우고 지역 군벌 장쭤린張作霖을 원조하며 이 지역에 이권을 확대했다. 그러나 장쭤린이 죽자 국민당에 합류한 장쉐량張學良은 배일 기류를 높이며 이 지역에 대한 권리 회복을 주장했다. 그러자 일본은 1931년 9월 18일 만철을 폭파하고 이를 장쉐량에게 뒤집어씌우며 만주 침공을 시작했다. 파죽지세로 밀고 올라온 일본은 동북 3성 대부분을 장악하고 1932년 3월 1일 장춘에 만주국을 세웠다. 이 과정에서 일본은 만주와 몽골 지방에 대한 직접 지배가 아닌 괴뢰국을 앞세운 정책으로 선회하게 되었다.

1931년 10월, 일본은 〈만몽 공화국 통치내강안〉을 발표하며 천진의 일본 공사관에 망명 중이던 청나라의 마지막 황제 부의를 만주국의 황제로 삼았다. 중국은 국제 사회에 일본의 국권 침탈을 호소하였으나 일본은 이를 무시하고 1933년 3월 국제연맹을 탈퇴했다. 일본과 같은 편에 서 있던 독일, 이탈리아 교황청, 에스파냐, 헝가리, 폴란드 등 일부 국가만이 만주국을 승인했다. 이후 만주국은 일본의 대륙 침공의 병참기지가 되었다가 1945년 8월 소련군의 진주와 함께 무너지고 말았다. 전하는 말에 따르면 부의는 다시 황제의 나라를 세울 수 있다면 무엇이든 하겠다는 말을 수없이 되뇌었다고 한다.

부의는 중국 전범관리소에서 교화 생활을 하다가 1959년 풀려난 후 베이징 식물원에서 일했다. 파란만장한 질곡의 시대를 보낸 그의 삶은 1967년 10월 16일에 끝났다.

혼란기 지식인의 표상
양계초

梁啓超(1873~1929년)

- 청나라 말기의 사상가. 강유위의 제자로 변법자강 운동을 주도했다.
- 〈만국공보〉, 〈시무보〉 등의 잡지에 중국의 구사상을 비판하고 애국주의를 강조한 정치논설을 싣고, 계몽주의에 입각한 잡지를 발행하는 등 중국의 개화에 앞장섰다.

    청나라 말기와 중화민국 초기의 혼란했던 시기에 중국의 전통과 서구의 선진 문명을 화합해 받아들이고자 했던 계몽사상가 양계초. 그는 1873년 광동성 신회(新會, 신후이)의 하층 지식인 집안에서 태어났다. 자는 탁여卓如이고, 호는 임공任公이다.

    그는 열두 살에 수재秀才에 합격하고 열세 살부터 문자학을 연구하기 시작했다. 열일곱 살에는 향시에 합격하여 거인擧人이 되었다. 1890년 그는 처음으로 번역 서적을 통해 서양의 신지식을 접하게 되었고 이때 당시의 저명한 학자 강유위를 만났다. 그는 강유위를 스승으로 모시고 만목초당을 세워 일반 경사서經史書, 선진先秦 제자백가서와 불교 경전뿐만 아

양계초

니라 서양의 신학문을 배우고 익혔다.

그가 태어난 광동은 중국 역사에서 문화의 변두리에 해당하는 지역이었으나 아편 전쟁 이후 서양 세계와의 접촉이 빈번하게 이루어져 서양의 지식이나 문물이 유입되는 집결지 같은 곳이었다. 따라서 양계초는 다른 사상이나 이론에 대해 상대적으로 거부감을 느끼지 않고 모든 학문을 흡수할 수 있었다.

1894년 양계초는 과거를 보기 위해 북경으로 향했다. 그해 청 정부는 청일 전쟁에서 일본에게 패하고 그 이듬해 국권을 박탈당하는 수준에 준하는 치욕적인 시모노세키 조약에 조인했다. 이에 온 나라의 지식인들이 분개하며 청 정부에 격렬하게 항의했다. 이러한 충격에서 양계초는 스승과 함께 북경에 과거를 보러 온 약 1,200명의 사람들을 규합하고 서명을 받아 황제에게 '강화 거부, 천도, 변법'을 주장하는 상소를 올렸다. 이것이 바로 '공차상서 公車上書' 다. 이들의 요구는 받아들여지지는 않았지만 그들의 진보된 사상은 중국 전역에 전파되기 시작했다. 변법자강 운동의 시작이었다.

1895년 양계초는 강유위와 함께 '변법유신'을 주장하는 강학회라는 단체를 만들었다. 이듬해인 1896년에는 상해에 강학회 분회를 설립하여 개혁 사상의 전도지인 〈시무보 時務報〉를 창간했다. 그는 주필로서 "변화하고자 해도 변하고, 변화하고자 하지 않더라도 변한다."라는 논리를 내세워 중국의 정치 개혁을 강력히 주장했다. 일 년 후 그는 시무학당의 강사를 지내면서 과거 제도를 폐지하고 학교를 설립하며 입헌 정치를 추진하여 중국의 위기를 극복하자는 내용의 논문들을 썼다. 그의 이런 주장들은 외세의 압력과 부패한 정부로 인해 불안을 느끼던 백성들에게 큰 힘이 되었다.

1898년 황제 광서제가 강유위의 변법유신 주장이 타당하다고 인정하고 양계초를 등용했다. 이것이 백일유신의 시작으로, 양계초는 대학당 역서국의 사무로 파견되었다. 그러나 이 정치 혁명은 서태후와 보수적인 기존 세력의 반대에 부딪혀 정확히 103일 만에 종지부를 찍었다. 게다가 서태후 등 개혁 반대 세력은 광서제를 영대에 감금하고 변법유신을 주장하는 개혁파를 체포하여 처형했다. 개혁 반대 세력의 군사 행동을 사전에 알았던 양계초는 일본으로 망명했다.

일본으로 망명한 양계초는 언론 활동을 통해 계몽사상을 전파하는 데 노력했다. 1901년 그는 〈청의보淸義報〉, 〈신민총보新民叢報〉, 〈국풍보國風報〉 등의 잡지를 창간해 계몽사상이 담긴 논설들을 발표하고, 입헌군주제의 도입을 적극적으로 주장했다. 또한 그는 언론 활동과 더불어 학자로서 연구 활동도 병행하여 서구의 정치학을 소개하는 등 지식인들에게 큰 영향을 주었다.

1911년 중국 본토에서는 신해혁명이 성공하여 쑨원을 대총통으로 한 중화민국이 건국되었다. 그리하여 양계초는 일본 망명 생활을 마치고 조국으로 돌아올 수 있게 되었고, 진보당을 만들어 쑨원, 위안스카이와 행동을 같이했다. 1913년 그는 중화민국 정부의 사법총장에 임명되었다.

1915년 위안스카이가 정권을 찬탈해 황위에 올랐다. 이에 양계초는 〈이상하도다! 소위 국체라는 문제는〉이라는 글로 위안스카이가 황제에 오르는 것을 반대했다. 위안스카이는 사전에 이를 알아차리고 그를 회유

19세기 말의 학당 근대화된 서구 문물과 학문이 유입되었지만 20세기 초까지 여전히 고전 암송 중심의 교육이 진행되었고, 과거에 떨어진 사람들은 마을 훈장으로 아이들을 가르칠 수밖에 없었다.

하려고 했지만, 양계초는 조금도 동요하지 않고 계획대로 글을 발표했다. 또한 자신의 학생 채악蔡鍔을 운남雲南으로 보내 무력으로 대항하여 위안스카이를 꺾었다. 그러나 1917년 장훈張勳이 선통제를 복위시켜 공화정 체계를 뒤흔들자 양계초는 다시 수구 세력 토벌에 참가했지만 혼란스런 정계 상황은 계속되었다. 이에 양계초는 정계를 떠날 결심을 했다.

1918년 양계초는 고찰단考察團이라는 조직을 만들어 유럽으로 떠났다. 그의 목적은 서양의 장점을 배워 중국의 단점을 보완하려던 것이었으나 제1차 세계대전 직후 유럽이 안고 있던 각종 문제점이 표출되는 모습을 본 양계초는 서양 문명의 우수성과 진보성에 대한 믿음을 잃어버렸다.

유럽에서 돌아온 후 양계초는 정계에서 물러나 오로지 전통 학술 재건을 위해 학술 연구에만 매진했다. 그는 연구 범위를 정하지 않고 시, 사,

희곡, 사학, 제자백가, 불학佛學 등 모든 분야를 섭렵했다. 특히 그는 불학과 관련한 논문을 정력적으로 발표했다. 1920년 이후에는 남경에서 중국 정치사상사를 강의했고, 1922년에는 칭화淸華대학교, 난카이南開대학교에서 학생들을 가르쳤다. 1929년 그는 《중국문화사》라는 책의 목차만 정해놓고 갑자기 세상을 떠나고 말았다. 양계초는 "오늘 나를 아까워하지 않고, 어제의 나와 싸운다."라는 평소 신념대로 자신의 착오를 인정하고 끊임없이 자신을 개혁하면서 산 활동하는 지식인의 표상으로 남았다.

양계초가 남긴 저서로는 《청대학술개론》, 《선진정치사상사》, 《중국역사연구법》, 《중국근삼백년학술사》 등의 선구적 학술 저작과 함께 360여 편의 시가 수록된 《음빙실전집》 등이 있다.

1911년 신해혁명이 일어나고, 1912년 1월 쑨원의 삼민주의를 강령으로 하는 중화민국이 탄생했다. 북양 군벌을 배경으로 실권을 장악하고 있던 위안스카이는 황제 제도를 부활시키려다 실패했다. 이후 군벌들이 권력 다툼을 하던 끝에 1924년 제1차 국공합작이 성립되고, 1925년 국민당이 광둥에 국민 정부를 수립했다. 그러나 국민당과 공산당의 반목 끝에 결국 태평양 전쟁이 종결된 후 국공합작이 무너졌고, 국공 내전으로 인해 국민당 세력은 타이완으로 이동했다. 그리고 중국 본토에서는 1949년 10월 마오쩌둥을 주석으로 하여 공산당 정부가 중화인민공화국을 수립했다.

중국사 연대표

- **1911** 신해혁명이 일어났다.
- **1912** 선통제가 퇴위하고 중화민국이 수립되었다.
- **1914** 제1차 세계대전이 발발했다.
- **1925** 쑨원이 사망하고 5·30 운동이 일어났다.
- **1926** 장제스가 북벌 운동을 시작했다.
- **1931** 만주사변이 일어나고, 중화소비에트인민정부가 수립되었다.
- **1934** 마오쩌둥과 홍군이 대장정을 시작했다.
- **1937** 중일 전쟁이 일어나고, 제2차 국공합작이 시작되었다.
- **1941** 태평양 전쟁이 일어났다.
- **1945** 일본의 항복으로 제2차 세계대전이 종결되었다.

한국사 연대표

- **1905** 을사늑약이 체결되었다.
- **1907** 헤이그 밀사 파견이 실패하고 고종이 퇴위되었다.
- **1919** 3·1 독립운동이 일어나고, 대한민국 임시정부가 수립되었다.
- **1920** 김좌진이 청산리에서 일본군을 대파했다.
- **1929** 항일 투쟁 운동인 광주학생 운동이 일어났다.
- **1940** 임시정부가 광복군을 창설했다.
- **1945** 제2차 세계대전이 종전되고, 한반도가 독립했다.

중화민국부터 현대까지

1949 중화인민공화국이 수립되었다.

1966 문화대혁명이 일어났다.

1989 톈안문 사건이 일어났다.

1992 북경 아시안 게임이 개최되었다.

1997 영국이 홍콩을 중국에 반환했다.

1948 대한민국 정부가 수립되었다.

1950 한국 전쟁이 일어났다.

1960 4·19 혁명이 일어났다.

1961 5·16 군사 쿠데타가 일어나 박정희 정부가 수립되었다.

1964 베트남 전쟁에 파병했다.

1980 5·18 민주화 운동이 일어났다.

1988 서울 올림픽이 열렸다.

1994 북한의 김일성이 사망했다.

2000 김대중 대통령이 노벨 평화상을 수상했다.

황제가 되려고 한 야심가
위안스카이

袁世凱(1859~1916년)

- 청나라 말기의 대군벌.
- 임오군란 당시 조선에 입국해 내정에 관여했으며, 청일 전쟁 이후 청나라의 신식 군대인 북양군을 창설했다.
- 신해혁명 이후 중국혁명동맹회를 이끄는 쑨원과의 약조에 따라 선통제를 폐위시킴으로써 청 왕조를 멸망시킨 후 중화민국 임시 대총통이 되었다.

청나라 말, 중화민국 초기의 군인이자 정치가였던 위안스카이는 북양군벌이 되는 북양군을 창설하고 사병화함으로써 훗날 중국 군벌의 토대를 마련한 인물이다. 그는 젊은 시절 임오군란을 계기로 중국 군대가 조선에 파견되었을 때 조선에 주재하면서 내정에 간섭했고, 귀국한 후에는 중국 군대를 신식화했다. 총독, 내각총리대신, 후작까지 오르며 요직을 차지하는 동안 그는 음모와 배신을 거듭하여 권력을 유지했고, 결국 쑨원의 중화민국 정부와 연합하여 선통제를 제위에서 끌어내렸다. 그러나 이후 스스로 황제에 오르려고 하면서 국내외적으로 고립되었다.

허난 성(河南省, 하남성) 샹청項城의 명문가에서 태어난 위안스카이는 어린 시절 학문에는 뜻이 없어 1876년과 1879년 향시에서 거듭 낙방했다. 그러나 군인이 되어 경군통령 우장칭吳長慶의 휘하에서 군사적 재능을 펴기 시작했다.

그에게 가장 처음 주어진 기회는 1882년 조선에서 일어난 임오군란이었다. 상관이던 우장칭이 임오군란을 진압하기 위해 조선에 파견되자 위안스카이가 동행하게 된 것이다. 그는 임오군란에 직접 참여하여 반란을 진압했으며, 흥선대원군을 청나라로 압송하는 등 적극적으로 활약했고, 이로써 '동지'라는 직책에 올랐다. 여기에 1884년 갑신정변이 일어났을 때 고종을 구출하는 등의 활약을 하며 이듬해 이홍장으로부터 주차조선총리교섭통상사의에 임명되었다. 이른바 청나라의 대조선 정책을 도맡은 것이다. 그는 자신을 조선 총독이라 생각하고 조선의 내정에 적극적으로 간섭했다. 또한 조선 정부의 공식 행사에서 왕보다 상석에 앉고, 궁궐 내에서 말과 가마를 타고 다녔으며, 러시아 세력을 이용해 청나라를 견제하려던 고종을 폐위시키려는 음모까지 꾸미는 등 오만방자한 행동을 일삼았다.

조선에서 책략을 거듭하던 그가 귀국한 것은 1894년 6월 21일, 청일 전쟁이 발발하기 전이었다. 청나라와 일본 사이에 위험한 기류가 흐르자 일본의 청나라 침공에 중간 전투지가 될 조선에서 재빨리 피신한 것이다.

자신의 안위를 위해 도망을 친 그에게 또다시 기회가 찾아왔다. 청일 전쟁에서 청나라가 패하자, 청 정부가 새롭게 군대

위안스카이

위안스카이의 북양군

를 양성하고자 한 것이다. 이 기회를 놓치지 않고 위안스카이는 휘하에 있던 북양군을 서양식 군대로 육성했다. 북양군은 원래 이홍장이 자신의 안휘 부대를 현대화하여 북양군과 북양함대로 재조직한 것인데, 이홍장 사후 위안스카이가 맡으면서 더욱 현대적으로 성장시켰다. 위안스카이의 북양군은 이후 군벌로 성장해 중국에 거대한 영향력을 행사하게 된다.

그사이 위안스카이는 1898년 무술변법에서 개혁파를 배반하여 서태후의 신임을 얻었고, 의화단의 난을 진압하면서 열강의 신임까지 얻었다. 또한 1901년에는 이홍장의 뒤를 이어 직례총독과 북양대신이 되었다. 이렇게 그의 위세가 높아지자 이홍장은 청나라 귀족들의 시기를 한 몸에 받았고, 1908년 선통제가 즉위하고 아버지 순친왕이 섭정이 되면서 그는 정계에서 잠시 물러나야 했다.

그러나 1911년 신해혁명으로 위안스카이는 다시 군사적 전권을 장악했다. 난징(南京, 남경)의 중화민국 정부와 청 정부 사이에서 조율하던 그는 청 정부를 배신하고 쑨원의 중화민국 정부와 연합하여 선통제를 스스로 퇴위하게 했다. 이후 그는 쑨원을 대신하여 중화민국 임시 총통 자리에 오르고 수도를 베이징(北京, 북경)으로 옮겼다.

위안스카이는 이제 자신이 황제가 되고자 하는 야심을 갖게 되었다. 그는 국민당을 탄압하기 시작했으며, 1913년 3월에는 국민당 임시 대리인 쑹자오런宋教仁을 암살했다. 이로 인해 혁명이 일어났으나 위안스카이는 이를 제압하고 1913년 10월 정식으로 중화민국 대총통에 취임했다. 국민당을 해산시키고 독재 체제를 확립한 그는 이듬해 5월 중화민국임시약법까지 폐지하고 봉건적 의미의 대총통이 되었다. 하지만 그의 야심은 여기에서 끝나지 않았다. 그는 결국 황제 제도를 부활시켜 스스로 황제가 되고자 했고, 독재에 대한 국민들의 반대가 거세지자 일

쑹자오런

본, 영국, 프랑스, 러시아 등 열강을 끌어들여 이를 해결하고자 했다. 이에 같은 해인 1915년 1월 급기야 일본은 위안스카이에게 중국 내의 이권에 대한 광범위한 요구사항을 담은 대중국 21개조 요구안을 제시한다. 이 요구안은 모두 5호 21개 조항으로 이루어져 있다.

제1호. 산둥 지역에 대한 일체의 권리와 이익을 일본 정부에 넘겨준다.
제2호. 남만주와 동부 내몽골 지역에 대해 일본이 우선권을 가진다.
제3호. 중국은 일본과 한야평공사를 설립하며, 광산 채굴에 있어 일본의 허가를 받는다.
제4호. 중국 연해의 도서와 항만은 타국에게 양도할 수 없다.
제5호. 중국 군사와 재정 부분에 일본인 고문을 두고, 중국 경찰과 군대에도 일본인을 고용하고 일본이 무기를 공급한다.

위안스카이의 황제 즉위식

21개조의 내용이 알려지면서 중국 내에서 반대 여론이 들끓었으나 일본의 경제적, 정치적 지원이 필요했던 위안스카이는 결국 일본의 요구를 수용했다. 이로써 막대한 권리가 일본으로 넘어갔으며, 중국 국민들 사이에서는 일본과 위안스카이에 대한 반대 운동이 더욱 거세졌다. 그럼에도 그는 같은 해 12월 11일 참정원의 추대를 받아 황제로의 등극을 감행했고, 이듬해 1월에는 스스로 황제라 칭하고 연호를 '홍헌洪憲'으로 개원한다고 선언했다.

그의 이와 같은 행보는 중국 국민은 물론 지지 세력이었던 북양 군벌까지 등을 돌리게 하는 결과를 낳았다. 또한 서구 열강 역시 지원을 중단했다. 국내외적으로 고립된 위안스카이는 결국 1916년 3월 스스로 자리에서 물러났고, 같은 해 6월 사망했다.

중국의 국부
쑨원

孫文(1866~1925년)

- 중화민국의 대총통.
- 중국혁명동맹회를 조직해 신해혁명을 일으키고 공화제 정부인 중화민국을 수립했다.
- 민족, 민주, 민생주의의 '삼민주의'를 주장하여 이후 중화민국의 사상적 기반을 닦았다.

청일 전쟁에서의 패배로 청 조정이 무능을 드러냄에 따라 새로운 국가 건설을 모색하여 중국을 일으키고자 한 인물이 있다. 바로 쑨원이다. 그는 삼민주의로 대표되는 중국의 공화제를 창시하고, 국민 정부 시대에는 중국의 국부國父로 일컬어졌다.

쑨원은 1866년 광둥 성 샹산에서 가난한 농부의 아들로 태어났다. 그는 어린

쑨원

시절 서당에서 전통적인 유교 교육을 받았으나 열네 살 때 하와이로 건너가 호놀룰루에서 고등학교를 다니면서 미국식 민주주의를 체험했다. 고향으로 다시 돌아온 것은 열여덟 살 때로, 전통적인 유교 문화와 미국식 민주주의 사이에서 괴리를 느낀 그는 곧 홍콩으로 이주했다. 이곳에서 서양의학원에 진학하여 의학을 공부했으며, 졸업 후에는 마카오, 광저우 등에서 개원하여 잠시 의사로 생활했다.

1894년 청일 전쟁에서 패배한 후 청 조정이 무능함을 드러내고 서구 열강들의 침탈이 가속화되자, 그는 나라를 위해서는 혁명이 필요하다고 생각했다. 이에 호놀룰루에서 '만주족 축출, 중화 회복, 연합정부 건설'을 기치로 하는 흥중회興中會를 조직하였고, 1895년 10월 광저우에서 군사를 일으켰다. 그러나 부하의 밀고로 무산되고 쑨원은 해외 망명에 오르게 되었다. 그는 먼저 일본으로 탈출해 하와이를 거쳐 영국으로 건너갔으나 1896년에 런던에서 체포되었다. 그러나 의학교 시절 스승의 도움으로 무사히 풀려난 후 1897년 다시 일본으로 건너갔다. 이 과정에서 쑨원은 세력을 모아 1900년에 다시 제2차 무장 봉기를 계획했지만, 이 역시 실패하고 다시 외국으로 나가야 했다.

이후 쑨원이 일본, 하와이, 베트남, 미국 등에서 중국인들에게 혁명 사상을 전파하던 중 1905년 러일 전쟁이 일어났다. 쑨원은 그해 8월 도쿄에서 유학생들을 규합하여 중국혁명동맹회를 결성하고 총리로 추대되었다. 쑨원은 동맹회 민보 발간사를 통해 그동안 구상했던 삼민주의三民主義를 발표했다. 한족 국가를 부흥시키자는 민족주의, 민주주의 체제를 확립시키자는 민권주의, 민중의 안정된 생활을 위한 경제 정책을 실시하자는 민생주의의 삼민주의는 이후 쑨원의 중심 사상이 되었다. 중국동맹회는 여러 차례에 걸쳐 봉기를 거듭했으나 모두 실패로 끝이 났고, 결국 쑨원은 신해혁명 즈음까지 전 세계를 주유하며 혁명의 당위성을 설파하는 데 주력했다.

1911년 5월 청나라 정부가 철도 국유화 정책을 발표했다. 당시 청나라에

호북군 정부

서는 국민의 힘으로 철도를 건설하자는 철도부설 운동이 전개되고 있었다. 그러나 청 정부가 재정난을 타개하기 위해 민영철도 건설을 국유화하고, 이를 담보로 열강에게 돈을 빌리기로 한 것이었다. 이 과정에서 특히 피해를 입은 쓰촨 성 사람들은 사천보로동지회를 결성하여 이를 중심으로 납세거부 운동 등의 반대 운동을 펼쳤고, 청 정부는 우창에 주둔하고 있던 정부군을 동원하여 이를 무력으로 진압했다. 그러자 우창을 중심으로 한 중국동맹회는 정부 옹호파를 제거한 후 호북군 정부를 조직했다. 이어서 호북군 정부는 10월 10일 우창에서 봉기해 중화민국군 정부를 수립했다. 1개월도 지나지 않아 중국 전역에서 13개 성이 이 혁명에 동조하여 독립을 선언했고, 추후 4개 성이 합류하여 총 17개 성이 청 정부에 대항해 반란을 일으켰다. 12월 2일, 혁명군은 난징에 임시정부를 세웠으며, 쑨원을 임시 대총통으로 추대했다.

혁명 당시 미국에 체류 중이던 쑨원은 신문기사를 통해 봉기 사실을 접하고 혁명을 완수하기 위해 영국, 프랑스 등 서구 열강과 교섭에 들어갔다. 그는 청 정부에 대한 지원을 중지할 것, 청 왕조를 지원하던 일본을

도망치는 청나라 고관들 우창 봉기의 성공으로 겁을 먹은 청나라 고관들이 도망치고 있다.

막아 줄 것 등을 요구하며 대신 새로 수립된 혁명 정부는 과거에 맺어진 조약을 계승한다고 표명했다. 성공적으로 교섭을 이끌어 낸 쑨원은 12월 25일 상하이에 도착했고, 29일에 난징에서 열린 선거를 통해 임시대총통에 당선되었다. 이듬해인 1912년 1월 1일 쑨원의 취임식이 거행되었고 이로써 민주주의 혁명으로 인한 중화민국이 탄생했다. 이것이 신해혁명이다. 그러나 혁명 정부는 장기적인 계획을 가지고 있지 않았으며, 베이징에서는 여전히 청 왕조가 명맥을 유지하고 있는데다, 지난해부터 실질적으로 전권을 장악한 위안스카이 세력으로부터 군사적 위협까지 받고 있는 상태였다.

이에 쑨원은 청 왕조의 편에 있던 위안스카이와의 연합을 결정했다. 그는 선통제를 퇴위시키고 내각중심제를 시행하는 조건으로 위안스카이에게 정권을 넘길 것을 약속했다. 이로써 위안스카이가 청나라의 마지막 황제 선통제에게 퇴위 조서를 받아 내고 1912년 2월 청나라는 멸망했다. 그러나 권력의 정점에 선 위안스카이는 쑨원과의 약속을 저버리고 독재 정권을 수립했다. 중국동맹회는 1912년 12월 중국국민당으로 이름을 바꾸고 위안스카이를 견제했으나, 위안스카이는 오히려 국민당의 대리 이사장 쑹자오런을 암살하고 국민당을 탄압하기에 이른다. 쑨원과 국민당은 무력으로 위안스카이에 대항했으나 실패했고, 쑨원은 또다시 일본으로 망명을 떠나야 했다. 그는 1914년 도쿄에서 중화혁명당을 결성해 반제국주의, 반군벌의 기치로 활동하기 시작했다. 중화혁명당은 중국으로 입국하여 위안스카이 정권에 반대하는 사람들을 규합했으며, 서구 열강과 함께 위안스카이의 황제 등극에 맞섰다. 결국 위안스카이는 황제가 되기를 포기했다. 쑨원은 1916년 위안스카이가 사망한 후 중국으로 귀국할 수 있었다.

그러던 중 1919년 5월 4일, 베이징에서 대학생을 중심으로 반일 운동이 일어났다. 이 운동은 반제국, 반봉건을 기치로 내건 민중 운동으로 확대되었다. 과거 일본의 대중국 21개조 요구안이 알려진 후부터 축적된 민중들의 분노는 제1차 세계대전 후 열강들의 침탈로 더욱 거세졌고, 이로 인해 대학생들이 주도한 반일 혁명 운동이 각계각층으로 번진 것이다. 그 결과 위안스카이 사후 정권을 쥐고 있던 돤치루이 군벌 정부는 친일파 인사들을 파면시키고, 독일이 산둥에서 가지고 있던 특권을 전부 일본에게 양도하

돤치루이

국민대회 1948년 국민당 중앙 정부의 주도하에 열린 국민대회. 가운데에 쑨원의 초상이 놓여 있다.

라는 파리평화회의의 결정을 거부했다. 국민들이 주도하여 군벌 정부와 제국주의에 대항해 결실을 맺은 이 5·4 운동은 중국 국민들의 근대의식이 성장하여 표출된 대표적인 사건이었다.

5·4 운동을 계기로 쑨원은 혁명에는 국민들의 힘이 중요하다는 것을 깨닫고 중화혁명당을 다시 중국국민당으로 개칭했다. 또한 5·4 운동은 공산당이 성립되는 계기로도 작용하여, 이듬해 소련 코민테른의 지원으로 중국공산당이 결성되었다. 이어서 코민테른은 중국 내에서 영향력을 행사하고 있던 쑨원에게도 손을 내밀었다. 당시 쑨원이 대통령으로 취임하여 수립된 광둥 신정부는 혁명을 완성하기 위해서는 군벌을 축출하고 무력이 기반을 이루어야 한다고 생각했다. 이를 위해서는 군사를 육성하는 것이 중요하다고 판단했기 때문에 쑨원은 코민테른의 도움을 받아 광

저우에 황푸군관학교를 세우기로 결정했다. 이 황푸군관학교의 초대 교장이 바로 장제스蔣介石로, 이후 장제스는 이곳에서 군인을 양성하며 자신의 권력 기반을 다졌다. 1924년 쑨원은 중국공산당과 연계하여 새로운 중앙기구를 조직했으니, 이것이 제1차 국공합작이다. 그러나 이듬해 쑨원은 쿠데타를 통해 다시 정권을 장악한 돤치루이가 주선한 베이징 국민대표회의에 참석하러 가던 중 간암으로 사망하면서, 혁명을 위한 그의 행보는 막을 내렸다.

그러나 쑨원의 삼민주의는 이후 중국공산당에도 큰 영향을 미쳤다. 현재 중국 정부는 삼민주의를 계승하려는 움직임을 보이고 있으며, 중국 건국 기념일에는 톈안먼 광장에 커다란 그의 초상화가 걸린다. 또한 타이완에서도 그는 '국부國父'로 칭송받고 있다. 우리나라에서는 상하이 임시정부를 지원한 공으로 1968년 건국훈장 대한민국장을 수여했다.

중국공산당을 창당하다
천두슈

陳獨秀(1879~1942년)

- 중국공산당 초대 중앙위원회 의장.
- 유교 도덕을 비판하며 문학혁명론을 주장했고, 이는 이후 5·4 운동의 사상적 기초가 되었다.
- 중국공산당을 창당해 초대 중앙위원회 의장에 취임했고, 제1차 국공합작을 제안했다.

    천두슈는 중화민국 초기의 사상가이자 혁명가로, 리다자오와 함께 중국공산당을 창당하여 중국 정치와 사상에 큰 영향을 끼쳤다.

    그는 1879년 10월 8일 안후이 성 화이닝의 부유한 지주 집안에서 태어났다. 아버지를 일찍 여의였으나 할아버지의 보살핌 아래 좋은 환경에서 공부를 할 수 있었다. 그는 주로 중국 고전과 경전을 익혔으며 1896년에는 과거시험에서 수석을 차지했다. 이 과정에서 좀 더 새로운 교육을 받고 싶었던 그는 항저우의 구시서원求是書院에서 프랑스 어와 영어 등을 배운 후, 1902년에는 도쿄고등사범학교로 유학을 떠났다.

    이후 그는 귀국과 도일을 거듭하며 언론인으로 활동하면서 청나라의 정치 체제를 비판하고 개혁을 촉구했다. 〈국민일보〉, 〈속화보〉 등을 발행하면서 활발한 활동을 하던 그는 1906년 다시 일본으로 건너가 와세다 대학교에서 수학하고, 프랑스 유학도 다녀왔다. 1913년에는 반反위안스카이 폭동에 참여하고, 〈갑인잡지〉 등 혁명 잡지를 편집했으며, 1915년에는 〈신청년新青年〉의 전신인 월간 〈청년잡지〉를 발간했다.

천두슈는 〈신청년〉을 통해 신문화 운동을 주도했다. 신문화 운동은 민주 이념을 내세워 공자 등으로 대표되는 유교와 봉건제 등을 반대하고, 과학으로 미신을 혁파하자는 것이었다. 그는 중국 청년들에게 개인주의, 무정부주의, 마르크스주의 등 서구 사상을 전파하여 사상을 개조하고, 혁명 정신을 설파하는 데 중점을 두었다. 그러나 1920년대 천두슈가 공산주의자가 되면서 〈신청년〉은 공산당 기관지로 변질되었다. 이로써 신문화 운동도 끝났으나 신문화 운동이 중국 역사에 미친 영향은 무시할 수 없다. 〈신청년〉에 참여한 리다자오, 마오쩌둥, 루쉰, 후스胡適 등은 이후 중국 정치와 사상에 큰 영향을 끼치며, 국민들 사이에 서구 사상에 대한 관심을 폭넓게 일으키는 계기를 제공했다.

1917년 그는 베이징대학교 문과대학 학장이 되었고, 1918년 12월 진보잡지 〈매주평론〉을 발행했다. 그 결과 베이징대학교에 신문화 운동을 지지하는 지식인들과 대학생들이 모였고, 이들이 5·4 운동을 이끈 원동력이 되었다. 5·4 운동은 제1차 세계대전 후 열린 파리강화회의에서 산둥 반도의 권리를 일본에게 빼앗긴 것이 계기가 되어

천두슈

5·4 운동

일어났다. 이 소식이 베이징에 전해지자 신문화 운동에 적극적이던 대학생들이 1919년 5월 4일 톈안문에서 대규모 시위를 감행하기로 결정한다. 시위 당일 모인 3천여 명의 학생들은 각국 공사에 청원서를 내고 폭행과 방화 등의 행위로 친일파를 응징했다. 수많은 학생들이 정부군에게 체포되었지만, 이들은 동맹수업 거부를 통해 반일 운동을 지속하고, 여론과 대중으로부터 지지를 받았다. 이와 같은 움직임은 결국 전국 규모로 확대되어 돤치루이의 군벌 정부를 굴복시키기에 이르렀다. 이렇게 일본에 대항한 민족주의적인 움직임, 지위고하를 막론한 대중의 연대는 신문화 운동에서 시작된 사상 개조에서 시작된 것이며, 왕정 국가에서 벗어나 현대적 의미의 국민 국가로의 변화를 예고한 것이라 할 수 있다. 그러나 5·4

운동이 성공하자 천두슈는 그 사상적 배경을 제공했다는 책임을 지고 문과대학 학장직을 사임해야 했고, 1919년 6월부터 3개월간 수감 생활을 했다.

그가 공산주의자가 된 것은 1917년의 러시아 혁명 이후다. 그는 이때부터 진

러시아 혁명 군중들 앞에서 연설을 하는 레닌.

보적인 사상을 가진 추종자들을 모아 운동을 계속했으며, 이윽고 1920년 5월 중국공산당을 창당했다. 이듬해 7월에는 소련 코민테른과 연계하여 중국공산당 제1차 전국대표대회를 개최하고, 정식으로 중국공산당을 출범시켰다. 공산당 총서기에 선출된 그는 '중국의 레닌'이라고 불리며 당의 혁명 활동을 지휘했다. 1922년에는 당 기관지 〈향도주보〉를 발행하여 언론 활동과 교육 활동도 시행했다.

천두슈는 소련 코민테른과 밀접한 관계를 유지했는데, 제1차 국공합작도 코민테른의 지시에 따른 것이었다. 그는 1923년 6월 12일에 열린 중국공산당 제3차 전국대표대회에서 국민당원을 끌어들이기 위해 '협력' 방침을 제안했다. 국공합작을 통해 공산당원이 국민당에 가입하여 국민당의 성향을 개조하고, 우수 당원을 공산당으로 영입하자는 것이었다. 그러나 농민과 프롤레타리아를 기반으로 한 공산당과 부르주아 성격의 국민당이 연합한다면 공산당 내에 사상적 위기가 발생할 수도 있다는 주장이 제기되면서 천두슈는 당 내외에서 비난을 받게 되었다. 이런 비난은 1927년 중국공산당 제5차 전국대표회의에서까지 이어졌으나 천두슈는

상하이 쿠데타

국공합작을 계속하여 추진했다.

그러나 같은 해 4월 12일 상하이에서 중국국민당의 대대적인 공산당 축출이 시작되었다. 4·12사건, 이른바 상하이 쿠데타다. 국민당 내의 공산당원들은 전원 체포되어 처형당했으며, 이후 몇 달에 걸쳐 중국 전역에서 공산당원들이 살해되었다. 이 과정에서 중국공산당 창당의 주축인 리다자오도 처형되었다. 그러자 공산당은 코민테른의 지시하에 확대회의를 개최했고, 여기에서 마오쩌둥이 공산당 무장화와 빨치산 노선으로의 선회 등을 주장했다. 천두슈는 마오쩌둥의 주장에 반대하며 그와 대립하게 되었고, 코민테른은 국공합작의 결렬 및 실패의 책임을 천두슈에게 지웠다. 결국 천두슈는 마오쩌둥의 주도하에 총서기직을 사퇴해야만 했다.

이후 천두슈는 트로츠키파로 전향하여 1929년 〈전당 동지에게 고하는 글告全黨同志書〉을 발표했으며, 이로 인해 공산당 당적까지 박탈당했다.

그는 중국 트로츠키파에 참여했으나 내부 분열로 조직이 와해된 후 이듬해인 1932년 국민당에 체포되었다. 5년간의 감옥살이 끝에 풀려난 그는 이후 트로츠키주의 운동에 적극적으로 참여하지 않았다.

천두슈는 말년에 사상적으로 민주주의를 수용하고 공산주의에 반대하며, 공산주의를 대중민주주의를 실현하기 위한 수단으로 보았다. 또한 혁명에 있어 부르주아의 역할도 인정했으나 그는 여전히 사회주의자였다. 1938년 이후 충칭重慶에서 잠시 교직 생활을 하는 등 조용히 여생을 보내던 그는 1942년 충칭 부근의 소도시에서 사망했다.

비운의 이상주의자
리다자오

李大釗(1889~1927년)

- 천두슈와 함께 중국공산당을 창당하고, 마르크스주의를 연구해 중국공산당의 사상적 근거를 마련했다.
- 1922년 공산당으로서 국민당에 입당한 후 제1차 국공합작을 추진했으며, 1924년에는 국민당 중앙위원회 위원으로 선출되었다.
- 장제스의 공산당 탄압 정책 이후 베이징에서 체포되어 사형당했다.

    중국의 마르크스주의를 대표하는 이론가 리다자오는 천두슈와 함께 중국공산당을 창당하고 공산당의 사상적 기반을 제공했다. 그는 중국에 본격적으로 마르크스주의를 도입한 인물로 군벌 타도와 반일 운동을 주도했다. 이후 중국공산당의 핵심 인물로 성장하는 마오쩌둥에게 큰 영향을 끼쳤다.

    1889년 중국 허베이 성(河北, 하북성)에서 태어난 리다자오는 어릴 적 부모님을 모두 잃고 조부모 슬하에서 자랐다. 어린 시절에는 서당에 다니며 전통식 교육을 받았고, 열아홉 살에는 톈진에 있는 북양법정전문학교에서 일어와 영어, 정치학 등을 공부했다. 이후 1913년에 와세다대학교로 유학을 떠난 그는 일본에서 사상적으로 큰 충격을 받았다. 그는 특히 서구 열강의 침입이 계속된다면 중국인의 민족성이 위태로워질 것이라고 생각하고, 중국의 전통적 가치를 지켜야겠다는 결심을 하게 되었다. 그런 한편으로 서구의 사상과 공산주의를 적극적으로 받아들였다. 1916년에 중국으로 돌아온 그는 연구계研究系라는 진보적인 정치단체에 몸을 담고, 진보 신문 〈신종보晨鐘報〉를 편집했다. 그러나 연구계의 의회주의를 주장하는 성향이 자신과 맞지 않는다는 것을 깨닫고 곧 결별한다.

1918년에 그는 베이징대학교에서 도서관장으로 일했고, 1920년에는 문과대학에서 역사학 교수를 겸직하면서 마르크스주의와 볼셰비키를 연구했다. 이때 리다자오는 도서관 사서로 일하던 마오쩌둥과 만나게 되고, 마오쩌둥은 이후 마르크스주의와 민중 혁명에 대한 리다자오의 사상에 큰 영향을 받는다.

천두슈가 창간한 잡지 〈신청년〉에 리다자오가 참여한 것은 이즈음인 1918년이다. 민족주의 애국자였던 그는 천두슈와 〈신청년〉이 주장하는 '중국적인 정신, 가치에 대한 반대, 미신 혁파, 무정부주의 사상' 때문에 창간 즉시 참여하지는 않았으나 천두슈와는 사상적인 논쟁을 주고받으며 교류했다. 게다가 1917년 소련에서 볼셰비키 혁명[1917년 11월 6일(러시아 구력 10월 24일)에 일어난 프롤레타리아 혁명. 볼셰비키의 주도하에 군대와 노동자들이 봉기했으며, 이로써 볼셰비키는 페트로그라드 전체를 장악했다]이 일어나 볼셰비키가 정권을 장악하고 공산주의가 확대되자 리다자오 역시 완전한 공산주

리다자오

자가 되었고, 이듬해인 1918년부터 〈신청년〉에 논문을 기고하기 시작했다. 1918년 6월에는 〈서민의 승리〉, 8월에는 〈볼셰비즘의 승리〉를 각각 발표했는데, 이 논문에서 리다자오는 볼셰비키 혁명을 전제주의와 군국주의에 대한 인류 정신의 승리라고 표현했다.

그러던 중 1919년 5월 4일, 베이징에서 학생들을 중심으로 반제국주의, 반봉건주의의 성격을 띠는 애국 운동이 일어났다. 이른바 5·4 운동이라고 불리는 이 사건은 〈신청년〉에서 주장한 신문화 운동이 사상적 배경이 된 것으로 향후 중국공산당이 결성되는 데 큰 역할을 했다. 이 시기에 리다자오는 직접 학생시위를 조직했으며, 체포된 학생을 석방시키기 위해 다방면으로 노력했다. 이렇게 러시아 프롤레타리아 혁명과 5·4 운동을 경험한 그는 마르크스주의와 민중의 힘을 더욱 믿게 되었다.

그리하여 마침내 1921년 리다자오는 베이징대학교의 마르크스주의 연구단체를 발전시켜 천두슈와 함께 중국공산당을 창당했다. 같은 해 7월 상하이에서 열린 창당대회에는 마오쩌둥도 참가했다. 이후 중국공산당은 소련 코민테른과 협력 관계를 구축하고 국민당과도 손을 잡았다. 1922년 리다자오는 개인 자격으로 국민당에 입당하면서 제1차 국공합작을 이루었다. 1924년 리다자오는 제5차 코민테른 대회에 참석하는 한편, 국민당의 제1차 전당대회에서 중앙위원회 위원으로 선출되었고, 쑨원의 지명으로 주석 중 한 사람이 되었다. 그는 쑨원이 죽은 후에도 공산당과 국민당에서 다양한 혁명과 국민 운동을 전개했다.

그러나 국공합작은 오래 지속되지 않았다. 장제스가 1927년 국공합작을 깨고 공산당을 대거 축출하는 과정에서 베이징 주재 소련대사관에 피신해 있던 그는 장쭤린張作霖에게 체포되어 4월 28일 38세의 나이로 총살되었다.

중국 공산주의자들은 대부분 민족주의자였다. 리다자오 역시 마찬가지로 그는 기존의 마르크스주의자들이 주장하는 프롤레타리아 계급 혁명이 중국에서는 사실상 불가능하다고 보았다. 따라서 서구에서 혁명의 중심이라고 여겼던 도시노동자 계급을 대신하여 중국에서는 농민 계급이 그 역할을 수행해야 한다고 생각했다. 그는 농부들이 주도하는 민중혁명을 꿈꾸었는데, 당시 중국 노동 계급의 대부분이 농민이었던 것을 생각하면 이는 매우 설득력이 있었다. 리다자오의 이러한 사상은 마오쩌둥에게로 이어졌으며, 마오쩌둥은 농민을 주축으로 하는 사회개혁을 꿈꾸게 된다.

리다자오는 마르크스주의와 관련해 다양한 저서를 남기며 중국공산당의 사상적 기초를 제공했다. 대표작으로는 〈신청년〉에 기고한 마르크스주의 계급투쟁론에 대한 〈서민의 승리〉와 〈볼셰비즘의 승리〉, 1919년 월간 〈소년중국〉에 기고한 중국 최초의 마르크스주의 이론인 〈나의 마르크스주의관〉, 1920년에 발표한 〈마르크스의 역사철학과 리케르트의 역사철학〉 등이 있다.

문예는 정신을 변화시키는 수단이다
루쉰

魯迅(1881~1936년)

- 중국 현대문학을 대표하는 소설가이자 혁명가.
- 1918년 발표된 단편소설 〈광인일기〉는 중국 근대문학의 효시로 평가되며, 중국 사회의 모순을 폭로한 〈아Q정전〉이 대표작이다.
- 그의 사상은 치열한 현실 인식을 바탕으로 한 일체의 관념 타파를 기조로 하고 있다.

중국 현대문학을 대표하는 소설가이자 사상가인 루쉰은 우리에게 〈아Q정전〉으로 유명하다. 루쉰은 필명으로 본명은 저우수런周樹人, 자는 위차이豫才다. 그가 생전에 남긴 저작은 중편 1편, 단편 32편에 불과하지만 그의 작품이 중국 정치사와 문학사에 남긴 족적은 매우 거대하다.

루쉰은 저장浙江 성 사오싱의 지주 집안에서 태어났다. 어린 시절에는 비교적 유복한 환경에 자라 서당에서 유교와 역사를 배웠으며 회화, 특히 탁본에 관심이 많았다고 한다. 그러나 열세 살 때 할아버지가 뇌물 사건으로 감옥에 갇히고, 열여섯 살 때 아버지까지 죽자 집안이 점차 기울기 시작했다. 열여덟 살 때 난징에 있는 수사학당에 진학한 것도 학비를 면제받을 수 있었기 때문이었다. 그는 얼마 후 광무철로학당으로 옮겨 외국어를 비롯해 물리, 지리, 회화 등을 공부하면서 계몽적 신문학의 영향을 크게 받았다.

1902년 학당을 졸업한 루쉰은 국비유학생으로 선발되어 일본으로 유학을 떠났다. 먼저 도쿄고분학원에서 일본어를 배운 후 1904년에는 센다이의학전문학교로 진학하여 의학을 공부했다. 이때 루쉰은 강의 도중 영화의 한 장면을 보고 일생의 전환점을 맞게 되었다. 같은 중국인이 일본인에게 체포되어 참수되고, 참수되는 동포를 구경만 하고 있는 중국인들이 등장하는 장면에 그는 크게 분노했다. 여기에서 그는 건강한 신체보다 중요한 것은 정신이며, 문예야말로 정신을 변화시키는 가장 좋은 수단이라는 것을 깨닫고 학교를 그만두고 도쿄로 돌아갔다. 자신이 해야 할 일은 문학을 통해 동포의 정신을 변화시키는 것이라고 생각한 것이다.

난징 시절부터 독일어를 배워 동유럽 문학에 심취해 있던 그는 이 시기 많은 문학 작품들을 접하고, 외국 소설을 중국어로 번역하는 일에 매진했다. 동생 저우쭤런周作人과 《역외 소설집》을 공동으로 번역한 것도 이 시기의 일이다.

1909년 귀국한 그는 항저우사범학교, 사오싱중학교 등에서 일했으나 1911년 혁명의 영향으로 그만두어야 했다. 그러나 이듬해 난징에 신정부가 들어서면서 그는 신정부의 사회교육국에 들어갔으며, 정부가 베이징으로 자리를 옮기자 그도 베이

루쉰

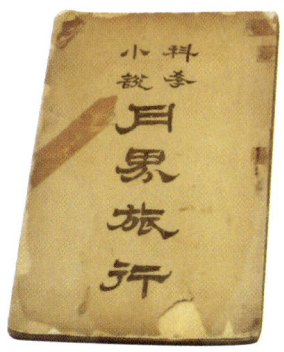
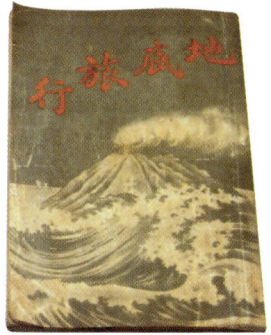

루쉰의 번역서 쥘 베른의 《달나라 여행》과 《지저 여행》.

징으로 이주했다. 당시 중국 사회는 위안스카이의 독재하에 공포정치가 자행되고 있었고, 이런 경직된 분위기에서는 그 어떤 말도 꺼내기 어려웠다. 이 시기에 루쉰은 외국 작품을 번역하거나 탁본을 베끼며 시간을 보냈다고 한다.

한편 중국에서는 신해혁명과 함께 과학과 민주주의를 내세우며, 봉건 문화와 유교를 비판하는 문학혁명文學革命이 진행되고 있었다. 1919년 5·4 운동의 사상적 근거가 된 이 운동은 천두슈가 창간한 〈신청년〉을 통해 주로 추진되었는데, 이 잡지는 신문화 운동의 일환으로 문학에 있어서의 혁명을 주장한 것이다. 당시 신문이나 잡지, 각종 문학 작품 등이 문어체로 쓰였는데, 그는 문어체가 현실을 제대로 반영하기 어렵다고 생각했다. 이와 관련하여 후스는 작금의 사회를 반영하기 위해서는 실제 사람들이 사용하는 구어를 도입해야 하며, 문어는 봉건 질서 속에서 기성세대의 권위를 반영하는 것이므로 구어를 사용하는 것이야말로 문장이 사회성을 지니고 생명력을 얻을 수 있는 방법이라고 했다. 결과적으로 문학혁명을 통해 작품으로 혁명 정신을 설파하고 사상 개조에 영향을 끼칠 수 있다고 본 것이다.

루쉰의 대표작 〈광인일기狂人日記〉는 이런 배경 속에서 탄생한 것이다. 1918년 5월 15일자 〈신청년〉을 통해 발표된 이 작품은 구어체 문장을 사용해 유교 제도들을 비판한 것으로 문학혁명을 실천한 최초의 작품이라고 할 수 있다. 〈광인일기〉는 문학혁명 시기의 대표작이며 이후 중국 근대문학의 효시가 되었다. 루쉰이라는 필명도 이때부터 사용되기 시작했다. 그는 이후 〈신청년〉에 〈고향故鄕〉, 〈야초野草〉, 〈공을기孔乙己〉, 〈약藥〉, 〈풍파風波〉 등을 발표하며 중국 근대문학을 확립했다.

그의 대표작인 〈아Q정전〉은 1921년 베이징의 〈천바오晨報〉 신문에 연재한 것이다. 주인공인 날품팔이 노동자 아Q를 통해 중국의 봉건 사회를 날카롭게 풍자하고 비판한 이 소설로 인해 그는 중국 전역에서 큰 명성을 얻었다. 이후 루쉰은 소설과 함께 짧은 수필도 집필했고, 외국 작가의 작품을 번역하여 중국에 소개하는 일도 꾸준히 지속했다.

후스와 장제스 후스(좌)는 미국 유학 시절 실용주의 철학자 듀이에게 사사한 실용주의자였다. 그는 구어문을 제창, 유교 비판과 함께 문학혁명의 일익을 담당했다.

한편 베이징에서 강사 생활을 하면서 루쉰은 정부가 학생들의 개혁 운동을 탄압하는 것을 경험하고 분노했다. 특히 1926년 3월 18일, 정부가 학생들의 시위를 무력 진압하자 〈중화민국 이래 가장 어두운 날〉이라는 글을 기고했다. 이를 계기로 예술가마저 탄압을 받자 결국 루쉰은 베이징을 탈출하여 샤먼대학교를 거쳐 1927년에 광둥 중산中山대학교에서 교편을 잡았다. 그런데 광둥으로 옮긴 지 얼마 지나지 않아 국민당과 공산당 사이에 국공합작이 결렬되었다. 이로 인해 국민당은 공산당원뿐만 아니라 진보적 성향을 지닌 사람들까지 대대적으로 탄압하기 시작했다. 사회를 비판하고 풍자하던 루쉰 역시 국민당에 의해 연금되었고, 그의 제자들도 체포되었다.

같은 해 10월 루쉰은 제자 쉬광핑許廣平과 함께 베이징을 탈출하여 상하이로 향했다. 루쉰은 상하이에서도 신문과 잡지에 익명으로 투고를 계속하며 정부를 비판하는 글쓰기를 멈추지 않았다. 그리고 아모이대학교, 광둥 중산대학교 등에서 계속 학생들을 가르치며, 러시아의 프롤레타리아 문학을 번역하여 소개하는 일도 계속했다. 한편 당시 국민당 정부의 민중 탄압이 심해지자 이에 대항하여 문학계에 좌익화 경향이 두드러졌는데, 루쉰 역시 마르크스주의 이론을 공부하고 작가들과 논쟁을 거듭했으며, 쑹칭링宋慶齡 등이 주축이 되어 결성한 중국자유운동대동맹에 발기인으로 참가하기도 했다. 또한 1930년에는 중국좌익작가연맹(약칭 좌련)에 가담하여 공산주의 정책을 지지했는데, 다음 해 좌련 작가 6명이 검거되면서 루쉰은 다시 도피 생활을 해야 했다. 1932년에는 국민당에 반대하는 중국민권보장동맹에 발기인으로 참여하면서 한편으로는 집필 활동을 계속하여 전투적인 사회 단평短評 문체를 확립하고, 문학·예술지상주의와 소품문파小品文派를 비판하기도 했다.

1936년 10월 19일 루쉰은 건강 악화로 세상을 떠났다. 그의 유해는 '민족혼民族魂'이라고 쓰인 하얀 천으로 덮였으며, 1만 명에 이르는 사람들의 애도를 받으며 10월 22일 만국공묘萬國公墓에 안장되었다. 그의 묘가 있는 루쉰공원에는 그와 관련된 자료들을 전시한 루쉰기념관이 건립되어 있다. 루쉰 사후 제자이자 여성운동가인 쉬광핑이 그의 작품을 정리했다. 두 사람은 베이징사범대학교에서 처음 만난 이후 반정부 운동을 같이하며 17년의 나이 차를 극복하고 사랑에 빠졌다. 쉬광핑은 루쉰이 죽을 때까지 그의 옆을 지키며 혁명 운동을 지원했으며, 그의 유일한 혈육을 낳았다. 그녀는 루쉰의 전집을 정리하여 출판했고, 루쉰과 주고받은 편지를 정리한 《양지서兩地書》를 발간하기도 했다.

루쉰의 작품은 당대 중국 현실을 비판하는 동시에 회의적인 시선으로 현실을 바라보는 것이 특징이

루쉰의 장례식

다. 때문에 동시대의 많은 사람들에게 공감을 받으며 널리 사랑받을 수 있었다. 그는 단지 작가로서만이 아니라 사상가이자 혁명가로 추앙받고 있다. 특히 마오쩌둥과 공산주의 정권은 루쉰의 혁명 사상을 크게 찬양했다. 이 때문인지 타이완에서 그는 좌익작가로 분류되었고, 그의 저작들은 1980년까지 금서로 지정되었다.

패왕별희의 실존 모델
메이란팡

梅蘭芳(1894~1961년)

- 청나라 말기부터 중화민국, 중화인민공화국에 걸쳐 활동한 경극 배우로, 상샤오윈, 청옌추, 쉰후이성과 함께 경극을 융성시킨 4대 명단 중 한 사람이다.
- 전통 경극을 보존하고, 새로운 역할을 만드는 등 경극의 현대화에 기여했으며, 미국 및 소련 각국을 순회공연하며 경극을 세계적으로 전파했다.

메이란팡(梅蘭芳, 매란방)은 청나라 말기부터 중화민국, 중화인민공화국에 걸쳐 활동한 가장 대표적인 경극 배우다. 그는 청옌추(程硯秋, 정연추), 쉰후이성(荀慧生, 순혜생), 상샤오윈(尙小云, 상소운)과 함께 중국 경극의 4대 명단名旦으로 손꼽힌다. 그는 또한 쿤취(昆曲, 노래와 음악에 보다 초점을 맞춘 악극)에서도 뛰어난 기량을 발휘했다고 하며, 경극을 세계적으로 전파한 영화 〈패왕별희霸王別姬〉의 모델로도 유명하다. 그는 타고난 재능, 꽃보다 아름다운 외모, 낭랑한 목소리, 섬세한 손짓에 예술을 향한 노력과 고상한 품격이 더해져 중국뿐만 아니라 해외에까지 경극을 전파하는 데 선구자적 역할을 했으며, 동서양 문화 교류를 촉진하는 데도 큰 공헌을 했다. 50여 년간 무대 생활을 하면서 새로운 형식의 여장 남우를 연기해 여주인공 중심의 경극 이미지를 형성하고, 형식을 초월하여 감정과 곡률의 조화를 중시해 고전극에 일대 전환을 가져오는 등 극의 내용과 연출 면에 큰 변화를 불러일으켰다. 그가 창조한 독특한 풍격의 예술 형식은 '매파梅派'라는 유파를 형성했다. 2009년에 만들어진 영화〈매란방〉은 그의 인생을 소재로 한 것으로 예술과 경극을 위해 일생을 바친 경극대왕 메이란팡을 엿볼 수 있다.

메이란팡은 한족 출신으로 1894년 북경에서 출생했으며, 할아버지, 아버지, 큰아버지 모두가 경극계의 명배우로 명실상부한 경극세가世家 출신이다. 메이란팡은 네 살에 아버지를, 열두 살에 어머니를 여의고 당시 금사(琴師, 현악기 반주자)였던 큰아버지 메이위톈梅雨田 아래에서 자랐다. 그리고 명배우 주샤펀(朱霞芬, 주하분)의 제자가 되어 여덟 살 때 경극을 배우기 시작해 열 살부터 무대에 올랐다.

메이란팡은 1934년경부터 두각을 드러내면서 그 후 20여 년간 베이징을 중심으로 활약하며 경극의 황금시대를 열었다. 비공식적인 통계에 의하면 그는 일생 동안 200여 편 이상의 작품에 출현했는데, 전통극, 창작극, 시대극, 고전가무극 등 분야를 불문했으며, 청의青衣, 화단花旦, 규문단閨門旦, 도마단

메이란팡

경극 〈귀비취주〉(위)와 〈패왕별희〉(아래)를 연기하는 메이란팡

刀馬旦, 소생小生 등 갖가지 배역을 소화해 냈다. 그의 미모와 아름다운 목소리는 경극사상 으뜸으로 손꼽히며, 대표작으로는 〈천녀산화天女散花〉, 〈우주봉宇宙鋒〉, 〈백사전白蛇傳〉, 〈귀비취주貴妃醉酒〉, 〈패왕별희〉, 〈유원경몽遊園驚夢〉, 〈상아분월嫦娥奔月〉, 〈대옥장화黛玉葬花〉 등이 있다.

메이란팡이 연기한 경극은 기존의 경극보다 한 단계 높은 수준을 보여 주었다. 경극을 시작한 이후부터 1915년 정도까지 그는 전통을 계승한 전통 창법의 경극에 주로 출연했다. 그러나 1915년부터 항일 전까지는 새로운 경극을 창작하고, 이와 더불어 새로운 경극과 전통극의 조화에 힘을 쏟았다. 특히 그는 여자 주인공 중심의 경극을 만들어 냈다. 경극에서는 남자역인 생生과 여자역인 단旦이 중심 역할을 하는데, 메이란팡은 여자 역할에서도 대갓집 규수와 신분이 높은 여자를 일컫는 정단正旦 역할의 일인자였다. 정단은 일명 '청의'라고도 하는데, 정단이 입는 옷이 주로 푸른색 옷이었기 때문이다. 메이란팡이 인기를 얻으면서 기존의 남주인공 중심의 경극은 여주인공 중심의 극으로 성격이 바뀌기 시작했다. 또한 그는 여주인공의 노래에만 중심을 두고 표정이나 자세 등을 중시하지 않던 전통적인 경극의 틀을 깨뜨리고 본인만의 역할 해석, 깔끔

한 무대 매너, 청아한 목소리, 아름다운 곡조, 문무를 사용한 뛰어난 연기력으로 경극의 표현력을 한층 풍부하게 했다. 1920년대부터는 직접 새로운 곡조를 만들었을 뿐만 아니라 이호二胡를 반주 악기에 첨가시키는 등 음악적인 면은 물론 무대 미술, 배경, 화장 등에도 많은 변화를 주어 후대에까지 널리 계승시켰다.

메이란팡은 중국 경극을 대표하는 걸출한 예술가일 뿐만 아니라 위대한 애국주의자이기도 하다. 그는 중국 혁명에 적극적으로 참여했으며, 중일 전쟁 중에는 홍콩에 은거하면서 항일 투쟁의 선두에서 활약하며 예술인의 숭고한 민족적 절개를 표현했다.

또한 메이란팡은 해외에 경극을 전파하는 선구자적인 역할을 했다. 그는 1919년 처음으로 일본을 방문해 공연을 하여 "메이란팡의 섬섬옥수만 있다면 다른 여자들의 손은 필요 없다."라는 평론이 나올 정도로 큰 호평을 얻었다. 1924년 일본에 관동 대지진이 일어났을 때는 재차 일본을 방문해 위문공연을 열기도 했다. 그 당시 메이란팡이 급성 위염에 걸려 치료를 받게 되었는데, 일본인 의사가 치료비 대신 그의 무대 의상에 있는 단추를 달라고 할 정도로 인기가 대단했다고 한다.

1930년에는 미국 시애틀, 시카고, 워싱턴, 뉴욕, 샌프란시스코, 로스앤젤레스, 샌디에이고 등지에서 72일 동안 공연을 하기도 했다. 당시 미국에는 오페라, 연극, 잡극 등이 유행했지만 메이란팡이 연출한 경극은 대사, 노래, 연기 등의 예술 기법을 조화시켰을 뿐만 아니라, '남

이호 청나라 중기에 만들어진 현악기.

인민폐

성이 여성 역을 맡는' 경극의 특색을 살려 미국 관중들의 뜨거운 환영을 받았다. 1930년대부터 1950년대까지 일본, 미국, 소련 등지를 돌며 공연을 했고, 스타니슬랍스키, 채플린 등과 교류하는 등 경극 전파와 문화 교류에 앞장섰다.

그의 인기를 실감나게 하는 일화는 임금과 관련된 것이다. 당시 메이란팡의 출연료는 금괴 10개였다고 한다. 중화민국이 들어선 후 지주 계층이 사라진 중국에서 메이란팡은 최고 임금을 받는 사람 중 한 사람으로, 당시 국가 주석 마오쩌둥의 임금이 인민폐 408.8원이었던 데 비해 메이란팡의 임금은 인민폐 2,100원에 이르렀다. 그러나 이도 그가 자진해서 낮춘 임금이라고 한다. 당시 칭화대학교의 교수가 지급받는 월 식비는 인민폐 8원으로, 이것으로 한 달 동안 산해진미를 먹을 수 있었다는 이야기나 항미원조(抗米援朝, 6·25 전쟁 때 미국을 반대하고 북한을 지원하던 중국의 외교 정책) 때 비행기를 기증했다는 이야기 등에서 그의 인기와 경제력을 가늠할 수 있다.

메이란팡은 단순히 돈을 많이 버는 경극 배우에 그치지 않고 경극을 발전시키고 항일 운동에 힘썼다. 그는 1949년 중화인민공화국이 성립된 후 경극의 전통적인 체계를 보전하는 동시에 발전시키고자 노력했으며, 희곡연구원 원장을 역임하면서 후배 육성에도 힘을 써 많은 배우를 배출했다. 그의 아들딸 역시 경극 배우로 성장했다. 1952년 제1차 전국희극관미 연출대회에 참가해 대상을 차지하기도 했으며, 1957년 여름 스웨덴의 무용협회 회장이 국제 무용협회의 위탁을 받고 베이징을 방문해 그에게 14번째로 영예상장을 수여하기도 했다. 또 1959년에는 중국공산당에 가입했으며, 나아가 전국인민대표, 중화전국문학예술계련회 부주석, 중국희극가협회 부주석 등의 요직에 있으면서 문화적, 정치적으로 수많은 업적을 남겼다. 그는 1959년 65세의 고령의 나이로 신작 〈목계영괘수穆桂英挂帥〉를 연기하는 등 마지막까지 연기혼을 불살랐다.

완전한 유토피아를 건설하려 하다
마오쩌둥

毛澤東(1893 ~ 1976년)

- 중화인민공화국 초대 국가 주석.
- 장제스와의 국공내전에서 승리한 후 베이징을 중심으로 중화인민공화국을 수립했다.
- 대약진 운동의 실패, 문화대혁명, 톈안문 사태 등으로 극과 극의 평가를 받는 정치 지도자로 꼽힌다.

마오쩌둥은 1949년 공산당 정권인 중국인민공화국을 수립하고 초대 국가 주석을 지낸 인물이다. 공산주의 혁명의 주체 세력을 농민으로 보고, 농촌에서의 계몽을 통한 공산주의 전파에 주력한 그의 사상은 레닌주의를 중국의 현실에 맞게 수정한 것으로, 레닌주의와 비교하여 마오쩌둥주의라고 일컬어진다. 그는 1959년 국가 주석을 사퇴하고 중국공산당 당 주석이 되어 이후 1976년 사망할 때까지 중국공산당을 장악했다.

마오쩌둥은 1893년 후난 성湖南의 한 농민 집안에서 셋째 아들로 태어났다. 어린 시절에는 고전적인 유교 교육을 받았으나 곧 학문을 그만두고 농장 일을 도우라는 아버지의 말에 반발하여 집을 나왔다. 이후 동산 고등소학교를 거쳐 상향중학교에 들어간 그는 그곳에서 쑨원과 양계초의 혁명 사상을 접하게 되었다.

그 시절 중국은 청 왕조에 대한 반발로 혁명의 바람이 거세게 일고 있었다. 1911년 쑨원에 의해 신해혁명이 일어나자 그는 후난 성의 혁명 부대에 들어갔으나 1912년 중화민국이 탄생하면서 군을 나와 법률, 상업 등을 공부했다. 1918년 베이징대학교로 간 그는 도서관 사서로 일하면서 서양 고전들에 심취하고 사유하면서 사상적 토대를 닦았다. 이곳에서 그는 마르크스주의자이자 훗날 공산당을 창설하는 리다자오와 천두슈를 만나 사상적으로 많은 영향을 받았다. 이듬해 5월 중국 전역에서 5·4 운동이 일어나자 마오쩌둥 역시 창사長沙의 학생, 노동자, 상인 등을 규합하여 항일 시위를 일으켰다.

마오쩌둥은 1920년 10월 창사에서 사회주의 청년동맹 지부를 만들고 본격적으로 공산주의 활동을 시작했다. 1921년 7월 중국공산당 제1차 전당대회에 참여하고, 1924년 1월 제1차 국공합작으로 공산당과 쑨원의 국민당이 연합하자 국민당에도 입당했다.

국민당에서 공산주의자로 활약하던 마오쩌둥은 이 시기에 농민층을 무식하고 낙후되었다고 생각하는 기존 마르크스주의의 입장에서 선회하여 농민의 힘을 믿고 활용할 구상을 하며 농민 운동가들을 양성하는 데 힘을 쏟았다.

1927년 국공합작이 깨지면서 국민당은 노동자와 혁명 세력에게서 등을 돌리고 상하이, 우한 등에서 공산당을 대거 축출

마오쩌둥

전차대를 열병하는 마오쩌둥 1949년 1월 31일 베이징을 점령한 후 전차대를 열병하는 마오쩌둥.

했다. 공산당 세력이 괴멸되자 상황을 타개하기 위해 그해 8월 저우언라이周恩來, 주더朱德, 류보청劉伯承 등이 난창에서 봉기를 일으키고 중국인민해방군을 발족했다. 마오쩌둥은 다음 달인 9월 후난에서 농민 무장봉기를 일으켰다. 추수기에 맞춰 일어나 추수봉기라고 불리는 이 사건은 공산당의 지도하에 농민과 노동자 들이 군대를 조직하여 봉기를 일으킨 것이다. 그러나 이 봉기는 국민당의 토벌로 진압되어 봉기를 주도했던 마오쩌둥은 징강 산으로 후퇴하여 훗날을 대비했다. 이때 마오쩌둥 휘하에 있던 천여 명의 농민들이 홍군의 중심이 되었다. 혁명 실패로 인한 후퇴였으나 농민들의 지지를 얻게 되는 전화위복의 기회이기도 했다. 그는 지역 농민들을 규합하여 홍군의 세력을 점차 확대하고, 점점 많은 농민들의 지지를 얻어 장제스 정권을 자극했다.

  마오쩌둥과 홍군 총사령관 주더는 게릴라전을 통해 점차 세력을 키워나갔고, 1931년 무렵 홍군의 수는 20여 만 명에 이르렀다. 마오쩌둥과 홍

상하이를 점령한 공산당군 1949년 5월 27일 상하이를 점령한 공산당군.

군의 세력 확장을 막기 위해 장제스는 공산당의 근거지인 장시 소비에트를 네 차례에 걸쳐 공격했으나 실패했다. 그러나 70만 대군을 앞세운 장제스의 다섯 번째 공격에 결국 대패하여 홍군은 궤멸 상태에 이르렀다. 이에 마오쩌둥은 1934년 10월 살아남은 10만의 병력을 이끌고 서북부 지역으로 9,700킬로미터의 대장정에 나섰다.

일 년간 이어진 대장정은 국민당 군대와의 계속된 전투, 굶주림, 질병 등으로 매우 고달프고 힘든 여정이었다. 1935년 10월 대장정의 목적지인 서북 지역 산시에 도착했을 때, 남은 병사는 고작 1만여 명도 되지 않았다. 그러나 대장정 동안 마오쩌둥은 공산당 내에서 지도권을 되찾을 기반을 마련하고 산시 지역에 주둔하며 군인을 모았으며 주더, 장궈타오張國燾가 합류하여 홍군을 재건했다. 1936년 12월에 마오쩌둥과 공산당은 본부를 산시 성 옌안延安으로 옮겼다.

이 시기에 국민당 정부는 또다시 공산당을 공격하기 위한 준비를 하고

대약진 운동

있었고, 한편으로 일본 역시 중국에 대한 침략 야욕을 드러내고 있었다. 중국 전역에서는 점차 항일 구국 운동의 기운이 커지고 있었지만, 장제스 정부는 여기에 미온적이었다.

따라서 마오쩌둥은 항일 운동과 함께 공산당에 대한 국민당의 공세를 잠재우기 위해 8·1 선언을 발표했다. 국민당 정부는 항일 운동에 미온적이라는 비난 여론에 이어 장제스가 구금되는 시안 사태로 곤경에 처한데다 일본이 루거우차오(蘆溝橋事件, 1937년 7월 베이징의 루거우차오 다리에서 중국군과 일본군이 충돌한 사건) 사건, 상하이 사변(1932년과 1937년에 상하이에서 발생한 중국과 일본 간의 무력 충돌 사건)에 이어 1937년 8월 14일에는 중일 전쟁을 일으키자, 난국을 타개하기 위해 공산당과 제2차 국공합작을 이루었다.

그러나 마오쩌둥은 항일 투쟁보다는 공산당의 세력을 확대하는 데 치

지주와 농민 공산당 정부의 토지개혁 운동으로 지주들은 땅을 빼앗기고, 마을 중앙에서 농민들에게 성토받고 구타당하곤 했다.

중했으며, 전투에서는 전면전을 대신해 소규모 게릴라전을 주로 펼쳤다. 그 결과 공산당의 세력은 전쟁이 끝난 1945년에 이르러 120만 명까지 늘어났으며, 공산당은 농민의 지지를 바탕으로 좀 더 효율적으로 광대한 농촌을 다스릴 수 있게 되었다. 마오쩌둥은 공산당을 완전히 장악하고 반대파를 숙청하는 등 조직을 정비하는 데 힘을 쏟았다.

국민당은 공산당을 견제하기 위해 다시 내전을 시작하여 압박해 왔으나, 공산당은 농촌 지역으로 숨어들어 게릴라전을 계속했다. 공산당의 홍군은 항일 전쟁 과정에서 인민해방군으로 이름을 바꾸고 조직적으로 개편되었으며, 인민의 절대적인 지지에 힘입어 미국의 지원을 받던 국민당 군대에 효과적으로 대항했다.

공산당은 1949년 1월에는 베이징과 톈진, 4월에는 난징과 상하이를 점령했다. 그해 10월 1일 마오쩌둥과 공산당 정부는 중화인민공화국을 선포하고, 12월에 마오쩌둥이 초대 국가 주석에 올랐다. 이 과정에서 장제스는 공산당과 교섭하려 했으나 실패하고 타이완으로 물러났다. 마오쩌둥은 한국 전쟁에 참전하여 소련과의 관계를 다지고, 소련의 경영 방식과 경제 정책을 받아들여 산업화를 이루고자 했으나, 이는 소련과의 관계 단절로 2년 만에 중단되었다.

1958년 마오쩌둥은 사회주의 국가 건설을 위한 대약진 운동을 시행했다. 이에 따라 농촌을 구성하는 수많은 집단농장이 통합되어 인민공사가 설립되었다. 이는 사유지를 없애고 기술보다는 노동력에 의존하는 등 산업 형태를 노동집약적으로 바꾸는 것이었다. 즉 중국의 거대 인구를 바탕으로 인간의 노동력을 활용한 생산 형태를 갖추는 것이 목표였다. 이로써 공산주의 체제가 갖추어졌으나 이 과정에서 농민들의 불만은 쌓여만 갔다. 노동집약적인 생산력을 이용해 정부는 철 생산량과 농업 생산량 증대를 독려했고, 짧은 기간 안에 산업 발달의 척도인 철 생산량이 2배 이상 증가했다. 그러나 이렇게 생산된 철은 산업자재로 쓰이기에는 질이 낮았으며, 이에 대한 역효과로 농업 생산량이 극심하게 감소해 2천만 명 이상이 기근으로 사망했다. 결국 대약진 운동은 실패로 끝났고 마오쩌둥의 입지는 크게 약화되었다. 그는 1959년 4월 국가 주석직을 사임했다.

이로 인해 류샤오치劉少奇, 덩샤오핑鄧小平 등이 정국을 주도하게 되자 마오쩌둥은 린뱌오林彪를 끌여들어 이들을 실각시킨 후 부주석으로서 권력을 장악하고, 특권 계급에 대한 인민들의 계급 투쟁의 중요성을 강조하며 대대적인 대중 운동을 시작했다. 이것이 바로 1966년에 시작되어 10년간 지속된 프롤레타리아 계급 문화대혁명, 통칭 문화대혁명文化大革命이다. 문화대혁명은 사회주의 대중 운동인 동시에 정적을 숙청하기 위한 권력 투쟁의 일환이었다. 그는 중국 각지에서 학생들을 동원하여 1,300만 명에 이르는 홍위병을 조직했고, 이들을 자신과 대립하는 공산당 지도자들과 맞서는 데 이용했다. 홍위병들은 스스로 혁명가임을 자처하며 마오쩌둥의 사상을 전파하고, 반대파를 대대적으로 압박하고 처형했다.

그러나 마오쩌둥은 1976년 4월 톈안먼 사건으로 몰락했다. 이 사건은 마오쩌둥의 가장 큰 실책으로 꼽힌다. 1976년 4월 4일 베이징 톈안먼에서 대규모 시위가 일어났고, 다음 날 마오쩌둥의 퇴진 및 사인방(왕훙원, 장춘차오, 장칭, 야오원위안 등 문화대혁명 기간 동안 무소불위의 권력을 휘두른 4인의 중국공산당 지도자)을 비난하는 구호와 함께 교통 마비, 방화 등 도심 한가운데서 소요가 일어났다. 마오쩌둥과 공산당 당국은 군대를 동원하여 이를 무력 진압하고, 덩샤오핑을 실각시키는 기회로 사용했다. 그럼에도 시위는 계속되었다. 마오쩌둥은 그해 9월 9일 84세의 나이로 사망했다.

마오쩌둥은 20세기 초 중국에 등장하여 공산주의 사상으로 인민들을 규합하고, 계급 투쟁을 통해 구시대적인 봉건제를 타파하고 농민들을 위한 사회주의 국가를 건설하고자 했다. 이로 인해 중국은 혼란에서 벗어나 경제적으로 큰 발전을 거두었으며, 농민을 중요시한 그의 사상은 이후 세계 공산주의 혁명에 사상적인 토대를 제공했다. 그러나 한편으로는 정치, 문화, 사회적으로 무모한 정책을 펼쳐 많은 사람들을 죽음으로 몰아넣었다는 비난을 받고 있기도 하다.

마르크스와 레닌

러시아의 프롤레타리아 혁명은 20세기를 뒤흔든 사건 중 하나다. 이 혁명의 근저에 깔려 있는 사상인 마르크스—레닌주의, 즉 우리가 사회주의라 부르는 이념은 자본주의와 대립하며 세계를 양분시켰다.

마르크스와 레닌은 동시대의 사람도 아니고 국적도 다르다. 마르크스가 독일에서 태어나 철학자로서 사회주의 이론을 정립했다면, 레닌은 마르크스 사후 정치인이자 노동운동가로서 그의 사상을 발전시키고 실천에 옮김으로써 사회주의 이념을 구현했다.

먼저 이론가였던 마르크스의 사상은 《공산당 선언》과 《자본론》에 가장 잘 집약되어 있다. 그는 《공산당 선언》에서 당시 유럽에 난립해 있던 사회민주주의, 무정부주의, 공상적 사회주의 등을 비판하며 과학적 사회주의를 주장했다. 또 일생의 역작인 《자본론》에서 자본주의의 발생, 발전, 몰락을 통해 사회주의가 어떻게 이루어지는지를 설명하고 자본주의의 다음 단계로 사회주의가 도래할 것이라고 주장했다. 레닌은 《자본론》을 "금세기 가장 위대한 경제학 저서"라고 말했다.

이렇듯 마르크스가 사회주의의 이론적 토대를 만들었다면 레닌은 러시아를 사회주의 국가로 만듦으로써 마르크스의 이론을 현실화시키고 역사상 가장 위대한 혁명 지도자로 떠올랐다.

알렉산드르 3세를 암살하는 데 참여했던 형의 죽음을 계기로 혁명에 뛰어든 레닌은 유럽을 여행하며 마르크스주의에 더욱 심취하게 되었다. 그는 러시아 사회의 부조리와 모순을 노동자의 무력 혁명으로 바로잡아야 한다고 생각하면서 사회주의 국가 건설을 지상 과제로 삼았다. 결국 마르크스의 사상으로 무장한 레닌은 러시아의 사회주의 혁명을 완성시켰고, 이후 세계를 자본주의 진영과 사회주의 진영으로 양분함으로써 세계사에 엄청난 영향을 미쳤다. 이들의 사상은 스탈린, 마오쩌둥, 피델 카스트로 같은 사회주의자들에게 계승되어 세계 곳곳에 사회주의 국가를 탄생시키는 원동력이 되었다.

타이완에 중화민국을 수립하다
장제스

蔣介石(1887~1975년)

- 타이완의 국민당 정부인 중화민국의 총통.
- 쑨원의 후계자로 일컬어지며, 쑨원 사후 북벌로 중국을 장악하고 상하이 쿠데타로 중국공산당을 탄압했다.
- 1949년 중국공산당과의 내전에서 패한 후 타이완으로 정부를 옮겨 총통에 취임했다.

장제스는 쑨원의 뒤를 이어 중화민국의 총통이 된 인물로 1949년 중국 내륙에 마오쩌둥의 공산당 정부가 수립되자 타이완으로 건너가 국민 정부를 세웠다. 그는 황푸군관학교 교장을 시작으로 정계에 등장했으며, 이후 중화민국 주석, 국민당 총재 등을 역임했다.

장제스는 청나라 말기인 1887년 저장 성에서 태어났다. 당시 중국의 혼란한 정치 상

장제스

황 속에서 군벌이 득세하자 그는 군사력을 갖는 것이 유리할 것이라고 판단하여 1906년 바오딩군관학교에 입학했다. 이듬해에는 일본의 육관사관학교로 유학을 떠났고, 이 시기에 도쿄에서 중국혁명동맹회에 가입하여 활동했다. 1909년 졸업 후에는 일본 제국군에서 잠시 복무했다.

1911년 신해혁명이 일어난 후 귀국한 그는 당시 국민당 인사 중 흔치 않은 정규 군사 교육을 받은 경력으로 혁명군을 이끌며 쑨원의 눈에 들게 되었다. 이후 1918년 쑨원과 부인 쑹칭링을 암살 시도에서 구해내면서 정식으로 쑨원의 휘하에 들어갔다. 쑨원이 코민테른의 지시하에 국공합작을 결정할 때 소련에 파견되어 트로츠키 등 코민테른 지도자들을 만나고 군사 자문을 얻는 역할을 수행했다. 러시아에서 귀국하고 나서는 쑨원이 혁명군을 키우기 위해 세운 황푸군관학교에 초대 교장으로 취임했다. 이곳에서 이후 장제스의 권력을 뒷받침하는 군관들이 양성되었다.

1925년 3월 12일 쑨원이 사망하자 국공합작으로 국민당 내에 유입되었던 공산당 세력들이 하나의 세력을 형성했다. 이로써 국민당은 공산주의자들이 규합한 좌파와 쑨원을 계승한 우파로 분리되었다. 쑨원의 계승자임을 자처한 장제스는 황푸군관학교 출신 부하들의 지지를 바탕으로 국민당 내의 주도권을 장악했다. 장제스는 그해 국민혁명군을 창설하고 이듬해 총사령관으로 취임했으며, 청나라 말기부터 중국 각지에서 득세한 군벌들을 척결하기 위해 북벌北伐을 선언했다. 그는 이를 위해서는 국민당 좌파까지 척결해야 한다는 생각을 굳히게 되었다.

장제스는 1927년 4월 12일 제1차 국공합작을 깨고 상하이에서 대대적으로 공산당과 국민당 좌파를 숙청했다. 이 사건이 상하이 쿠데타다. 공산주의 세력을 일거에 소탕한 장제스의 다음 목표는 중국 통일이었다. 1928년 6월 장제스는 베이징을 점령하고 난징에 새로운 국민당 정부를

무한에 입성하는 북벌군

수립했다. 장제스는 국가 주석 및 총사령관에 취임했으며, 계속해서 공산주의자와 좌파 인사들을 탄압하고 언론을 통제했다. 한편 이 시기에 그는 가톨릭으로 개종하고 쑹메이링宋美齡과 결혼하면서 쑹宋 가문의 힘까지 등에 업게 되었다.

그런데 당시 장제스 정부가 당면한 문제는 만주를 점령하고 중국으로 침범할 야욕을 비치는 일본과 농촌 지역을 중심으로 급속히 세력을 확장하는 공산당이었다. 이에 장제스는 중국에 비해 월등한 군사력을 가진 일본에는 외교 협상을 통해 장기적으로 대응하고, 먼저 국내의 공산당 세력을 척결하는 것이 우선이라고 생각했다. 그러나 장제스의 이러한 판단은 국민들의 거부감을 일으켜 중국 내에서 거센 비난을 받게 되었다.

이에 더해 일본의 공격으로 만주 지역을 잃은 만주 군벌 장쉐량張學良 역시 불만을 갖기 시작했다. 장쉐량은 장제스 휘하에서 동북군 원수로 활동했던 인물로 공산당과의 대립인 국공내전보다 외세에 대항한 항일 구국 운동이 우선이라고 생각했다. 그는 당연히 항일 투쟁에 소극적인 장제스에게 불만을 가지게 되었다. 1936년 두 사람 사이의 긴장은 점점 고조되었고, 중국 전역에서 반일 감정 역시 높아졌다. 이에 아랑곳하지 않고 장제스는 직접 군대를 동원하여 대규모 공산당 토벌을 준비했고, 내전에 반대하는 동북군 지휘관들까지 교체하려는 계획을 세웠다. 결국 장쉐량을 주축으로 한 동북군은 12월 12일 시안을 완전히 장악하고 장제스를 체포하여 감금하는 데 성공했다. 이들은 장제스를 풀어 주는 조건으로 난징 정부의 개편, 내전 중지, 무력 항일 투쟁, 쑨원의 유지 이행 등을 내걸었고, 장제스는 이를 받아들였다.

1937년 7월 7일 펑타이에 주둔해 있던 일본군 진지에서 야간연습을 하던 중에 사병 한 사람이 약 20분간 행방불명되었다가 복귀하는 일이 일어났다. 일본군은 이 사건을 중국군에게 사격을 받았다는 것으로 확대해 다음 날 루거우차오 다리를 점령했다. 이 사건은 사흘 후 일단락되었으나 일본이 그해 12월 13일 난징 대학살을 자행하면서 중국과 일본 사이에 전쟁이 일어났다. 이에 장제스는 다시 공산당과 협력하여 일본 제국주의에 대항했지만, 파죽지세로 밀려오는 일본군을 막지 못하고 오히려 난징에 이어 우한마저 내주며 쓰촨 성으로 후퇴했다. 이어서 일본은 독일, 이탈리아와 삼국동맹을 맺고 진주만을 공격했다. 중일 전쟁이 이제 태평양 전쟁으로 확대된 것이다. 이에 중국은 태평양 전쟁과 일본 문제를 논의하기 위해 1943년 카이로에서 미국, 영국 등 서구 열강들과 회담을 가졌다. 이 회담에서 일본에 대한 무력 응징과 일본 축출이 결의되었다. 장제스는 일본의 공격을 완전히 막아내지는 못했으나 일본군에게 큰 피해를 입혔으며, 1945년 제2차 세계대전이 종전되면서 중국 내에서 일본군이 철수했다.

그러나 거듭된 전쟁으로 중국 민중들의 삶은 피폐해졌으며, 정부에 대한 불신이 매우 높아져 있었다. 그럼에도 장제스와 국민당 정부는 공산당과 또다시 내전을 시작했다. 그러나 이는 국민당에게 불리한 싸움이었다. 공산당은 이미 농촌 지역을 개혁하면서 많은 농민들을 공산당으로 끌어들인 반면, 국민당의 군사력은 전쟁을 겪으면서 매우 취약해져 있었기 때문이다. 린뱌오, 주더 등의 활약으로

난징에 입성하는 일본군

난징 대학살

공산당군은 심양, 장춘, 난징 등을 점령했고, 결국 장제스는 타이완으로 탈출했다. 이로써 중국 대륙에는 중화인민공화국이 수립되었다.

장제스는 1949년 12월 국민당 정부를 본토에서 타이완으로 옮긴 후 중화민국을 설립하고, 중화민국 총통 겸 국민당 총재로서 타이완을 지배했다. 장제스는 공산당에 대해 산발적인 공격을 계속하며 계엄을 유지했다. 그런 한편 미국의 원조를 이용해 경제를 발전시키는 데 주력하여 토지 개

카이로 회담 1943년 11월 25일 카이로 회담에 참석한 중화민국 총통 장제스, 미국 대통령 루스벨트, 영국 총리 처칠(좌측부터).

혁과 통화 안정책 등을 실시하고 각종 근대화 개혁을 시행하여 타이완을 현대 국가로 발전시켰다. 1975년 그가 사망한 후 아들인 장징궈 蔣經國가 총통이자 총재로서 그 뒤를 이었다.

한편 장제스는 한국과 각별한 관계를 가지고 있기도 하다. 애초에 자신이 상하이 임시정부를 지원한 것은 그가 쑨원의 정통 후계자임을 표방했기 때문이다. 쑨원이 임시정부를 승인했기 때문에 장제스 역시 그 정책을 계승한 것이다. 그러나 1932년 이봉창, 윤봉길 의사의 의거를 계기로 장제스는 적극적으로 임시정부를 지원하기 시작했다. 특히 카이로 회담에서는 한국을 독립시키겠다는 합의를 주도하기도 했다. 한국이 해방을 맞이하고 임시정부 요인들이 귀국하게 되자 그는 김구에게 현재의 20억 원의 가치에 해당하는 20만 달러를 지원하기까지 했다(그러나 미군정의 반대로 김구는 이 돈을 한국 내로 반입하는 데 실패했다). 한국 전쟁이 발발했을 때는 군대를 파견했고, 대한민국이 수립되고 이승만이 초대 대통령으로 선출되자 경상도 진해를 방문해 정상회담을 갖기도 했다. 1953년 이승만 대한민국 대통령은 장제스에게 대한민국 건국훈장 대한민국장을 수여했다.

인민해방군 건군의 아버지
주더

朱德(1886~1976년)

- 중국공산당의 정치 지도자로 개국원수 10인으로 꼽힌다.
- 중국공산당 무장 조직 홍군의 지도자로 대장정에 참가했고, 제2차 국공합작 이후 개편된 국민혁명군의 제8로군 총사령관으로 활동했다.
- 1949년 중국인민공화국 수립 이후 국가 부주석, 전국인민대표회의의 상무위원장 등을 지냈다.

공산당에서는 중화인민공화국을 수립하는 데 큰 공을 세운 열 사람을 선정하여 이들을 개국원수 혹은 인민해방군 대장이라고 부른다. 주더, 펑더화이彭德懷, 린뱌오, 류보청, 허룽賀龍, 천이陳毅, 뤄룽환羅榮桓, 쉬샹첸徐向前, 녜룽전聶榮臻, 예젠잉葉劍英이 그 주인공으로, 1955년 공산당 정부는 이들에게 '대원수'의 칭호를 부여했다. 이 10명의 대원수는 공산당 혁

주더

차이어

명과 전쟁을 함께 한 인물들로, 지금까지 중국 전역에서 이들의 동상과 기념관 들을 볼 수 있다. 이들의 제일 첫머리에 주더가 있다.

주더는 1886년 쓰촨 성 이룽(儀隴)에서 농민의 아들로 태어났다. 사숙(私熟)에서 유교를 공부했으며, 일찍이 과거에도 합격했으나 관직 생활은 하지 않았다. 1906년에는 쓰촨 성 청두의 고등사범학교에 진학하여 체육을 공부한 후 체육교사로 재직했다. 이후 윈난 성(雲南, 운남성) 강무학당에 입학하여 군사학을 배웠으며, 1911년에 졸업한 후 교관으로 일했다. 이 시기에 그는 쑨원을 알게 되어 쑨원이 조직한 중국동맹회에 가입했다.

1911년 신해혁명이 일어나 쑨원을 대총통으로 하는 중화민국 정부가 수립되었다. 주더 역시 신해혁명에 가담하여 군벌을 토벌하는 데 일조해 쓰촨과 윈난 등의 지역호국군 제13혼성여단장의 자리에 올랐다. 또한 위안스카이의 황제 체제에 반대하는 차이어(蔡鍔)의 군벌군에 들어가 여단장을 역임하며 명성을 얻었으나, 그들의 사치와 향락적인 생활에 염증을 느끼고 상하이로 건너갔다. 이곳에서 마르크스주의를 접한 주더는 천두슈를 만나 공산당에 입당하려 했으나 군벌 경력 때문에 입당이 거부되었다. 그가 공산당에 입당한 것은 그로부터 4년이 지난 1925년이었다.

그사이 주더는 독일로 건너가 괴팅겐에서 마르크스주의를 본격적으로 공부했고, 독일 현지에 조직되어 있던 중국공산당에 입당해 적극적으로 활동했다. 이 때문에 독일에서 추방당했지만 중국으로 돌아와 저우언라이의 추천으로 중국공산당에 입당했다. 이듬해에는 소련에서 군사학을 공부했으며, 국공합작이 이루어지자 국민당군을 지휘했다.

1927년 국공합작이 결렬되자 주더는 윈난군관학교와 공안에서 일하면서 뒤로는 저우언라이 등과 같이 반군을 조직했다. 그러나 반군이 국민당에 패하면서 쫓기는 신세가 되자, 그는 남은 병력을 모아 마오쩌둥에게 합류했다. 주더와 마오쩌둥은 곧 중국공산당 홍군을 창설했으며, 주더는 1930년에 홍군 총사령관을 맡았다. 이후 마오쩌둥의 대장정이 시작되면서 홍군의 세력은 급격하게 늘어났고, 홍군은 대장정 이후 국민당 군대에 맞서는 데 큰 역할을 했다.

대장정 이후 홍군이 활약한 데는 주더의 획기적인 전술이 큰 역할을 했다. 특히 농촌 지방을 중심으로 시작된 게릴라 유격 전술은 그가 고안한 것으로, 주더는 중국의 현재 상황에서는 도시에서의 대규모 전투보다 농촌 지역에서 지지를 얻고 이를 바탕으로 한 장기적 지구전이 효과적이라고 생각했다. 이런 게릴라 전술은 수적, 화력적으로 유리했던 국민당군에 효과적으로 대응할 수 있었다. 국민당은 여러 차례에 걸쳐 공산당 토벌 작전을 시행하여 공산당을 압박했다. 홍군은 국민당의 4차 토벌작전에서 승리를 거두고 장시 소비에트를 구성했으나, 5차 토벌작전에서 대패하면서 마오쩌둥의 지휘 아래 대장정에 나서야 했다. 제2방면군을 맡은 그는 마오쩌둥의 제1방면군의 원호작전을 수행했다가 마오쩌둥이 산시 성에 근거를 마련하자 장정을 시작하여 장궈타오張國燾가 지휘하는 제4방면군과 시캉 성에서 합류했다. 이후 1936년 18개에 이르는 산맥을 넘어 간쑤 성에서 제1방면군과 합류함으로써 대장정을 완수했다. 이로 인

팔로군의 항일 투쟁 선전물

해 훗날 그는 마오쩌둥, 저우언라이와 함께 신중국 건설에 공헌했다.

1937년 중일 전쟁이 발발하자 항일 투쟁을 위해 공산당과 국민당 간에 제2차 국공합작이 이루어졌다. 홍군은 국민혁명군 제8로군, 즉 팔로군으로 개칭하고 주더는 팔로군의 총지휘관이 되어 전쟁의 선두에 섰다. 그러나 제2차 세계대전에서 일본이 패망하고 물러가자 다시 공산당과 국민당 사이에 내전이 일어났다. 팔로군은 인민해방군으로 이름을 바꾸었고, 주더는 다시 인민해방군의 총사령관이 되어 국민당과의 전쟁을 승리로 이끌었다.

1949년 중국에서는 공산당 정권이 정식으로 수립되었고, 1954년 그는 국가 부주석과 국방위원회 부주석, 1959년에는 전국인민대표회의 의장에 오르는 등 공산당의 요직을 거치면서 마오쩌둥의 측근으로 활동했다. 그러나 문화대혁명으로 인해 실각했고, 이후 마오쩌둥의 후계자로 떠오른 린뱌오가 쿠데타를 계획하다 실패한 후 1975년 전국인민대표회의에서 복권되어 상임위원장(국가 주석)을 지냈다.

마오쩌둥의 충실한 오른팔
저우언라이

周恩來(1898~1976년)

- 중화인민공화국의 제1대 총리.
- 시안 사건 당시 공산당 대표 자격으로 국공합작을 추진했으며, 추수 봉기와 광저우 사태 등을 주도했다.
- 마오쩌둥, 왕자샹과 함께 홍군의 최고 지도자 중 한 사람으로 꼽히며, 마오쩌둥과 함께 중화인민공화국을 수립했다.

중화인민공화국의 초대 총리 저우언라이는 마오쩌둥의 충실한 오른팔로 활동하면서 공산당 내 이인자로 군림했다. 그러나 그는 권력에 욕심을 내지 않고 국가를 사랑한 정치가로서 지금까지 많은 중국인들의 존경을 받고 있다.

1989년 장쑤 성 화이안淮安의 관료 집안에서 태어난 저우언라이는 태어난 지 얼마 지나지 않아 작은할아버지의 양자로 입양되었다. 그러나 열 살 때 친부모를 비롯해 양부모까지 잃

저우언라이

고 고아가 되어 저장 성 사오싱의 큰아버지 댁에 몸을 의탁했다. 어린 시절에 그는 서당에 다니며 유교 교육을 받았지만, 사오싱에서 서구 사상을 접하면서 반정부 의식을 키우게 되었다. 1913년 톈진에 있는 난카이중학교에 입학해 수학했고, 졸업 후인 1917년 일본으로 유학을 떠나 공부를 계속했다. 그는 중국에 대한 일본의 압력이 점점 커지자 귀국하여 난카이대학교를 다녔다. 그러나 5·4 운동에 적극적으로 참여한 일로 체포되어 투옥되고, 대학에서는 퇴학당했다. 그럼에도 그는 톈진학생연합, 각오사覺悟社 등을 조직하면서 학생을 중심으로 한 항일 운동을 계속했다. 그는 각오사 활동을 통해 공산당 정치가인 덩잉차오鄧穎超를 만났고, 두 사람은 저우언라이가 프랑스 유학을 다녀온 후인 1925년에 결혼했다.

1920년 저우언라이는 프랑스로 유학을 떠나 파리대학교에서 정치학을 전공했다. 파리에서 그는 유럽을 휩쓰는 개혁의 물결을 목도하며 다양한 혁명 사상을 받아들였다. 그가 특히 심취했던 것은 공산주의로, 1921년 중국공산당이 창당되자 1922년에 파리에서 중국공산당 지부를 조직했다. 그는 독일, 벨기에 등 유럽 각국을 거쳐 공산주의청년단을 선발했고, 1924년에는 국공합작을 위해 귀국했다.

귀국 후 저우언라이는 황푸군관학교에서 정치부 주임으로 교관 생활을 시작했다. 황푸군관학교는 중국 최초의 현대식 군사학교로 정식 명칭은 중국국민당 육군군관학교다. 반군벌, 반제국주의를 위해 혁명군이 필요하다는 사실을 절감한 쑨원이 소련의 학교를 본떠 학제를 편성하고, 코민테른이 무기와 군사고문 등을 지원하여 완성된 현대식 군사학교였다. 1924년 6월 16일 광둥 성 광저우 황푸에서 설립식이 개최되어 황푸군관학교라고 불리게 되었다. 이듬해 쑨원이 사망하고 1927년 국공합작이 결렬되자 학교도 문을 닫았지만, 이곳에서 배출한 군사들은 북벌, 중일 전

황푸군관학교 국민당의 새로운 중심이 될 장교를 양성할 목적으로 쑨원이 창설했다. 초대 교장은 장제스로 북벌 때까지 7천여 명의 사관이 양성되었다.

쟁, 국공내전에서 활약하며 중국 근대사에 족적을 남겼다.

저우언라이는 이곳에서 군인 지도자를 양성하는 한편, 1925년에 광저우를 점령한 군벌 천충밍陳總明을 토벌하여 장제스의 신임을 얻고 학교 내 군법회의 위원장으로 임명되었다. 교내 공산주의자를 선발하여 공산당의 세력을 늘린 공으로 그는 1927년 우한에서 열린 중국공산당 제5차 전국대표대회에서 중앙위원 및 정치국위원으로 선출되었다.

그러나 쑨원 사후 국민당을 장악한 장제스는 국민당 내 좌파와 공산당을 경계하여 1927년 4월 12일 상하이에서 공산당을 대대적으로 숙청했다. 국공합작은 결렬되었고, 중국공산당 역시 무력으로 국민당에 대항하는 방향으로 선회했다. 저우언라이는 1927년 7월 국민당의 북벌군이 주둔하고 있는 난창南昌을 점령하는 데 성공했다. 그러나 닷새 만에 국민당 군대에게 패퇴했고, 광저우, 상하이 등지에서 연달아 봉기를 일으키며 괴멸된 조직을 재건하는 데 주력했으나 이 역시 별다른 성과를 거두지 못했다. 당시 저우언라이는 대도시를 전면 공격하여 무력으로 탈취하는 소련식 군사작전을 시행했는데, 봉기가 연달아 실패하자 대도시를 상대로 한 소련식 전술에 회의를 갖게 되었다.

저우언라이는 결국 상하이를 떠나 장시로 향했다. 장시는 1931년 11월 7일 마오쩌둥과 주더가 소비에트 정부를 수립한 지역으로, 장제스 정부의 계속된 탄압으로 도망친 공산주의자들이 속속 모여들고 있었다. 장시 소비에트에 도착한 저우언라이는 이곳에서 홍군 정치위원이 되었다. 이때부터 그는 마오쩌둥이 주장한 '농민에 의한 혁명' 사상을 지지하고, 주더의 소규모 게릴라 전술을 채택했다. 1934년 마오쩌둥의 대장정이 시작되자 그는 마오쩌둥의 지도력을 확인하고 군사위원회에서 물러났다. 또한 과거 홍군의 전술이 잘못되었음을 인정하고 "마오쩌둥은 언제나 옳았다."라며 이인자 역할을 자처하며 마오쩌둥을 보좌하기 시작했다. 이후 지도자 마오쩌둥의 이념과 식견을 인정하고 언제나 그를 지지함으로써 공산당 내부의 분열을 막고 중국을 개혁하는 데 박차를 가했다.

국민당과 공산당이 계속하여 대립하는 가운데 일본의 침략 위험이 거세지자 중국 내 항일 운동의 기운도 점차 높아지기 시작했다. 그러나 장제스가 외세에 대적하기보다 내전에 주력하자 동북군 지도자 장쉐량이 장제스를 억류하는 시안 사건이 발생했다. 이때 저우언라이는 반란군을 설득하여 장제스의 구금을 풀어 주고, 다시 국공 연합전선을 구축하는 데 일조했다. 또한 중일 전쟁 당시 공산당을 대표해 외교적인 역할을 도맡았으며 이후 국민당과 협상하는 최선봉에 섰다.

닉슨과 저우언라이 1972년 중국을 방문한 닉슨을 영접하는 저우언라이.

  1949년 중화인민공화국이 수립되자 그는 초대 총리와 외교부장을 맡아 노련하고 실용적인 외교 노선을 견지했다. 마오쩌둥이 추진한 대약진 운동, 문화대혁명 등 급진적인 정책을 완화시켰으며, 1972년에는 중국을 방문한 닉슨 대통령과 회담을 통해 미중 국교 정상화를 주도했다. 그는 문화대혁명 당시 숙청 인사들을 보호했으며, 덩샤오핑이 정치 일선에 복귀하는 데 도움을 주었다. 또한 홍위군의 무자비한 파괴에 앞서 문화유산을 보호하는 데도 노력했다. 이 때문에 그는 사인방의 공격을 받았으나 주변의 만류로 총리직을 유지할 수 있었고, 사망하기 바로 전까지도 정무를 수행했다고 한다. 그는 1976년 1월, 마오쩌둥에 앞서 사망했으며 유언에 따라 그의 유해는 화장되었다.

황푸군관학교

얼마 전 〈항일 운동 요람이 나이트클럽으로, 장제스와 저우언라이의 지하의 통곡〉이라는 신문기사가 대서특필되었다. 중국 혁명의 산실이자 우리나라의 독립 운동사에도 많은 영향을 미친 황푸군관학교가 나이트클럽으로 개조된 현실을 통탄하는 기사였다.

황푸군관학교는 쑨원의 주도 아래 1924년 6월 16일 광둥성 광저우 교외 황푸에서 설립되었다. 제1차 국공합작의 결과물로 탄생한 이 학교는 중국 최초의 현대식 군사학교로, 당 간부를 육성하고 당군을 조직하기 위해 만들어졌다. 초대 교장은 중화민국 총통이었던 장제스가 맡았고, 중화인민공화국의 초대 총리인 저우언라이는 정치부 교관을 맡았다. 이 학교는 중국 근현대사의 수많은 군사 지도자와 혁명가들을 배출했고, 우리나라의 독립 운동가인 김원봉, 이종희, 최원봉, 오성륜 등을 비롯해 60여 명도 이 학교 출신이다.

중국의 5·4 운동을 계기로 '위로부터의 혁명' 노선을 버리고 '아래로부터의 혁명' 노선을 선택한 쑨원은 중화혁명당을 중국국민당으로 개칭하며 혁명을 추진했다. 그러나 중국공산당이 창당되어 노동 운동이 확산되자 국민당과 공산당의 관계에 변화가 필요함을 느꼈다. 특히 중국 혁명이 성공하지 못하는 이유가 무장 혁명 세력이 없었기 때문이라고 생각한 쑨원은 군사학교를 설립해 당 간부를 육성하고 이들을 혁명의 주춧돌로 삼고자 했다.

쑨원은 황푸군관학교의 설립식에서 "혁명을 위해서는 당을 개조하고, 군대를 소유하고, 농민과 노동자에 대한 정책을 제시하고 실현해야 한다. 우리의 무력은 인민과 연대해야 하고 결국은 인민의 무력이 돼야 한다."라는 요지의 연설을 하며 설립 취지를 암시했다.

그러나 국민당을 대표하는 다른 군벌들의 생각은 쑨원과 달랐다. 특히 교장이던 장제스는 군관학교를 장악하여 자기 세력을 키워 나갔고, 1925년 쑨원이 죽자 점차 우경화의 길을 걸었다. 결국 1927년 국공합작이 결렬되자 황푸군관학교도 문을 닫게 되었다.

1924년 설립되어 1927년 폐교될 때까지 불과 3년간 존속하였으나 황푸군관학교가 중국 현대사에 끼친 영향은 대단했다. 국민당과 공산당의 군사 지도자들뿐만 아니라 이 학교 출신의 정치 지도자들이 이후 중국 현대사를 열어 가는 기둥이 되었기 때문이다.

소설보다 드라마틱한 쑹 가문의 일생
쑹칭링

宋慶齡(1892~1981년)

- 쑨원의 부인이자 정치가.
- 쑨원 사후 국민당 좌파로 활동하며 동생 쑹메이링의 남편인 장제스와 대립했고, 중화인민공화국 수립 이후 1959년에는 부주석을 역임했다.

"나에게는 세 딸이 있다. 하나는 돈을 사랑했고, 하나는 권력을 사랑했으며, 다른 하나는 중국을 사랑했다." 중국 근대사와 쑹 가문의 세 자매를 그린 영화 〈송가황조宋家皇朝〉는 이런 대사로 시작한다. 여기에서 돈을 사랑한 사람은 첫째 딸 쑹아이링宋靄齡, 권력을 사랑한 사람은 셋째 딸 쑹메이링, 그리고 중국을 사랑한 사람은 둘째 딸인 쑹칭링宋慶齡이다.

쑹칭링

중화민국부터 현대까지

이 세 자매의 아버지이자 쑹 가문의 수장 쑹자수宋嘉樹는 청 왕조에 반대하여 혁명에 관심을 둔 인물이다. 그는 중국어 성경을 출판하고 무역업으로 성공적인 사업가가 되었고, 1894년에 쑨원을 만나 중국동맹회의 재정을 담당하게 되었다. 쑨원이 일본으로 망명했을 때 그를 수행해 따라갔는데, 이때 둘째 딸 쑹칭링이 쑨원과 만나게 되었다.

　쑨원의 두 번째 부인이자 정치가인 쑹칭링은 상하이에서 쑹자수의 두 번째 딸로 태어났다. 그녀는 큰언니인 쑹아이링이 도미한 지 4년 후인 1907년, 열여섯 살에 미국으로 건너가 웨슬리대학교에서 공부했다. 대학을 졸업한 쑹칭링은 1913년 8월 30일 일본에서 아버지와 함께 있던 쑨원을 처음 만나게 된다. 그녀는 언니 쑹아이링을 대신해 쑨원의 비서가 되었으며, 이듬해 제2혁명에 실패한 쑨원이 일본으로 망명을 떠날 때도 따라갔다. 쑹칭링은 민중을 위한 혁명을 꿈꾸는 쑨원을 이해하고 쑨원의 곁에서 그를 돕고자 했다. 두 사람은 스물여섯 살이나 나이 차가 났으며, 쑨원은 아직 이혼하지 않은 상태에다 아이까지 셋이나 있었지만 사랑에 빠졌다. 당연히 쑹칭링의 집안에서는 극심하게 반대했고 급기야 그녀를 집에 가두는 상황까지 발생했다. 그러나 쑹칭링은 일본으로 도망쳤고, 두 사람은 1915년 10월 25일 일본에서 결혼식을 올렸다. 당시 그녀의 나이는 스물두 살이었다. 쑨원과 결혼한 그녀는 남편의 정치 활동을 전폭적으로 지지했으며, 중국 통일을 향한 쑨원의 행보에 많은 영향력을 행사했다고 한다.

　1925년 쑨원이 사망한 후 국민당이 좌파와 우파로 갈라지자 쑹칭링은 쑨원의 유지를 지키지 않고 국공합작을 결렬시킨 장제스에게 분노하여 좌파를 지지했다. 그러나 남동생인 쑹쯔원宋子文과 언니 쑹아이링이 장제스와 결탁한데다 동생 쑹메이링이 장제스와 결혼하자 큰 충격을 받고 중국을 떠났다. 소련의 모스크바와 독일 베를린에서 머물다 1929년 귀국한 그녀는 적극적으로 장제스를 비판하면서 일본에 대항할 것을 주장했다. 그러나 1936년 일본의 압박이 거세지는 상황에서 그해 12월 시안 사태가 일어나 장제스가 감금되자, 그녀는 장제스의 석방을 주장하며 쑹메이링을 돕기도 했다. 이듬해 결국 중일 전쟁이 벌어지자 그녀는 국공합작을 이루기 위해 장제스를 인정하고 후방에서 전쟁을 지원하는 데 힘을 쏟았다.

쑹메이링

　1949년 중화인민공화국이 성립되자 쑹칭링은 중국공산당에 가담하여 공산주의자들의 존경을 받았다. 1959년 국가 부주석에 선출되었으며, 부인평화운동을 추진하여 스탈린 평화상을 수상했다. 중국을 위해 헌신했던 그녀는 1981년 5월 29일 베이징에서 백혈병으로 사망했다. 그녀의 유해는 상하이 만국공묘에 안장되었고, 그녀의 묘는 쑹칭링능원이라고 불린다.

　그녀의 동생 쑹메이링은 장제스의 둘째 부인으로 역시 정치가로 활동했다. 1897년 광둥 성에서 태어난 그녀는 1908년 열한 살의 나이로 미국으로 건너가 언니 쑹칭링과 함께 웨슬리대학교에서 수학했다. 웨슬리대학교를 졸업한 후 귀국한 쑹메이링은 1920년 장제스를 만났으며, 7년 후 첫째 언니 쑹아이링의 주선으로 장제스와 결혼했다. 여기에는 장제스의 정치적인 계산이 수반되어 있었다. 당시 그에게는 권력과 경제력을 움켜

카이로 회담에 참석한 장제스 부부 장제스, 프랭클린 루스벨트, 윈스턴 처칠, 쑹메이링(좌측부터).

쥔 쑹 가문의 힘이 절대적으로 필요했고, 쑨원의 부인이 그녀의 언니 쑹칭링이라는 것도 이점으로 작용했다. 쑨원의 후계자를 자처하는 그에게 정치자금과 명분, 양측면에서 쑹 가문은 그야말로 가장 적합한 이름이었다. 쑹메이링 역시 언니 쑹아이링은 대부호 쿵샹시 孔祥熙와, 쑹칭링은 국민당 지도자 쑨원과 결혼한 것을 염두에 두고 상대를 결정한 것이라고도 한다. 그러나 비록 이런 계산에서 이루어진 결혼이었음에도 장제스는 쑹메이링의 미모와 지성을 매우 사랑했다고 하며, 쑹메이링 역시 든든한 동반자로서 장제스를 보좌했다.

어려서부터 미국에서 생활해 생활이나 사상면에서 서구화되어 있던 쑹메이링은 장제스가 서구 사상을 습득하는 데 큰 도움이 되었다. 그는 장제스의 통역이자 비서 역할을 하며 정치에 관여했으며, 특히 시안 사건으로 장제스가 감금되었을 때는 직접 저우언라이와 담판을 짓고 장제스를 구출하기도 했다.

쑹메이링은 특히 미국을 비롯한 서구와의 관계에서 두각을 나타냈는데, 중일 전쟁 당시에는 미국 및 서구 언론에 중국에 관한 보도를 내는 데 주력했다. 그녀는 미국 〈타임〉 지의 표지 인물로 선정되었는가 하면, 1943년에는 미국 의회에서 연설했고, 장제스를 수행하여 카이로 회담에 참석했다. 그리고 1950년 장제스가 타이완에 중화민국을 수립한 후 타이완으로 이주해 중화민국 정부에서 여러 직책을 맡으면서 정치적으로 활발하게 활동했다. 그녀는 국민당 정부와 서구 열강들의 대외 관계에 주력하면서 1967년까지 매년 미국인들이 세계에서 가장 존경하는 여성인사 10명으로 선정될 만큼 언니와 함께 위대한 여성 정치가로 자리매김했다.

이들 자매는 모두 여섯 남매로, 나머지 네 사람 역시 현대 중국사에 큰 족적을 남긴 것으로 유명하다. 첫째 쑹아이링은 중국의 관료재벌이자 재무부장관인 쿵샹시의 부인이 되어 중국 재계를 휘둘렀고, 셋째 쑹쯔원宋子文은 중국 4대 재벌 중 한 사람으로 성장해 국민정부의 재무장관이자 외무장관을 지냈다. 다섯째 쑹쯔량은 미국에서 활동하는 사업가로 성장했으며, 막내 쑹쯔안은 홍콩 광둥은행에서 은행장을 역임했다. 마오쩌둥은 쑹 가문을 중국의 4대 가문 중 하나라 칭했는데, 쑹 가문의 여섯 자녀가 모두 중국 정재계와 다양하게 얽혀 현대사에서 정치, 경제적으로 큰 역할을 했기 때문이다. 특히 쑹칭링과 쑹메이링은 각각 정치가의 부인에 그치지 않고 그 자신이 정치가로 활약하며 역사에 이름을 남겼다.

권력의 최정상에서 맞은 의문의 죽음
린뱌오

林彪(1907~1971년)

- 중국공산당 지도자로 중화인민공화국 개국원수 중 한 사람.
- 홍군, 팔로군 등을 지도한 군사 전문가로 특히 핑싱관 전투에서 일본군을 물리치고, 국공내전에서 국민당을 격파하며 중화인민공화국을 수립했다.
- 문화대혁명 당시 마오쩌둥의 사상을 지지하고 홍위병을 총지휘하며 그의 후계자로 주목받았다.

    린뱌오는 홍군을 이끈 중국공산당 지도자 중 한 사람으로 마오쩌둥의 측근에서 국민당의 권력을 공산당으로 이양하는 데 기여했다. 그는 중화인민공화국 10대 개국원수의 한 사람으로, 마오쩌둥의 후계자로 지목되었으나 정권을 장악하는 데 실패한 후 직접 권력의 최고 자리에 오르려다 실패했다.

    후베이湖北 성 황강의 소지주 계급에서 태어난 린뱌오는 어린 시절 소학교에서 교육을 받았으며, 중학교에 진학하여 사회주의와 공산주의를 처음 접했다. 그가 사회주의청년단, 곧 공산당에 입당한 것은 중학교를 졸업한 1925년으로, 그는 입당과 동시에 광동에 있는 황푸군관학교에 진학했다.

장제스가 교장으로 있던 황푸군관학교는 쑨원이 설립한 중국 최초의 현대식 군사학교로, 그는 이곳에서 저우언라이의 지도를 받았다. 1926년 장제스가 국민혁명군을 창설하고 북벌을 선언했을 때 린뱌오도 여기에 참여했다. 당시 그는 짧은 기간 교육받았음에도 군사적인 재능을 보이며 크게 활약했다. 그러나 1927년 장제스가 국공합작을 깨뜨리고 상하이 쿠데타를 일으켜 공산주의자를 대대적으로 숙청하자 그는 황푸군관학교에서 나와 공산당에 합류했다.

1928년 그는 장시 성 징강 산으로 피신해 있던 마오쩌둥과 주더의 홍군에 합류하여 두각을 드러냈다. 1931년 장시 소비에트가 수립될 때까지 그는 장시 성 내에서 국민당의 공격을 막으며 공산당의 세력 범위를 확대했고, 1934년에는 마오쩌둥의 대장정에 참가해 홍군의 이동에 큰 역할을 했다. 홍군 안에서 유능한 야전사령관으로 꼽힌 그는 대장정이 끝날 무렵에는 28세의 젊은 나이로 상승장군常勝將軍이라고 불릴 정도로 명성이 높아졌고, 주더와 펑더화이에 이어 중요 지도자가 되었다. 2년여의 장정 끝에 산시 성에 도착했을 때 홍군은 8만여 명에서 2만여 명으로 줄어든 상태였다. 공산당은 군인 지도자를 육성하고자 산시 성에 홍군군관학교를 설립했고, 린뱌오가 이 학교의 교장이 되었다.

1937년 7월 7일 루거우차오 사건을 계기로 중일 전쟁이 발발하자 제2차 국공합

린뱌오

태평양 전쟁

작이 이루어졌다. 공산당은 홍군을 중국 국민혁명군 제8로군, 약칭 팔로군으로 개칭하고, 주더를 총지휘관, 펑더화이를 부총지휘관에 임명했다. 팔로군은 린뱌오가 사단장인 115사, 허룽의 110사, 류보청의 129사 등 3개 사로 구성되어 항일 전투를 담당했는데, 이 중 115사는 핑싱관 전투에서 일본 관동군을 격파하고 승리를 거두었다. 그러나 린뱌오는 전쟁 중 부상을 입고 일선에서 물러나 중공당교 부교장을 지내면서 태평양 전쟁 (일본의 동아시아 공격으로 중일 전쟁은 태평양 전쟁으로 확전되었다) 말기에 공산당 중앙위원회 44명의 위원 중 한 명으로 선출되었다.

일본이 항복하고 제2차 세계대전이 끝나자 중국에서는 국공내전이 재개되었다. 린뱌오는 동북 제4야전군 사령원으로 만주에 주둔하게 되었으며, 당의 방침대로 도시를 포기하고 공산당의 게릴라 전법을 이용해 농촌의 민심을 얻는 데 성공했다. 그리하여 린뱌오의 군대는 처음보다 8배가 늘어난 80만 명에 이르러 만주 전 지역을 장악했으며, 이에 따라 장제스의 국민당은 급속도로 그 세가 줄어들었다. 그는 1949년 1월 베이징, 5월 우한, 10월 광둥을 차례로 점령하며 국민당을 몰아내면서 대활약을 했다.

1949년 10월 중화인민공화국이 수립되면서 린뱌오는 그 공로를 인정받아 중화인민공화국 원수, 중남군정위원회 주석, 중앙중남국 제1서기를 거쳐 1954년에는 국무원 부총리, 국방위원회 부주석이 되었으며, 1958년에는 정치국상무위원회 상무위원이 되는 등 당과 정부의 요직을 두루 거쳤다.

한편 1958년 11월 마오쩌둥이 대약진 운동 실패의 책임을 지고 국가 주석직을 사임했다. 이듬해 7월 루산 회의에서 린뱌오는 마오쩌둥을 적극 지지했으며, 대약진 운동을 비판하다 실각한 펑더화이를 대신해 1959년 9월 국방장관이 되었다. 이에 더해 역시 마오쩌둥을 비판하던 류사오치에 맞서면서 마오쩌둥의 전폭적인 신임을 얻게 되었다. 이를 기반으로 1966년부터 마오쩌둥이 제창한 문화대혁명을 주도하면서 그는 마오쩌둥의 후계자였던 류사오치를 대신해 새로운 후계자로 떠올랐고, 1969년 4월 중국공산당 제9차 전국대표대회에서는 자신이 후계자임을 당 규약으로 명기했다.

그러나 린뱌오가 군부의 지지를 바탕으로 세력을 확대하자 마오쩌둥은 점차 위기감을 느끼고 오히려 그를 견제하게 되었다.

류사오치

마오쩌둥이 자신을 제거할 기미를 보이자 위험을 느낀 린뱌오는 1971년 9월 마오쩌둥 암살을 시도하며 선수를 쳤으나 실패했다. 린뱌오는 중국을 탈출하여 소련으로 망명하던 중에 몽골 상공에서 비행기가 추락하며 죽음을 맞이했다. 공식적으로는 비행기 추락 사고로 사망했다고 발표되었으나 갑작스러운 쿠데타와 망명, 죽음은 많은 의문을 낳았다. 이후 그는 당적에서 삭제되었으며 덩샤오핑의 집권기에도 복권되지 못했다.

중국의 개혁개방
덩샤오핑

鄧小平(1904~1997년)

- 중국공산당 2세대의 주요 지도자.
- 마오쩌둥, 저우언라이와 함께 중국공산당의 핵심적인 인물로 마오쩌둥의 견제를 받아 실각과 복권을 거듭했다.
- 마오쩌둥 사후 대대적인 개혁개방 정책으로 중국에 시장자본주의를 도입해 경제 발전에 공헌했다.

덩샤오핑은 중국공산당 2세대의 가장 주요한 지도자로 1980년대 중국의 개혁개방을 시도하면서 현대사에 가장 큰 영향을 미친 인물 중 한 사람이다. 그는 반복되는 실각과 복권을 거쳐 마오쩌둥과 화귀펑 이후 공산당의 실권을 장악했다. 이후 흑묘백묘론으로 대표되는 실용주의 노선에 입각하여 과감하게 개혁을 단행했으며, 공산당의 사상적 기반을 제공했다.

덩샤오핑

덩샤오핑은 1902년 쓰촨 성에서 태어났다. 아버지가 엘리트 계층이었던 덕에 그는 1921년 프랑스로 유학을 떠났다. 파리에서 공산주의를 처음 접한 그는 공산주의자청년동맹에 가입하면서부터 공산주의 운동을 시작했다. 1924년에 귀국했지만 1926년에 다시 모스크바 중산대학교로 유학을 떠나 1927년에 귀국했다.

1931년 마오쩌둥이 주더와 함께 장시 소비에트를 조직하고 장시 성에 독립적인 정부를 수립했다. 덩샤오핑은 이를 기반으로 공산주의 운동을 전개했으며, 1934년에는 마오쩌둥의 대장정에 참여했고, 중일 전쟁 때는 공산당 팔로군에서 정치위원을 지냈다.

그가 공산당의 정치 활동에 본격적으로 개입하기 시작한 것은 1945년 당 중앙위원이 되면서부터다. 그는 1949년에 제2야전군 정치위원으로 장강 도하작전을 수행했고, 난징 점령을 주도하여 중화인민공화국 수립에 큰 공을 세웠다. 이에 따라 공산당 내에서 그의 위치도 점차 상승하여 국무원 부수상, 정무원 부총리, 당 정치국 상무위원, 총서기 등을 역임했으며, 이때부터 실용주의를 주장한 류샤오치 등과 관계를 맺었다.

마오쩌둥이 대약진 운동 실패의 책임을 지고 국가 주석을 사퇴하자 뒤를 이어 류샤오치가 국가 주석 및 중앙군사위원회 주석이 되었다. 그는 마오쩌둥의 기존 정책을 비판하고 "생산보다 구매가 더 좋고, 구매보다는 대여가 더 좋다."라며 시장경제 정책 도입을 설파하며, 경제 발전을 위해서는 물질적으로 보상하는 제도를 갖추고, 부르주아 엘리트를 양성해야 한다고 주장했다. 덩샤오핑은 류샤오치와 노선을 같이하면서 마오쩌둥과 대립하게 되었다. 그러자 마오쩌둥은 1966년 5월 16일, 공산당 내에서 추진되고 있는 자본주의, 실용주의 노선을 없애고 공산당을 개조한다는 명분으로 중국 전역에서 홍위병을 양성하고 문화대혁명을 일으켰다. 덩샤오핑은 문화대혁명을 계기로 모든 자리에서 실각했다.

이후 1973년 저우언라이의 추천으로 국무원 부수상으로 복권된 그는 당 중앙위원회 부주석, 정치국위원회 총참모장 등을 지내며 다시 공산당 정치 세력의 중추가 되었지만 이 역시 오래가지 못했다. 1976년 1월 저우언라이가 사망하자 다시 자리에서 밀려난 것이다. 그러나 1976년 9월 마오쩌둥이 사망한 후 주석이 된 화궈펑은 혼란한 정국을 수습하기 위해 이듬해 7월 그를 복직시켰다. 다시 복귀한 덩샤오핑은 당을 장악하기 위해 화궈펑과 대립했고, 폭넓은 지지층을 기반으로 화궈펑을 밀어냈다. 그 후 총리에 자오쯔양趙紫陽, 총서기에 후야오방胡耀邦 등을 세우고 정부와 공산당 내의 요직을 자신의 인물들로 채웠다. 이로써 1981년 그는 공산당 내 모든 실권을 장악했다.

덩샤오핑은 정치, 경제, 사회 전 분야의 개혁을 단행해 경제 발전을 이룩하며 중국식 사회주의 체제를 완성하는 데 주력했다. 중국식 사회주의란 정치적으로는 사회주의를 고수하고, 경제 정책에서는 실용주의 노선을 따라 시장경제를 부분적으로 도입하는 것이다. 이념에 관계없이 효과적인 정책을 받아들여 중국을 근대화시키는 것이 목표였다.

덩샤오핑의 근대화는 농업의 근대화, 공업의 근대화, 과학의 근대화, 기술의 근대화 등 4대 목표로 요약된다. 네 가지 근대화를 완성하기 위해서는 마르크스주의를 중국식으로 해석하는 것이 필요하며, 모든 정책은 사회주의적 가치관에 부합되지 않더라도 보다 효율적으로 이루어진다면 우선순위를 두고 채택되었다. 따라서 그는 각 지역으로부터 제안된 개혁 정책이 서방의 자본주의와 비슷하더라도 성공적이라면 도입했는데, 이러한 개혁 정책은 마오쩌둥의 '농민으로부터의 개혁'과도 달랐고 위에서부터 아래로 이어진 소련의 페레스트로이카와도 차별화되는 것이었다.

진마오 타워 상하이 푸둥 지구에 있는 88층의 초고층 복합 빌딩으로 중국 개혁개방 정책의 상징적인 건물로 꼽힌다.

즉 덩샤오핑의 개혁은 지역에서 중앙으로 이어진 아래로부터의 개혁이자 국가의 직접적인 개입을 줄이고 시장경제를 통해 스스로 움직이는 방식이었다. 이렇게 덩샤오핑이 취한 중국의 경제 정책을 '흑묘백묘론黑猫白猫論'이라고 한다. 덩샤오핑이 1979년 미국 방문 후 귀국하여 "검은 고양이든 흰 고양이든 쥐를 잘 잡는 것이 좋은 고양이不管黑猫白猫, 捉到老鼠就是好猫."라는 중국 속담을 빌어 표현한 데서 비롯되었다.

이로써 농민은 자신이 생산한 것은 자신이 책임지고 관리하고, 정책적으로 소련을 대신해 미국, 일본과 합작하여 기술을 도입하고, 기업은 정부의 통제에서 벗어나 스스로 발전을 도모하게 되었다. 또한 투자에 있어서도 문호를 개방하여 서구의 자본이 유입되고 고등교육을 받은 엘리트가 양성됐다. 이렇게 기업가와 농민의 이윤을 보장하는 등의 자본주의적 경제 정책으로 중국 경제는 연간 10퍼센트가 넘는 성장률을 기록했다.

이러한 개혁을 추진하면서 덩샤오핑은 공산당 부주석이자 정치국 상임위원회 의원, 중앙군사위원회 주석으로서 군권만 장악하고 있었으나, 총리나 총서기 등 최고위직에 자신의 인물을 포진시킴으로써 자신의 의견을 정책에 충분히 반영할 수 있었다. 그러나 그가 상임위원회에서 물러나고, 후야오방이 총서기직을 사퇴하면서 덩샤오핑의 지배 체제에 위기가 다가온다.

1989년 6월 4일 텐안먼 광장에서 정부의 민주화를 요구하며 학생과 시민 들이 시위를 벌였다. 그 과정에서 정부가 시위대를 무력으로 진압해 수많은 사상자가 발생했다. 이른바 텐안먼 사건天安門事件이다. 이것은 덩샤오핑 집권 후 이루어진 개혁에 대한 불만이 표출된 것이라고 할 수 있다. 급속도로 이루어진 경제 발전에 비해 정치 개혁이 부진하여, 고위층이 부패하고 빈부 격차가 심해진데다 불만이 점점 커졌으며, 당 내에서

톈안먼 광장

과감한 정치 개혁을 주장하던 후야오방이 죽고 나자 공산당 정부의 보수화가 더욱 심해진 데 대한 비난이 시위로 연결된 것이었다. 톈안먼 사건은 중국의 정치 체제에 반기를 든 민주화 시위였다. 덩샤오핑과 공산당은 계엄령을 선포하고 무력으로 맞섰으나 시위는 곳곳으로 퍼져 나갔다. 군사들은 무차별 발포로 시위대를 강제 해산시켰고, 그 과정에서 학생, 시민, 군인 등 수천 명의 사상자가 발생했다.

무력으로 위기를 이겨 낸 덩샤오핑은 계속해서 개혁개방 정책을 추진했으며, 기존 보수파를 대신하여 개혁파인 주룽지朱鎔基 등을 발탁했다. 덩샤오핑은 1994년 사실상 정계에서 은퇴했고, 1997년 2월 19일 사망했다.

3개 대표사상을 만든 중국공산당의 브레인
장쩌민

江澤民(1926년~현재)

- 공산당 중앙군사위원회 제3대 주석, 중화인민공화국의 제5대 주석
- 문화대혁명이 터지자 당에서 추방되어 10여 년간 피신했으며, 톈안먼 사태로 자오쯔양이 실각한 후 당 총서기를 거치며 주석에 올라 중국의 실권을 장악했다.
- 자본가, 지식인, 노동자의 근본적인 이익을 중국공산당이 대표해야 한다는 3개 대표사상을 발표했다.

    장쩌민은 공산당 중앙군사위원회 제3대 주석, 중화인민공화국의 제5대 주석을 역임한 인물로 덩샤오핑과 함께 경제 개방과 개혁을 통해 중국을 발전시켜야 한다고 생각했다. 곧 사회주의 시장경제 체제로 국영 기업에 대한 간섭을 줄이고, 수출과 투자 등을 통해 경제를 발전시키고자 한 것이다.

    1926년 8월 17일 장쑤 성 양저우揚州에서 태어난 장쩌민은 1946년 정식으로 중국공산당에 입당했고, 1947년 상하이 자오퉁대학교交通大學校를 졸업한 후에도 공산당 활동을 꾸준히 지속했다. 1949년부터는 인민식품, 국무원, 공장 등에서 일했으며, 1955년에는 선진 기술을 배우기 위해 모

스크바의 스탈린 자동차공장으로 유학을 떠났다. 이후 그는 소련에서 약 일 년간 기술 교육을 받고, 이듬해 귀국하여 중국 곳곳의 연구기관에서 다양한 직책을 역임했다.

1966년 중국이 문화대혁명의 바람에 휩싸이면서 장쩌민은 공산당에서 축출되었다. 이후 10년 가까이 정계에서 떠나 있던 그는 1976년 복귀한 후 1982년 제12기 공산당중앙위원회 위원으로 임명되었으며, 1983년부터는 전자산업부 장관을 지냈다. 1985년에는 상하이 시장이 되었으며, 상하이 공산당 부서기, 당 서기를 거쳐 1987년에는 당 중앙정치국 위원이 되었다.

1989년 6월 톈안먼 사건이 발생하자 장쩌민은 덩샤오핑의 무력 진압을 지지했다. 이후 그는 톈안먼 시위를 지지하여 실각한 자오쯔양趙紫陽을 대신해 총서기에 올랐고 1989년 11월 공산당중앙군사위원회 주석, 1990년 3월 국가중앙군사위원회 주석, 1993년 3월 국가 주석이 되었다.

2002년 11월 당 총서기직 사퇴를 시작으로, 2003년에 국가 주석, 2004년 공산당중앙군사위원회 주석을 차례로 사퇴했으며, 2005년에는 국가중앙군사위원회 주석에서도 물러남으로씨 공식적으로 모든 관직에서 물러났다.

장쩌민이 주장한 공산주의 시장경제는 곧 개혁개방과 궤를 같이한다. 이 정책으로 정부가 소유하고 있는 30만 개에 달하는 국영 기업에 대해 일정한 수준의 자율이 보장됐고, 이전과 달리 과감하게 수출이 단행됐으며, 해외 투자 역시 이루어졌다. 개혁개방 노선으로 중국 경제는 급속도로 성장했으며 이 과정에서 정치적으로 경색되었던 서구 국가들과도 좋은 관계를 유지하게 되었다. 그는 2001년에는 김정일 국방위원장을 만나 북한과의 관계 개선을 위해서도 힘썼다.

장쩌민의 정치 사상은 3개 대표사상으로 대표된다.

1. 중국공산당은 선진 사회 생산력의 발전 요구를 대표한다.
2. 중국공산당은 선진 문화의 발전 방향을 대표한다.
3. 중국공산당은 인민의 이익을 대표한다.

이 사상은 2000년 2월에 처음 발표한 것으로, 중국의 성장을 위해 필요한 핵심 사항들에 대해 설파하고 있다. 첫 번째, 선진 생산력 발전 요구는 공산당이 기존 노동 계급의 이익을 반영했다면, 이제부터는 민간 기업에까지 그 범위를 넓혀 기존의 계급주의적 성향을 확대하여 국민정당이 되겠다는 목표를 담고 있다. 두 번째, 선진 문화 발전 방향은 진보적인 발전을 위해 선진적인 사상과 문화를 적극적으로 도입하겠다는 의지다. 또한 위의 두 가지 항목이야말로 인민 전체의 이익을 위한 것이라고 천명하고 있다.

장쩌민이 3개 대표사상을 발표했을 때 공산당 내에서 반발이 만만치 않았다. 공산당으로서의 이념에 변화가 생기는 것이기 때문이다. 이 때문에 화궈펑은 공산당 탈당을 선언했고, 덩리췬鄧力群도 반발했다. 그러나 시대의 요구에 발 맞춰야 한다는 그의 호소에 이 3개 대표사상은 2002년 11월 제16차 전당대회에서 마르크스─레닌주의, 마오쩌둥, 덩샤오핑의 이론과 더불어 당 지도사상으로 격상되었으며, 2009년 3월에는 당 헌법 전문에 포함되었다.

동양 최고의 부자
리자청

李嘉城(1928~현재)

- 중국 창장그룹의 회장으로 2011년 〈포브스〉 선정 세계의 억만장자 11위, 2007년 〈포춘〉 선정 세계에서 가장 영향력 있는 CEO 12위 등에 선정되었다.
- 1950년 창장플라스틱을 시작으로 창장실업을 세웠으며, 현재 허치슨왐포아, 창장개발, 에어캐나다, 홍콩전력, 홍콩텔레콤, 허스키오일, 파나마운하·부산항·광양항의 컨테이너 터미널 등 총 460여 개에 달하는 기업에 관계하고 있다.

    2011년 미국의 경제 전문지 〈포브스〉 선정 세계 억만상자 11위이자 아시아 최고의 아낌없는 부호. 2010년 중국 500대 기업가 중 대중이미지 만족도 1위. 2007년 〈포춘〉이 선정한 세계에서 가장 영향력 있는 CEO 25인 12위. 1992년부터 20년간 〈포브스〉 선정 아시아 최고의 부자. 이 모든 타이틀의 주인공은 바로 창장長江그룹과 허치슨왐포아 그룹의 회장 리자청李嘉城이다. 그가 관여하고 있는 대표적인 기업은 창장실업과 허치슨왐포아, 창장개발, 에어캐나다, 홍콩전력, 홍콩텔레콤, 허스키오일, 파나마운하·부산항·광양항의 컨테이너 터미널 등 총 460여 개에 달한다.
    리자청의 영향력이 미치는 범위를 살펴보면 우선 분야별로는 건설, 운송, 호텔, 통신, 전력, 도시 개발, 항만, 무역, 소매, 금융, 서비스 등이고, 국가별로는 홍콩, 중국, 마카오, 태국, 싱가포르, 말레이시아, 인도네시아, 미얀마, 인도, 스리랑카, 한국, 미국, 캐나다, 영국, 네덜란드, 호주, 이스라엘, 파나마 등으로 그야말로 전 분야적, 전 세계적이다.

1992년 〈포브스〉로부터 '아시아 최고의 부자'라는 타이틀을 부여받은 이후 약 20년 동안 그는 단 한 번도 순위에서 벗어난 적이 없다. 현재 그의 재산은 260억 달러(약 29조 원)로, 그는 중국인들에게 상신商神, 재신財神, 초인超人으로 불리며 존경받고 있다. 하지만 그가 이렇게 존경받는 이유는 단순히 그가 대기업가라는 것 때문만이 아니라 원대한 안목으로 맨손에서 이 모든 것을 이룩한 입지전적인 인물이기 때문이다. 이에 더해 그는 많은 기부를 하고, 조국애를 발휘하는 데 있어서도 존경받는 기업인으로 꼽힌다.

리자청은 1928년 광동 성 차오저우 부 차오안에서 리윈징李雲經과 쫭비친莊碧琴 사이에서 3남매 중 장남으로 태어났다. 시골 초등학교 교장이었던 부친 리윈징은 그를 엄격하게 지도했고, 그는 강인하고 진취적인 성격으로 성장했다.

1937년 7월 7일 일본이 중국을 침략하여 중일 전쟁이 발발하자, 1940년 그의 가족은 전란을 피해 홍콩으로 이주했다. 그는 낮에는 학교에 다니고 방과 후에는 공장에서 견습공 생활을 하며 집안 살림을 도왔다. 후에 "남들은 학문을 구하지만, 나는 학문을 탐했다."라고 회상할 정

리자청(연합포토)

도로 그는 학문에 매진했다. 하지만 그는 1943년 부친 리윈징이 폐병으로 사망하자 학업을 완전히 포기하고 생활전선에 뛰어들어야만 했다. 그의 어릴 적 꿈은 교육자였다고 한다. 하지만 어머니와 동생들을 돌보기 위해 그는 자신의 꿈을 접어야만 했다.

찻집에서 일을 하던 리자청은 본격적으로 돈을 벌기 위해 완구점 판매원으로 취직했다. 그는 거의 매일 밤 10시까지 일을 해 평균 16시간 근무했다고 한다. 1944년 그는 성실함과 영업 능력을 인정받아 완구점의 총지배인으로 승진했다. 한편 그는 공부하는 것을 잊지 않아 회사 생활을 하면서도 시간을 쪼개어 독학을 했다. 특히 그는 영어 공부에 열을 다했는데, 홍콩에서 성공하기 위해서는 능숙한 영어 실력이 뒷받침되어야 한다는 것을 알고 있었기 때문이었다. 그는 손에서 영어 단어장을 놓지 않았고, 늘 영어회화를 중얼거리고 다니며 거의 1년여 만에 영어 작문과 회화를 비교적 유창하게 할 수 있게 되었다.

리자청은 직장을 다니면서 늘 창업을 생각했고, 때문에 완구점에서 그를 재임용하고 싶다는 제안을 거절하고 사직했다. 1950년 그는 몇 년 동안 모은 7천 홍콩달러에 약간의 대출을 빌어 직원 2명 규모의 플라스틱 공장을 세웠다. 창장(長江, 장강)플라스틱이라는 사명에는 "장강이 작은 지류를 마다하지 않고 포용하여 중국에서 가장 거대한 강이 된 것처럼, 작은 것이 모여 큰 것을 이룬다."라는 그의 사업 신조가 담겨 있다. 그는 장난감, 비누 케이스, 가정용품 등을 생산했다. 그러나 이전 회사와 같은 분야의 회사를 운영했지만 전 회사에 피해를 주지 않기 위해 노력했다. 바이어가 제품의 품질에 대해 불만을 제기하고 상품 반환 요구를 하여 회사가 어려움에 처했을 때는 낮은 품질과 신용 하락에 대한 반성과 경영상의 잘못을 인정함으로써 위기를 극복했다. 그는 철저한 재고 정리, 기술

훈련, 선진 설비 마련 등으로 제품의 품질을 향상시켰다. 1955년 회사가 다시 정상궤도에 오르자 그는 감원했던 직원들을 복귀시키고 회사를 떠나 있는 기간 동안의 임금을 주었다.

1957년 리자청은 우연히 영문 잡지 〈플라스틱〉에서 "플라스틱 조화가 유망 산업이 될 것이다."라는 기사를 읽었다. 이 기사는 '유럽과 미국에서는 꽃을 이용한 실내장식을 좋아하는데, 여성들의 사회 진출과 가속화된 생활로 꽃을 기를 시간이 없다'라는 그의 생각과 일치했다. 그는 플라스틱 조화 제조 기술을 배우기 위해 이탈리아로 향했다. 그는 임시직 노동자 신분으로 이탈리아 공장에 취직하여, 어깨 너머로 관련 지식들을 익히고, 핵심 기술자들과 친분을 쌓는 방법으로 기술을 배웠다. 2년 후 이탈리아에서 돌아온 그는 플라스틱 전문가를 채용하여 조화를 연구하는 한편, 국제 시장의 상황을 파악했다. 그리고 과감하게 플라스틱 완구 생산을 중단하고 공장을 확장하여 조화 생산에 총력을 기울였다. 또한 자신을 모방한 기업들이 등장할 것이라고 생각한 그는 박리다매 전략을 통해 신속하게 시장을 점유해 나갔다. 그는 7년 만에 창장실업을 세계 최대의 플라스틱 조화 공장으로 키워 냈으며, 막대한 자본을 확보했다.

1958년 리자청은 공장 건물주가 임대료를 인상해 달라고 요구하자 아예 공장을 짓기로 결심했다. 그는 베이자오北角에 12층짜리 건물을 짓는 것을 시작으로 플라스틱 조화로 벌어들이는 돈을 부동산 개발에 투자하기 시작했다. 1950년대 후반 홍콩은 경제가 비약적으로 발전하면서 각국의 투자자와 기업가들이 속속 모여들고 있는 상황이었다. 이러한 상황을 정확하게 파악한 리자청은 장차 홍콩의 부동산 가격이 기하급수적으로 상승할 것이라는 것을 예측했다. 1964년 홍콩 내에 불어닥친 은행의 자금 회수 붐과 1967년 세계적인 오일 쇼크, 경제 불황의 영향으로 구룡九龍

폭동이 발생하여 홍콩의 부동산 가격이 폭락하자 그는 본격적으로 토지를 사들이기 시작했다. 그는 홍콩 부동산 투자가들의 '30퍼센트의 현금과 70퍼센트의 은행 대출'이라는 일반적인 자금 조달 방식을 버리고, 토지를 소유한 기업과 합작하여 토지를 공동 개발한 후 그에 따른 토지 개발 수익과 부동산 가격 상승으로 인한 차익을 얻었다. 1980년대 이후에도 홍콩의 부동산 가격은 큰 폭으로 급성장했고, 그는 엄청난 부를 축적하여 거대한 부동산 재벌로 성장했다.

리자청은 부동산 사업뿐만 아니라 주식 거래도 관심을 기울였다. 1970년부터 주식과 부동산 사업으로 거대 자금을 확보한 그는 1979년 홍콩상하이은행(HSBC 그룹 산하 은행)으로부터 영국계 통신회사 허치슨왐포아의 주식 22.4퍼센트를 매입했고, 1984년까지 40퍼센트의 주식을 매입했다. 이로써 창장실업은 홍콩 역사상 영국 기업을 인수한 최초의 중국계 기업이 되었다. 이때부터 창장실업은 세계 무대에 그 이름을 알리게 되었다.

1992년 〈포브스〉는 세계 100대 부호 중 리자청을 35위에 올렸다. 이때 그의 개인 재산은 38억 달러였고, 20년이 흐른 현재 그의 재산은 260억 달러에 달하며 그의 회사는 세계 5대 재벌에 속한다. 빈듯한 학력이나 배경 없이 무일푼으로 시작해 입지전적인 성공을 거둔 그에게 사람들은 자주 성공 비결을 자주 묻곤 한다. 리자청은 이렇게 대답한다. "스무 살 이전에 이룬 성공은 100퍼센트 두 손을 이용해 노력으로 얻은 것이고, 스무 살에서 서른 살까지 이룬 성공은 사업 기반을 어느 정도 갖추면서 10퍼센트의 행운과 90퍼센트의 노력으로 얻은 것이며, 서른 살 이후에는 기회의 비중이 커져서 현재는 30~40퍼센트의 행운에 의존하고 있다." 이런 말을 통해 근면, 인내, 투자, 재산 관리의 중요성을 강조한 것이다.

리자청은 중국인들에게 매우 사랑받는 기업인으로, 사람들은 그가 많은 돈을 버는 것에도 열광하지만 그의 돈 쓰는 방법에도 열광한다. 2006년 그는 전 재산의 3분의 1을 기부한다고 발표했다. 그의 기부는 1980년부터 본격적으로 시작되었는데, 그는 교육, 의료, 학술 지원 등을 위해 리자청기금회를 설립했으며 이를 '제3의 아들'로 간주했다. 리자청기금회는 리자청의 고향 부근에 있는 산터우대학교에 20억 홍콩달러를 기부해 중국 남부의 대표적인 대학으로 성장시키는 등 중국과 홍콩의 교육 사업에 많은 기여를 했다. 지금까지 리자청기금회와 그의 개인 명의로 기부된 금액은 수억 달러에 달한다.

　리자청은 세계적인 부호이면서도 근검절약하는 생활태도로도 유명하다. 그가 늘 입는 검은색 양복은 명품이 아니며, 직원들과 식사하는 것을 즐기고, 공장 노동자들과 함께 도시락을 먹는다. 그는 단돈 1달러도 하찮게 여기지 않는데, 이와 관련한 인상적인 일화가 있다. 어느 날 그는 골프장에 도착해 차에서 내리다가 그만 1달러를 떨어뜨렸다. 그는 몸을 굽혀 주우려 했지만 당최 손에 닿지가 않았다. 이것을 지켜본 골프장 직원이 얼른 차 밑으로 어렵게 몸을 집어넣어 떨어진 1달러를 주워 주었다. 1달러를 받은 리자청은 그에게 사례금으로 200달러를 내놓았다. 사람들이 그 이유를 묻자 리자청은 "내 돈이 아니라면 내 집 앞에 천 달러가 놓여 있어도 나는 절대로 손대지 않는다. 하지만 내 돈이라면 단 1달러를 떨어뜨려도 나는 반드시 줍는다."라고 했다. 그가 세계적인 부호로 성장할 수 있었던 데는 물론 여러 가지 이유가 있겠지만, 적은 돈일지라도 돈의 가치와 소중함, 최선의 쓰임새를 잘 알고 있기 때문일 것이다.

현대 정보통신의 혁명
찰스 가오

Charles Kun Kao(1933~현재)

- 중국계 공학자.
- 광섬유에서 빛이 전송되는 과정을 규명하여 초고속인터넷 등 현대의 통신기술 발전에 기여한 공로로 2009년 윌러드 보일, 조지 스미스와 함께 노벨 물리학상을 수상했다.

　　광섬유 연구의 선구자로 '광섬유의 아버지'로 불리는 중국계 미국인 과학자 찰스 가오는 2009년 〈광섬유 내부의 빛의 전달 과정 연구〉로 노벨 물리학상을 수상했다. 스웨덴 왕립과학원 노벨위원회는 섬유를 통한 빛의 전송 분야에서 광통신의 발전을 이루는 데 크게 기여한 공로로 찰스 가오를 수상자로 발표했다. 비록 윌러드 보일, 조지 스미스와의 공동 수상이었고, 현재 그의 국적이 영국과 미국이지만 그가 중국인 최초의 노벨 물리학상 수상자라는 사실에는 변함이 없다.

　　찰스 가오는 1933년 중국 상하이에서 태어났다. 중국 이름은 가오쿤高錕으로, 그는 상하이에서 영어, 불어, 중국 고전을 배우면서 어린 시절을 보냈다. 이는 미국 미시건로스쿨 출신 변호사였던 부친 가오쥔샹高君湘과 청나라 말기의 유명한 시인이던 조부 가오췌이완高吹萬의 영향을 받은 것으로 보인다.

1949년, 지난 1927년부터 시작된 국민당과 국공내전에서 중국공산당이 승리하여 중화인민공화국이 수립되자 국민당 정부는 타이완으로 이주했다. 이때 중국 내의 수많은 예술가와 자본가 들 역시 타이완으로 도피했다. 가오 집안도 그중 하나였다. 그러나 찰스 가오는 다시 홍콩으로 이주했고, 이곳에서 세인트조지프칼리지중학교St. Joseph's College를 다녔다. 1952년 그는 영국으로 가 고등교육을 받았다. 그는 홍콩에서 대학 진학을 하고자 돌아왔으나 당시 홍콩의 대학교에는 그가 희망했던 전기공학과가 없었다. 그는 할 수 없이 다시 영국으로 향했다.

1952년 그는 현 그리니치대학교인 울위치폴리텍대학Woolwich Polytechnic에 입학했다. 1957년 전기공학으로 학사학위를 취득한 그는 곧 런던대학교에 진학하여 석사학위를 받았다. 이때부터 그는 통신용 광섬유 연구에 매진했다. 같은 해 박사 과정을 준비하면서 그는 미국의 국제전신전화회사ITT Corporation의 영국 자회사인 표준전화케이블 회사에 입사해 엔지니어로 일했으며, 3년 후에는 영국 할로에 있는 ITT 산하의 표준원거리통신연구소로 자리를 옮겼다. 그는 유리 광섬유에 대한 연구로 1965년 런던임페리얼칼리지Imperial College London에서 전기공학 박사학위를 취득했다.

1966년 가오는 광섬유 분야에서 혁신

찰스 가오

1966년 가오는 광섬유 분야에서 혁신

노벨상 증서 노벨상은 해마다 물리학, 화학, 생리의학, 경제학, 문학, 평화 6개 부문에서 인류 문명의 발달에 공헌한 사람이나 단체를 선정하여 수여된다.

적인 발견을 했다. 빛은 구리 전선이나 라디오파에 비해 수천 배나 많은 정보를 전달할 수 있고, 빛의 주파수가 전파보다 훨씬 더 높기 때문에 훨씬 더 많은 신호를 보낼 수 있다. 1950년대부터 과학자들은 이 같은 빛의 장점을 이용해 먼 거리까지 빛을 전송하는 데 광섬유를 사용할 방법을 연구했다. 그러나 광섬유를 통해 빛을 전송할 때 거리에 따라 빛이 빠르게 약해져 겨우 몇백 미터 만에 사라져 버리는 것이 가장 큰 문제였다. 가오는 이 문제를 해결할 돌파구를 알아냈고, 결국 광섬유를 통해 어떻게 빛이 장거리를 이동하는지 측정하는 데도 성공했다. 그는 영국 출신 엔지니어 조지 호크햄과 함께 불순물을 제거한 높은 순도의 유리로 만든 광섬유를 이용하면 빛 신호를 거의 손실 없이 100킬로미터까지 보낼 수 있다고 주장했다. 그는 이 발견을 기반으로 1970년에 최초로 실용적인 광섬유 케이블을 만들어 냈다.

가오의 광섬유 케이블은 오늘날의 통신 사회를 가능하게 했다. 그의 발견은 '빛의 속도'로 정보를 전달할 수 있는 광통신을 현실화했으며, 이는 초고속인터넷 개발 등의 인터넷 정보통신 혁명으로 이어졌다. 오늘날 우리가 당연하게 생각하고 있는 것들, 즉 지구 반대편에 있는 사람에게 전화를 하고, 멀리 있는 사람과 같은 공간에 있는 것처럼 대화하고, 사진이나 동영상을 전 세계에서 실시간으로 감상하며 인터넷으로 소통하고 정보를 획득하는 것 등은 모두 그의 연구 성과로 인해 가능해진 것들이다. 현재 지구의 모든 광섬유를 한 줄로 늘어뜨리면 그 길이가 10억 킬로미터 이상에 달하는데, 이는 지구를 2만 5천 바퀴 도는 거리다. 이 길이는 매시간 수천 킬로미터씩 늘어나고 있다.

1970년 가오는 몸담고 있던 미국의 ITT를 떠나 홍콩으로 향했다. 홍콩 중문대학교에서 전기공학부를 신설하면서 그를 교수로 초빙했기 때문이다. 그는 홍콩 중문대학교에서 4년 동안 교수 생활을 하면서 교육대학과 연구소 설립을 위해 애썼다. 1974년 그는 미국 버지니아 주 로어노크에 있는 ITT로 다시 자리를 옮겨 전기광학 제품 부문의 최고 기술책임자로 일했다. 1983년부터 그는 1987년에 다시 홍콩 중문대학교로 돌아오기 전까지 미국 코네티컷 주 셸턴에 있는 ITT 고등기술센터에서 연구소장과 기술이사를 역임했다.

1987년 가오는 홍콩 중문대학교로 돌아와 1996년까지 부총장을 지냈다. 그는 부총장직을 역임하면서 대학에 합리적인 학술연구 체계를 마련했고, 중국 본토와의 기술 교류를 통해 중국의 과학 발전에 실질적인 도움을 주었다. 중국 정부는 중국의 과학 발전에 대한 그의 기여를 인정하여 그를 중국과학원의 외국인 원사外籍院士로 뽑았다. 중국과학원 산하 남경자금산천문대는 1981년 12월 3일에 새로 발견한 항성 3453에 그의 이름을 붙여 '가오쿤성高錕星'이라고 이름 지었다. 그 후 가오는 홍콩 광섬유 회사인 트랜스테크 회장 겸 CEO를, 2000년에는 기술 서비스 회사인 ITX 서비스의 회장 겸 CEO를 지냈다.

2009년 10월 6일 스웨덴 왕립과학원 노벨위원회는 일상생활과 과학의 진보 양쪽에 결정적인 영향을 준 연구에 수여하게 되었다면서 가오를 노벨 물리학상 수상자로 발표했다. 그는 텔레비전을 보다가 본인의 수상 소식을 알게 되었는데, 수상 소감을 전하면서 "광섬유의 출현 덕분에 본인의 노벨 물리학상 수상 소식을 천리 밖으로 전할 수 있다."라고 말했다.

역사의 질곡을 그려 낸 거장
장이모우

張藝謀(1951~현재)

- 첸카이거와 함께 중국 5세대 감독으로 꼽히는 대표적인 영화감독.
- 1987년 데뷔작 〈붉은 수수밭〉으로 베를린 영화제 금곰상을 수상했고, 이후 〈홍등〉, 〈국두〉, 〈귀주이야기〉, 〈인생〉, 〈영웅〉 등을 연출했다.
- 오페라 〈투란도트〉, 〈장한가〉, 〈인상유삼저〉 등을 연출했고, 2008년 베이징올림픽 개·폐막식을 연출했다.

장이모우는 중국을 대표하는 5세대 영화감독의 대표 주자로, 문화대혁명 세대의 감수성과 자기반성, 철저한 작가정신으로 무장한 5세대 감독에 머물지 않고, 현대 중국인들의 삶을 사실적으로 보여주는 6세대를 잇는 가교 역할을 한 감독으로 평가받는다. 그는 중국 특유의 향토적인 분위기의 작품 성향으로 유명하며, 극의 뛰어난 세부 묘사와 낭만적인 주제

장이모우(연합포토)

를 표현하는 데 탁월한 재능을 지니고 있다. 2008년에는 베이징 올림픽 개막식과 폐막식의 총 감독을 맡으면서 그해 중국인들이 가장 사랑한 영화감독으로 뽑혔는데, 이는 영화감독으로서의 성공뿐만 아니라 베이징 올림픽의 개막식과 폐회식 연출을 맡아 성공적으로 이끈 공이 인정된 것이라고 할 수 있겠다.

1951년 장이모우는 중국의 산시 성 시안의 평범한 노동자 가정에서 태어났다. 원래 이름의 한자는 '詒謀'로 보낼 이詒 자를 사람들이 종종 치治나 일훌과 혼동하여 쓰고, 심지어 초등학교 때는 친구들이 '이모'를 '음모陰謀'라고 놀려 대기도 하여, 1968년 그는 아예 이詒 자를 기예 예藝 자로 바꾸어 버렸다고 한다. 그 후 그는 정말로 예술과 인연을 맺게 되었다. 그는 1966년 중학교를 졸업하고 하방(下放, 당원이나 공무원의 관료화를 방지하기 위해 이들을 일정 기간 동안 농촌이나 공장에 보내 노동에 종사하게 한 운동)되어 산시 성의 농촌과 방직공장에서 10여 년을 농민, 노동자 들과 함께 생활했다.

공장에서 생활하는 동안 그는 아름다운 자연풍경에 도취되어 사진 촬영에 흥미를 느끼게 된다. 시간이 날 때면 늘 사진을 찍었고, 그때 찍었던 사진들이 공장 사람들에게 인기를 끌기 시작했다. 1978년 문화대혁명이 끝나고 다시 학생을 모집하던 베이징영화학교에 친구의 권고로 응시했으나 당시 27세였던 장이모우는 학령 22세 초과라는 이유로 입학을 거절당했다. 그러나 그는 포기하지 않고 문화대혁명으로 10년을 허비했다는 내용의 편지를 장관에게 보내 마침내 입학 허가를 받아 냈고, 드디어 예술의 세계로 발을 내디뎠다.

그는 졸업 후 장춘차오의 〈하나와 여덟一個和八個〉의 촬영을 맡아 영화계의 주목을 받게 되었고, 그 후 첸카이거 감독의 첫 번째 영화 〈황토지黃

土地〉와 〈대열병大閱兵〉의 촬영감독을 맡으면서 명성을 얻기 시작했다. 그의 예술적 재능의 원천은 바로 하방 시기와 대학 시절 사회와 생활에 대한 깊은 깨달음에서 온 것으로 젊은 시절의 생활 및 경력과도 관계가 깊다. 이 시절의 어려웠던 생활, 좌절이 가득했던 생활이 그로 하여금 독특한 시각으로 사회를 바라보고 역사를 주시하게 한 것으로 보인다.

1987년 장이모우는 데뷔작인 〈붉은 수수밭紅高粱〉으로 베를린영화제에서 금곰상을 수상하며 드디어 그의 명성을 해외에까지 알리게 된다. 그 후 〈국두菊豆〉, 〈홍등大紅燈籠高高掛〉 등이 해외 영화제에서 계속 수상하면서 명실상부한 세계적인 감독으로 주목받게 되었다. 이 시기의 작품은 대체로 형식적인 측면이 강하며, 문화대혁명의 혼란을 붉게 물들인 화면으로 표현했다고 한다. 영상미를 강조한 〈붉은 수수밭〉, 폐쇄된 가옥구조를 배경으로 찍은 〈국두〉, 붉은 이미지를 강조한 〈홍등〉 등은 미학적 측면에서는 형식적인 면에 중점을 두었으며, 내용적으로는 닫힌 중국 역사의 전모를 우울하게 그려 냈다는 평가를 받는다. 동시에 지나친 형식주의 및 작품 속에 묘사된 중국의 전통과 여성상이 오리엔탈리즘적 관점에 영합한 것이라는 비판을 받기도 한다.

하지만 그 후 장이모우는 〈귀주이야기秋菊打官司〉와 〈인생活著〉을 통해 그간의 비판을 불식시켰다. 〈귀주이야기〉에서 그는 그동안의 감상주의적인 인물에서 벗어나 적극적이고 능동적인 인물들을 등장시키고, 미학적·색채적인 면에 치중했던 형식주의에서 벗어나 작품에 생명력과 사실성을 불어넣었다. 〈인생〉에서는 봉건적인 잔재가 씻겨 나가지 않은 1920년대의 중국 사회에서부터 문화대혁명까지의 기간 동안 중국의 평범한 가정을 사실적이고 해학적으로 그려 냄으로써 중국의 도시와 농촌 간의 갈등, 사회주의로 인한 여러 문제점들을 담아냈다. 1990년 중반에 이르러서는 〈할 말 있으면 좋은 말로 해有話好好說〉를 통해 서구화된 중국 젊은이들이 시대 변화에 적응해 가는 과정을 표현함으로써 문화대혁명의 과거에서 현실로, 농촌에서 도시로 변화된 배경 속에서 근대화된 중국을 사실적으로 그려 냈다.

한편 장이모우는 2002년에 할리우드 영화사가 기획·제작한 무협영화 〈영웅英雄〉을 만들어 상업영화에서도 큰 성공을 거두었다. 그는 2004년에는 영화 〈연인十裏埋伏〉을, 2005년에는 영화 〈천리주단기千里走單騎〉를 통해 수많은 사람들을 감동시켰으며, 2006년에는 영화 〈황후화黃金甲〉로 해외의 수많은 영화제에서 수상의 영예를 안으며 예술성과 흥행성을 동시에 거머쥔 감독으로 평가받게 되었다. 2007년 그는 제75회 베니스국제영화제 심사위원장을 맡았으며, 최근 2009년과 2010년에는 영화감독의 본분에 충실하여 〈금릉의 13비녀金陵十三釵〉와 〈산사나무 아래山茶樹之下〉를 만들어 다시 한 번 저력을 과시했다.

한편 장이모우는 영화감독으로서가 아닌 새로운 분야에 도전하기도 했다. 2008년 베이징 올림픽의 개막식과 폐막식의 총감독으로 선정되어 중국의 전통과 문화를 현대와 접목시키고, 자신만의 개성을 살려 중국 문화를 몽환적으로 표현해 내면서 'One World, One Dream'이라는 슬로건을 완벽히 구현해 전 세계의 호평을 받았다.

또한 그는 푸치니의 오페라 〈투란도트〉를 연출해 1997년 이탈리아 피렌체 극장, 1998년 중국 자금성 특설 무대, 2003년 한국의 상암 월드컵경기장에서 공연해 호평을 받았다. 최근에는 양귀비를 위해 현종이 지어주었다는 화청지華淸池에서 당 현종과 양귀비의 로맨스를 내용으로 하는 수중 오페라 〈장한가長恨歌〉를 연출했으며, 중국 천하 제일의 풍경을 자랑하는 양삭陽朔을 배경으로 펼쳐진 수중 오페라 〈인상유삼저印象劉三姐〉

를 연출했다. 그는 〈인상유삼저〉에서 땅과 공중에서 물과 산을 배경으로 최첨단기술을 활용해 중국적 화려한 색채를 구현해 전 세계의 관중과 관광객을 중국으로 불러들였다. "인간의 잠재력은 무한하며 사람은 고무줄과 같아 계속해서 잡아당겨야 한다. 그 과정 속에서 자기의 극한에 도전하고 능력을 확장시켜야 한다."라는 그의 말에는 예술에 대한 그의 태도와 열정, 애정이 함축되어 있다.

그는 중국의 고대부터 현대까지 도시와 농촌을 막론하고 다양한 배경, 다양한 시대상황을 탁월하게 그려 내면서도 예술성과 상업성을 동시에 갖춘 흔치 않은 감독 중 하나다. 그는 "도시와 농촌은 하나의 소재로 구성할 수는 없으며, 요즘은 좋은 소재도 많지 않아 다만 느낌이 있는 것, 영화 촬영에 적합한 것이면 모두 영화로 만드는데, 다시 말해 흥미가 느껴지는 것, 즉 새롭고 자연스러운 것이면 모두 영화로 만든다."라고 말한다. 상업영화에도 반드시 예술성이 있어야 하고, 예술영화에도 반드시 상업성이 있어야 한다는 그의 말은 그가 왜 위대한 감독으로 성장할 수 있었는지 이해할 수 있게 한다. 그는 처녀작인 〈붉은 수수밭〉부터 지금까지 단 한 편도 적자를 낸 작품을 만든 적이 없다는 데 자부심을 느낀다고 한다. 그는 "사람의 감정은 서로 통하게 되어 있다. 인간이 가지는 공통된 감정은 민족과 국경을 불문하고 사람을 감동시킬 수 있다."라고 말한다. 아마도 이러한 점이 그의 영화가 대중의 환영을 받으며 투자자들을 불러 모으는 이유라고 할 수 있겠다.

중국 현대사를 말하다
류샤오보

劉曉波(1955~현재)

- 인권 운동가, 민주화 운동가.
- 2010년 노벨 평화상 수상자로 선정되었으나 중국 정부의 반대로 빈 의자를 놓은 상태에서 시상식이 진행되었고, 이후 국제 사회가 중국 정부에 그의 석방을 촉구했다.

    류샤오보는 중국의 인권운동가로 1989년 톈안먼 사건 이후 계속해서 중국의 민주화와 개혁을 요구해 중국 정부에 반체제 인사로 지목되어 여러 번 수감 생활을 했다. 1990년부터 국제단체로부터 인권상을 수상하기 시작해 2008년 12월 세계인권선언 채택 60주년을 맞아 '일당독재를 종식하고 민주주의의 실현을 위한 민주개혁 요구'를 골자로 한 〈08 헌장零八憲章 Charter 08〉 발표를 주도해 중국 정부에 체포됐다. 11년형을 선고받은 그는 수감 중에 2010년 노벨 평화상 수상자로 선정되었다. 1957년부터 중화권에서 노벨상을 수상한 사람은 모두 7명이나, 이들 중 국적이 중화인민공화국인 경우는 류샤오보가 유일하다. 이는 매우 영광스러운 일임에는 분명하지만, 그의 반체제 성향으로 인해 중국 정부는 그의 수상에 강한 반감을 나타냈다. 결국 노벨상 역사상 두 번째로 수상자가 수상식에 참가하지 못해, 수상식은 빈 의자와 그의 초상을 놓고 진행되었다.

지린 성 창춘長春 시에서 태어난 류샤오보는 중국 정부의 하방 정책에 따라 부모와 함께 내몽골 호르친으로 이주했다. 1974년에는 지식청년 하방 방침에 따라 지린 성 눙안 현農安縣으로 이동했으며, 2년 후에는 창춘 시로 돌아와 건축회사에서 노동자로 생활했다. 1977년 지린대학교의 중문과에 입학해 1982년에 졸업했고, 곧바로 베이징사범대학교 중문과에서 문예학 석사학위를 취득했다. 이후 이곳에서 1986년까지 강의를 계속했다. 1988년 같은 곳에서 박사학위를 취득한 그는 해외로 활동 영역을 넓혀 1988년에는 노르웨이 오슬로대학교에서 중국당대문학當代文學을, 1989년에는 미국 하와이대학교에서 중국철학과 중국당대문학을 강의했다.

1989년 봄, 류샤오보는 미국 컬럼비아대학교에서 초청방문학자 신분으로 중국 현대정치와 지식인에 대한 연구를 진행했다. 그는 이때 중국의 계몽철학자인 리저허우李澤厚를 비판하는 〈선택의 비판―리저허우와의 대화〉라는 글을 썼는데, 이를 계기로 반체제 운동에 관심을 갖게 되었다.

1989년 4월 중국에서는 전국에서 모인 학생과 시민 들이 톈안먼 광장에서 민주화를 요구하면서 단식연좌시위를 벌였다. 이 소식을 전해 들은 류샤오보는 즉각 연구를 중단하고 베이징으로 돌아갔다. 당시 시위대는 톈안먼 광장 인민영웅기념탑에서 장막을 치고 단식농성에 들어갔는데, 그도 저우둬周舵, 허우더젠侯德建, 가오신高新 등과 함께 단식농성에 합류했

류샤오보

다. 그는 시위대 대표로 중국 정부와 협상을 벌였으나, 중국 정부는 이들의 시위를 난동으로 규정하고 계엄군을 동원하여 무력으로 진압했다. 그는 반혁명 혐의로 투옥되었다. 같은 해 9월 그는 톈안먼 사태의 진상 규명을 요구하다 모든 공직을 박탈당하고 20개월 동안 구금되었다. 그 후 그는 베이징에서 글을 쓰면서 본격적으로 민주화 운동을 전개하게 된다. 1993년 초청방문학자의 자격으로 오스트리아로 출국한 그는 미국에 잠시 체류하면서 다큐멘터리 〈톈안먼〉의 제작자 칼마 힌튼과 인터뷰를 하여 서방에 중국의 현실을 알리고자 했다.

6·4 톈안먼 사건을 유혈 진압한 중국 정부는 이후 민주화 운동에 참여한 사람들을 끊임없이 박해하여 수많은 사람들이 감시, 연금, 투옥했다. 6·4 톈안먼 사건 주도자들 상당수가 이로 인해 중국을 탈출하여 해외 망명을 선택했는데, 류샤오보는 오히려 해외에서 중국으로 다시 돌아와 국내에 머물며 문필 활동과 민주화 운동을 했다. 1996년 그는 톈안먼 사건 희생자의 명예 회복과 인권 보장을 호소하다가 체포, 구금되었다. 얼마 지나지 않아 석방되었지만, 다시 〈반부패 의거서—8기 인민대표대회 3차 전체회의에 드림〉, 〈흡혈의 교훈, 민주 추진과 법치 발전—6·4 사건 6주년 호소문〉을 집필하는 등 민주화 운동을 계속했다. 이 일로 그는 다시 체포되어 노동개조 3년형을 선고받았다. 이때 그는 류사劉霞를 아내로 맞이했다. 1999년 석방된 후 류샤오보는 독립중문필회獨立中文筆會, Independent Chinese Pen Center의 회장직을 역임하면서 민주화 운동을 계속 전개했다.

류샤오보는 2008년 12월 중국의 반체제 인사, 학자, 변호사, 신문기자, 양심적 지식인 등 303명과 함께 중국공산당의 일당독재를 반대하고 민주주의 실현을 요구하는 〈08헌장〉을 발표했다. 〈08헌장〉을 주도한 그는

2009년 6월 국가권력 전복 선동죄로 베이징 시 공안당국에 체포, 구속되었다. 그는 법정심문 과정에서 죄가 없음을 피력하고, 헌법에 나타난 언론의 자유를 행사했을 뿐 타인에게 해를 끼치거나 정권 전복을 선동하지 않았다고 변호했다. 그러나 2009

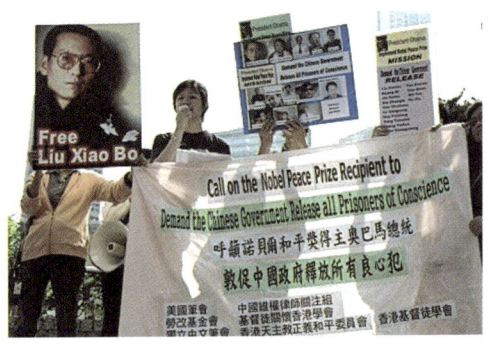

류샤오보의 석방을 외치는 사람들 류샤오보는 2010년 노벨 평화상 수상자로 선정되었으나 감금이 풀려나지 않아 참석하지 못했고, 결국 빈 의자가 놓인 채로 노벨 평화상이 수여되었다.

년 12월 베이징 제1급 인민법원은 그에게 징역 11년을 선고했다. 2010년 2월 그는 베이징 고급인민법원에 항소했으나 기각되었고, 징역 11년 및 정치적 권리 박탈 2년이 추가 확정되었다. 그는 랴오닝遼寧 성 감옥에 수감되었다.

〈08헌장〉 공표로 국제 사회에서 더 큰 명성을 얻게 된 류샤오보는 2010년 1월 체코의 전 대통령 바츨라프 하벨, 달라이 라마, 데즈먼드 투투 주교 등에게 노벨 평화상 후보로 추천받았다. 2010년 10월 8일 노벨위원회는 '중국의 인권 신장을 위한 오랜 투쟁'을 이유로 그를 노벨 평화상 수상자에 선정했다. 더불어 노벨위원회는 "중국은 지난 수십 년간 어떤 나라와도 비교할 수 없을 정도로 비약적인 경제 발전을 이루었고, 정치적 참여 범위 또한 확장했다. 하지만 중국은 헌법 35조에 '인민들의 언론, 표현, 결사, 집회, 시위의 자유'를 규정하고 있음에도 이 모든 것에 대한 자유를 명백히 박탈하고 있다. 중국은 새로운 지위에 걸맞는 책임을 수반해야 한다."라며 중국 정부를 강하게 비판했다.

중국은 이에 즉각 반발하며 외교통상부를 통해 "류샤오보는 중국 법률을 위반해 사법기관으로부터 처벌받은 죄인이기 때문에 그를 노벨 평화상 수상자로 선정한 것은 노벨 평화상에 대한 모독"이라며 공식 입장을 표명했다. 또한 중국 정부는 류샤오보의 노벨 평화상 수상을 반대하여 그의 석방을 주장하는 국제 사회와 인권단체들을 무시하고, 대리 수상을 막기 위해 그의 친인척들까지 가택연금 후 출국금지시켰다. 더 나아가 중국은 언론과 여론을 통제하고, 노르웨이에 있는 65개국 대사관에 압력을 가해 그중 15개국을 불참시켰다. 이러한 중국의 방해로 인해 노벨위원회는 시상식장에 상징적으로 빈 의자를 놓은 상태로 시상식을 진행하고 그의 노벨상 상장과 메달을 빈 의자에 놓았다. 중국은 노르웨이 노벨위원회의 류샤오보에 대한 노벨 평화상 수상식 강행에 대해 명백한 내정 간섭이라고 반발했으나 이후 서방 국가들은 일제히 그의 석방을 요구했다.

중국과 서방 국가들의 첨예한 대립 속에서 노벨 평화상 수상자로 선정된 류샤오보는 "노벨 평화상을 톈안먼 사태의 희생자들에게 바친다."라고 수상 소감을 전했다. 현재 류샤오보는 그가 노벨 평화상 수상자로 선정된 직후, 중국 공안당국으로부터 가택연금 처분을 받은 아내 류샤와 연락이 완전히 차단된 채 랴오닝 성 감옥에 수감되어 있다.